大学入試シリーズ
347

東京農業大学

教学社

はしがき

　入力した質問に対して，まるで人間が答えているかのような自然な文章で，しかも人間よりもはるかに速いスピードで回答することができるという，自然言語による対話型の AI（人工知能）の登場は，社会に大きな衝撃を与えました。回答の内容の信憑性については依然として課題があると言われるものの，AI 技術の目覚ましい進歩に驚かされ，人間の活動を助けるさまざまな可能性が期待される一方で，悪用される危険性や，将来人間を脅かす存在になるのではないかという危惧を覚える人もいるのではないでしょうか。

　大学教育においても，本来は学生本人が作成すべきレポートや論文などが，AI のみに頼って作成されることが懸念されており，AI の使用についての注意点などを発表している大学もあります。たとえば東京大学では，「回答を批判的に確認し，適宜修正することが必要」，「人間自身が勉強や研究を怠ることはできない」といったことが述べられています。

　16 〜 17 世紀のイギリスの哲学者フランシス・ベーコンは，『随筆集』の中で，「悪賢い人は勉強を軽蔑し，単純な人は勉強を称賛し，賢い人は勉強を利用する」と記しています。これは勉強や学問に取り組む姿勢について述べたものですが，このような新たな技術に対しても，侮ったり，反対に盲信したりするのではなく，その利点と欠点を十分に検討し，特性をよく理解した上で賢く利用していくことが必要といえるでしょう。

　受験勉強においても，単にテクニックを覚えるのではなく，基礎的な知識を習得することを目指して正攻法で取り組み，大学で教養や専門知識を学ぶための確固とした土台を作り，こうした大きな変革の時代にあっても自分を見失わず，揺るぎない力を身につけてほしいと願っています。

＊　　　＊　　　＊

　本書刊行に際しまして，入試問題や資料をご提供いただいた大学関係者各位，掲載許可をいただいた著作権者の皆様，各科目の解答や対策の執筆にあたられた先生方に，心より御礼を申し上げます。

編者しるす

赤本の使い方

そもそも 赤本 とは…

受験生のための大学入試の過去問題集！

60年以上の歴史を誇る赤本は，600点を超える刊行点数で全都道府県の370大学以上を網羅しており，過去問の代名詞として受験生の必須アイテムとなっています。

Q. なぜ受験に過去問が必要なの？

A. 大学入試は大学によって問題形式や頻出分野が大きく異なるからです。

マーク式か記述式か，試験時間に対する問題量はどうか，基本問題中心か応用問題中心か，論述問題や計算問題は出るのか——これらの出題形式や頻出分野などの傾向は大学によって違うので，とるべき対策も大学によって違ってきます。
出題傾向をつかみ，その大学にあわせた対策をとるために過去問が必要なのです。

- どんな問題が出るの？
- 頻出分野は？
- 時間配分は？
- 自分に足りないのは？
- マーク式？記述式？
- どんな対策が必要？
- 問題のレベルは？

赤本で志望校を研究しよう！

赤本の掲載内容

傾向と対策

これまでの出題内容から，問題の**「傾向」**を分析し，来年度の入試にむけて具体的な**「対策」**の方法を紹介しています。

問題編・解答編

年度ごとに問題とその解答を掲載しています。
「問題編」ではその年度の試験概要を確認したうえで，実際に出題された過去問に取り組むことができます。
「解答編」には高校・予備校の先生方による解答が載っています。

ページの見方

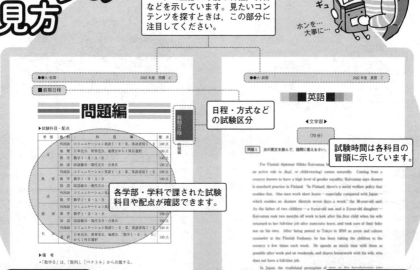

他にも赤本によって，大学の基本情報や，先輩受験生の合格体験記，在学生からのメッセージなどが載っています。

● 掲載内容について ●

著作権上の理由やその他編集上の都合により問題や解答の一部を割愛している場合があります。なお，指定校推薦入試，社会人入試，編入学試験，帰国生入試などの特別入試，英語以外の外国語科目，商業・工業科目は，原則として掲載しておりません。また試験科目は変更される場合がありますので，あらかじめご了承ください。

赤本の使い方

受験勉強は過去問に始まり，過去問に終わる。

STEP 1 まずは解いてみる（なにはともあれ）

STEP 2 弱点を分析する（じっくり具体的に）

過去問をいつから解いたらいいか悩むかもしれませんが，まずは一度，**できるだけ早いうちに解いてみましょう。実際に解くことで，出題の傾向，問題のレベル，今の自分の実力がつかめます。**
赤本の「傾向と対策」にも，詳しい傾向分析が載っています。必ず目を通しましょう。

解いた後は，ノートなどを使って自己分析をしましょう。**間違いは自分の弱点を教えてくれる貴重な情報源です。**
弱点を分析することで，今の自分に足りない力や苦手な分野などが見えてくるはずです。合格点を取るためには，こうした弱点をなくしていくのが近道です。

合格者があかす赤本の使い方

傾向と対策を熟読
（Fさん／国立大合格）

大学の出題傾向を調べることが大事だと思ったので，赤本に載っている「傾向と対策」を熟読しました。解答・解説もすべて目を通し，自分と違う解き方を学びました。

目標点を決める
（Yさん／私立大合格）

赤本によっては合格者最低点が載っているものもあるので，まずその点数を超えられるように目標を決めるのもいいかもしれません。

時間配分を確認
（Kさん／公立大合格）

過去問を本番の試験と同様の時間内に解くことで，どのような時間配分にするか，どの設問から解くかを決めました。

過去問を解いてみて、まずは自分のレベルとのギャップを知りましょう。それを克服できるように学習計画を立て、苦手分野の対策をします。そして、また過去問を解いてみる、というサイクルを繰り返すことで効果的に学習ができます。

STEP 3 志望校にあわせて 重点対策をする

STEP 1▶2▶3… サイクルが大事！ 実践を繰り返す

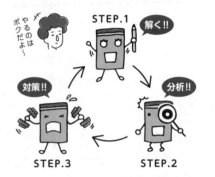

分析した結果をもとに、参考書や問題集を活用して**苦手な分野の重点対策**をしていきます。赤本を指針にして、何をどんな方法で強化すればよいかを考え、**具体的な学習計画を立てましょう**。
「傾向と対策」のアドバイスも参考にしてください。

ステップ１～３を繰り返し、足りない知識の補強や、よりよい解き方を研究して、実力アップにつなげましょう。
繰り返し解いて**出題形式に慣れること**や、試験時間に合わせて**実戦演習を行うこと**も大切です。

添削してもらう
（Sさん／国立大合格）

記述式の問題は自分で採点しにくいので、先生に添削してもらうとよいです。人に見てもらうことで自分の弱点に気づきやすくなると思います。

繰り返し解く
（Tさん／国立大合格）

１周目は問題のレベル確認程度に使い、２周目は復習兼頻出事項の見極めとして、３周目はしっかり得点できる状態を目指して使いました。

他学部の過去問も活用
（Kさん／私立大合格）

自分の志望学部の問題はもちろん、同じ大学の他の学部の過去問も解くようにしました。同じ大学であれば、傾向が似ていることが多いので、これはオススメです。

東京農業大 ◀目次▶

目　次

大 学 情 報 ……………………………………………………………… 1

傾向と対策 …………………………………………………………… 17

2023年度
問題と解答

■一般選抜Ａ日程（２月４日実施分）

英　　語 ………………………… 4 ／ 解答 92
日 本 史 ………………………… 11 ／ 解答 100
世 界 史 ………………………… 19 ／ 解答 104
地　　理 ………………………… 26 ／ 解答 106
現代社会 ………………………… 37 ／ 解答 109
数　　学 ………………………… 46 ／ 解答 113
物　　理 ………………………… 50 ／ 解答 118
化　　学 ………………………… 57 ／ 解答 123
生　　物 ………………………… 66 ／ 解答 129
国　　語 ………………………… 78 ／ 解答 133

2022年度
問題と解答

■一般選抜Ａ日程（２月３日実施分）

英　　語 ………………………… 4 ／ 解答 84
日 本 史 ………………………… 11 ／ 解答 92
世 界 史 ………………………… 20 ／ 解答 96
地　　理 ………………………… 26 ／ 解答 98
現代社会 ………………………… 34 ／ 解答 101
数　　学 ………………………… 43 ／ 解答 105
物　　理 ………………………… 46 ／ 解答 115
化　　学 ………………………… 52 ／ 解答 120
生　　物 ………………………… 60 ／ 解答 124
国　　語 ………………………… 71 ／ 解答 128

東京農業大 ◀目次▶

2021年度
問題と解答

■一般選抜A日程（2月3日実施分）

英　　語	4	解答 91
日 本 史	11	解答 99
世 界 史	21	解答 103
地　　理	28	解答 106
現代社会	38	解答 109
数　　学	46	解答 113
物　　理	49	解答 121
化　　学	59	解答 130
生　　物	67	解答 133
国　　語	79	解答 136

掲載内容についてのお断り

- 一般選抜のうち，A日程の代表的な1日程分を掲載しています。
- 総合型選抜，学校推薦型選抜および一般選抜B日程については掲載していません。
- 著作権の都合上，下記の内容を省略しています。
  2023年度「英語」大問Iの英文・全訳
  　　　　「国語」大問1の課題文

University Guide

大学情報

大学の基本情報

 学部・学科の構成

大　学

農学部　厚木キャンパス
　農学科
　動物科学科
　生物資源開発学科
　デザイン農学科

応用生物科学部　世田谷キャンパス
　農芸化学科
　醸造科学科
　食品安全健康学科
　栄養科学科

生命科学部　世田谷キャンパス
　バイオサイエンス学科
　分子生命化学科
　分子微生物学科

地域環境科学部　世田谷キャンパス
　森林総合科学科
　生産環境工学科
　造園科学科
　地域創成科学科

国際食料情報学部　世田谷キャンパス
　国際農業開発学科
　食料環境経済学科
　アグリビジネス学科
　国際食農科学科

東京農業大／大学情報　3

生物産業学部　北海道オホーツクキャンパス
　　北方圏農学科
　　海洋水産学科
　　食香粧化学科
　　自然資源経営学科

大学院

農学研究科／応用生物科学研究科／生命科学研究科／地域環境科学研究科
／国際食料農業科学研究科／生物産業学研究科

大学所在地

世田谷キャンパス

厚木キャンパス

北海道オホーツク
キャンパス

世田谷キャンパス	〒156-8502	東京都世田谷区桜丘 1-1-1
厚木キャンパス	〒243-0034	神奈川県厚木市船子 1737
北海道オホーツクキャンパス	〒099-2493	北海道網走市八坂 196

入試データ

入試状況（志願者数・競争率など）

- 2023年4月，国際バイオビジネス学科は，アグリビジネス学科に名称変更。
- 競争率は受験者数÷合格者数で算出。
- 個別学力試験を課さない大学入学共通テスト利用選抜は1カ年分のみ掲載。

2023年度 入試状況

■■一般選抜：A日程

区分		募集人員	志願者数	受験者数	合格者数	競争率	合格最低点／満点
農	農	80	882	853	253	3.4	187/300
	動物科	65	655	631	150	4.2	193/300
	生物資源開発	65	722	698	175	4.0	191/300
	デザイン農	63	449	442	178	2.5	167/300
応用生物科	農芸化	91	930	911	207	4.4	200/300
	醸造科	94	745	721	117	6.2	206/300
	食品安全健康	86	750	728	140	5.2	193/300
	栄養科	71	550	525	67	7.8	205/300
生命科	バイオサイエンス	90	1,171	1,142	211	5.4	200/300
	分子生命化	80	785	765	301	2.5	175/300
	分子微生物	80	781	770	183	4.2	187/300
地域環境科	森林総合科	65	566	564	173	3.3	181/300
	生産環境工	68	290	281	126	2.2	154/300
	造園科	66	335	330	68	4.9	187/300
	地域創成科	55	486	481	160	3.0	178/300
国際食料情報	国際農業開発	73	331	326	193	1.7	156/300
	食料環境経済	91	439	433	184	2.4	169/300
	アグリビジネス	76	495	483	85	5.7	184/300
	国際食農科	53	328	320	28	11.4	200/300
生物産業	北方圏農	40	128	123	99	1.2	129/300
	海洋水産	38	173	169	111	1.5	143/300
	食香粧化	38	172	165	124	1.3	131/300
	自然資源経営	40	97	96	77	1.2	119/300
合計		1,568	12,260	11,957	3,410	—	—

（備考）追加合格者数は非公表。

■■一般選抜：B日程

区　　　分		募集人員	志願者数	受験者数	合格者数	競争率	合格最低点／満点
農	農	8	124	122	52	2.3	179/300
	動　物　科	8	82	80	35	2.3	185/300
	生 物 資 源 開 発	7	100	99	20	5.0	205/300
	デ ザ イ ン 農	7	98	95	28	3.4	197/300
応用生物科	農　芸　化	5	140	137	53	2.6	197/300
	醸　造　科	5	111	111	35	3.2	199/300
	食 品 安 全 健 康	5	89	89	19	4.7	207/300
	栄　養　科	5	62	60	23	2.6	191/300
生命科	バイオサイエンス	5	184	172	49	3.5	200/300
	分 子 生 命 化	5	174	168	34	4.9	208/300
	分 子 微 生 物	5	211	209	59	3.5	194/300
地域環境科	森 林 総 合 科	6	95	90	29	3.1	180/300
	生 産 環 境 工	6	77	75	41	1.8	156/300
	造　園　科	6	87	82	38	2.2	171/300
	地 域 創 成 科	5	94	89	21	4.2	185/300
国際食料情報	国 際 農 業 開 発	8	95	89	23	3.9	188/300
	食 料 環 境 経 済	10	78	73	24	3.0	182/300
	ア グ リ ビ ジ ネ ス	8	86	81	40	2.0	170/300
	国 際 食 農 科	5	62	60	14	4.3	198/300
生物産業	北　方　圏　農	5	18	17	12	1.4	160/300
	海　洋　水　産	6	19	18	8	2.3	154/300
	食　香　粧　化	5	19	19	12	1.6	161/300
	自 然 資 源 経 営	5	8	8	6	1.3	155/300
合　　　　計		140	2,113	2,043	675	—	—

（備考）追加合格者数は非公表。

東京農業大／大学情報　7

■■■大学入学共通テスト利用選抜：前期4科目型

区　　分		募集人員	志願者数	受験者数	合格者数	競争率	合格最低点/満点
農	農	5	104	102	54	1.9	531/800
	動　物　科	5	103	102	50	2.0	555/800
	生 物 資 源 開 発	3	145	145	54	2.7	556/800
	デ ザ イ ン 農	3	49	49	30	1.6	502/800
応用生物科	農　芸　化	10	68	61	41	1.5	552/800
	醸　造　科	8	50	50	21	2.4	555/800
	食 品 安 全 健 康	10	35	31	14	2.2	534/800
	栄　養　科	5	24	24	14	1.7	553/800
生命科	バイオサイエンス	10	107	107	50	2.1	558/800
	分 子 生 命 化	10	89	88	45	2.0	539/800
	分 子 微 生 物	5	44	43	23	1.9	552/800
地域環境科	森 林 総 合 科	4	63	63	36	1.8	557/800
	生 産 環 境 工	4	32	32	18	1.8	510/800
	造　園　科	4	27	27	15	1.8	540/800
	地 域 創 成 科	3	44	44	25	1.8	551/800
国際食料情報	国 際 農 業 開 発	4	16	16	10	1.6	512/800
	食 料 環 境 経 済	4	30	30	20	1.5	520/800
	アグリビジネス	4	18	18	10	1.8	517/800
	国 際 食 農 科	3	10	9	4	2.3	556/800
生物産業	北　方　圏　農	2	7	6	3	2.0	474/800
	海 洋 水 産	2	11	11	4	2.8	461/800
	食 香 粧 化	2	2	2	2	1.0	502/800
	自 然 資 源 経 営	2	10	10	7	1.4	486/800
合　　　　計		112	1,088	1,070	550	—	—

■■大学入学共通テスト利用選抜：前期3科目型

区　　　分		募集人員	志願者数	受験者数	合格者数	競争率	合格最低点／満点
農	農	17	299	299	141	2.1	412/600
	動　物　科	15	238	236	111	2.1	405/600
	生物資源開発	12	208	207	94	2.2	406/600
	デザイン農	12	171	171	99	1.7	392/600
応用生物科	農　芸　化	15	364	362	171	2.1	418/600
	醸　造　科	13	207	206	88	2.3	432/600
	食品安全健康	15	226	226	89	2.5	409/600
	栄　養　科	15	164	164	48	3.4	434/600
生命科	バイオサイエンス	17	411	410	141	2.9	447/600
	分子生命化	8	231	230	98	2.3	404/600
	分子微生物	8	190	190	86	2.2	414/600
地域環境科	森林総合科	8	169	169	74	2.3	413/600
	生産環境工	8	110	109	72	1.5	371/600
	造　園　科	8	75	75	42	1.8	387/600
	地域創成科	7	134	134	55	2.4	410/600
国際食料情報	国際農業開発	15	66	66	40	1.7	397/600
	食料環境経済	22	146	146	80	1.8	402/600
	アグリビジネス	18	184	184	66	2.8	405/600
	国際食農科	10	52	47	20	2.4	401/600
生物産業	北　方　圏　農	7	52	52	39	1.3	338/600
	海　洋　水　産	8	61	61	47	1.3	345/600
	食　香　粧　化	7	37	36	19	1.9	351/600
	自然資源経営	7	32	32	26	1.2	334/600
合　　　　計		272	3,827	3,812	1,746	—	—

東京農業大／大学情報　9

■■大学入学共通テスト利用選抜：前期2科目型

区　　　分		募集人員	志願者数	受験者数	合格者数	競争率	合格最低点／満点
農	農	10	108	105	45	2.3	278/400
	動　物　科	5	126	126	62	2.0	296/400
	生物資源開発	7	105	104	39	2.7	282/400
	デ　ザ　イ　ン　農	7	86	86	56	1.5	268/400
応用生物科	農　芸　化	5	85	83	28	3.0	287/400
	醸　造　科	—	—	—	—	—	—
	食品安全健康	10	80	80	39	2.1	274/400
	栄　養　科	5	53	53	17	3.1	290/400
生命科	バイオサイエンス	5	40	35	8	4.4	274/400
	分　子　生　命　化	10	111	111	56	2.0	274/400
	分　子　微　生　物	10	140	140	53	2.6	300/400
地域環境科	森　林　総　合　科	10	111	111	55	2.0	290/400
	生　産　環　境　工	10	119	118	58	2.0	274/400
	造　園　科	10	99	99	40	2.5	282/400
	地　域　創　成　科	5	106	106	45	2.4	292/400
国際食料情報	国際農業開発	8	81	81	50	1.6	279/400
	食料環境経済	5	86	86	54	1.6	278/400
	アグリビジネス	10	98	98	41	2.4	280/400
	国　際　食　農　科	7	39	37	7	5.3	302/400
生物産業	北　方　圏　農	3	22	22	13	1.7	238/400
	海　洋　水　産	3	43	43	29	1.5	256/400
	食　香　粧　化	5	67	67	41	1.6	265/400
	自　然　資　源　経　営	2	45	45	34	1.3	242/400
合　　　計		152	1,850	1,836	870	—	—

（備考）醸造科学科は実施なし。

10 東京農業大／大学情報

■■大学入学共通テスト利用選抜：後期3科目型

区 分		募集人員	志願者数	受験者数	合格者数	競争率	合格最低点/満点
農	農	3	17	17	10	1.7	402/600
	動 物 科	2	9	9	5	1.8	410/600
	生 物 資 源 開 発	2	14	14	6	2.3	429/600
	デ ザ イ ン 農	2	7	7	6	1.2	412/600
応用生物科	農 芸 化	3	20	20	12	1.7	401/600
	醸 造 科	3	9	9	6	1.5	415/600
	食 品 安 全 健 康	3	6	6	2	3.0	394/600
	栄 養 科	2	17	17	10	1.7	379/600
生命科	バ イ オ サ イ エ ン ス	2	33	33	16	2.1	430/600
	分 子 生 命 化	2	20	20	8	2.5	382/600
	分 子 微 生 物	2	30	29	14	2.1	403/600
地域環境科	森 林 総 合 科	2	14	14	7	2.0	442/600
	生 産 環 境 工	2	7	7	6	1.2	358/600
	造 園 科	2	14	14	10	1.4	402/600
	地 域 創 成 科	2	12	12	7	1.7	409/600
国際食料情報	国 際 農 業 開 発	2	11	11	7	1.6	377/600
	食 料 環 境 経 済	2	10	10	7	1.4	409/600
	ア グ リ ビ ジ ネ ス	2	13	13	10	1.3	375/600
	国 際 食 農 科	2	8	8	2	4.0	383/600
生物産業	北 方 圏 農	2	3	3	3	1.0	279/600
	海 洋 水 産	2	2	2	2	1.0	317/600
	食 香 粧 化	2	7	7	3	2.3	350/600
	自 然 資 源 経 営	2	2	2	1	2.0	318/600
合 計		50	285	284	160	—	—

東京農業大／大学情報　11

2022年度 入試状況

■■一般選抜：Ａ日程

区　　分		募集人員	志願者数	受験者数	合格者数	競争率	合格最低点／満点
農	農	80	945	917	264	3.5	197/300
	動 物 科	65	724	693	209	3.3	190/300
	生 物 資 源 開 発	65	857	827	201	4.1	202/300
	デ ザ イ ン 農	63	685	668	246	2.7	181/300
応用生物科	農 芸 化	91	852	837	356	2.4	194/300
	醸 造 科	94	791	771	173	4.5	209/300
	食 品 安 全 健 康	86	733	712	180	4.0	197/300
	栄 養 科	71	666	633	90	7.0	220/300
生命科	バイオサイエンス	90	1,123	1,083	335	3.2	202/300
	分 子 生 命 化	80	667	643	330	1.9	182/300
	分 子 微 生 物	88	673	650	318	2.0	181/300
地域環境科	森 林 総 合 科	65	496	483	240	2.0	176/300
	生 産 環 境 工	68	317	306	145	2.1	170/300
	造 園 科	66	382	373	146	2.6	176/300
	地 域 創 成 科	55	437	425	178	2.4	180/300
国際食料情報	国 際 農 業 開 発	76	510	494	237	2.1	172/300
	食 料 環 境 経 済	91	485	463	176	2.6	180/300
	国際バイオビジネス	76	348	337	178	1.9	159/300
	国 際 食 農 科	53	358	350	103	3.4	187/300
生物産業	北 方 圏 農	40	150	147	85	1.7	149/300
	海 洋 水 産	38	216	209	119	1.8	155/300
	食 香 粧 化	38	188	185	103	1.8	152/300
	自 然 資 源 経 営	40	60	60	49	1.2	127/300
合　　　計		1,579	12,663	12,266	4,461	—	—

（備考）追加合格者数は非公表。

■■■一般選抜：B日程

区　　分		募集人員	志願者数	受験者数	合格者数	競争率	合格最低点/満点
農	農	8	90	82	30	2.7	169/300
	動　物　科	8	71	64	15	4.3	177/300
	生物資源開発	7	91	84	17	4.9	184/300
	デ ザ イ ン 農	7	96	90	37	2.4	165/300
応用生物科	農　芸　化	5	113	105	19	5.5	185/300
	醸　造　科	5	90	84	13	6.5	183/300
	食品安全健康	5	100	91	17	5.4	180/300
	栄　養　科	5	65	65	13	5.0	193/300
生命科	バイオサイエンス	5	125	113	21	5.4	191/300
	分 子 生 命 化	5	103	93	34	2.7	170/300
	分 子 微 生 物	5	82	76	36	2.1	162/300
地域環境科	森 林 総 合 科	6	61	53	21	2.5	160/300
	生 産 環 境 工	6	59	50	21	2.4	157/300
	造　園　科	6	81	71	27	2.6	163/300
	地 域 創 成 科	5	56	50	18	2.8	166/300
国際食料情報	国際農業開発	8	95	85	37	2.3	161/300
	食料環境経済	10	81	74	19	3.9	176/300
	国際バイオビジネス	8	77	68	25	2.7	160/300
	国 際 食 農 科	5	76	68	14	4.9	173/300
生物産業	北　方　圏　農	5	20	17	10	1.7	140/300
	海 洋 水 産	6	20	16	7	2.3	154/300
	食 香 粧 化	5	23	21	9	2.3	155/300
	自 然 資 源 経 営	5	11	7	5	1.4	147/300
合　　　計		140	1,686	1,527	465	—	—

（備考）追加合格者数は非公表。

東京農業大／大学情報　13

2021年度 入試状況

■■■一般選抜：A日程

区　　分		募集人員	志願者数	受験者数	合格者数	競争率	合格最低点／満点
農	農	90	899	866	264	3.3	187/300
	動　物　科	80	634	611	188	3.3	186/300
	生 物 資 源 開 発	72	771	759	217	3.5	190/300
	デ ザ イ ン 農	70	763	741	253	2.9	174/300
応用生物科	農　芸　化	96	931	898	267	3.4	196/300
	醸　造　科	94	737	718	182	3.9	195/300
	食 品 安 全 健 康	96	828	806	209	3.9	193/300
	栄　養　科	76	617	587	103	5.7	210/300
生命科	バイオサイエンス	95	1,120	1,079	274	3.9	195/300
	分 子 生 命 化	93	833	806	210	3.8	189/300
	分 子 微 生 物	92	737	717	181	4.0	187/300
地域環境科	森 林 総 合 科	75	523	508	162	3.1	180/300
	生 産 環 境 工	78	428	412	138	3.0	170/300
	造　園　科	75	431	417	139	3.0	170/300
	地 域 創 成 科	60	488	471	153	3.1	181/300
国際食料情報	国 際 農 業 開 発	86	373	364	191	1.9	157/300
	食 料 環 境 経 済	100	568	547	160	3.4	180/300
	国際バイオビジネス	86	423	410	150	2.7	170/300
	国 際 食 農 科	60	416	406	121	3.4	181/300
生物産業	北　方　圏　農	43	152	149	89	1.7	140/300
	海 洋 水 産	41	243	240	106	2.3	159/300
	食 香 粧 化	45	145	140	91	1.5	140/300
	自 然 資 源 経 営	40	95	90	42	2.1	142/300
合　　　計		1,743	13,155	12,742	3,890	—	—

（備考）追加合格者数は非公表。

14　東京農業大／大学情報

■■一般選抜：Ｂ日程

区　　　分		募集人員	志願者数	受験者数	合格者数	競争率	合格最低点／満点
農	農	8	85	80	27	3.0	188/300
	動　物　科	8	48	43	13	3.3	182/300
	生物資源開発	7	75	68	19	3.6	190/300
	デザイン農	7	112	99	31	3.2	170/300
応用生物科	農　芸　化	5	100	90	27	3.3	195/300
	醸　造　科	5	93	86	19	4.5	199/300
	食品安全健康	5	89	83	17	4.9	193/300
	栄　養　科	5	48	45	7	6.4	204/300
生命科	バイオサイエンス	5	120	109	20	5.5	204/300
	分子生命化	5	149	130	37	3.5	189/300
	分子微生物	5	123	106	28	3.8	188/300
地域環境科	森林総合科	6	86	80	28	2.9	173/300
	生産環境工	6	79	66	24	2.8	171/300
	造　園　科	6	69	61	28	2.2	159/300
	地域創成科	5	98	94	29	3.2	177/300
国際食料情報	国際農業開発	8	81	69	30	2.3	167/300
	食料環境経済	10	102	86	24	3.6	183/300
	国際バイオビジネス	8	89	77	31	2.5	170/300
	国際食農科	5	69	56	19	2.9	171/300
生物産業	北　方　圏　農	5	25	15	9	1.7	146/300
	海　洋　水　産	6	33	29	12	2.4	161/300
	食　香　粧　化	5	21	17	9	1.9	143/300
	自然資源経営	5	24	19	10	1.9	147/300
合　　　計		140	1,818	1,608	498	—	—

（備考）追加合格者数は非公表。

募集要項の入手方法

　募集要項は，東京農大 web サイトにてご確認ください（郵送は行われません）。

問い合わせ先
　①フリーダイヤル　0120-558-509
　　（平日9:00～20:00，土曜9:00～17:00，日・祝休み）
　②東京農大 web サイト　https://www.nodai.ac.jp/

　東京農業大学　入学センター
　〒156-8502　東京都世田谷区桜丘 1-1-1
　TEL　03-5477-2226（平日8:30～17:00，土・日・祝休み）
　FAX　03-5477-2615

 東京農業大学のテレメールによる資料請求方法

| スマートフォンから | QRコードからアクセスしガイダンスに従ってご請求ください。 |
| パソコンから | 教学社 赤本ウェブサイト(akahon.net)から請求できます。 |

Trend & Steps

傾向と対策

傾向と対策を読む前に

　科目ごとに問題の「傾向」を分析し，具体的にどのような「対策」をすればよいか紹介しています。まずは出題内容をまとめた分析表を見て，試験の概要を把握しましょう。

■注意

　「傾向と対策」で示している，出題科目・出題範囲・試験時間等については，2023 年度までに実施された入試の内容に基づいています。2024 年度入試の選抜方法については，各大学が発表する学生募集要項を必ずご確認ください。

　また，新型コロナウイルスの感染拡大の状況によっては，募集期間や選抜方法が変更される可能性もあります。各大学のホームページで最新の情報をご確認ください。

■来年度の変更点

　2024 年度入試では，以下の変更が予定されている（本書編集時点）。

- 一般選抜Ａ日程の応用生物科学部農芸化学科・栄養科学科，国際食料情報学部食料環境経済学科，生物産業学部北方圏農学科・海洋水産学科において，「物理基礎・物理」が選択可能になる。
- 一般選抜Ａ日程の地域環境科学部生産環境工学科において，「日本史Ｂ」「世界史Ｂ」「現代社会」が選択可能になる。

分析表の記号について
　☆印：全問マークシート方式採用であることを表す。

英　語

年度	番号	項　目	内　　　容
☆ 2023	〔1〕	読　　解	内容説明，空所補充，要旨，内容真偽，欠文挿入箇所
	〔2〕	読　　解	空所補充
	〔3〕	文法・語彙	空所補充
	〔4〕	文法・語彙， 読　　解	定義にあてはまる語，会話の状況，同じ関係の語，計算問題，文整序
	〔5〕	文法・語彙	空所補充
☆ 2022	〔1〕	読　　解	内容説明，空所補充，同意表現，欠文挿入箇所
	〔2〕	読　　解	空所補充
	〔3〕	文法・語彙	空所補充
	〔4〕	文法・語彙， 読　　解	定義にあてはまる語，会話の状況，同じ関係の語，計算問題，文整序
	〔5〕	文法・語彙	空所補充
☆ 2021	〔1〕	読　　解	内容真偽，内容説明，空所補充，同意表現
	〔2〕	読　　解	空所補充
	〔3〕	文法・語彙	空所補充
	〔4〕	文法・語彙， 読　　解	定義にあてはまる語，会話の状況，同じ関係の語，計算問題，文整序
	〔5〕	文法・語彙	空所補充

▶読解英文の主題

年度	番号	主　　　　　　題
2023	〔1〕	ハチミツ——奇跡の食品
	〔2〕	世界とつながる漁業
2022	〔1〕	自動化は人から仕事を奪うのか
	〔2〕	ある牛乳屋のこと
2021	〔1〕	奇形のカエル
	〔2〕	私が見聞したもの

20　東京農業大／傾向と対策

傾　向　読解問題中心に基礎力をみる出題
文法・語彙力の充実を

1　出題形式は？

　全問マークシート方式による選択式の出題である。例年，大問5題，解答個数30個の出題である。試験時間は60分。

2　出題内容はどうか？

　読解問題2題，文法・語彙問題3題（うち1題は読解問題含む）という構成となっている。

　長文読解問題では，〔1〕は一部英問英答形式で，設問内容は，内容説明，空所補充，内容真偽などである。〔2〕は空所補充のみとなっている。英文のテーマとしては，生物，化学，物理，環境，農業などの専攻学科に関連したものと，社会・文化に関するものがバランスよく出題されている。

　文法・語彙問題は，〔3〕で空所補充，〔5〕では日本語に対応する英文の空所補充と会話のきまり文句などが出題されている。〔4〕は読解も含んだ内容で，同じ関係の語の選択，定義にあてはまる語，会話の状況説明，計算問題，文整序などが出題されている。

3　難易度は？

　基本的な読解力，語彙力および文法力があれば大半は解答できるだろう。読解問題の英文は読みやすく，全体としては標準レベルの出題である。ただし，試験時間60分に対して問題が多岐にわたるので，時間不足になるおそれがある。時間配分には十分注意する必要があるだろう。

対　策

1 読　解

(1)語彙力の養成

　過去に出題された英文は，農業，環境，生物など専攻に関連するテーマと，文化・社会一般を論じるテーマに大別できる。過去問にあたって，そのテーマに固有の単語や表現を整理しておこう。類似したテーマの英文を読むときに有効である。また，日頃からさまざまな分野に関心をもち，知識を広げることが大切である。

東京農業大／傾向と対策　21

⑵速読力の養成

　短時間で正確に解答するためには，設問内容をふまえて読み進めることも有効である。問われている箇所では精読に徹し，その他の部分は速読するなど，メリハリをつけた取り組みが大切である。however，yetなどの接続副詞や，it，that などの指示語を手がかりに，対比や因果関係など，パラグラフ内での文と文のつながり，またパラグラフ間のつながりを把握することが速読のコツである。これができるようになると，内容真偽や内容説明，主題選択などの問題を解く場合に参照すべき箇所が手際よく見つけられるようになる。可能ならば文章の要旨も近くにメモしておくとよい。

⑶精読力の養成

　空所補充形式の読解問題では，文法や構文に忠実に精読する力が求められる。また，熟語や語法の知識も重要である。文法，構文，熟語，語彙に関する総合的な力が試されるので，過去問をよく研究しておく必要がある。

2　文法・構文

　時制，仮定法，準動詞，関係詞（特に関係代名詞と関係副詞の識別），比較，否定，文型（特に第 2 文型および第 5 文型）などを重点的に学習しよう。基本的な入試問題を集めた問題集を繰り返し解くことで基礎力が養成できる。また，受験生が間違えやすいポイントを完全網羅した総合英文法書『大学入試 すぐわかる英文法』（教学社）などを手元に置いて，調べながら学習すると効果アップにつながるだろう。

3　英問英答問題対策

　英語による設問の場合，設問内容を取り違えたりするおそれがあるので，過去問を参考に，設問の傾向をあらかじめ確認しておこう。

22 東京農業大／傾向と対策

日本史

年度	番号	内　　　　　容	形　　式
☆ 2023	〔1〕	国風文化	正誤・選択
	〔2〕	執権政治の展開　　　　　　　　　　＜年表＞	選　　択
	〔3〕	化政文化　　　　　　　　　　　　　＜史料＞	正誤・選択
	〔4〕	「金融恐慌」―1920～30年代の政治・社会・経済 ＜史料＞	選　　択
☆ 2022	〔1〕	古代～現代の都市の発達	選択・正誤
	〔2〕	「遣隋使」―古代～近世の外交　　　＜史料＞	選択・正誤
	〔3〕	江戸時代の諸改革	正　　誤
	〔4〕	明治政府の諸政策	正誤・選択
☆ 2021	〔1〕	桓武平氏と清和源氏　　　　　　　　＜系図＞	選択・正誤
	〔2〕	鎌倉時代の文化	選択・正誤
	〔3〕	幕末の動向	選　　択
	〔4〕	近現代の戦争	選択・正誤

傾　向　基本的な問題が中心
テーマ問題，史料・視覚資料などを用いた問題に注意

1 出題形式は？

　大問数は4題，解答個数は40個である。全問マークシート方式で，選択法と正誤法の出題となっている。試験時間は60分。

2 出題内容はどうか？

　時代別では，古代から近現代まで幅広く出題されており，全時代にわたる偏りのない学習が必要である。

　分野別では，例年，政治史が中心であるが，経済史・外交史・文化史も見逃せない。特に，2023年度は化政文化，2021年度は鎌倉文化と，文化史は頻出となっている。また，テーマ史が出題されることもある。

3 難易度は？

　教科書に準じた問題が中心であるが，事項や用語の知識の正確さが得点差をうむ設問が多く出題されている。また，史料問題や，過去には視覚資料などを利用した問題も出題されているので，注意が必要である。

東京農業大／傾向と対策　23

教科書レベルの基本的な問題の演習を確実に行い，さらに史料集・図説を利用して，各時代の政治・経済・産業・文化・外交などについて詳細にまとめておく必要がある。試験本番では，見直しの時間も確保できるよう，手早く着実に解きすすめていこう。

対　策

１　基本は教科書学習

　なかには難問もみられるが，あくまで出題の基本は教科書なので，まずは教科書学習を心がけよう。本文・補注・図表・写真・解説などを反復学習し，全体の流れのなかで重要語句・事件・人物などを関連させて理解する必要がある。また，重要事項の年表的知識も身につけておきたい。

２　分野別学習を心がけよう

　分野別・テーマ別の出題が多い。政治史・外交史・経済史・産業史・文化史などの分野別の学習は欠かせない。過去の出題例を参考にして自ら主題を設定し，土地制度史・貨幣史・商業史・外交史や各時代の絵画・彫像・建築物の推移などをノートに整理するとよい。

３　史料問題への対策

　高校で使用する史料集に掲載されている史料を用いた出題がほとんどなので，『詳説 日本史史料集』（山川出版社）などを利用し，史料集の本文はもとより補注・解説まで詳しく学習しておきたい。史料問題集を1冊用意し，多くの史料問題に慣れ親しんでおく必要がある。

４　過去問の研究

　過去には同様のテーマの問題が繰り返し出題されたことがある。本書を活用し，出題傾向，特に分野別・テーマ別の問題，史料問題，全体的な難易度，一部の難問の特徴などをよく研究しておこう。

24　東京農業大／傾向と対策

世界史

年度	番号	内　　　　　　容	形　　式
☆ 2023	〔1〕	イスラーム文明の発展	選　択
	〔2〕	西ヨーロッパ中世世界の変容	選　択
	〔3〕	オスマン帝国の支配の動揺	選　択
	〔4〕	第二次世界大戦後における世界秩序の形成とアジア諸地域の独立	選　択
☆ 2022	〔1〕	ヘレニズム世界	選　択
	〔2〕	東アジア諸地域の自立化	選　択
	〔3〕	アメリカ独立革命	選　択
	〔4〕	第一次世界大戦	選　択
☆ 2021	〔1〕	インド世界の形成	選　択
	〔2〕	唐崩壊後の東アジア	選　択
	〔3〕	18世紀のヨーロッパと啓蒙専制国家	選　択
	〔4〕	アメリカ合衆国の発展	選　択

傾　向　　標準的な問題が中心

① 出題形式は?

　全問マークシート方式で，大問数は4題。解答個数は，各大問に10個ずつの計40個となっている。語句選択と正文（誤文）選択が出題されている。試験時間は60分。

② 出題内容はどうか?

　地域別では，2022年度は欧米地域から3題，2023年度はアジア地域から3題の大問が出題された。欧米地域では西ヨーロッパとアメリカ中心の出題となっている。アジア地域では中国を中心に西アジア，インドなどから出題されている。2023年度は中国史の出題はなく，イスラーム地域が2題であった。

　時代別では，短い期間を対象とする大問がほとんどで通史の大問はみられない。ここ3年間は近代史が必出で，2022・2023年度は現代史の大問も出題されている。

分野別では，政治・外交史が中心で，文化史については小問で問われる程度となっていたが，2023 年度〔1〕は文化史の大問が出題された。

③ **難易度は？**

多くの問題は教科書に準拠した標準レベルの出題となっている。教科書の内容を超えた細かな事項の選択肢を含む問題も見受けられるが，消去法で対応できるものがほとんどである。

対 策

1 教科書中心の学習

一部に難問もみられるが，多くの問題が教科書の知識で十分対応できるので，まずは教科書の全範囲を繰り返し熟読し，知識の定着をはかることをすすめる。また，教科書『詳説 世界史Ｂ』（山川出版社），『世界史Ｂ』（東京書籍）の本文や，『世界史用語集』（山川出版社）の解説文を利用した出題もしばしばみられるので，学習の際には積極的に利用するとよいだろう。教科書学習の途中で疑問点があれば，すぐに用語集などで確認し，関連事項にも目を通して理解を深めておきたい。

2 文化史・近現代史の重点学習

文化史や近現代史は，学習が手薄になりがちであるため，得点差が開きやすい。教科書で文化史や近現代史の部分を繰り返し熟読し，参考書や問題集で知識の定着をはかるようにしたい。

3 地図・年表・資料集の活用を

地図を利用した問題は出題されていないが，地名を問う設問が例年みられる。歴史地図で場所を確認する学習を心がけたい。また，教科書に掲載されている地図や年表に加えて，資料集の歴史地図・年表などにも日頃から目を向け，学習に幅と深みをもたせておくことが重要である。

4 過去問の研究を

問題形式に慣れ，実戦力を養っておくという意味でも，本書を利用して過去問演習を早めに行っておくこと。その際，間違えた問題や正誤判断の難しかった正文（誤文）選択問題は，教科書や前述の『世界史用語集』などを利用してそのつど内容を検証し，疑問の残らないようにしておきたい。

26 東京農業大／傾向と対策

地　理

年度	番号	内　　容	形　式
☆ 2023	〔1〕	世界の海峡　　　　　　　＜図・統計表・グラフ・地図＞	選　択
	〔2〕	アジアの農業と食文化　　　　　　　　　＜統計表＞	選　択
	〔3〕	アングロアメリカの地誌　　　　　＜地図・統計表＞	選　択
☆ 2022	〔1〕	地球の環境問題　　　　　　　　　　　　＜統計表＞	選　択
	〔2〕	世界の工業の変容　　　　　　　　　　　＜統計表＞	選　択
	〔3〕	中央・西アジアと北アフリカの地誌　＜地図・統計表＞	選　択
☆ 2021	〔1〕	地形図読図と自然環境 ＜地形図・図・視覚資料・グラフ＞	選択・計算
	〔2〕	世界の農業地域の形成　　　　　　　　　＜統計表＞	選　択
	〔3〕	西アフリカとアジア地域の地誌　　＜グラフ・地図＞	選　択

傾　向　　基本事項を重視！
地誌・統計対策をしっかりと

1　出題形式は？

　例年，大問数3題，解答個数40個程度である。全問マークシート方式による選択式で，試験時間は60分。

2　出題内容はどうか？

　大問3題のうち1題が地誌的内容，2題が系統地理的内容になることが多い。地誌的内容では，ヨーロッパ，アジア，アフリカ，アングロアメリカなど地域単位で出題される場合が多い。日本地誌に関する大問が出題されることもある。系統地理的内容では，自然（地形・気候・環境問題），社会（人口・都市・文化など），産業（農業・工業・貿易など）の3分野からテーマが選ばれている。このなかでは自然と産業のウエートが大きく，地誌での出題も含めるとやはり農業に関する問題が多い。地図やグラフ，統計表などの資料を利用した設問も多く，地図上の位置や統計の国名・品目の判定が求められている。また，地形図・地勢図を用いた問題も出題されている。

東京農業大／傾向と対策　27

3　難易度は？

　教科書に準拠した基本事項を問う設問が全体の半分以上を占めており，全体の難易度は標準レベルである。しかし，なかには統計判定や自然地理分野において，かなり細かな知識を問う設問も出題されている。したがって，教科書記載事項の単純な暗記だけでは高得点は望めない。問題数は多くないので，統計などにみられる複数組み合わせ解答の問題はじっくり時間をかけて考えたい。

対　策

1　教科書内容の完全な理解を

　教科書を読んで，テーマごとに内容をまとめ，サブノートを作る。地理用語の意味がわかりにくい場合は，用語集（山川出版社『地理用語集』をすすめる）で調べ，正確に理解する。市販のサブノート（空所補充形式）を利用してもよいが，空所の用語を覚えるだけでなく，ノートのまとめ方に従って，内容を系統的に理解するよう努めること。たとえば「土壌」では，「成帯土壌」と「間帯土壌」に区別されているから，まずその2つの違いを理解し，次にそれぞれに属する具体的な土壌（ラトソル，レグールなど）とその特色を整理するという具合に，段階を追って学習を進めよう。

2　資料集・白地図・統計集を活用しよう

　出題傾向に照らすと，系統地理・地誌・統計問題のそれぞれに対応した学習が求められる。系統地理に関しては，特に自然地理についてやや細かな知識が求められている。資料集に記載された解説図などに注意をはらい，特徴的な地形や気候の成因を理解しておこう。地誌では，白地図などを活用して位置（山脈・河川・農業地域・都市など）を把握し，地域の特色を多面的にとらえるようにしたい。統計問題については，『データブック　オブ・ザ・ワールド』（二宮書店）などを活用し，特に農作物・鉱工業の特徴について，各国の貿易の特徴と関連させながら覚えておくとよいだろう。

3　過去問を通して問題練習を重ねよう

　過去問への取り組みは，出題傾向を知るだけでなく，地理の実力練成

にも役立つ。正文（誤文）選択問題では誤文選択肢のどこが誤りなのか，統計判定問題ではどのような手順で解くと正解に至るのかがわかるまで，じっくりと取り組みたい。粘り強い学習が実力向上への近道である。

東京農業大／傾向と対策　29

現代社会

年度	番号	内　　　　　容	形　　式
☆ 2023	〔1〕	日本の裁判制度	選　　択
	〔2〕	経済社会の変容	選　　択
	〔3〕	高度情報社会	選　　択
	〔4〕	戦後復興と日本経済	選　　択
	〔5〕	世界の軍縮の動向	選　　択
☆ 2022	〔1〕	日本国憲法と国会	選　　択
	〔2〕	日本の財政	選　　択
	〔3〕	地球環境問題　　　　　　　　　　　　＜地図＞	選　　択
	〔4〕	戦後の国際経済	選　　択
☆ 2021	〔1〕	基本的人権と日本国憲法	選　　択
	〔2〕	日本経済と世界の金融財政政策	選　　択
	〔3〕	科学技術と生命倫理	選　　択
	〔4〕	国際紛争と安全保障	選　　択

傾　向 　「現代社会」特有の分野を含め幅広い学習が必要　教科書の内容をしっかりと

1　出題形式は？

　全問マークシート方式で，大問は 2022 年度までは 4 題であったが，2023 年度は 5 題になった。解答個数は 40 個である。試験時間は 60 分。

2　出題内容はどうか？

　政治・経済・国際の各分野から幅広く出題がなされている。加えて，2021 年度の科学技術と生命倫理，2022 年度の地球環境問題と戦後の国際経済，2023 年度の高度情報社会にみられるような現代社会の諸課題に関する出題も多く，幅広い「現代社会」の学習成果を問う出題であるといえる。

3　難易度は？

　やや詳細な知識を問う設問もあるが，全体としては難問は少なく，教科書を中心とした学習で十分に対応できるだろう。

30　東京農業大／傾向と対策

対　策

1　教科書の基礎事項をマスターしよう

　教科書・資料集などを用いて基礎学力を確実に身につけよう。最初はサブノートなどを利用して教科書をまとめ，さらに応用力をつけるため資料集の内容にも目を通しておくとよい。「政治・経済」の内容と重なる分野も多いので，「政治・経済」の教科書や『政治・経済用語集』（山川出版社）などの用語集を利用して知識の幅を広げておくこと。また，生命倫理や情報社会など「現代社会」特有の分野や，「倫理」の内容と重なる思想や宗教についてもきちんと学習しておこう。

2　時事的知識を身につけておこう

　2021 年度の科学技術と生命倫理に関する出題，2022 年度の地球環境問題に関する出題，2023 年度の高度情報社会に関する出題などにみられるように，時事への関心が問われる設問も多い。これらに対応するには教科書の知識だけでは不十分で，日頃から新聞やインターネットのニュースなどに目を通したり，「現代社会」や「政治・経済」の資料集を利用して時事的な知識を整理しておく必要がある。

3　マークシート対策をしっかりと

　マークシート方式は問題を解くうちに慣れてくるので，問題演習を十分に積んでおきたい。

東京農業大／傾向と対策　31

数 学

年度	番号	項 目	内 容
☆ 2023	〔1〕	小 問 3 問	(1)必要条件と十分条件　(2) 2つの曲線が接するときの接線　(3)ベクトルの内積と最小値
	〔2〕	三 角 関 数	三角関数を用いた関数の最大値と最小値
	〔3〕	確 率	数字の書かれたカードを取り出す確率
	〔4〕	数 列	等差数列を組み合わせてできる数列
☆ 2022	〔1〕	小 問 3 問	(1)相加平均と相乗平均の大小関係を用いた最小値　(2)ベクトルの終点の存在範囲　(3) $\sin15°$ の値と倍角の公式
	〔2〕	微・積分法	微分を含む等式，2つの放物線で囲まれた部分の面積
	〔3〕	確 率	箱から3色の玉を取り出す確率
	〔4〕	数 列	等差数列の和と2次不等式
☆ 2021	〔1〕	小 問 3 問	(1) $\tan^2 15°$ の値　(2) x 軸，y 軸，直線に接する円　(3)等比数列の和
	〔2〕	2 次 関 数，積 分 法	2つの放物線が2点で交わる条件とそれらの放物線で囲まれる部分の面積の最大値
	〔3〕	確 率	玉を取り出す確率
	〔4〕	ベ ク ト ル	正五角形の頂点の位置ベクトル，内積，面積

傾　向　　広範囲から標準程度の出題，計算力が必要

[1] **出題形式は？**

　　大問4題の出題。全問マークシート方式で，問題文中の空所にあてはまる数・式・文章などを選択肢から1つ選ぶ形式となっている。試験時間は60分。

[2] **出題内容はどうか？**

　　出題範囲は「数学Ⅰ・A・Ⅱ・B（数列，ベクトル）」である。

　　出題分野は広範囲にわたり，偏りがないといえるが関数や微・積分法，確率，数列やベクトルを中心に出題されている。

[3] **難易度は？**

　　どの問題も教科書の章末問題＋ α 程度であり，特に難しい問題は見あたらない。しかし，60分という試験時間内で正確な解答を得るには，かなりの理解力と計算力が要求される問題量である。

対　策

1　基本事項の徹底理解と計算力の向上

　教科書の章末問題程度の出題であるため，教科書や傍用問題集を利用してできるだけ多くの問題演習を繰り返し，基本事項を確実に身につけること。また，定理や公式は単に覚えるだけでなく，導き方も確かめて，それらを応用できるようにしておきたい。そのうえで，代表的な解法パターンの習熟とともに，計算スピードを上げることに努めよう。

2　不得意分野の克服

　広範囲から偏りなく出題されており，複数分野の融合問題もみられることから，どの分野にも力を入れ，不得意分野は確実になくしておくことが必要である。どの分野から出題されても得点できるようにしておきたい。

3　マークシート方式への対応

　全問がマークシート方式による空所補充形式であるので，対策を十分にしておくこと。計算ミスや転記ミスなどのケアレスミスを絶対にしないように，日頃の問題演習の中で正確な計算力や十分な注意力を養っておきたい。また，問題を解き終わったあとで必ず見直しをする（たとえば，方程式なら解を代入してみるなど）習慣をつけておこう。さらに，結果を予測する力や，迅速に計算を処理する技術なども身につけておくとよい。

4　入試問題集の活用

　実戦力を高めるためには数多くの問題を解くことが必要である。基本〜標準程度の入試問題集を利用して問題練習をしておきたい。実際の入試問題を解くことにより，多くの解法パターンを理解し，活用できるようになり，問題の解法を見通す力が身につくようになる。さらに，さまざまな問題を解くことによって内容の理解も深まり，応用力も養えるであろう。

物　理

年度	番号	項 目	内　　　容
☆ *2023*	〔1〕	原　　子	真空放電，光電効果，X線
	〔2〕	電　磁　気	交流，変圧器，実効値
	〔3〕	力　　学	万有引力
	〔4〕	力　　学	弾性力，単振動，2物体の運動
☆ *2022*	〔1〕	電 磁 気, 波　　動	熱放射，ホイヘンスの原理
	〔2〕	力　　学	円錐の内面上での球の運動
	〔3〕	熱　力　学	ばね付きピストンで封じられた気体
	〔4〕	熱　力　学	気体分子の運動
☆ *2021*	〔1〕	波　　動	光の速さの測定
	〔2〕	力　　学	エレベーター内での単振動
	〔3〕	力　　学	地球のトンネル内の物体の単振動
	〔4〕	電　磁　気	非直線抵抗
	〔5〕	熱　力　学	分子の熱運動による標高と気温の関係

傾　向　　各分野から基本問題を中心に出題

1　出題形式は？

　2021年度は大問5題の出題であったが，2022・2023年度は大問4題の出題であった。全問，解答を選択肢から選ぶマークシート方式が採用されている。各大問は，リード文を完成する空所補充問題もしくは数問の小問からなっている。試験時間は60分。

2　出題内容はどうか？

　出題範囲は「物理基礎・物理」である。

　2022年度は電磁気および波動，力学から1題ずつ，熱力学から2題出題されたが，2023年度は電磁気および原子から1題ずつ，力学から2題出題された。全体的には力学の内容からの出題が多いが，それ以外の分野からも出題されるので，満遍なく学習する必要がある。頻出の内容を扱った計算問題や，基本事項や公式の導出過程を記述した文章中の

34　東京農業大／傾向と対策

空所補充問題が出題されている。

3　難易度は？

　例年，おおむね平易な基本的事項を重視した出題で，教科書の章末問題ができれば十分対応できるレベルである。2022 年度以降は問題数が減り，時間的な余裕もあった。通常の学習で高得点をとることが可能であろう。

対　策

■　基本事項の習得を

　教科書の徹底理解が重要。特に，基本事項を十分に理解しておくことが大切である。単位，物理用語，法則名，現象の名前や原理，公式の導出過程，科学史など知識を問う出題もあるので，教科書を「読み込む」必要がある。

■　計算問題をしっかりと解こう

　計算問題は教科書の例題・章末問題レベルなので，それらの徹底研究をはかるとともに，教科書傍用問題集を 1 冊丁寧に納得できるまで解いておきたい。日頃から計算をいとわず，正確に，かつ迅速に計算できる能力を鍛えておこう。

東京農業大／傾向と対策　35

化　学

年度	番号	項　　目	内　　　　　容
☆ 2023	〔1〕	有　　機	セッケン，コロイド，油脂，けん化価，ヨウ素価　⇨計算
	〔2〕	理論・有機	エステルの合成と加水分解，化学平衡，平衡定数，ルシャトリエの原理，溶液の調製，実験操作，凝固点降下，気体の溶解度　⇨計算
	〔3〕	理　　論	熱化学，反応熱，中和熱の計算，結合エネルギー　⇨計算
	〔4〕	有　　機	光学異性体，有機化合物の構造，有機化合物の抽出，分液ろうとの使い方，エステルの加水分解，収率
☆ 2022	〔1〕	理論・無機	アンモニアの発生と性質，電離平衡　⇨計算
	〔2〕	理　　論	原子の構造と電子配置，結晶格子　⇨計算
	〔3〕	理　　論	逆滴定，実験器具の使用方法　⇨計算
	〔4〕	有機・理論	殺虫剤の成分，エステルの加水分解　⇨計算
☆ 2021	〔1〕	理　　論	混合物の分離と精製
	〔2〕	有機・理論	乳酸発酵，気体の法則，電離平衡，中和　⇨計算
	〔3〕	理　　論	電気分解，イオン交換膜法　⇨計算
	〔4〕	有　　機	サリチル酸メチルの合成，化学平衡，酵素，官能基，医薬品

傾　向　教科書の内容中心だがハイレベルな問題も テクニックに頼らず，基本に忠実に！

1　出題形式は？

　大問4題の出題。全問マークシート方式で，2～10個の選択肢の中から1つの正解を選ぶ形式である。試験時間は60分。

2　出題内容はどうか？

　出題範囲は「化学基礎・化学」である。

　2023年度は2022年度に比べて有機分野の出題が多かったが，教科書の内容が理解できていれば，十分に解答できるはずである。教科書の内容が中心となる出題であるが，教科書に記載されていないような応用的な内容も出題されるので注意が必要である。このような問題については，問題文にヒントがあったり，問題を細分化してみると基本的な問題の集合であることに気づけるはずである。設問については，化学用語，物質の性質や特徴を問うものが多い。また，化学に関する定義の正誤判定問

題だけでなく，物質の性質に関する正誤判定問題もあるため，基本的な知識の理解も要求される。計算問題の出題も多く，選択肢の中から正しい数値を選ぶ形式である。

3 難易度は？

標準的な問題が多い一方で，標準〜難の問題も見受けられる。例年，計算問題が多く，60分の試験時間を考えると難度は高い。わかっている問題から速く解いていかないと時間不足になるだろう。また，毎年有機化学分野に難問が出題されている。立体異性体についてその表記法を含めて難問にもあたっておこう。

対 策

1 基本原理

基本的な原理・法則からの出題が多いので，これらを完全に理解することが対策として最重要である。基本原理はいろいろな視点から問われるので，過去問を十分に解いてどのような方向からどのような形で質問されているかを知っておく必要がある。

2 化学反応式

少なくとも教科書に記載されている反応式は有機も無機もすらすらと書けるようにしておきたい。

3 計算問題

計算問題が多く出題されているので，速く正確に解けるように十分に練習をしておかなければならない。化学特有の計算法に慣れておくことが大切である。計算問題の解き方が詳しく解説してある参考書・問題集などを使って計算演習をしておきたい。

4 有機対策

主要な化合物の構造式・名称・合成経路を整理して官能基や構造に特有の反応を理解しておこう。特に分析結果から構造式を推定する問題は基本中の基本であるので，しっかりと練習しておくこと。有機の反応は多いが，すべて炭化水素・アルコール・アルデヒド・ケトン・カルボン酸などの基本的反応の組み合わせであるので，これらに重点をおいて学習しよう。天然高分子化合物，合成高分子化合物の構造も確実に書ける

ようにしておきたい。また，教科書に記載されていない応用事項の対策
も必要である。

5　無機対策

　まず，周期表の学習を行うこと。周期表は原子の構造・性質を表すも
ので化学の基本ともいえる。周期表から多くの化合物の化学式や性質が
推定できるであろう。無機には酸・塩基反応，酸化還元反応をはじめ，
沈殿生成・気体発生・錯イオン生成・両性化合物など多数の反応がある
が，系統的に分類して記憶するのが効率的である。無機分野を楽しく確
実に覚えるには『風呂で覚える化学』（教学社）を利用したい。無機以
外の分野の知識の定着にも本書は適している。

38 東京農業大／傾向と対策

生　物

年度	番号	項　　目	内　　　　　容
☆ 2023	〔1〕	生態，代謝	物質循環，呼吸　　　　　　　　　　　　　　⇨計算
	〔2〕	生殖・発生	生物の発生
	〔3〕	体 内 環 境	血液循環，自律神経系，内分泌系
	〔4〕	進化・系統	生命の進化
☆ 2022	〔1〕	細　　　胞	GFP タンパク質の利用，タンパク質の機能，バイオテクノロジーの応用
	〔2〕	体 内 環 境	自律神経系と内分泌系の調節
	〔3〕	総　　　合	顕微鏡を用いた探究活動　　　　　　　　　　⇨計算
	〔4〕	生殖・発生	植物の発生　　　　　　　　　　　　　　　　⇨計算
☆ 2021	〔1〕	細　　　胞	生物の構成成分
	〔2〕	生殖・発生，植物の反応	植物ホルモン，頂芽優勢，花の ABC モデル
	〔3〕	体 内 環 境	体液，自律神経系，内分泌系
	〔4〕	生殖・発生	植物の生殖，有性生殖　　　　　　　　　　　⇨計算

傾　向　　思考力を要する問題に注意

1 出題形式は？

　　全問マークシート方式による選択式。大問数 4 題，解答個数 40 個となっている。試験時間は 60 分。

2 出題内容はどうか？

　　出題範囲は「生物基礎・生物」である。

　　幅広い分野からの出題がみられるが，体内環境，生殖・発生からの出題が多い。以前は野菜や家畜といった大学の性格と関連するテーマが取り上げられることも多かったが，ここ数年は比較的オーソドックスな問題が出題されている。しかし，細かく問題をみていくと，農学と結びつく設問も多く見受けられる。

3 難易度は？

　　標準的な問題から難度の高い問題まで，バランスよく出題されている。思考力を要するレベルの高い出題や，細かい知識を問う出題もあるので，

高得点を得るためには十分な準備が必要である。また，複雑な計算問題が出題されることもあるので，時間配分には十分気をつけよう。

対　策

1　基本学習の徹底

　全問マークシート方式であるため，一見易しくみえるが，内容は難しいものも多い。中途半端な知識では，選択肢があるためかえって迷うことになるので，基本的な学習をしっかりしておく必要がある。教科書の復習や教科書傍用問題集などを用いた演習を徹底的に行うこと。図やグラフの正しい見方，探究活動の理解も重要である。

2　重要項目

　代謝，体内環境，生殖・発生…幅広い分野が関係するが，特にホルモンや神経を含む恒常性について重点的に学習しておきたい。

　進化・系統…難度の高い計算問題が出題されることもあるので，教科書の内容をよく理解した上で，応用的な問題に慣れておく必要がある。また，系統・分類の知識も確実にしておきたい。

　生態…遷移や物質の循環など，生態系や環境に関係する分野は東京農業大学が得意とする研究分野の1つである。教科書や資料集に載っている図や表については特によくチェックしておくとよい。

　植物の反応…植物ホルモンなど植物の生理作用に注意すること。

3　過去問の研究

　大学の性格上，農業，林業，畜産，醸造などをテーマにした問題が今後も出題される可能性がある。また，環境問題，遺伝情報，栽培植物の生理的な特徴，進化・系統，光合成や呼吸に関する分野には特に注意しておきたい。

40　東京農業大／傾向と対策

国　語

年度	番号	種　類	類別	内　　　容	出　　典
☆ 2023	〔1〕	現代文	評論	書き取り，欠文挿入箇所，内容説明，空所補充，主旨，表現効果	「科学する心」池澤夏樹
	〔2〕	現代文	評論	書き取り，空所補充，内容説明，主旨	「近代日本思想の肖像」大澤真幸
☆ 2022	〔1〕	現代文	評論	書き取り，空所補充，内容説明，欠文挿入箇所，指示内容，主旨	「科学者が人間であること」中村桂子
	〔2〕	現代文	評論 評論	書き取り，空所補充，慣用表現，内容説明，文学史，主旨	「教養について」西尾幹二「負けない力」橋本治
☆ 2021	〔1〕	現代文	評論	書き取り，空所補充，文学史，欠文挿入箇所，内容説明，指示内容，主旨，文章の構成	「近代絵画」小林秀雄
	〔2〕	現代文	評論	書き取り，内容説明，文学史，文法，四字熟語，空所補充，主旨	「日本文化をよむ」　藤田正勝

傾　向　　読解系と知識系のバランスのよい出題
2022 年度は 2 つの文章を並べた大問も

1 出題形式は？

　例年，大問数 2 題で，全問マークシート方式による選択式である。試験時間は 60 分となっている。なお，2021 年度までの出題範囲は「国語総合（漢文を除く）」であったが，2022 年度以降の出題範囲は「国語（古文・漢文を除く）」となった。

2 出題内容はどうか？

　現代文の評論 2 題の出題が続いている。2022 年度〔2〕では 2 つの評論が出題され，両方の文章にかかわる設問も出題された。例年，読解系の設問では，欠文挿入箇所を含めた空所補充と内容説明が中心となっており，緻密な読解が要求されている。知識系の設問では，書き取り，読み，文学史（2021 年度は西洋の文学史も），語意（外来語や古語，慣用表現も含む）が頻出である。広範囲にわたる多角的な知識と，やや長めの文章を確実に読み解く力が試されている。

3 難易度は？

　設問によって難易度にはばらつきがあるが，読解系の設問はほぼ標準レベルである。知識系の設問では細かい内容まで問われるものもあるので，難問と感じる受験生も多いだろう。試験時間に対する問題の分量は適切だと思われるが，迷う設問で時間を使いすぎないよう，全体のペース配分に注意したい。

対　策

1　現代文

　問題集を利用し，文学論や日本人論・言語論などやや長めの評論文に備えておこう。有名な短歌や俳句，詩にもふれておきたい。また，国語便覧や用語集を利用して，現代文の重要単語の意味を知識として蓄えておくこと。問題演習の際，意味のわからない語は辞書で調べておこう。同義語や対義語，四字熟語の意味が間接的に問われることもある。空所補充や欠文挿入箇所の問題に対応するには，問題文中のキーワードや接続関係，文末に注意しよう。文と文，段落と段落の関係をきちんと押さえながら読むとよい。

　例年出題傾向は類似しているが，2022 年度は新傾向の複数素材の問題もあったので，過去問にあたって確認しておきたい。特に内容説明問題では選択肢をきちんと比較検討し，本文と照らし合わせることが大切である。短時間でそれができるよう，訓練しておこう。

2　漢　字

　書き取りは必出であり，ここで失点することは避けたい。マークシート方式だが，書き取りは熟語における同音異字が問われるので，熟語を正確に書き分けられる力をつけておく必要がある。問題集の同音異字の部分を繰り返し学習すること。

3　文学史

　基本的な知識を幅広く問われる。国語便覧や文学史の問題集を活用し，有名な作品や人物・事項については，細かい内容まで知識として蓄えておきたい。さらに，2021 年度は，ボードレールの作品名が出題された。日本の文学史だけではなく，西洋の文学史にも目配りが必要である。

42　東京農業大／傾向と対策

2023年度

問題と解答

東京農業大   2023 年度　問題　*3*

■一般選抜Ａ日程（２月４日実施分）

問題編

▶試験科目・配点

教　科	科　　　　　目	配　点
外国語	コミュニケーション英語基礎・Ⅰ・Ⅱ・Ⅲ，英語表現Ⅰ・Ⅱ	100 点
選択Ⅰ	「数学Ⅰ・Ａ・Ⅱ・Ｂ」，「国語（古文・漢文を除く）」から１科目選択	100 点
選択Ⅱ	農（農・生物資源開発）・応用生物科（農芸化・食品安全健康・栄養科）・生物産業（北方圏農・海洋水産）学部： 　「化学基礎・化学」，「生物基礎・生物」から１科目選択 農（動物科）・応用生物科（醸造科）・生命科学部： 　「物理基礎・物理」，「化学基礎・化学」，「生物基礎・生物」から 　１科目選択 地域環境科（生産環境工）学部： 　地理Ｂ，「物理基礎・物理」，「化学基礎・化学」，「生物基礎・生物」から１科目選択 国際食料情報・生物産業（自然資源経営）学部： 　日本史Ｂ，世界史Ｂ，地理Ｂ，現代社会，「化学基礎・化学」， 　「生物基礎・生物」から１科目選択 農（デザイン農）・地域環境科（森林総合科・造園科・地域創成科） ・生物産業（食香粧化）学部： 　日本史Ｂ，世界史Ｂ，地理Ｂ，現代社会，「物理基礎・物理」， 　「化学基礎・化学」，「生物基礎・生物」から１科目選択	100 点

▶備　考

・英語は筆記試験のみ。

・数学Ｂは数列およびベクトルを出題範囲とする。

4 2023年度　英語　　　　　　　　　　　　　　　　　　　　　東京農業大

（60分）

I　次の英文を読み、問1〜問5に答えなさい。

著作権の都合上，省略。

Spectrum Reading Grade 8 by Spectrum, Carson-Dellosa Publishing

著作権の都合上，省略。

問1 Which paragraph gives an example of the underlined part（1）it never spoils?　　1

① Paragraph 1　　② Paragraph 3　　③ Paragraph 4　　④ Paragraph 6

問2 The following table shows some of the products made with honey and why honey is used to make them. Choose the most appropriate set of words to complete the table.　　2

Product	Why honey is used
Cough suppressant	It is effective in （ A ） coughs.
Medicine for （ B ）	It kills bacteria.
Shampoo	It kills germs and prevents （ C ）.

① (A) helping　　(B) injury　　(C) moisture

② (A) yielding　　(B) cuts　　(C) smell

③ (A) letting go　　(B) scars　　(C) damage

④ (A) soothing　　(B) wounds　　(C) dryness

問3 Which of the following is the main idea of this essay?　　3

① Honey has been used for medicinal purposes throughout the history.

② You can try making your own cosmetics using honey.

③ Honey is incredible in many ways.

④ We have been using honey for more than 7,000 years.

問4 本文と内容が異なるものを、下記の選択肢から選びなさい。　　4

① 高度な技術を持つ人間でも、「人工ハチミツ」を作ることはできない。

② ハチミツ入りの化粧品の製法はネットで見つけられる。

③ エジプトのピラミッドで3,000年以上前のハチミツが見つかった。

④ スペインの壁画に、ハチミツを食べる習慣が描かれている。

問5 次の文を入れるのに最も適切な箇所を、本文の＜ ① ＞～＜ ④ ＞の中から選びなさい。　　5

No other food has such lasting power!

6 2023 年度　英語　　　　　　　　　　　　　　　　　　　　　　　　　　　東京農業大

Ⅱ 次の英文を読んで、空欄 6 ～ 15 に入る最も適切なものを、それぞれ下記の選択肢から選びなさい。

Because the Japanese themselves eat so much fish, they are also involved in many international efforts to increase production. Off the coast of Spain, for example, they help to finance tuna farms, 6 by Spanish workers and supplied with Dutch-caught herring 7 vitamins from European pharmaceutical companies*. Near Australia, too, tuna ranching has become big business. Rather than harvesting whatever the seas produce, fishing there becomes a kind of transnational industry, 8 the farms operate as links in a "commodity chain" that Tsukiji* ultimately ties to plates in Tokyo homes. One reason for the joint venture near Spain, or the ranches off the Australian coast, or the dealings with Maine fishers, is that the Japanese cannot go it alone. Global rules set 200-mile fishing limits, reserving the oceans near each country's coast as a zone for 9 use by its own fishermen. Other rules limit, 10 in principle, what fishers can catch in the open ocean. As the "command and control center" of the global fishing trade, Tsukiji experiences the impact of such international regulations intended to safeguard ocean 11 . How well the rules really work to protect the fish is another matter.

Food brings the world home in Japan. In the comfort of their sushi shops, Japanese consumers can take in the world's bounty. 12 , outside Japan more people enjoy similar seafood in Japanese style. Their diets still differ, but they have much more 13 . At a minimum, globalization means that people become connected across large distances by doing the same sorts of things or having the same sorts of experiences. 14 eating fish, it matters ever less where you are. In the fishing industry, more people also are connected in the chain that links fisher to transporter to auctioneer to trader to 15 to consumer.

［注］pharmaceutical company「製薬会社」

　　　Tsukiji「築地（2018年に、東京都中央卸売市場は築地から豊洲へ移転）」

問 6	① heard	② seen	③ run	④ walked	6
問 7	① filled of	② filled with	③ filled by	④ filled at	7
問 8	① above which	② out of which	③ in which	④ of which	8
問 9	① exclusive	② inclusive	③ conclusive	④ reclusive	9
問10	① at the beginning	② at first	③ at least	④ at most	10
問11	① habit	② habituation	③ habited	④ habitats	11
問12	① By all means	② By the same token			12
	③ By the end	④ By the way			
問13	① in common	② for ages	③ at best	④ by mistake	13
問14	① At last	② In favor of	③ In spite of	④ When it comes to	14

出典追記：Globalization: The Making of World Society by Frank J. Lechner, Wiley-Blackwell

東京農業大 2023 年度 英語 7

問15　① retreater　　② retorter　　③ retiree　　④ retailer　　　　15

Ⅲ　次の問に答えなさい。

（1）問16～問18の（　A　）と（　B　）の組み合わせとして最も適切なものを、下記の選択肢から選びなさい。

問16　Intelligent（　A　）John（　B　）, he can't figure out how this machine works.　　16

① A：although　　　　　B：has been
② A：as　　　　　　　　B：is
③ A：however　　　　　B：has been
④ A：but　　　　　　　B：is

問17　It is（　A　）that I accept this nomination of myself to be one of the（　B　）.　　17

① A：with great pride　　B：representatives
② A：at great pride　　　B：represent
③ A：to great pride　　　B：representative
④ A：great pride　　　　B：represents

問18　I hardly ever see my parents（　A　）they're not smiling at（　B　）.　　18

① A：where　　　　　　B：them
② A：who　　　　　　　B：each other
③ A：when　　　　　　B：each other
④ A：how　　　　　　　B：them

（2）問19～問20の（　　）に入れるのに最も適切なものを、下記の選択肢から選びなさい。

問19　Mary is having difficulty learning another foreign language, and（　　）.　　19

① so does John　　② so is John　　③ John does so　　④ John is so

問20　No matter（　　）criticism he gets, John thinks his wife will tolerate it.　　20

① how much　　② how　　③ how many　　④ how long

8　2023年度　英語　　　　　　　　　　　　　　　　　　　　　　東京農業大

Ⅳ　次の問に答えなさい。

問21　次の英語が説明している内容を表す単語を、下記の選択肢から選びなさい。　　　　21

a short passage from a book, piece of music, etc. that gives you an idea of what the whole thing is like

①　extent　　②　extinction　　③　extract　　④　exact

問22　次の会話をしている人物の関係として最も適切な組み合わせを、下記の選択肢から選びなさい。

22

A：Hello, can I speak to Mr. Smith, please?

B：This is Daniel Smith speaking.

A：This is Mary Williams and I'm calling about that apartment.

B：Oh, would you be interested in seeing it?

A：Yes, if that's possible. I'm wondering if the building is located in a quiet area.

①　a woman and a construction company employee

②　a woman and a local real estate agent

③　a woman and a local travel agent

④　a woman and a transportation company employee

問23　次の【例】にある2つの単語の組み合わせと同じ関係になるように、【問】の単語の組み合わせを完成させなさい。その際に空欄　23　に入る適語を、下記の選択肢から選びなさい。

【例】race：fatigue

【問】fast：　23

①　food　　②　hunger　　③　accident　　④　laziness

問24　次の英文の解答として最も適切なものを、下記の選択肢から選びなさい。　　　　24

A teacher has three packages of stickers. One package contains 56 stickers, another package contains 48 stickers, and the third package contains 58 stickers. If the teacher divides all the stickers equally among 27 students, how many stickers will each student receive?

①　6　　②　9　　③　12　　④　15

問25　次の4つの文はもともと一続きの文章を構成する英文である。正しい順番を示すものを下記の選択肢から選びなさい。

25

1．Queueing, or waiting in a line, is the national passion of an otherwise dispassionate race.

2．When the bus arrives, they make a dash for it; most of them leave by the bus and an unfortunate minority is taken away by an elegant black ambulance car.

3．On the continent, if people are waiting at a bus stop, they loiter around in a seemingly vague fashion.

4．The English are rather shy about it, and deny that they adore it.

①　1－4－3－2　　②　2－4－3－1　　③　3－2－1－4　　④　4－2－1－3

出典追記：Ⅳ問25 How to be a Brit by George Mikes, Penguin Books Ltd.

東京農業大   2023 年度　英語　*9*

V（1）次の日本語の文に対応する英文の空欄 ┃ 26 ┃ ～ ┃ 28 ┃ に入れるのに最も適切なものを、下記の選択肢①～⑨の中からそれぞれ1つ選びなさい。

　世界貿易機関（WTO）は、自由貿易を促進するために設立された国際的な機関であり、世界の164の国と地域が参加しています。WTOは、関税および貿易に関する一般協定（GATT）に取って代わるものとして、1995年に設立されました。GATTは、第二次世界大戦前のように世界経済が経済ブロックに分かれることを防ぐために、1948年に締結された協定です。この協定により、世界各国が輸入規制を撤廃し、関税率を引き下げました。

　The World Trade Organization（WTO） ┃ 26 ┃ , in which 164 countries or areas of the world participate. The WTO was established in 1995 as a successor to the General Agreement on Tariffs and Trade（GATT）. GATT was an agreement concluded in 1948 ┃ 27 ┃ as in prior to World War Ⅱ. According to this agreement, ┃ 28 ┃ and reduced tariff rates.

　　＜選択肢＞
　　①　is an internationally established organization for the enforcement of free trade
　　②　in order to prevent the economic world to be divided by economic blocs
　　③　in every country in the world, the restrictions on import were dismissed
　　④　countries around the world removed the restrictions on import
　　⑤　is an organization established internationally to manipulate free trading
　　⑥　to avoid the economy in the world to be separated from economic blocs
　　⑦　is an international organization established to stimulate free trade
　　⑧　all the countries of the world imposed the import restriction
　　⑨　to prevent the world economy from dividing into economic blocs

（2）次の2種類の日本語の会話に対応する英文の空欄 ┃ 29 ┃ ～ ┃ 30 ┃ に入れるのに最も適切なものを、下記の選択肢①～⑥の中からそれぞれ1つ選びなさい。

A：OK, ┃ 29 ┃ . Put your pencils down.
はい、時間です。鉛筆を置いてください。
B：Ah, I wish I had five more minutes.
ああ、あと5分あったらなあ。

出典追記：Ⅴ⑴ 大島朋剛、Elizabeth Mills『新版　英語対訳で読む「経済」入門』実業之日本社

10 2023 年度　英語

東京農業大

A : Tomorrow's luncheon meeting is going to be held at noon. Please try to ┌ 30 ┐.

　明日の昼食会議は正午に開始する予定です。定刻通りにお越しください。

B : All right, see you tomorrow.

　わかりました、ではまた明日。

<選択肢>

① time is running out

② make it on time

③ time is stopped

④ be timely

⑤ come in time

⑥ time is up

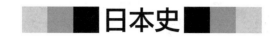

日本史

(60分)

Ⅰ 次の**文章1～3**を読み、**問1～問10**に答えよ。

1　10～11世紀における文化の国風化を象徴するものに、(a)かな（仮名）文字の発達がある。まず、和歌がさかんとなり、905年には(b)『古今和歌集』が編集された。また、(c)かな物語やかなの日記といった、かな文学が隆盛した。

問1　下線部(a)に関連する説明X・Yについて、その正誤の組み合わせとして最も適切なものはどれか。次の①～④の中から一つ選べ。 ☐1

X：万葉がな（仮名）の草書体を簡略化したのが、平がな（仮名）である。
Y：平がな（仮名）は主に女性に用いられ、女手（女文字）とも呼ばれた。

① X：正 － Y：正　　② X：正 － Y：誤
③ X：誤 － Y：正　　④ X：誤 － Y：誤

問2　下線部(b)に関連する説明a～dの組み合わせとして最も適切なものはどれか。次の①～④の中から一つ選べ。 ☐2

a：序文はすべて真名序によって構成されている。
b：『万葉集』以降のおよそ1,100首を収めている。
c：『古今和歌集』以後、鎌倉時代初めの『新古今和歌集』まで8回にわたり勅撰和歌集が編集された。
d：平安前期の和歌の上手6人である六歌仙が中心となって編集した。

① a・b　　② c・d　　③ a・d　　④ b・c

問3　下線部(c)に関連する説明X・Y・Zに対応する**作品**の組み合わせとして最も適切なものはどれか。次の①～④の中から一つ選べ。 ☐3

X：光源氏の恋愛、薫大将の悲劇を描く全54帖からなる長編小説。
Y：宮廷生活や四季の情趣を描写した随筆風の作品。
Z：在原業平を主人公とする恋愛物語を、和歌を中心に構成した短編集。

① X：『源氏物語』 － Y：『伊勢物語』 － Z：『枕草子』
② X：『源氏物語』 － Y：『枕草子』 － Z：『伊勢物語』
③ X：『枕草子』 － Y：『伊勢物語』 － Z：『源氏物語』
④ X：『伊勢物語』 － Y：『枕草子』 － Z：『源氏物語』

12 2023 年度・日本史　　　　　　　　　　　　　　　　　　　　　　　　　　　　　東京農業大

2　摂関時代の仏教では、現世利益を求めるさまざまな信仰とならび、(d) 浄土教が貴族と庶民のあいだ
　で流行した。また、(e) 末法思想は、浄土教の発達を刺激した。そして、往生をとげたと信じられた人々
　の伝記を集めた　あ　の『日本往生極楽記』をはじめ、多くの往生伝がつくられた。

問4　下線部 (d) に関連する説明X・Yについて、その正誤の組み合わせとして最も適切なものはどれか。
　　次の①〜④の中から一つ選べ。　4
　　X：来世において極楽浄土に往生し、そこで悟りを得て苦がなくなることを願う教えである。
　　Y：「市聖」と称された一遍は、京中を遊行して念仏の教えを説いた。
　　①　X：正　−　Y：正　　　　②　X：正　−　Y：誤
　　③　X：誤　−　Y：正　　　　④　X：誤　−　Y：誤

問5　下線部 (e) に関連する説明として最も適切なものはどれか。次の①〜④の中から一つ選べ。
　　5
　　①　本地垂迹説の思想と合体し、御霊会がさかんにもよおされた。
　　②　釈迦入滅後1000年間は、釈迦の教が実践され、その証が得られる像法とされた。
　　③　日本では、1052年が末法元年とされた。
　　④　末法の年から1000年後を、証が得られなくなった時代として正法と呼んだ。

問6　あ　に入る人物として最も適切なものはどれか。次の①〜④の中から一つ選べ。　6
　　①　源信（恵心僧都）　　　②　慶滋保胤　　　③　大江匡房　　　④　三善為康

3　浄土教流行にともない、これに関連する建築・美術作品が数多くつくられた。　い　の子である
　　う　が建立した　え　は、阿弥陀堂の代表的な遺構である。また　え　の阿弥陀如来像は (f) 寄
　木造の手法が用いられている。
　　貴族の住宅は、(g) 寝殿造とよばれ、屋内の調度品にも、日本独自に発達をとげた (h) 蒔絵や螺鈿の
　手法が多く用いられた。

問7　い　〜　え　に入る語句の組み合わせとして最も適切なものはどれか。次の①〜④の中から一
　　つ選べ。　7
　　①　い：藤原道長　−　う：藤原頼通　−　え：平等院鳳凰堂
　　②　い：藤原頼通　−　う：藤原道長　−　え：平等院鳳凰堂
　　③　い：藤原道隆　−　う：藤原隆家　−　え：法成寺
　　④　い：藤原隆家　−　う：藤原道隆　−　え：法成寺

問8　下線部 (f) に関連する説明X・Y・Zについて、その正誤の組み合わせとして最も適切なものはど
　　れか。次の①〜④の中から一つ選べ。　8
　　X：仏師定朝は、寄木造の手法を用い、定朝様と呼ばれる優美な和様を完成した。
　　Y：多くの仏師による分業作業、短時間での大量制作、大型の仏像制作を可能とした。
　　Z：法界寺阿弥陀如来像は定朝様の代表例である。
　　①　X：正　−　Y：正　−　Z：正　　　②　X：正　−　Y：正　−　Z：誤

③　X：正　－　Y：誤　－　Z：誤　　　④　X：誤　－　Y：正　－　Z：正

問9　下線部 **(g)** に関する説明X・Yについて、その正誤の組み合わせとして最も適切なものはどれか。次の①～④の中から一つ選べ。　**9**

X：寝殿（正殿）を中心に、東対や釣殿などがある。

Y：建物は神明造・瓦葺などが基本となっている。

①　X：正　－　Y：正　　　②　X：正　－　Y：誤

③　X：誤　－　Y：正　　　④　X：誤　－　Y：誤

問10　下線部 **(h)** に関連する説明X・Yについて、その正誤の組み合わせとして最も適切なものはどれか。次の①～④の中から一つ選べ。　**10**

X：蒔絵とは漆で文様を描き、金・銀などの金属粉を蒔きつけて模様とする技法である。

Y：螺鈿とは夜光貝などを薄く剥いでみがき、様々な形に切って器物に埋め込む技法である。

①　X：正　－　Y：正　　　②　X：正　－　Y：誤

③　X：誤　－　Y：正　　　④　X：誤　－　Y：誤

Ⅱ　次の**年表**を読み、問1～問10に答えよ。

西暦年	事　項
1252	**あ**　、6代将軍に就任。
1268	**い**　使が　**う**　の国書を携えて大宰府に到着。**(a)** 北条時宗、執権に就任。
1270	**い**　で三別抄が反乱をおこす（～1273）。
1274	**(b)** 文永の役
え	弘安の役。
1285	安達泰盛が　**お**　の **(c)** 平頼綱に滅ぼされる（　**か**　）。
1293	**き**　を設置。
1297	窮乏する御家人救済のため、幕府は **(d)** 永仁の徳政令を発布した。

問1　**あ**　に入る人物として最も適切なものはどれか。次の①～④の中から一つ選べ。　**11**

①　藤原（九条）頼経　　②　藤原（九条）頼嗣　　③　宗尊親王　　④　惟康親王

問2　**い**・**う**　に入る語句の組み合わせとして最も適切なものはどれか。次の①～④の中から一つ選べ。　**12**

①　い：高麗　－　う：フビライ＝ハン　　②　い：元　　－　う：フビライ＝ハン

③　い：金　　－　う：チンギス＝ハン　　④　い：南宋　－　う：チンギス＝ハン

問3　下線部 **(a)** の説明として誤っているものはどれか。次の①～④の中から一つ選べ。　**13**

①　5代執権・北条時頼の息子である。

②　8代執権となった。

③　無学祖元を招き、鎌倉に円覚寺を開創した。

14 2023 年度　日本史　　　　　　　　　　　　　　　　　　　　　　　　　　　　　　東京農業大

④　日蓮から『立正安国論』が献上された。

問4　下線部 (b) の後、蒙古襲来の防備のために博多湾沿岸に構築されたものとして最も適切なものはどれか。次の①～④の中から一つ選べ。　14

　　①　磐座　　　②　水城　　　③　石築地（石塁）　　　④　環状列石

問5　え　に入る西暦年として最も適切なものはどれか。次の①～④の中から一つ選べ。　15

　　①　1277　　　②　1279　　　③　1281　　　④　1283

問6　お　に入る語句として最も適切なものはどれか。次の①～④の中から一つ選べ。　16

　　①　連署　　　②　評定衆　　　③　引付衆　　　④　内管領

問7　下線部 (c) を滅ぼし、得宗専制政治を確立した人物として最も適切なものはどれか。次の①～④の中から一つ選べ。　17

　　①　北条長時　　　②　北条貞時　　　③　北条時村　　　④　北条守時

問8　か　に入る語句として最も適切なものはどれか。次の①～④の中から一つ選べ。　18

　　①　宝治合戦　　　②　結城合戦　　　③　二月騒動　　　④　霜月騒動

問9　き　に入る語句として最も適切なものはどれか。次の①～④の中から一つ選べ。　19

　　①　鎮西探題　　　②　九州探題　　　③　長門探題　　　④　中国探題

問10　下線部 (d) の制定時の説明として誤っているものはどれか。次の①～④の中から一つ選べ。　20

　　①　10代執権・北条経時が発した。

　　②　御家人の所領の質入れや売買を禁止した。

　　③　非御家人や凡下の輩に質入れ、売却した御家人領を無償で取り戻させた。

　　④　御家人が関係する金銭の訴訟を受け付けなかった。

Ⅲ 化政文化に関連する次の**問１〜問10**に答えよ。

問1 下の**史料**に関連する説明**X・Y・Z**について、その正誤の組み合わせとして最も適切なものはどれか。次の①〜④の中から一つ選べ。 | 21 |

> ……日本は海国なれば、渡海・運送・交易は、固より国君の天職最第一の国務なれば、万国へ船舶を遣りて、国用の要用たる産物、及び金銀銅を抜き取て日本へ入れ、国力を厚くすべきは海国具足の仕方なり。自国の力を以て治る計りにては、国力次第に弱り、其弱り皆農民に当り、農民連年耗減するは自然の勢ひなり。

X：出典は本多利明が著した『経世秘策』である。

Y：国内の開発や海外貿易などの富国政策について述べられている。

Z：農政の沿革・農事を詳述し、富国の5方策を説き、国家社会主義の傾向もうかがえる。

① **X**：正 － **Y**：正 － **Z**：正 　　② **X**：誤 － **Y**：正 － **Z**：正
③ **X**：正 － **Y**：誤 － **Z**：正 　　④ **X**：正 － **Y**：正 － **Z**：誤

問2 伊能忠敬に関連する説明**X・Y・Z**について、その正誤の組み合わせとして最も適切なものはどれか。次の①〜④の中から一つ選べ。 | 22 |

X：下総佐原の商人で、天文方の渋川春海に測地・暦法を学んだ。

Y：幕府の命を受けて、全国の沿岸を実測した。

Z：『大日本沿海輿地全図』は、死後に完成した。

① **X**：正 － **Y**：正 － **Z**：正 　　② **X**：誤 － **Y**：正 － **Z**：正
③ **X**：正 － **Y**：誤 － **Z**：正 　　④ **X**：正 － **Y**：正 － **Z**：誤

問3 『東海道中膝栗毛』に関連する説明**X・Y・Z**について、その正誤の組み合わせとして最も適切なものはどれか。次の①〜④の中から一つ選べ。 | 23 |

X：庶民生活の会話を写実的に描写した人情本である。

Y：江戸っ子の弥次郎兵衛と喜多八の東海道旅行記である。

Z：江戸の湯屋を舞台とした『浮世風呂』も、作者である十返舎一九の代表作のひとつである。

① **X**：正 － **Y**：正 － **Z**：正 　　② **X**：正 － **Y**：誤 － **Z**：正
③ **X**：誤 － **Y**：誤 － **Z**：誤 　　④ **X**：誤 － **Y**：正 － **Z**：誤

問4 小林一茶に関連する説明**X・Y**について、その正誤の組み合わせとして最も適切なものはどれか。次の①〜④の中から一つ選べ。 | 24 |

X：『おらが春』は、代表的な俳諧作品集である。

Y：越後の禅僧で、古今調の作風で優雅で平明な歌を詠んだ。

① **X**：正 － **Y**：正 　　② **X**：正 － **Y**：誤
③ **X**：誤 － **Y**：正 　　④ **X**：誤 － **Y**：誤

問5 葛飾北斎に関連する説明**X・Y**について、その正誤の組み合わせとして最も適切なものはどれか。次の①〜④の中から一つ選べ。 | 25 |

X：富士山を各地から眺めた『富嶽三十六景』は代表的な風景版画である。中でも「凱風快晴」「神奈

16 2023年度 日本史　　　　　　　　　　　　　　　　　　　　　　　　　　　東京農業大

川沖浪裏」などが有名である。

　Y：東海道の宿場町の風景・風俗を描いた『東海道五十三次』で日本的風景版画を大成させた。

　① X：正 － Y：正　　　② X：正 － Y：誤

　③ X：誤 － Y：正　　　④ X：誤 － Y：誤

問6　歌川国芳に関連する説明X・Yについて、その正誤の組み合わせとして最も適切なものはどれか。次の①～④の中から一つ選べ。　26

　X：風景版画の『名所江戸百景』は最晩年の代表作である。

　Y：「朝比奈小人嶋遊」は代表作のひとつである。

　① X：正 － Y：正　　　② X：正 － Y：誤

　③ X：誤 － Y：正　　　④ X：誤 － Y：誤

問7　渡辺崋山に関連する説明X・Yについて、その正誤の組み合わせとして最も適切なものはどれか。次の①～④の中から一つ選べ。　27

　X：モリソン号事件の無謀さを、外国事情の紹介から説く『慎機論』を著した。

　Y：陰影を施した洋画的手法で写実的な肖像画である『鷹見泉石像』を描いた。

　① X：正 － Y：正　　　② X：正 － Y：誤

　③ X：誤 － Y：正　　　④ X：誤 － Y：誤

問8　読本の**作者**と**作品**の組み合わせとして最も適切なものはどれか。次の①～④の中から一つ選べ。

　28

　① **作者**：柳亭種彦 － **作品**：『春色梅児誉美（暦）』

　② **作者**：上田秋成 － **作品**：『雨月物語』

　③ **作者**：為永春水 － **作品**：『偐紫田舎源氏』

　④ **作者**：鶴屋南北 － **作品**：『椿説弓張月』

問9　江戸時代の旅に関連する説明X・Y・Zについて、その正誤の組み合わせとして最も適切なものはどれか。次の①～④の中から一つ選べ。　29

　X：伊勢神宮・善光寺・讃岐金毘羅宮（金刀比羅宮）などへの寺社参詣や、四国八十八カ所などへの聖地・霊場への巡礼が盛んにおこなわれた。

　Y：伊勢神宮への集団参詣のことを御蔭参りと称した。

　Z：菅江真澄は東北各地を旅し、雪国の自然や農民の生活などを『北越雪譜』で写実的に著した。

　① X：正 － Y：正 － Z：正　　　② X：誤 － Y：正 － Z：正

　③ X：正 － Y：誤 － Z：正　　　④ X：正 － Y：正 － Z：誤

問10　季節ごとに定められた祝い日である節句のうち、江戸幕府によって定められた五節句の一つとして**誤っている**ものはどれか。次の①～④の中から一つ選べ。　30

　① 立春（2月2日）　　　② 上巳（3月3日）

　③ 端午（5月5日）　　　④ 七夕（7月7日）

東京農業大 2023 年度 日本史 17

Ⅳ 次の**文章 1・2**、**史料 3・4** を読み、**問 1 ～問10**に答えよ。

1　1928年の普通選挙制による最初の総選挙では、これまで非合法活動を余儀なくされていた日本共産党が
公然と活動を開始した。田中義一内閣は衝撃を受け、(a) 選挙直後に共産党員の一斉検挙をおこない、日
本労働組合評議会などの関係団体を解散させた。また、同年に (b) 治安維持法を改正し、翌1929にも
大規模な検挙をおこなったため、日本共産党は大きな打撃を受けた。

問 1　下線部 (a) の事件として最も適切なものはどれか。次の①～④の中から一つ選べ。 31
　　① 三・一五事件　　② 四・一六事件　　③ 3月事件　　④ 10月事件

問 2　下線部 (b) に関連する説明として**誤っている**ものはどれか。次の①～④の中から一つ選べ。 32
　　① 「国体」の変革を目的とする結社の組織者・指導者には死刑・無期刑を科すことができるようになった。
　　② 警視庁に思想犯・政治犯を取り締まる特別高等課（特高）を設置した。
　　③ 緊急勅令によって実施された。
　　④ 1941年、違反者の再反防止のため、予防拘禁制が追加された。

2　全国統一をめざして北上する (c) 国民革命軍は、広東から長江流域を北上し、各地方を制圧していった。
これに対して田中義一内閣は、1927年に中国関係の外交官・軍人を集めて東方会議を開き、満州における
日本権益を実力で守る方針を決定した。この年から翌年にかけて田中内閣は、満州軍閥の張作霖を支援し、
国民革命軍に対抗するため、3次にわたる山東出兵を実施した。(d) 第 2 次出兵の際には日本軍は国民
革命軍とのあいだに武力衝突をおこした。

問 3　下線部 (c) を率いて北伐を進めた中国国民党政府軍総司令として最も適切なものはどれか。次の①
　　～④の中から一つ選べ。 33
　　① 孫文　　② 蔣介石　　③ 段祺瑞　　④ 袁世凱

問 4　下線部 (d) に関連する事件として最も適切なものはどれか。次の①～④の中から一つ選べ。 34
　　① 西安事件　　② 済南事件　　③ 平頂山事件　　④ 万宝山事件

3　(e) 現内閣ハ (f) 一銀行一商店ノ救済ニ熱心ナルモ、(g) 支那方面ノ我ガ居留民及対支貿易ニ付テハ
何等施ス所ナク唯々我等ノ耳ニ達スルモノハ、其ノ惨憺タル暴状ト、而シテ政府ガ弾圧手段ヲ用イテ、之
等ノ報道ヲ新聞紙ニ掲載スルコトヲ禁止シタルコトナリ。

問 5　下線部 (e) の大蔵大臣として最も適切なものはどれか。次の①～④の中から一つ選べ。 35
　　① 高橋是清　　② 片岡直温　　③ 若槻礼次郎　　④ 岡田啓介

問 6　下線部 (f) の救済策として、緊急勅令による特別融資が検討されたが、ある機関の了承が得られず
　　に実施されなかった。その機関として最も適切なものはどれか。次の①～④の中から一つ選べ。
　　36
　　① 貴族院　　② 衆議院　　③ 枢密院　　④ 帝都復興院

問7 下線部 (g) は、中国に対する外交政策への批判である。当時、協調外交を推進していた外務大臣として最も適切なものはどれか。次の①〜④の中から一つ選べ。 37

① 幣原喜重郎 　② 内田康哉 　③ 広田弘毅 　④ 加藤高明

4 (h) 金の輸出禁止の為めに、我財界が斯くの如く不安定になって居りますから、一日も速かに (i) 金解禁を実行しなければならぬのであります。併しながら今日の現状の侭では金の解禁は出来ないのであります。 (『(j) 井上準之助論叢』)

問8 下線部 (h) が実施された背景として最も適切なものはどれか。次の①〜④の中から一つ選べ。 38

① 第一次世界大戦 　② 関東大震災 　③ 西原借款 　④ 石井・ランシング協定

問9 下線部 (i) に関連する説明として誤っているものはどれか。次の①〜④の中から一つ選べ。 39

① 輸入品の代金支払いのために正貨（金貨や地金）の輸出をみとめることである。

② 金兌換を再開して金本位制への復帰することを意味する。

③ 実施に当たっては、新平価で行ない、外国為替相場の安定がはかられた。

④ 浜口雄幸内閣のもとで実施した。

問10 下線部 (j) と共に血盟団事件で暗殺された人物として最も適切なものはどれか。次の①〜④の中から一つ選べ。 40

① 尾崎行雄 　② 団琢磨 　③ 犬養毅 　④ 斎藤実

東京農業大　　　　　　　　　　　　　　　　　　　　　　2023 年度　世界史　19

世界史

（60 分）

Ⅰ　イスラーム文明の発展に関する次の文章を読み、下の問い（**問1〜問10**）に答えよ。

　　イスラーム教徒の学問が飛躍的に発達したのは、| 1 | の(a)「知恵の館」を中心に、文献が組織的に | 2 | に翻訳されてからである。インドからは医学・天文学・数学を学んだが、とくに数字と | 3 | とゼロの概念を取り入れることによって、独創的な成果をあげることができた。(b)フワーリズミーらは | 4 | と三角法を開発し、これらの成果は | 5 | や光学でもちいられた実験方法とともにヨーロッパに伝えられ、近代科学への道を切り開いた。また、| 6 | の作者である(c)ウマル＝ハイヤームはきわめて正確な | 7 | の作成に関わった。

『詳説 世界史 B』山川出版社（2022 年）

問1　| 1 | に当てはまる最も適当なものを、次の①〜④のうちから一つ選べ。

　　①　トロイア　　　　　②　バグダード　　　　③　ミケーネ　　　　④　ポリス

問2　| 2 | に当てはまる最も適当なものを、次の①〜④のうちから一つ選べ。

　　①　ペルシア語　　　②　トスカナ語　　　③　アラビア語　　　④　スワヒリ語

問3　| 3 | に当てはまる最も適当なものを、次の①〜④のうちから一つ選べ。

　　①　十進法　　　　　②　十二表法　　　　③　二十進法　　　　④　六進法

問4　| 4 | に当てはまる最も適当なものを、次の①〜④のうちから一つ選べ。

　　①　幾何学　　　　　②　代数学　　　　　③　訓詁学　　　　　④　博物学

問5　| 5 | に当てはまる最も適当なものを、次の①〜④のうちから一つ選べ。

　　①　占星術　　　　　②　錬金術　　　　　③　測地術　　　　　④　斉民要術

問6　| 6 | に当てはまる最も適当なものを、次の①〜④のうちから一つ選べ。

　　①　『医学典範』　　　　②　『四行詩集』

　　③　『アラビアン＝ナイト』　　④　『旅行記』

問7　| 7 | に当てはまる最も適当なものを、次の①〜④のうちから一つ選べ。

　　①　太陰暦　　　　　②　イスラーム暦　　　③　ユリウス暦　　　④　太陽暦

問8　下線部 (a) の「知恵の館」に関して述べた次の文①〜④のうちから、**最も適当でないもの**を一つ選べ。

| 8 |

　　①　9世紀に設立された研究機関である。

　　②　アラビア語でバイト＝アルヒクマと呼ばれる。

　　③　ウマイヤ朝の第7代カリフのマームーンによって創設された。

　　④　ギリシア語の哲学・科学文献を翻訳した。

20 2023年度 世界史　　　　　　　　　　　　　　　　　　　　　　　　　　東京農業大

問9　下線部（b）のフワーリズミーに関して述べた次の文①〜④のうちから、**最も適当でないもの**を一つ
選べ。　　　　　　　　　　　　　　　　　　　　　　　　　　　　　　　　　　　　9

① 太陽を一つの焦点とした惑星運動の法則を理論化した。

② アッバース朝時代の数学・天文学・地理学者である。

③ インド数字を導入してアラビア数学を確立した。

④ 天文表やプトレマイオスの著作を改良した地理書を残した。

問10　下線部（c）のウマル＝ハイヤームに関して述べた次の文①〜④のうちから、最も適当なものを一つ
選べ。　　　　　　　　　　　　　　　　　　　　　　　　　　　　　　　　　　　10

① ニザーミーヤ学院の教授となった。

② セルジューク朝時代のイラン系の科学者・詩人である。

③ サーマーン朝をはじめイラン各地の宮廷につかえた。

④ ムワッヒド朝では法官や宮廷医としてつかえた。

Ⅱ　西ヨーロッパ中世世界の変容に関する次の文章を読み、下の問い（**問1〜問10**）に答えよ。

　　13世紀末に(a)教皇となった　11　は、イギリス・フランス国王と争った。しかし、1303年　11
は　12　にとらえられ、まもなく釈放されたが屈辱のうちに死んだ。　12　はその後、教皇庁を南フ
ランスの　13　に移し、以後約70年間、教皇はフランス王の支配下におかれた。これを「教皇の
　14　」と呼ぶ。その後、教皇がローマに戻ると、　13　にも別の教皇がたち、共に正統性を主張し
て対立した。この事態によって、教皇と教会の権威失墜は決定的となり、教会を改革しようとする運動が
各地におこった。これに対して教会は、(b)異端審問や魔女裁判によってカトリックの教えにそむくもの
を容赦なく罰しようとした。

　　14世紀後半、イギリスの　15　は、(c)聖書こそ信仰の最高の権威であって、教会はその教えから離
れていると批判した。(d)フスは彼の説に共鳴し、教皇からの破門にもひるまず教会を批判した。こうし
た宗教界の混乱を収拾するため、(e)コンスタンツ公会議が開かれた。

『詳説 世界史 B』山川出版社（2022 年）

問1　　11　に当てはまる最も適当なものを、次の①〜④のうちから1つ選べ。

① グレゴリウス7世　　　② レオ3世

③ ボニファティウス8世　④ ウルバヌス2世

問2　　12　に当てはまる最も適当なものを、次の①〜④のうちから1つ選べ。

① フィリップ4世　② フランソワ1世

③ アンリ4世　　　④ シャルル7世

問3　　13　に当てはまる最も適当なものを、次の①〜④のうちから1つ選べ。

① マルセイユ　　② モワサック　　③ ナント　　④ アヴィニョン

東京農業大 2023年度 世界史 *21*

問4 　14　 に当てはまる最も適当なものを、次の①〜④のうちから1つ選べ。

① 出エジプト ② バビロン捕囚 ③ ディアスポラ ④ 暗黒時代

問5 　15　 に当てはまる最も適当なものを、次の①〜④のうちから1つ選べ。

① ウィクリフ ② ワット＝タイラー

③ ジョン＝ボール ④ アルクイン

問6 　下線部（a）の教皇に関して述べた次の文①〜④のうちから、**最も適当でないもの**を一つ選べ。

　16

① カトリック教会の最高位の聖職者である。

② 教皇領はレオ3世の時代に最大版図となった。

③ ペテロはローマ＝カトリック教会から初代教皇とされた。

④ 教会に関わる全ての事柄について絶対的な権威を持つと位置づけられた。

問7 　下線部（b）の異端審問や魔女裁判に関して述べた次の文①〜④のうちから、**最も適当でないもの**を一つ選べ。　17

① 「魔女裁判」はキリスト教世界で、悪魔の手先と見なされた者に行われた裁判である。

② 「魔女裁判」は異端だけでなく、宗教改革をめぐる対立なども背景としている。

③ 「異端審問」は教会の教理に反する異端を処罰する裁判制度である。

④ 「異端審問」における審問官は教皇が直接つとめた。

問8 　下線部（c）の聖書に関して述べた次の文①〜④のうちから、**最も適当でないもの**を一つ選べ。

　18

① 『旧約聖書』はユダヤ教の聖典である。

② ムハンマドは『旧約聖書』をイスラーム教にさきだつ啓示の書としたが、『新約聖書』は認めなかった。

③ 『新約聖書』は、コイネーで書かれた。

④ 『新約聖書』のドイツ語訳を完成させたのはマルティン＝ルターである。

問9 　下線部（d）のフスに関して述べた次の文①〜④のうちから、**最も適当でないもの**を一つ選べ。

　19

① ボヘミア（ベーメン）の神学者である。

② 聖書のチェコ語訳を行なった。

③ 異端として焚刑となった。

④ ドイツ人司教を厚遇した。

問10 　下線部（e）のコンスタンツ公会議に関して述べた次の文①〜④のうちから、**最も適当でないもの**を一つ選べ。　20

① ローマの教皇を正統と認めた。

② 神聖ローマ皇帝フェルディナント2世の提唱で開かれた。

③ 教会大分裂を解消した。

④ 会議後も教皇権の勢いは戻らなかった。

22 2023 年度　世界史　　　　　　　　　　　　　　　　　　　　　　　　　　　　　東京農業大

Ⅲ　オスマン帝国の支配の動揺に関する次の文章を読み、下の問い（**問1〜問10**）に答えよ。

　　オスマン帝国は16世紀までに領土を拡大したが、1683年の　21　は領土の拡大から縮小に転じる契機
となった。その後の　22　条約では(a)広大な領土を割譲した。

　　19世紀初め以降(b)イェニチェリ軍団の解体など一連の改革を進めていたオスマン帝国では　23　が
(c)西欧化改革（タンジマート）を開始した。(d)クリミア戦争後、国内に立憲制への要求が高まると1876
年　24　が起草した憲法が発布された。しかし、　25　戦争が勃発すると、これを口実に議会を閉鎖
し、憲法も停止した。この戦いに敗れたオスマン帝国は78年の(e)ベルリン条約により領土を大幅に失う
ことになった。

『詳説 世界史 B』山川出版社（2022 年）

問1　　21　に当てはまる最も適当なものを、次の①〜④のうちから一つ選べ。
　　①　ウィーン包囲（第1次）の失敗　　　　　②　ウィーン包囲（第2次）の失敗
　　③　アンカラ（アンゴラ）の戦いでの敗戦　　④　レバントの海戦での敗戦

問2　　22　に当てはまる最も適当なものを、次の①〜④のうちから一つ選べ。
　　①　トルコマンチャーイ　　　　②　アドリアノーブル
　　③　カルロヴィッツ　　　　　　④　サン＝ステファノ

問3　　23　に当てはまる最も適当なものを、次の①〜④のうちから一つ選べ。
　　①　セリム3世　　　　　　　　②　マフムト2世
　　③　アブデュルメジト1世　　　④　アブデュルハミト2世

問4　　24　に当てはまる最も適当なものを、次の①〜④のうちから一つ選べ。
　　①　ムスタファ＝レシト＝パシャ　　②　ムスタファ＝カーミル
　　③　ミドハト＝パシャ　　　　　　　④　ムスタファ＝ケマル

問5　　25　に当てはまる最も適当なものを、次の①〜④のうちから一つ選べ。
　　①　アフガン　　　　　　　　　②　エジプト＝トルコ
　　③　ロシア＝トルコ　　　　　　④　ギリシア独立

問6　下線部（a）の領土の割譲に関して述べた次の文①〜④のうちから、最も適当なものを一つ選べ。

26

　　①　ハンガリーをオーストリアに割譲した。
　　②　ヴェネツィアをオーストリアに割譲した。
　　③　トランシルヴァニアをポーランドに割譲した。
　　④　バルカン半島をポーランドに割譲した。

問7　下線部（b）のイェニチェリに関して述べた次の文①〜④のうちから、**最も適当でない**ものを一つ選べ。

27

　　①　オスマン帝国のスルタン直属の唯一の軍団であった。
　　②　16世紀末頃からムスリム子弟の世襲であった。
　　③　主にバルカン半島のキリスト教徒の子弟を集めて編成された。
　　④　騎士軍団ではなく歩兵軍団であった。

東京農業大   2023 年度 世界史 *23*

問8 　下線部 (c) の西欧化改革（タンジマート）に関して述べた次の文①〜④のうちから、**最も適当でな**
　　　いものを一つ選べ。 　　　　　　　　　　　　　　　　　　　　　　　　　　　　　 28

　　① 　伝統的なイスラーム国家から、法治主義に基づく近代国家へと体制を改めた。

　　② 　人々に対する宗教の別を問わない法的な平等も認められた。

　　③ 　ヨーロッパ工業製品の流入が進んだ。

　　④ 　外国資本からの独立が促された。

問9 　下線部 (d) のクリミア戦争に関して述べた次の文①〜④のうちから、**最も適当でない**ものを一つ選べ。
　　　 29

　　① 　イギリス・フランスはロシアの南下を阻止するため参戦した。

　　② 　ロシアはオスマン帝国内のギリシア正教徒保護を名目に出兵した。

　　③ 　ロシア劣勢のうちにロンドンで講和条約が結ばれた。

　　④ 　この戦争を開始したロシアの皇帝はニコライ 1 世であった。

問10 　下線部 (e) のベルリン条約に関して述べた次の文①〜④のうちから、**最も適当でない**ものを一つ選べ。
　　　 30

　　① 　ルーマニア・セルビア・モンテネグロの独立が承認された。

　　② 　ブルガリアのオスマン帝国下での自治国化が認められた。

　　③ 　イギリスによるキプロスの占領や行政権などが認められた。

　　④ 　ドイツのヴィルヘルム 1 世が調停役となって開いた国際会議で結ばれた。

Ⅳ 　戦後世界秩序の形成とアジア諸地域の独立に関する次の文章**A・B**を読み、下の問い（**問 1 〜問10**）に答
　えよ。

A 　東欧諸国では、ソ連の後押しをうけた共産党主導の改革が実行された。ポーランドやハンガリーなどは、
ソ連型の 31 に基づく社会主義を採用し、土地改革と計画経済による工業化を進めた。東欧諸国への
ソ連の影響が強化されていったのに対抗して、西欧 5 か国は、1948 年 3 月、 32 を結んだ。翌年 4 月
には、(a)北大西洋条約機構（NATO）を結成し、武力侵略に共同で防衛することになった。他方、ソ連
と東欧 6 か国は、49 年 1 月、(b)経済相互援助会議（コメコン）を創設し、55 年 5 月には共同防衛を定め
た 33 を発足させた。
　　　　　　　　　　　　　　　　　　　　　　　　　　『詳説 世界史 B』山川出版社（2022 年）

問1 　 31 に当てはまる最も適当なものを、次の①〜④のうちから一つ選べ。

　　① 　人文主義 　　　　　② 　人民民主主義

　　③ 　新自由主義 　　　　④ 　無政府主義

問2 　 32 に当てはまる最も適当なものを、次の①〜④のうちから一つ選べ。

　　① 　ローザンヌ条約 　　② 　セーヴル条約

　　③ 　ブリュッセル条約 　④ 　ロカルノ条約

問3 　 33 に当てはまる最も適当なものを、次の①〜④のうちから一つ選べ。

24 2023年度 世界史　　　　　　　　　　　　　　　　　　　　　　　　　　東京農業大

　　① ワルシャワ条約機構　　　② 太平洋安全保障条約

　　③ 中央条約機構　　　　　　④ バグダード条約機構

問4　下線部（a）の北大西洋条約機構（NATO）に関して述べた次の文①～④のうちから、**最も適当でな**

　　いものを一つ選べ。　　　　　　　　　　　　　　　　　　　　　　　　　　　　　　34

　　① 北大西洋条約に基づく西側の集団安全保障機構である。

　　② ベルリン封鎖など東西対立の激化を受けて成立した。

　　③ 冷戦中は東側諸国への軍事政策に大きな存在感を示した。

　　④ 西ヨーロッパ5ヶ国で結成し、その後アメリカとカナダが加入した。

問5　下線部（b）の経済相互援助会議（コメコン）に関して述べた次の文①～④のうちから、最も適当な

　　ものを一つ選べ。　　　　　　　　　　　　　　　　　　　　　　　　　　　　　　　35

　　① 東欧6か国にはルーマニア・ウクライナ・ポーランドも含まれる。

　　② 後にモンゴル・キューバ・ベトナムなども参加した。

　　③ コミンフォルムに対抗して設立された。

　　④ 東ドイツが原油を輸出し、東欧諸国が工業製品などをその対価として輸出した。

B　戦後、イギリスからの独立が予定されていたインドでは、　36　の分離・独立を求める(a)全インド

=ムスリム連盟のジンナーと、統一インドを主張する　37　らが対立した。1947年インド独立法が制定

されると、(b)ヒンドゥー教徒を主体とするインド連邦とイスラーム教徒による　36　の2国にわかれ

て独立した。しかし、ヒンドゥー・イスラーム両教徒の対立はその後もおさまらず、48年　37　は急進

的ヒンドゥー教徒に暗殺された。インドは、50年(c)カーストによる差別の禁止など社会の近代化を目指

す憲法を発布し、共和国となった。

問6　　36　に当てはまる最も適当なものを、次の①～④のうちから一つ選べ。

　　① スリランカ　　　② パキスタン　　　③ ミャンマー　　　④ ネパール

問7　　37　に当てはまる最も適当なものを、次の①～④のうちから一つ選べ。

　　① ガンディー　　　② サヤ=サン　　　③ アンベードカル　　　④ スカルノ

問8　下線部（a）の全インド=ムスリム連盟に関して述べた次の文①～④のうちから、**最も適当でないも**

　　のを一つ選べ。　　　　　　　　　　　　　　　　　　　　　　　　　　　　　　38

　　① イギリスの支援で結成された。

　　② 国民会議派と協定を結び民族運動に抵抗した。

　　③ ムスリム国家の分離・独立を目指した。

　　④ 1937年の州選挙を機に国民会議派との対決姿勢を強めた。

問9　下線部（b）のヒンドゥー教に関して述べた次の文①～④のうちから、**最も適当でない**ものを一つ選べ。

　　　　　　　　　　　　　　　　　　　　　　　　　　　　　　　　　　　　　　　39

　　① 多神教である。

　　② 特定の開祖を持たない。

　　③ 仏教に先住民の土着信仰が吸収・融合されて成立した宗教である。

　　④ 冠婚葬祭などの日常生活にかかわっている。

東京農業大 2023 年度　世界史　*25*

問10　下線部（c）のカーストに関して述べた次の文①〜④のうちから、**最も適当でないもの**を一つ選べ。

| 40 |

① サンスクリット語の「血統」を意味する語である。

② 「生まれ」を意味するジャーティとほぼ同じ意味で用いられている。

③ イギリス人のインド支配の過程で拡大・強化された社会階層のことである。

④ 同一カーストでなければ結婚できないなど、社会的な制約が存在する。

地理

(60分)

I 次の世界の主要な海峡である（ⅰ）～（ⅴ）海峡を説明する文章を読んで、**問1～問11**の設問に答えよ。

（ⅰ）海峡：<u>(あ)イギリス南東岸</u>と<u>(い)フランス北岸</u>を隔てる海峡。フランスではカレー海峡と呼ぶ。1994年に<u>(う)ユーロトンネル</u>が開通した。

（ⅱ）海峡：ヨーロッパ大陸とアフリカ大陸を隔てる海峡。北は $\boxed{\text{ア}}$ およびイギリス領 $\boxed{\text{（ⅱ）}}$ 、南はモロッコおよび $\boxed{\text{ア}}$ 領セウタの<u>(え)海洋国境</u>となっており、大西洋と<u>(お)地中海</u>をつなぐ出入り口として海上交通上、重要である。

（ⅲ）海峡：トルコ西部に位置し、北の<u>(か)黒海</u>と南のマルマラ海を結んでいる海峡。この海峡のさらに南に位置する、マルマラ海とエーゲ海を結ぶダーダネルス海峡とともに、アジアとヨーロッパの境界となっている。

（ⅳ）海峡：イランとアラビア半島を隔て、ペルシア湾とアラビア海を結ぶ海峡。<u>(き)カタールやクウェート、サウジアラビア</u>など、多くの石油産出国がペルシア湾に面しているので、これらの国々から石油を輸送するタンカーは、この海峡を通過する必要がある。

（ⅴ）海峡：マレー半島と $\boxed{\text{イ}}$ 島を隔てる海峡。南東端で接続しているシンガポール海峡とあわせて太平洋とインド洋を結ぶ海上交通上の要衝となっている。平均水深が約25mと浅いため、大型の原油満載タンカーは迂回して<u>(く)ロンボク海峡</u>を通過することもある。

問1 下線部（あ）に関連してサウスイースト・イングランド地域に位置する都市名として**最も不適当なもの**を、次の①～④の中から一つ選べ。 $\boxed{1}$

  ① サウサンプトン　　② カンタベリー　　③ ポーツマス　　④ マンチェスター

問2 下線部（い）に位置する都市名として最も適当なものを、次の①～④の中から一つ選べ。 $\boxed{2}$

  ① ダンケルク　　② ニース　　③ リヨン　　④ マルセイユ

問3　下線部（う）に関連して、以下の【等高線（等深線）】図上 X-Y 線の海底地形断面図として最も適当なものを、次の①〜④の中から一つ選べ。　　　3

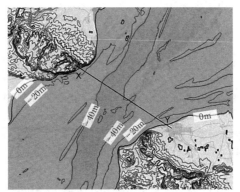

【等高線（等深線）図】（ⅰ）海峡の海底地形（水深はマイナスで表記）
資料：「General Bathymetric Chart of the Oceans (GEBCO 2021)」
より作成。

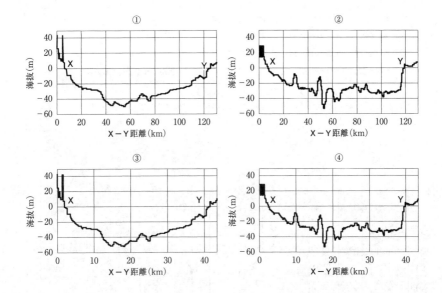

問4　　ア　にあてはまる国で生産が盛んな農産物【a】【b】の世界生産シェアの上位4位（2019年）までの表を以下に示した。このとき、農産物【a】と【b】の組み合わせとして最も適当なものを、次の①〜⑥の中から一つ選べ。　　　4

表1　農産物【a】の生産量（2019年）

生産国	（千t）	シェア（％）
ア	5,965	30.6
イタリア	2,194	11.3
モロッコ	1,912	9.8
トルコ	1,525	7.8

表2　農産物【b】の生産量（2019年）

生産国	（万t）	シェア（％）
中国	1,428	18.5
イタリア	790	10.2
アメリカ合衆国	623	8.1
ア	575	7.4

資料：『データブック オブ・ザ・ワールド2022年版』より作成。

① 【a】トマト　　【b】オリーブ　　② 【a】オリーブ　　【b】トマト
③ 【a】ぶどう　　【b】トマト　　　④ 【a】トマト　　　【b】ぶどう
⑤ 【a】オリーブ　【b】ぶどう　　　⑥ 【a】ぶどう　　　【b】オリーブ

問5　（ⅱ）海峡以外に、下線部（え）に該当する海峡として最も不適当なものを、次の①～④の中から一つ選べ。　　5

　　① （ⅰ）海峡　　② （ⅲ）海峡　　③ （ⅳ）海峡　　④ （ⅴ）海峡

問6　下線部（お）に関連して、次の（1）～（2）の問いに答えよ。

（1）この気候的特徴、沿岸の農業形態について述べた文章として最も不適当なものを、次の①～④の中から一つ選べ。　　6

　　① 耐乾性の高い樹木作物と自給用の穀物を栽培する。
　　② 夏は亜熱帯高圧帯の支配下に入り乾燥する。
　　③ 冬は亜寒帯低圧帯の支配下に入り降水が多くなる。
　　④ 温暖で湿潤な冬は小麦などの食用作物と牧草などの飼料作物が輪作で栽培される。

（2）この地域の気候を代表するハイサーグラフとして最も適当なものを、次の①～④の中から一つ選べ。　　7

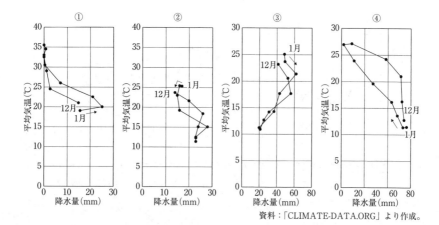

資料：「CLIMATE-DATA.ORG」より作成。

問7　下線部(か)に関連する地名として**最も関係のうすい**ものを、次の①～④の中から一つ選べ。

[8]

①　クリム（クリミア）半島　②　ドナウ川　③　キプロス　④　ソチ

問8　下線部(き)の3国に関する説明として最も適当なものを、次の①～④の中から一つ選べ。[9]

①　サウジアラビア、クウェートはOPEC原加盟国である。
②　首都はそれぞれ、ドーハ、ジッダ、メディナである。
③　クウェートの公用語はペルシア語である。
④　3国はイスラム教シーア派が主たる宗教である。

問9　[イ]に該当する島に関する説明として**最も不適当な**ものを、次の①～④の中から一つ選べ。

[10]

①　島北西部のアチェ州は独立を要求して長らく内戦状態にあったが、2005年に和平協定が結ばれた。
②　島東部への首都移転が進められており、2022年に新首都法が国会で可決された。
③　島西部は褶曲山脈が走り、東部の平地には茶・ゴムなどが栽培される。
④　2004年12月、スンダ海溝を震源とする地震に伴う津波により大きな被害を受けた。

問10　次の【海峡位置図】上の場所A～Dのうち、(v)海峡と下線部(く)の海峡に該当する記号の組み合わせとして最も適当なものを、次の①～⑥の中から一つ選べ。

[11]

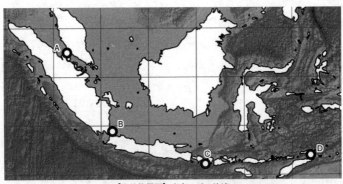

【海峡位置図】東南アジア地域
資料：ESRI「World Ocean Base」より作成。

	(v)海峡	下線部(く)
①	A	B
②	A	C
③	A	D
④	B	A
⑤	B	C
⑥	B	D

問11 以下の【航路要衝位置図】を見て、次の（1）～（2）の問いに答えよ。

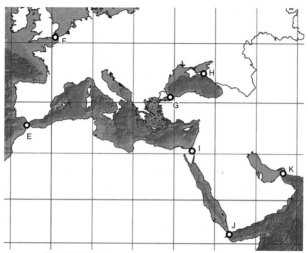

【航路要衝位置図】ヨーロッパ・西アジア・北アフリカ地域
資料：ESRI「World Ocean Base」より作成。

（1）海峡の名称および【航路要衝位置図】上の位置の組み合わせとして正しいものを、次の①～⑦の中から一つ選べ。　12

	名称	【航路要衝位置図】上の位置
①	ドーヴァー海峡	E
②	マラッカ海峡	K
③	マンダブ（バブ・エル・マンデブ）海峡	I
④	ジブラルタル海峡	G
⑤	ボスポラス海峡	E
⑥	ホルムズ海峡	K
⑦	ベーリング海峡	F

（2）アデン湾における海賊対処の目的で、日本の自衛隊が派遣され、海域の警戒監視を実施している【航路要衝位置図】上の位置を、次の①～⑤の中から一つ選べ。　13

① E　② G　③ H　④ I　⑤ J

東京農業大   2023 年度　地理　*31*

II 次のアジアの農業や食文化に関連する文章を読んで、**問 1 ～問14**に答えよ。

　　(あ)西アジアや中央アジアでは、湧水や外来河川、あるいは　(い)カナートなどの伝統的な地下水路がみられ、これらの近くにおいて　(う)オアシス農業が形成されている。そこには水の所有と結びついた地主制が随所に存在してきた。小麦・トウモロコシ・綿花・果実などの栽培がみられ、高温乾燥に強い　(え)ナツメヤシは西アジア各地で栽培され、その果実は栄養価が高く、(お)保存食としても有用な食料の一つである。

　　南アジアでは、(か)小麦や米を中心に世界有数の穀物生産地域を形成している。特にインドでは、穀物生産を背景に多くの人口を支え、(き)ナンやチャパティなどを主食とする食文化がみられる。また、商品作物の生産も盛んであり、ヒマラヤ山脈の丘陵地帯を有する　(く)アッサム地方は茶の一大産地となっている。

　　(け)果実の生産量もインドは世界シェアの11.8％（2019年）を占めている。一方、バングラデシュでは米や茶のほか繊維原料となる　(こ)ジュートの生産が盛んである。

　　(さ)中国では、広い国土の中に各地域の自然条件を反映した農業地域が形成されている。これを背景に、いわゆる　(し)中華料理も地域性と多様性に富んだものとなっている。中国の東北部は、寒冷で降水量も少ないため春小麦の生産地域が分布し、またコウリャンなどの　(す)雑穀や、大豆が生産されている。一方、(せ)黄河中・下流域の華北地域では、内陸部から運ばれる黄土が堆積して肥沃な土壌が形成されている。この地域は、冬小麦・トウモロコシ・綿花などが代表的な農作物である。

問 1　下の表は下線部（あ）に位置する国々のうちの 4 カ国について、土地面積や耕地・樹園地の率などを比較したものである。表中の国A～Dの組み合わせとして最も適当なものを、次の①～⑤の中から一つ選べ。

`14`

表　西アジア・中央アジアに位置する国々のうち 4 カ国の土地面積などの比較（2018年）

国	土地面積（10万ha）	耕地・樹園地の率（％）	第 1 次産業の就業人口比率（％）
A	2,150	1.7	2.4
B	2,700	11.1	14.9
C	22	22.1	0.9
D	1,629	10.8	17.4

注）表中の土地面積とは国土面積から内水面面積を差し引いた数値。
資料：『データブック オブ・ザ・ワールド2022年版』より作成。

①　A：サウジアラビア　　B：カザフスタン　　　C：イスラエル　　　D：イラン

②　A：カザフスタン　　　B：サウジアラビア　　C：イスラエル　　　D：イラン

③　A：サウジアラビア　　B：カザフスタン　　　C：イラン　　　　　D：イスラエル

④　A：カザフスタン　　　B：サウジアラビア　　C：イラン　　　　　D：イスラエル

⑤　A：イラン　　　　　　B：サウジアラビア　　C：カザフスタン　　D：イスラエル

問 2　下線部（い）の説明として**最も不適当な**ものを、次の①～④の中から一つ選べ。　　`15`

①　地下水路にするのは水の蒸発を避けるためである。

②　イランではフォガラとも呼ばれる。

③　掘り出した土砂を取り除くたて穴が地下水路に沿って並ぶ。

32 2023年度　地理　　　　　　　　　　　　　　　　　　　　　　　　　　東京農業大

④　アフガニスタンのカレーズと基本構造は同じである。

問3　下線部（う）と**最も関係のうすい**地域を、次の①～⑤の中から一つ選べ。　　　16

①　メソポタミア地方　　②　中国西部　　　③　メコン川流域

④　ニジェール川流域　　⑤　ナイル川流域

問4　下線部（え）に関する説明として最も適当なものを、次の①～⑤の中から一つ選べ。　　　17

①　樹皮はコルクの原料となる。

②　葉から香辛料のナツメグの原料を採取する。

③　果実はコプラとも呼ばれる。

④　世界の生産量第1位（2019年）はシリアである。

⑤　ジャムの原料にもなる。

問5　下線部（お）に関連して、アンデス山脈の先住民が考案したジャガイモを乾燥させた保存食として、最も適当なものを次の①～⑤の中から一つ選べ。　　　18

①　カーシャ　　②　フォー　　③チューニョ　　④　タコス　　⑤　キヌア

問6　下線部（か）に関連して、下の表は小麦と米の世界における地域別収穫量のシェアを比較したものである。表中のア・イ・ウの地域の組み合わせとして、最も適当なものを次の①～⑥の中から一つ選べ。

19

表　小麦と米の世界における地域別収穫量シェア（2019年）

地域名	小麦（％）	米（％）
ア	3.5	5.1
イ	34.8	0.5
ウ	11.5	1.5
アジア	44.1	89.6
南アメリカ	3.8	3.2
オセアニア	2.4	0.0

資料：『地理データファイル2022年度版』より作成。

①　ア：アフリカ　　　イ：ヨーロッパ　　ウ：北アメリカ

②　ア：アフリカ　　　イ：北アメリカ　　ウ：ヨーロッパ

③　ア：ヨーロッパ　　イ：アフリカ　　　ウ：北アメリカ

④　ア：ヨーロッパ　　イ：北アメリカ　　ウ：アフリカ

⑤　ア：北アメリカ　　イ：アフリカ　　　ウ：ヨーロッパ

⑥　ア：北アメリカ　　イ：ヨーロッパ　　ウ：アフリカ

問7　下線部（き）に関する説明として最も適当なものを、次の①～④の中から一つ選べ。　　　20

①　ナンは発酵させた生地を焼くが、チャパティは発酵させない。

②　ナンは小麦粉から作るが、チャパティは米粉からつくることが多い。

③　ナンもチャパティも石窯で焼くのが一般的である。

④　ナンとチャパティを総称してトルティーヤと呼ぶ。

東京農業大   2023 年度　地理　*33*

問8　下線部（く）に関連して、アッサム地方と国境が接するブータンに関する説明として最も適当なもの
を、次の①〜⑤の中から一つ選べ。　　　　　　　　　　　　　　　　　　　　　　　21

①　首都はカトマンズである。

②　インド系住民が主流である。

③　水力発電による電力輸出が財政を支える。

④　ヒマラヤ山脈の北西部に位置する。

⑤　共和国である。

問9　下線部（け）に関連して下の表は、インドが生産量世界第1位（2019年）のある果実について生産量
上位3カ国を示したものである。この果実として最も適当なものを、次の①〜⑤の中から一つ選べ。

　　　　　　　　　　　　　　　　　　　　　　　　　　　　　　　　　　　　　　　22

表　【ある果実】の生産量上位3カ国（2019年）

国	生産量（千 t）	世界シェア（％）
インド	3,482	17.4
メキシコ	2,702	13.5
中国	2,666	13.3

資料：『データブック オブ・ザ・ワールド2022年版』より作成。

①　バナナ　　　　②　りんご　　　　③　レモン・ライム

④　オレンジ類　　⑤　パイナップル

問10　下線部（こ）と最も関係の深いものを、次の①〜⑤の中から一つ選べ。　　　　23

①　亜麻　　②　ロープ　　③　サリー　　④　桑の実　　⑤　穀物の運搬用袋

問11　下線部（さ）に関連して、現在の中国における農業の説明として**最も不適当な**ものを、次の①〜⑤の
中から一つ選べ。　　　　　　　　　　　　　　　　　　　　　　　　　　　　　　24

①　大豆の生産量は増加傾向で、輸出に力を入れている。

②　東北部では短粒種の米生産が各地に普及している。

③　シャンハイ（上海）近郊では園芸農業がみられる。

④　トウモロコシの生産拡大をしてきた背景に飼料作物の確保がある。

⑤　果実の生産量は世界第1位（2019年）となっている。

問12　下線部（し）の代表例の一つとして知られる餃子は、中国国内のどの民族が住む地域が発祥地か。最
も適当なものを、次の①〜⑤の中から一つ選べ。　　　　　　　　　　　　　　　　25

①　イ族　　②　ミャオ（苗）族　　③　満族　　④　ウイグル族　　⑤　チョワン（壮）族

問13　下線部（す）に関する説明として**最も不適当な**ものを、次の①〜⑤の中から一つ選べ。　　26

①　ミレットは雑穀を総称する英語である。

②　モロコシはソルガムとも言う。

③　コウリャンはモロコシ類の雑穀である。

④　クローブはアフリカ原産の雑穀である。

⑤　ヒエは主に山間地で生産されてきた。

問14 下線部(せ)の流域に位置する都市として最も適当なものを、次の①〜⑤の中から一つ選べ。 [27]

① パオトウ（包頭）　② シャンハイ（上海）　③ ウーハン（武漢）
④ チョンチン（重慶）　⑤ シェンヤン（瀋陽）

Ⅲ 次のアングロアメリカに関する地図を読んで、問1〜問13の設問に答えよ。

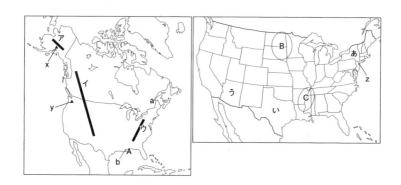

問1 地図中のaとbの都市におけるケッペンの気候区分の組み合わせとして最も適当なものを、次の①〜⑥の中から一つ選べ。 [28]

① a：Df　b：Cfa　② a：Df　b：Cs　③ a：Cw　b：Am
④ a：Cw　b：Cs　⑤ a：ET　b：Cfa　⑥ a：ET　b：Am

問2 地図中のア〜ウ、x・yのうちアパラチア山脈とデナリ山（マッキンリー山）の位置として最も適当な組み合わせを、次の①〜⑥の中から一つ選べ。 [29]

① ア x　② イ x　③ ウ x　④ ア y　⑤ イ y　⑥ ウ y

問3 地図中のA付近を河口とする河川として最も適当なものを、次の①〜⑤の中から一つ選べ。 [30]

① コロラド川　② ミシシッピ川　③ セントローレンス川
④ レナ川　⑤ コロンビア川

問4 カナダに関する説明として最も不適当なものを、次の①〜④の中から一つ選べ。 [31]

① 連邦制の国であり、多民族国家である。
② 州別で最も人口が多いオンタリオ州では、英語系住民が6割を超える。
③ 2番目に人口が多い州であるケベック州では、フランス語系住民が多い。
④ かつては、ドイツの植民地であった。

東京農業大 2023年度 地理 35

問5 アメリカ合衆国の人種や民族に関する説明として**最も不適当な**ものを、次の①～④の中から一つ選べ。 32

① 3億人を超す人口のうち、ヨーロッパ系が6割以上を占める。

② もともとアメリカ大陸にはネイティブアメリカン（インディアン）が居住していたが、17世紀以降にヨーロッパから多くの移民があった。

③ ヨーロッパ系やアジア系住民よりも、ヒスパニックの方が、高所得者が多い。

④ アジア系が多く住んでいるのは、カリフォルニア州など太平洋岸である。

問6 地図中の記号あ、い、うの州について、各州における人口、1人当たり年間所得の大小の関係の組み合せとして最も適当なものを、表の①～④の中から一つ選べ。 33

	人口（2019年）	1人当たり年間所得（2014年）
①	う ＞ あ	あ ＞ い
②	い ＞ あ	う ＞ あ
③	あ ＞ う	い ＞ あ
④	あ ＞ う	い ＞ う

問7 アメリカ合衆国の農業について、地図中のBとCの地域で生産が盛んな農業として最も適当な組み合わせを、次の①～④の中から一つ選べ。 34

① B：春小麦栽培　C：綿花栽培　　② B：春小麦栽培　C：酪農

③ B：酪農　　　　C：春小麦栽培　④ B：酪農　　　　C：たばこ栽培

問8 アメリカ合衆国におけるとうもろこしの生産量（2019年）が上位3位以内にある州として、**最も不適当な**ものを、次の①～④の中から一つ選べ。 35

① アイオワ州　② イリノイ州　③ ネブラスカ州　④ カリフォルニア州

問9 下の表はカナダの貿易相手国を示したものである。表中のH～Jにあてはまる国の組み合わせとして最も適当なものを、次の①～⑥の中から一つ選べ。 36

表　カナダの貿易相手国

輸出（2020年）		輸入（2020年）	
国	金額による割合（%）	国	金額による割合（%）
H	73.4	H	48.7
I	4.8	I	14.1
イギリス	3.8	J	5.5
日本	2.4	ドイツ	3.2
J	1.2	日本	2.5

資料：『データブック オブ・ザ・ワールド2022年版』より作成。

36 2023年度　地理　　　　　　　　　　　　　　　　　　　　　　　　　　　東京農業大

① H：アメリカ合衆国　　　I：中国　　　　　　J：メキシコ

② H：アメリカ合衆国　　　I：メキシコ　　　　　J：中国

③ H：中国　　　　　　　　I：アメリカ合衆国　　J：メキシコ

④ H：中国　　　　　　　　I：メキシコ　　　　　J：アメリカ合衆国

⑤ H：メキシコ　　　　　　I：アメリカ合衆国　　J：中国

⑥ H：メキシコ　　　　　　I：中国　　　　　　　J：アメリカ合衆国

問10 下の表はアメリカ合衆国、カナダ、イギリス、日本の食料自給率（カロリーベース）を示したもので
ある。表中のL〜Nにあてはまる国の組み合わせとして最も適当なものを、次の①〜⑥の中から一つ選
べ。　　37

表　各国の食料自給率

単位：％

国	食料自給率 （カロリーベース）	穀類	野菜類	肉類
カナダ	255	178	61	139
L	131	119	87	113
M	68	94	46	72
N	38	28	79	52

注：アメリカ合衆国、カナダ、イギリスは2017年、日本は2019年の数値。
資料：『地理データファイル2022年度版』より作成。

① L：アメリカ合衆国　　　M：日本　　　　　　N：イギリス

② L：アメリカ合衆国　　　M：イギリス　　　　N：日本

③ L：日本　　　　　　　　M：アメリカ合衆国　　N：イギリス

④ L：日本　　　　　　　　M：イギリス　　　　N：アメリカ合衆国

⑤ L：イギリス　　　　　　M：アメリカ合衆国　　N：日本

⑥ L：イギリス　　　　　　M：日本　　　　　　N：アメリカ合衆国

問11 アメリカ合衆国最大の都市である地図中の**z**に本部がある国連の機関として**最も不適当な**ものを、次
の①〜④の中から一つ選べ。　　　　　　　　　　　　　　　　　　　　　　　　　　　　38

① UNICEF　　② UNDP　　③ WHO　　④ UNFPA

問12 日本が諸外国から輸入している各商品において、輸入額第1位（2019年）がアメリカ合衆国である商
品として**最も不適当な**ものを、次の①〜⑤の中から一つ選べ。　　　　　　　　　　　　39

① パルプ　　② 豚肉　　③ 大豆　　④ 小麦　　⑤ 綿織物

問13 アメリカ合衆国が輸出または輸入量世界第1位（2019年）の農産物として**最も不適当な**ものを、次の
①〜④の中から一つ選べ。　　　　　　　　　　　　　　　　　　　　　　　　　　　　　40

① 豚肉（輸出量）　　② コーヒー豆（輸入量）　　③ バナナ（輸出量）　　④ 綿花（輸出量）

■現代社会■

(60分)

Ⅰ わが国の裁判制度に関する次の文章を読み、下記の設問（問1〜問8）に答えよ。

　日本国憲法は、裁判所だけに司法権を与え、特別裁判所の設置を禁止している。裁判が厳正で公正におこなわれるために、憲法は裁判官の独立を保障している。そのため裁判官は、心身の故障のために職務をとることができないと裁判で判断されるか、あるいは公の　 1 　によらなければ罷免されない。その一方、罷免の訴追を受けた裁判官は　 1 　裁判所で裁判される。さらに、最高裁判所の裁判官については、　 2 　の制度がある。

　日本の裁判は　 3 　を原則とし、判決に不服な場合は、上級裁判所に対して (a) 裁判のやり直しを求めることができる。また、裁判によって刑が確定したあとに、新たな証拠が発見された場合には、裁判のやり直しを行う再審の制度がある。これまで再審によって無罪となった事件に　 4 　事件などがある。また、近年の裁判に関わる制度変更として、(b) 裁判員制度の導入がある。

問1　文中の　 1 　に入る最も適当なものを、次の①〜④の中から一つ選べ。

①　恩赦　　②　批准　　③　喚問　　④　弾劾

問2　文中の　 2 　に入る最も適当なものを、次の①〜④の中から一つ選べ。

①　国民審査　　②　国家試験　　③　陪審制　　④　検察審査会

問3　文中の　 3 　に入る最も適当なものを、次の①〜④の中から一つ選べ。

①　令状主義　　②　三審制　　③　説明責任　　④　三権分立

問4　文中の　 4 　に入る最も適当なものを、次の①〜④の中から一つ選べ。

①　松川　　②　足利　　③　三鷹　　④　下山

問5　大日本帝国憲法下における、特別裁判所として、**最も適当でないもの**を次の①〜④の中から一つ選べ。 5

①　軍法会議　　②　行政裁判所　　③　憲法裁判所　　④　皇室裁判所

問6　現在のわが国の裁判の種類として、**最も適当でないもの**を次の①〜④の中から一つ選べ。 6

①　政治裁判　　②　民事裁判　　③　刑事裁判　　④　行政裁判

問7　文中の下線部 (a) 裁判のやり直しを求めることとして、**最も適当でないもの**を次の①〜④の中から一つ選べ。 7

①　上告　　②　控訴　　③　上訴　　④　公訴

問8　文中の下線部 (b) 裁判員制度に関する記述として、**最も適当でないもの**を次の①〜④の中から一つ選べ。 8

38 2023 年度　現代社会 東京農業大

① 国民の司法参加の一環として、2009年に刑事裁判に導入された。

② 高等裁判所における第一審のうち、一定の重大な刑事裁判において、国民から事件ごとに選ばれた裁判員が、裁判官とともに審理に参加する。

③ 裁判員候補者名簿は、選挙管理委員会が衆議院の選挙人名簿から、くじにより、候補予定者名簿を作成し、これをもとに裁判所によって作成される。

④ 裁判員は、裁判官とともに証拠調べを行ない、有罪か無罪かの判断と、有罪の場合の量刑の判断を行う。

Ⅱ 経済社会の変容に関する次の文章を読み、下記の設問（**問1〜問8**）に答えよ。

　資本主義は、18世紀後半から19世紀はじめにかけてイギリスで起こった産業革命を経て、19世紀に確立した。　9　、経済活動の自由、利潤追求の自由がその原理となる経済体制である。経済学の父と呼ばれたアダム＝スミスは、(a) 市場での自由競争によって経済が調整され、結果的に社会の富が増えてゆく過程を「見えざる手」と表現した。

　しかし、このような自由放任主義は企業間の競争を激化させ、低賃金による労働者の貧困化をもたらした。そのため、生産を　10　の統制のもとにおくことにより労働者主体の社会をつくろうとする社会主義の思想が生まれた。この思想は　11　によって体系化され、1917年のロシア革命により社会主義国家であるソ連が誕生した。

　一方、1929年に始まった世界恐慌を受けて、資本主義経済は不安定な傾向を持つことや、政府の政策的介入による景気と雇用の安定化が主張されるようになった。(b) 政府の経済的施策によって国民の福祉の向上をはかろうとする考え方は、のちに修正資本主義、あるいは混合経済と呼ばれるようになった。

　世界経済が大きく成長する1960年代まではこの考え方が広く受け入れられていたが、1970年代の石油危機とその後の (c) スタグフレーション、また国際経済環境の激変によって転換を迫られ、「小さな政府」を主張する (d) 新自由主義が台頭した。

問1　文中の　9　に入る最も適当なものを、次の①〜④の中から一つ選べ。

　① 社会的所有制　　② 社会的平等　　③ 生産手段の共有化　　④ 私有財産制

問2　文中の　10　に入る最も適当なものを、次の①〜④の中から一つ選べ。

　① 資本家　　② 国家　　③ 公企業　　④ 市場

問3　文中の　11　に入る最も適当なものを、次の①〜④の中から一つ選べ。

　① シュンペーター　　② ケインズ　　③ マルクス　　④ フリードマン

問4　経済活動に関する記述として、**最も適当でないもの**を次の①〜④の中から一つ選べ。　12

　① 経済の担い手である経済主体は、家計、企業、銀行の3つに分類される。これらの主体間で、貨幣を仲立ちに財やサービスが取引される。

　② 経済の考え方として、あるものを選択したら、ほかのものは選択できなくなるという状況を意味するトレードオフがある。

東京農業大   2023 年度　現代社会　*39*

③　経済における資源という概念は、化石燃料をはじめ、お金や時間、水、土地、労働なども含む。

④　貨幣と財・サービスを交換する場を市場というが、そこで調整の役割を担うのは価格である。

問5　文中の下線部 (a) 市場での自由競争に関する記述として、**最も適当でない**ものを次の①〜④の中から一つ選べ。　| 13 |

①　野菜などの生鮮食品の価格の変動幅が工業製品のそれに比べて大きいのは、生産量を人間がコントロールするのが難しいことが原因の一つである。

②　寡占市場で、プライス・リーダーが一定の利潤を確保できるような価格を設定し、他の企業もそれに追従するような価格を管理価格という。

③　ある商品の人気が高まれば、財やサービスの消費量が増加するので、その商品の需要曲線は左に移動する。

④　司法・行政サービス、灯台や道路など、人々が必要とする財やサービスでも、市場によって十分な供給ができない状態は市場の失敗といえる。

問6　文中の下線部 (b) 政府の経済的施策に関連して、日本の財政についての記述として、**最も適当でない**ものを次の①〜④の中から一つ選べ。　| 14 |

①　国債費の増額などによって、歳出に義務づけられる経費の割合が増え、財政の弾力的な運用が困難になることを財政の硬直化という。

②　フィスカル・ポリシーは、公共投資の増減や、増税や減税によって操作する。

③　建設国債は、特別な立法を必要とするため特例国債とも呼ばれる。

④　国の2021年度一般会計（当初予算）の総額は106兆6097億円となり、9 年連続で過去最高を更新し、史上最大となった。

問7　文中の下線部 (c) スタグフレーションや物価に関する記述として、**最も適当でない**ものを次の①〜④の中から一つ選べ。　| 15 |

①　デフレーションが起きると、現金や預貯金の価値は目減りする。

②　スタグフレーションは、スタグネーションとインフレーションとの合成語である。

③　不景気になると、生産の縮小、物価の低迷、雇用や賃金の停滞、金融活動の不活発化が起きる傾向にある。

④　インフレーションは、需要量が供給量を上回りモノ不足に陥る状態が続くことによっても起きる。

問8　文中の下線部 (d) 新自由主義に関する記述として、**最も適当でない**ものを次の①〜④の中から一つ選べ。　| 16 |

①　イギリスのサッチャー政権によるサッチャリズムは、新自由主義に基づき「ゆりかごから墓場まで」という言葉に象徴される福祉政策を進めた。

②　新自由主義の考え方は、構造的に貧困や格差を生み出すものであった。

③　小泉純一郎首相による構造改革の一環で実施された公的事業の民営化や規制緩和は、新自由主義の考え方に基づくものである。

④　新自由主義は、公共事業の効率化などに成果を上げたとされている。

40 2023 年度　現代社会　　　　　　　　　　　　　　　　　　　　　　　　　　　東京農業大

Ⅲ　高度情報社会に関する次の文章を読み、下記の設問（問1〜問8）に答えよ。

　　ICT（情報通信技術）の発達は、私たちの生活を大きく変えた。私たちは、時間や距離の制約を受けずに、大量の情報を双方向にやりとりしたり、それを検索可能な形で蓄積したりできるようになった。

　　20世紀中頃まで、情報発信の中心は、テレビ、　17　、雑誌などのマスメディアであった。それらを用いたマス・コミュニケーション（マスコミ）は、特定の人々が情報を発信し、その他大勢の人々が、情報を受け取るという形態で行われていた。

　　しかし、1990年代末に　18　と呼ばれる技術革新が進むと、コミュニケーションのあり方が一変した。インターネットの普及、情報技術の向上にともなう　19　などによって、(a) いつでも、誰でも、どこにいても、世界中のさまざまな情報を受け取ることができ、さらには、みずからが発信者となって世界中に情報を発信することができるようになった。

　　高度情報社会では、情報が、政治、経済、文化を動かす大きな力となっている。社会生活においては、(b) 電子商取引が急激に増え、これにより生産性が高まった企業も多い。このような状況の中で、情報通信産業は成長著しい分野となり、経済発展にも影響をおよぼすようになった。情報通信サービスはますます発展し、インターネット上で情報データの作成・管理・発信などを行うことができる　20　を用いたサービスや、(c) ビッグデータを用いたサービスなども登場している。

問1　文中の　17　に入る最も適当なものを、次の①〜④の中から一つ選べ。
　　　①　手紙　　②　新聞　　③　電話　　④　法律

問2　文中の　18　に入る最も適当なものを、次の①〜④の中から一つ選べ。
　　　①　IT革命　　②　テレコネクション　　③　Web3.0　　④　IoT（Internet of Things）

問3　文中の　19　に入る最も適当なものを、次の①〜④の中から一つ選べ。
　　　①　マルチメディア化　　②　バーチャル・リアリティ化　　③　コマーシャリズム化
　　　④　ブルサーマル化

問4　文中の　20　に入る最も適当なものを、次の①〜④の中から一つ選べ。
　　　①　ワンセグ　　②　サテライト・オフィス　　③　クラウド・コンピューティング
　　　④　リモートセンシング

問5　文中の下線部 (a) いつでも、誰でも、どこにいても、世界中のさまざまな情報を受け取ることができる社会を何と呼ぶか。最も適当なものを次の①〜④の中から一つ選べ。　21
　　　①　ユビキタス・ネットワーク社会　　②　クリーン・エネルギー社会
　　　③　フィルター・バブル社会　　④　大衆消費社会

問6　文中の下線部 (b) 電子商取引に関する記述として、**最も適当でないもの**を次の①〜④の中から一つ選べ。　22
　　　①　電子商取引とは、企業間の商品の売買や受発注、決済などにインターネットを利用する取引のことを指し、個人が企業から商品を購入する取引は含まない。
　　　②　2020年の企業間での電子商取引の市場規模は335兆円にのぼり、業種別にみると製造業が全体の半分以上を占めている。

東京農業大   2023 年度　現代社会　*41*

③　電子商取引を行うことで企業は店舗販売と比べて販売や流通などにかかる費用を減らすことができる。

④　2019年まで、電子商取引の市場規模は年々拡大してきた。

問7　文中の下線部 (c) ビッグデータを用いたサービスに関する記述として、**最も適当でないもの**を次の①〜④の中から一つ選べ。　23

①　ビッグデータには、ツイッターやフェイスブックといったソーシャル・ネットワーキング・サービス（SNS）の投稿や、コンビニエンスストアのポイントカードやクレジットカードの利用履歴、気象データなどが含まれる。

②　日本では欧州連合（EU）に先行して、2008年に個人情報の収集や管理に関する新たなルールとして、デジタルプラットフォーム取引透明化法が成立した。

③　私たちの生活にさまざまな面で役立つと期待されているが、その一方でもともとは個人データの蓄積によるものが多く、個人情報の保護という点で課題がある。

④　ビッグデータは、一日に新聞の朝刊数10万年分に相当する数百テラバイト以上生まれている。

問8　高度情報化社会の課題について述べた記述として、最も適当なものを次の①〜④の中から一つ選べ。　24

①　情報の確かさや利用価値を批判的に見極め、活用する能力である、シンギュラリティを身に着けることが必要となっている。

②　個人情報の流出などは、人間本来の倫理性の問題でもあり、情報倫理の課題は極めて大きい。

③　SNSやニュースサイトなどの画面に表示されるデジタル広告は、ターゲティング広告とよばれ、大手製造業が情報を独占して優位性を高めている。

④　情報化の進展により、世代間、地域間のデジタル・デバイドが縮小してきている。

42 2023 年度　現代社会　　　　　　　　　　　　　　　　　　　　　　　　　　東京農業大

Ⅳ 戦後復興に関する次の文章を読み、下記の設問（**問 1 〜問 8**）に答えよ。

　　日本は太平洋戦争によって多くの人命を失ったのみならず、経済においても壊滅的な打撃を受け、終戦翌
年の鉱工業生産は戦前の　25　程度にまで落ち込んだ。日本政府は、(a) 連合国軍総司令部（GHQ）の
下で、戦前から大きな影響力をもっていた (b) 財閥の解体、自作農を創出する (c) 農地改革、治安立法
によって禁止されていた (d) 労働組合の育成などのさまざまな民主化改革を進めた。産業の回復において
は、(e) 限られた資金と資源を石炭や鉄鋼などの基幹産業に集中的に投入する　26　を採用した。GHQは、
経済安定の原則を指令し、その具体化のために　27　が実施された。

問 1　文中の　25　に入る最も適当なものを、次の①〜④の中から一つ選べ。
　　①　1 割　　　②　3 割　　　③　6 割　　　④　9 割

問 2　文中の　26　に入る最も適当なものを、次の①〜⑤の中から一つ選べ。
　　①　傾斜生産方式　　　②　マーシャルプラン　　　③　比較生産費説
　　④　ニューディール政策　　　⑤　骨太の方針

問 3　文中の　27　に入る最も適当なものを、次の①〜⑤の中から一つ選べ。
　　①　所得倍増計画　　　②　レッセーフェール　　　③　ドッジ・ライン
　　④　プラザ合意　　　⑤　ニューディール政策

問 4　文中の下線部 (a) 連合国軍総司令部（GHQ）に関する記述として、最も適当なものを次の①〜④の
　　中から一つ選べ。　28
　　①　第一次世界大戦に続き、第二次世界大戦でも敗戦国のドイツや日本の占領行政を担当した機関で
　　　　ある。
　　②　最高司令官としてアメリカの軍人であるカーティス・ルメイが赴任し、日本の非軍事化と民主化を
　　　　遂行した。
　　③　憲法問題調査委員会が提出した高野岩三郎や鈴木安蔵らの憲法草案は、天皇主権を温存するもので
　　　　あり、連合国軍総司令部はこれを受け入れなかった。
　　④　連合国軍総司令部の民政局は、前文に国民主権主義・平和主義・国際協調主義がうたわれた憲法草
　　　　案を1946年に日本政府に手渡した。

問 5　文中の下線部 (b) 財閥の解体に関する記述として、最も適当なものを次の①〜④の中から一つ選べ。
　　29
　　①　財閥とは、第二次世界大戦前に、日本経済を支配したトラストであり、三井・三菱・住友の三大総
　　　　合財閥、安田・野村などの産業財閥がある。
　　②　1946年 8 月に持株会社整理委員会が発足し、指定された83の持株会社のうちの43社が、その後解体
　　　　された。
　　③　銀行は集中排除の対象から外されたため、銀行を中心としてソニーやホンダなどの革新企業が台頭
　　　　した。
　　④　冷戦がはじまり共産主義の脅威が現実的になっても、過度経済力集中除去法によって財閥解体は
　　　　GHQの指導のもと徹底して行われた。

東京農業大   2023 年度　現代社会　*43*

問6　文中の下線部　(c) 農地改革に関する記述として、最も適当なものを次の①〜④の中から一つ選べ。

　　　30

　　① 1945年の農地調整法の改正では地主の土地所有が10町歩までと限定的であったので、中国やソ連から不十分であると批判を受けた。

　　② 1946年の自作農創設特別措置法・農地調整法改正に基づいて、寄生地主の全小作地と在村地主の1町歩（北海道は4町歩）を超える小作地が小作人に売却された。

　　③ 国が農地を買い上げて安価で売却したことで、自作地の割合は、1941年には13.1％であったものが、1949年には53.8％にまで拡大した。

　　④ 自作農が急増し、農家の生活が向上したことに加え、ほとんどの経営が大規模化したことにより、農業の生産性は大きく向上した。

問7　文中の下線部　(d) 労働組合の育成に関する記述として、最も適当なものを次の①〜④の中から一つ選べ。　31

　　① 労働組合は戦前から結成されていたが、労働運動は治安警察法により弾圧の対象となった。

　　② 日本国憲法第13条において、勤労者の団結権が定められている。

　　③ 1945年の労働組合法のほか、1947年にかけて、労働関係調整法、男女雇用機会均等法が制定され、労働関係の民主化が図られた。

　　④ 労働組合は合法化されたものの、労働組合の結成は伸び悩み、労働者の地位や所得の向上にはつながらなかった。

問8　文中の下線部　(e) 限られた資金と資源を石炭や鉄鋼などの基幹産業に集中的に投入に関する記述として、最も適当なものを次の①〜④の中から一つ選べ。　32

　　① 集中的に資金が投入されたため、激しいデフレとなった。

　　② 基幹産業として優先的に融資が行われたのは、石炭、鉄鋼、農業、肥料の4部門である。

　　③ 輸入重油と石炭を重点的に鉄鋼部門に配分し、増産された鉄鋼をさらに石炭生産部門へと配して、循環的に増産を図ろうとした。

　　④ 国連の機関である復興金融金庫による貸し出しは、基幹産業の融資残高の半分近くに及んだ。

44 2023 年度　現代社会　　　　　　　　　　　　　　　　　　　　　　　　　　　　東京農業大

V 核軍縮の取り組みに関する次の文章を読み、下記の設問（**問1〜問8**）に答えよ。

　　軍備に一定の量的・質的な制限を設けることを軍備管理、軍備を減らすことを軍縮という。冷戦期、非同
盟諸国の要請で3回にわたって　33　なども開催されたが、国連による軍縮の成果は限定的で、アメリカ
とソ連を中心として軍備管理・軍縮が進められた。多国間で結ばれた条約は、米英ソの三つの核保有国間で
締結された　34　に始まる。　34　は大気圏、宇宙空間、水中における核実験を禁止した条約である。
そして、国連では、核不拡散・核軍縮・原子力の平和利用の三つの柱からなる　35　が1968年に採択され、
核兵器保有　36　の承認と核兵器非保有国への核不拡散が義務づけられた。国際原子力機関（　37　）
はこの体制のもと原子力の軍事転用を防ぐための活動を行っている。また冷戦期には米ソ間で軍備管理につ
いて交渉が進み、　38　という米ソ間の軍縮条約が締結された。

問1　文中の　33　に入る最も適当なものを、次の①〜④の中から一つ選べ。

　　① 国連軍縮特別総会　　② 核保有国軍縮会議　　③ 国連安全保障理事会

　　④ 核保有国軍縮総会

問2　文中の　34　に入る最も適当なものを、次の①〜④の中から一つ選べ。

　　① ロンドン条約　　② 限定的核実験禁止条約　　③ 部分的核実験禁止条約

　　④ モスクワ条約

問3　文中の　35　に入る最も適当なものを、次の①〜④の中から一つ選べ。

　　① 核兵器製造禁止条約　　② 核兵器移譲禁止規定　　③ 核兵器利用禁止条約

　　④ 核拡散防止条約

問4　文中の　36　に入る最も適当なものを、次の①〜④の中から一つ選べ。

　　① 3か国　　② 4か国　　③ 5か国　　④ 6か国

問5　文中の　37　に入る最も適当なものを、次の①〜④の中から一つ選べ。

　　① IEA　　② INF　　③ ICBM　　④ IAEA

問6　文中の　38　に入る最も適当なものを、次の①〜④の中から一つ選べ。

　　① 長距離核戦力全廃条約　　② 中距離核戦力全廃条約　　③ 中距離核兵器制限条約

　　④ 短距離核兵器全廃条約

問7　冷戦終結後の軍縮とそれを阻む動きに関する記述として、**最も適当でないもの**を次の①〜④のうちか
　　ら一つ選べ。　39

　　① 冷戦終結後にも軍縮に逆行する動きは根強く残っており、大量破壊兵器の拡散が国際社会の脅威と
　　　して認識されるようになった。

　　② 大量破壊兵器に関してはこれまでに、1973年に生物兵器禁止条約、1994年に化学兵器禁止条約など
　　　が調印されたが、日本は軍隊を保持しないため、いずれも批准していない。

　　③ 1996年には、すべての核爆発実験を禁止する包括的核実験禁止条約（CTBT）が国連総会で採択さ
　　　れたが、発効にはいたっていない。

　　④ 1998年には、インドとパキスタンがあいついで核実験を強行した。

東京農業大 2023 年度　現代社会　*45*

問8　通常兵器の調達や販売、軍縮の動き等に関する記述として、**最も適当でないもの**を次の①～④のうちから一つ選べ。　40

① 通常兵器の調達や販売で利益を得る人々によって、しばしば対立する紛争当事者双方に兵器が売りつけられており、軍産複合体といわれる軍と兵器産業の結びつきも指摘されている。

② 通常兵器の輸出額は、2015年～2019年の合計で、1位アメリカ、2位ロシア、3位イギリスとなっている。

③ 通常兵器に対する規制としては、NGOなどの活躍により、対人地雷全面禁止条約、クラスター爆弾禁止条約が採択されたほか、軽火器や大型兵器の移転を規制する武器貿易条約も採択された。

④ 近年では、無人爆撃機などによって、自国兵士の被害を最小限におさえながら相手に甚大な被害を与えることも可能になってきた。

数学

（60分）

選択肢の中から正しいものを1つ選びなさい。ただし，分数はすべて既約分数（それ以上約分できない分数）とし，根号を含む解答は根号の中に現れる自然数が最小となる形で答えなさい。

Ⅰ （1） $x \leq y$ は $x^2 \leq y^2$ であるための　[1]。

$x \leq y$ は $x^3 \leq y^3$ であるための　[2]。

（2） p を実数とする。xy 平面において，2曲線 $y = x^3 + 2x^2$, $y = -x^2 + px - 5$ が共有点をもち，その点で共通の接線をもつのは，$p =$ [3] のときである。

また，この接線の方程式は $y =$ [4] $x -$ [5] である。

（3） t を実数とし，平面上のベクトル $\vec{a}$, $\vec{b}$ が $|\vec{a}| = 1$, $|\vec{b}| = 2$, $|3\vec{a} - \vec{b}| = 3$ を満たすとする。

このとき，$\vec{a} \cdot \vec{b} = \dfrac{[\ 6\ ]}{[\ 7\ ]}$ である。

また，$|\vec{a} + t\vec{b}|$ は $t = -\dfrac{[\ 8\ ]}{[\ 9\ ]}$ で最小値 $\dfrac{[\ 10\ ]\sqrt{[\ 11\ ]}}{[\ 12\ ]}$ をとる。

[1]，[2] の選択肢

① 必要十分条件である

② 必要条件であるが十分条件ではない

③ 十分条件であるが必要条件ではない

④ 必要条件でも十分条件でもない

[3]～[12] の選択肢

① 1　② 2　③ 3　④ 4　⑤ 5

⑥ 6　⑦ 7　⑧ 8　⑨ 9　⑩ 10

東京農業大   2023 年度　数学　*47*

II　定義域を $0 \leq \theta \leq \pi$ とする関数 $y = \sin 2\theta + 3(\sin\theta - \cos\theta)$ について，次の問いに答えなさい。

（1）　$t = \sin\theta - \cos\theta$ とおくと，θ が $0 \leq \theta \leq \pi$ の範囲を動くとき，t のとり得る値の範囲は

　　　$-\boxed{} \leq t \leq \sqrt{\boxed{}}$ である。

　　　また，$t = 0$ を満たすのは $\theta = \boxed{}$ のときである。

（2）　関数 y は $\theta = \boxed{}$ のとき最小値 $-\boxed{}$ をとる。

（3）　関数 y は $\theta = \boxed{}$ のとき最大値 $\boxed{}\sqrt{\boxed{}} - \boxed{}$ をとる。

　　　$\boxed{13}$，$\boxed{14}$，$\boxed{17}$，$\boxed{19}$ ～ $\boxed{21}$ の選択肢

　　　① 1　　② 2　　③ 3　　④ 4　　⑤ 5

　　　⑥ 6　　⑦ 9　　⑧ 10　　⑨ 11　　⑩ 13

　　　$\boxed{15}$，$\boxed{16}$，$\boxed{18}$ の選択肢

　　　① 0　　　② $\dfrac{\pi}{6}$　　　③ $\dfrac{\pi}{4}$　　　④ $\dfrac{\pi}{3}$　　　⑤ $\dfrac{\pi}{2}$

　　　⑥ $\dfrac{2}{3}\pi$　　⑦ $\dfrac{3}{4}\pi$　　⑧ $\dfrac{4}{5}\pi$　　⑨ $\dfrac{5}{6}\pi$　　⑩ π

48 2023 年度　数学　　　　　　　　　　　　　　　　　　　　　　　　　　　　　東京農業大

Ⅲ　　箱の中に 1 から 9 までの整数が 1 つずつ書かれた 9 枚のカードが入っている。この箱から一度に 3 枚の
　　　カードを取り出すとき，次の問いに答えなさい。

（1）　取り出したカードに書かれた整数に 1 が含まれる確率は $\dfrac{\boxed{22}}{\boxed{23}}$ である。

（2）　取り出したカードに書かれた整数の最小値が 3 以下である確率は $\dfrac{\boxed{24}}{\boxed{25}}$ である。

（3）　取り出したカードに書かれた整数の和が偶数である確率は $\dfrac{\boxed{26}}{\boxed{27}}$ である。

（4）　取り出したカードに書かれた整数の和が奇数かつ 10 以上である確率は $\dfrac{\boxed{28}}{\boxed{29}}$ である。

選択肢

① 　1　　　② 　3　　　③ 　7　　　④ 　10　　　⑤ 　11

⑥ 　16　　　⑦ 　21　　　⑧ 　41　　　⑨ 　43　　　⑩ 　84

Ⅳ n は整数とし，$n \geq 4$ とする．右の図のように n 行 n 列のマスがあり，上から i 番目，左から j 番目の位置にある数を a_{ij} とする．

各行の数列 $a_{i1}, a_{i2}, \cdots, a_{in}$，および各列の数列 $a_{1j}, a_{2j}, \cdots, a_{nj}$ はいずれも等差数列であり，$a_{13} = 0$，$a_{22} = 0$，$a_{31} = 2$，$a_{33} = 4$ を満たすとき，次の問いに答えなさい．

ただし，同じ値が並ぶ数列も公差 0 の等差数列と考える．

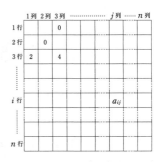

(1) $a_{41} = \boxed{30}$ である．

(2) $a_{i1} = \boxed{31}\, i - \boxed{32}$ （$i = 1, 2, 3, \cdots$）である．

(3) $a_{ii} = -i^2 + \boxed{33}\, i - \boxed{34}$ （$i = 1, 2, 3, \cdots$）である．

(4) $\displaystyle\sum_{i=1}^{n} a_{ii} = -\dfrac{n(n^2 - \boxed{35}\, n + \boxed{36})}{\boxed{37}}$ である．

選択肢

① 3   ② 4   ③ 6   ④ 9   ⑤ 10
⑥ 12 ⑦ 14 ⑧ 21 ⑨ 26 ⑩ 29

物理

（60分）

I 次の文章の空欄 <u>1</u> ～ <u>13</u> に入る最も適切なものをそれぞれの選択肢から一つずつ選べ。ただし，**選択肢は重複して使用してはならない。**

絶縁体に高電圧をかけるとその物質が絶縁性を失い，電流が流れることが知られているが，特に圧力が低い気体におけるこの現象を真空放電という。気体の入ったガラス管の両端に電極を取り付けてその間に高電圧をかけると発光が生じるが，その後気体の圧力が十分に低下すると，管内の発光は <u>1</u> なる。低圧の気体の中では，<u>2</u> に向かって <u>3</u> の電荷を帯びた粒子の流れが生じており，これを <u>4</u> 線という。

紫外線のような波長の <u>5</u> 光を当てた時に金属表面から電子が飛び出す現象を <u>6</u> という。<u>6</u> が生じるかどうかは当てた光の振動数によって決まり，ある振動数より <u>7</u> 振動数の光であれば，その強さにかかわらず <u>6</u> が生じる。光の振動数が一定の場合，発生する光電流の強さは <u>8</u> 。

1895 年にレントゲンによって X 線が発見されたが，X 線管を用いた X 線発生装置から発生する X 線の強さと波長の関係を調べると，そのスペクトルには鋭いピークの <u>9</u> となだらかな曲線部分の <u>10</u> があることが明らかになった。X 線発生装置においては，加速電圧が大きいほど，波長の <u>11</u> ，エネルギーの大きい X 線が発生する。エネルギーの大きい X 線は透過力が <u>12</u> が，このような X 線を <u>13</u> と呼ぶ。

空欄 <u>1</u> の選択肢
　① さらに強く　　② 見られなく

空欄 <u>2</u> の選択肢
　① 陰極から陽極　　② 陽極から陰極

空欄 <u>3</u> の選択肢
　① 正　　② 負

空欄 <u>4</u> の選択肢
　① 陰極　　② 陽極

空欄 <u>5</u> の選択肢
　① 長い　　② 短い

東京農業大 2023 年度 物理 *51*

空欄 6 の選択肢

① 散乱　② チンダル現象　③ ブラッグ反射　④ 光電効果　⑤ ホール効果

空欄 7 の選択肢

① 小さい　② 大きい

空欄 8 の選択肢

① 光の強さに比例する

② 光の強さに反比例する

③ 光の強さの 2 乗に比例する

④ 光の強さの 2 乗に反比例する

⑤ 光の強さの $\dfrac{1}{2}$ 乗に比例する

⑥ 光の強さに関わらず一定となる

空欄 9 , 10 , 13 の選択肢

① 固有 X 線　② 連続 X 線　③ 軟 X 線　④ 硬 X 線

空欄 11 の選択肢

① 長い　② 短い

空欄 12 の選択肢

① 小さい　② 大きい

Ⅱ 図1のように,交流電源と電熱器Rをそれぞれの長さが145 mの2本の電線で接続した回路がある。この電線1.00 mあたりの抵抗は2.05×10^{-4} Ωとする。また,電熱器Rの両端には1.00×10^2 Vの実効電圧が生じるように設定されている。そして,電熱器Rの消費電力は1.35 kWである。

図1

問1 この回路に流れる実効電流［A］はいくらか。最も適切なものを選択肢より一つ選べ。 14

選択肢

① 2.77×10^{-4} ② 2.20 ③ 2.97
④ 1.35×10 ⑤ 1.35×10^2 ⑥ 6.59×10^4

問2 この2本の電線に生じる抵抗［Ω］はいくらか。最も適切なものを選択肢より一つ選べ。 15

選択肢

① 7.06×10^{-6} ② 1.41×10^{-6} ③ 2.05×10^{-4}
④ 5.95×10^{-2} ⑤ 2.97×10^{-2} ⑥ 2.05×10^{-2}

問3 このとき2本の電線で消費される平均電力［W］はいくらか。最も適切なものを選択肢より一つ選べ。 16

選択肢

① 1.08×10 ② 2.77×10 ③ 4.00×10
④ 8.03×10 ⑤ 5.41×10^2 ⑥ 3.74×10^2

問4 次に,図2のように,図1の回路の電熱器Rの近くに変圧器を加えた。ただし,変圧器の1次コイルと2次コイルの巻き数の比は25:1とし,交流電源の電圧を変化させて電熱器Rの両端にかかる実効電圧を1.00×10^2 V,消費電力を1.35 kWに設定した。このときに2次コイルを流れる実効電流［A］はいくらか。最も適切なものを選択肢より一つ選べ。ただし,変圧器内部での電力の損失はないものとする。 17

図2

選択肢
① 5.40×10^{-1}　② 2.50×10^{-1}　③ 1.35×10
④ 1.35×10^2　⑤ 6.75×10^2　⑥ 2.50×10^2

問5　問4のとき，1次コイルに流れる実効電流［A］はいくらか。最も適切なものを選択肢より一つ選べ。18

選択肢
① 2.20×10^{-1}　② 2.77×10^{-1}　③ 5.40×10^{-1}　④ 1.35×10　⑤ 2.50×10^3

問6　問4のとき，2本の電線で消費される平均電力［W］は，コイルを設置しない場合に2本の電線で消費される電力［W］の何倍になるか。最も適切なものを選択肢より一つ選べ。19

選択肢
① 1.60×10^{-3}　② 4.00×10^{-2}　③ 5.40
④ 2.50×10　⑤ 2.92×10^2　⑥ 6.25×10^2

Ⅲ　次の文章の 20 ～ 28 にあてはまる最も適切な語句を選択肢より選べ。ただし，**選択肢は重複して使用してはならない**。

原点Oを質量がM［kg］である地球の中心として，x軸を図1のようにとる。x軸上で原点Oから距離a［m］の位置に質量m［kg］の物体があるとき，物体が受ける万有引力の大きさは 20 である。ただし，万有引力定数をG［N・m²/kg］とする。物体が，距離aから万有引力の大きさが変化しないとみなせる微小距離Δa［m］だけ地球に近づくまでに万有引力がした仕事ΔWは 21 ［J］である。

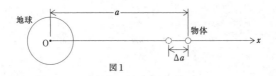

図1

図2のように，物体を原点Oからの距離が無限遠（∞）から距離r［m］にある位置Pまで近づけたときに万有引力がする仕事W［J］について考えると，物体は万有引力によって 26 の仕事をされたことになり，Wは次のようにあらわされる。

$$W = \int_r^\infty \boxed{20} \, da = \boxed{22}$$

点Pよりも無限遠での物体の位置エネルギーはWだけ 27 ため，無限遠に対する位置Pでの運動エネルギーの増加分もW［J］である。位置エネルギーは基準をどこにとってもよいので，無限遠での位置エネルギーを0Jとすると，万有引力による点Pでの位置エネルギーは 23 ［J］とあらわされる。

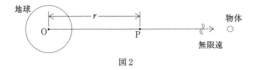

図2

　図3のように，地球の半径を R [m] として，物体が地上から h [m] の高さにあるとき，地表面を基準とした物体の重力による位置エネルギー E_h [J] は，地上と地上から h [m] の高さのそれぞれにおける万有引力による位置エネルギーの 28 として求められ， 24 と近似できる。ただし h は R より十分に小さく，

$$\frac{1}{R+h} \fallingdotseq \frac{1}{R}\left(1-\frac{h}{R}\right)$$

が成り立ち，地球の自転は無視できるものとする。このことから，重力加速度 g [m/s²] は，万有引力定数 G [N·m²/kg] を用いて 25 とあらわされる。

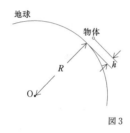

図3

20 ～ 25 の選択肢

① $G\dfrac{Mm}{a^2}$　　② $G\dfrac{Mm}{a}$　　③ $G\dfrac{Mm}{a^2}\Delta a$　　④ $G\dfrac{Mm}{a}\Delta a$

⑤ $G\dfrac{Mm}{r}$　　⑥ $-G\dfrac{Mm}{r}$　　⑦ $G\dfrac{Mm}{R^2}h$　　⑧ $G\dfrac{M}{R^2}$

26 ～ 28 の選択肢

① 大きい　② 小さい　③ 和　④ 差　⑤ 積　⑥ 正　⑦ 負

IV 図1のように一端を固定したばね定数 k が 15 N/m の軽いばねの他端に質量が 6.0×10^2 g の球Pを固定した。ばねが自然の長さのときの球Pの位置を $x = 0$ とする。球Pを右にずらして静かに手をはなすと，球Pは水平な床の右端にある鉛直な壁に衝突することなく滑らかに往復運動をした。なお，球の大きさおよびばねの質量は無視するものとし，床面は水平で摩擦は無視できるものとする。また，x 軸は右向きを正とし，円周率は 3.14 とし，$\sqrt{2} = 1.41$ とする。

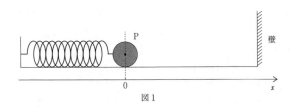

図1

問1 球Pを x [m] 右にずらして静かに手をはなした直後に，Pにはたらく力 [N] はいくらか。最も適切なものを選択肢より一つ選べ。 29

選択肢
① $-kx$ ② $-\dfrac{x}{k}$ ③ $-\dfrac{k}{x}$ ④ $\dfrac{k}{x}$ ⑤ $\dfrac{x}{k}$ ⑥ kx

問2 球Pの往復運動の周期 [s] はいくらか。最も適切なものを選択肢より一つ選べ。 30

選択肢
① 6.3×10^{-1} ② 9.9×10^{-1} ③ 1.3
④ 9.4 ⑤ 1.9×10 ⑥ 2.0×10

問3 次に，図2のようにばねを縮めて球Pを x が -10 cm の位置に静止させ，その右隣に同じ質量の球Qを球Pに接触させて置いた。球Pから静かに手を放したところ，最初は2つの球が接触したまま一緒に運動を始めたが，あるところから2つの球がはなれて別々に運動した。球Pから静かに手を放した直後に球Pが球Qに及ぼす力 [N] はいくらか。最も適切なものを選択肢より一つ選べ。 31

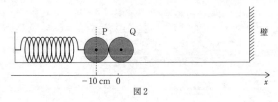

図2

56 2023 年度　物理

東京農業大

選択肢

① 1.5×10^{-1}　　② 7.5×10^{-1}　　③ 1.5

④ 3.0　　⑤ 7.5×10　　⑥ 3.0×10^{2}

問 4 球 Q が球 P から離れる瞬間の球 P の位置 [m] はいくらか。最も適切なものを選択肢より一つ選べ。

32

選択肢

① -5.0×10^{-2}　　② 0　　③ 5.0×10^{-2}

④ 7.5×10^{-2}　　⑤ 1.0×10^{-1}　　⑥ 1.5×10^{-1}

問 5　球 Q が球 P から離れる瞬間に生じる球 Q の速度 [m/s] はいくらか。最も適切なものを選択肢より一つ選べ。 33

選択肢

① 2.8×10^{-2}　　② 3.5×10^{-1}　　③ 5.0×10^{-1}

④ 1.1　　⑤ 1.6　　⑥ 3.5×10

問 6　球 P から離れた球 Q は，右に進み，壁と弾性衝突した。一方球 P は，球 Q と離れてから次第に減速し，その速度がはじめて 0 m/s となったとき，壁から跳ね返ってきた球 Q と衝突した。2 つの球が離れたあとに衝突した位置 [m] はいくらか。最も適切なものを選択肢より一つ選べ。 34

選択肢

① 7.1×10^{-2}　　② 1.0×10^{-1}　　③ 1.4×10^{-1}

④ 7.1　　⑤ 1.0×10　　⑥ 1.4×10

問 7　$x = 0$ から壁までの距離 [m] はいくらか。最も適切なものを選択肢より一つ選べ。 35

選択肢

① 5.6×10^{-2}　　② 9.1×10^{-2}　　③ 1.8×10^{-1}

④ 5.6　　⑤ 9.1　　⑥ 1.8×10

化学

（60 分）

原子量および定数は、次の通りとする。また、同一の問中で解答に複数回同じ選択肢が必要なときには、同じ選択肢を何回選んでも良い。

H = 1.0　　C = 12　　N = 14　　O = 16　　Na = 23　　Mg = 24　　Al = 27

S = 32　　Cl = 36　　K = 39　　Ca = 40　　Cu = 64　　Zn = 65　　I = 127

アボガドロ定数 $N_A = 6.0 \times 10^{23}$/mol、気体定数 $R = 8.3 \times 10^3$ Pa・L/(K・mol)、

ファラデー定数 $F = 9.65 \times 10^4$ C/mol

Ⅰ 次の文を読み、**問1～問5**に答えよ。

　私達の生活を便利にしている物質にセッケンや合成洗剤がある。セッケンは、<u>油脂を強塩基の水溶液</u>でけん化すると 1 とともに得られる。セッケンに含まれている分子は、疎水性の炭化水素基部分と、親水性の原子団部分から構成されている。水に溶解し、電離したこれらの分子は、濃度が低いときは水中でばらばらの状態で存在しているが、ある濃度以上になると、疎水性部分は 2 に、親水性部分は 3 に向いた 4 を形成する。衣類や食器などに付着した油汚れは、この 4 の中に取り込まれ、コロイド粒子として水中に分散する。この作用を乳化作用という。この乳化作用は、<u>食品添加物の乳化剤</u>としてミルク入り缶コーヒーやチョコレートなどにも利用されている。また、セッケン水や合成洗剤は水の表面張力を 5 させるため、繊維の隙間に容易に浸透する。このような少量で水の表面張力を 5 する働きを界面活性作用といい、この作用を有する物質を<u>界面活性剤</u>という。

問1　文中の 1 ～ 5 にあてはまるものとして、もっとも適当なものをそれぞれの選択肢のうちから一つ選べ。

[1 の選択肢]

① 脂肪酸　　　　　　　　　　　　　　② メタノール　　③ アセトアルデヒド

④ グリセリン（1, 2, 3-プロパントリオール）　　⑤ アセトン　　⑥ 酢酸

[2 、 3 の選択肢]

① 内側　　　② 外側

[4 の選択肢]

① キレート　　② スラグ　　③ アモルファス　　④ ゾル　　⑤ ミセル　　⑥ 不動態

[5 の選択肢]

① 低下　　　② 上昇

問2 下線部（ア）に関して、油脂 A を水酸化カリウムで完全にけん化したところ、けん化価は 190 であった。この油脂 A の分子量はおよそいくつか。また、油脂 A のヨウ素価が 86.2 だった場合、1 分子の油脂 A 中に二重結合はいくつあるか。さらに、油脂 A を構成する脂肪酸の示性式は何と考えられるか。もっとも適当なものをそれぞれの選択肢のうちから一つ選べ。ただし、油脂 A を構成する脂肪酸は 1 種類かつ直鎖とする。また、けん化価は、油脂 1 g をけん化するために必要な水酸化カリウム（KOH）の質量（mg）の数値であり、ヨウ素価は油脂 100 g に付加するヨウ素の質量（g）の数値である。

［油脂 A の分子量の選択肢］　　　　　　　　　　　　　　　　　　　　　6

① 788　　② 794　　③ 800　　④ 806　　⑤ 872

⑥ 878　　⑦ 884　　⑧ 890　　⑨ 944　　⑩ 950

［1 分子の油脂 A に含まれる二重結合の数の選択肢］　　　　　　　　　7

① 1　　② 2　　③ 3　　④ 4　　⑤ 5

⑥ 6　　⑦ 7　　⑧ 8　　⑨ 9　　⑩ 0

［油脂 A を構成する脂肪酸の示性式の選択肢］　　　　　　　　　　　　8

① $C_{15}H_{25}COOH$　　② $C_{15}H_{27}COOH$　　③ $C_{15}H_{29}COOH$　　④ $C_{15}H_{31}COOH$

⑤ $C_{17}H_{29}COOH$　　⑥ $C_{17}H_{31}COOH$　　⑦ $C_{17}H_{33}COOH$　　⑧ $C_{17}H_{35}COOH$

⑨ $C_{19}H_{29}COOH$　　⑩ $C_{19}H_{31}COOH$

問3 セッケンを純水に溶解した溶液（セッケン水）および合成洗剤を純水に溶解した溶液（合成洗剤の水溶液）にフェノールフタレイン溶液または塩化カルシウム水溶液を添加すると、どのような変化が認められるか。もっとも適当な組み合せを次の ①〜⑧ のうちから一つ選べ。　9

	セッケン水 +フェノールフタレイン溶液	合成洗剤の水溶液 +フェノールフタレイン溶液	セッケン水 +塩化カルシウム水溶液	合成洗剤の水溶液 +塩化カルシウム水溶液
①	無色のまま	無色のまま	無色のまま	無色のまま
②	無色のまま	赤色に変色する	無色のまま	白濁する
③	赤色に変色する	無色のまま	白濁する	無色のまま
④	赤色に変色する	赤色に変色する	白濁する	白濁する
⑤	無色のまま	無色のまま	白濁する	白濁する
⑥	無色のまま	赤色に変色する	白濁する	無色のまま
⑦	赤色に変色する	無色のまま	無色のまま	白濁する
⑧	赤色に変色する	赤色に変色する	無色のまま	無色のまま

東京農業大　　　　　　　　　　　　　　　　　　　　　　　　　　　2023 年度　化学　*59*

問 4　下線部（**イ**）として使用されているものは次のうちどれか。もっとも適当と考えられるものを次の
①〜⑥ のうちから一つ選べ。　　　　　　　　　　　　　　　　　　　　　　　　　　10

①

$$CH_3-(CH_2)_{14}-\overset{\overset{\displaystyle O}{\|}}{C}-O-CH_2$$

②
$$HO-CH_2-CH(OH)-CH(OH)-CH(OH)-CH_2-OH$$

③
$$HOOC-CH_2-\overset{\overset{\displaystyle COOH}{|}}{\underset{\underset{\displaystyle OH}{|}}{C}}-CH_2-COOH$$

④　NaClO

⑤
$$\overset{\displaystyle O}{HO-C=C-OH}$$... $-CH(OH)-CH_2OH$

⑥

問 5　下線部（**ウ**）のうち、殺菌剤として用いられるものはどれか。もっとも適当なものを次の ①〜④ の
うちから一つ選べ。　　　　　　　　　　　　　　　　　　　　　　　　　　　　11

①　$CH_3-(CH_2)_{11}-O-(CH_2-CH_2-O)_4-H$

②　$CH_3-(CH_2)_{11}-N^+(CH_3)_2-CH_2-COO^-$

③　$CH_3-(CH_2)_{10}-$〈〉$-SO_3^-Na^+$

④　$CH_3-(CH_2)_{15}-N^+(CH_3)_3\,Cl^-$

60 2023 年度　化学　　　　　　　　　　　　　　　　　　　　　　　　　　東京農業大

Ⅱ　次の問 1〜問 5 に答えよ。

問 1　酢酸エチルは、濃硫酸を触媒としてエタノールと酢酸から製造することができ、その反応は以下のように表される。

$$CH_3COOH + C_2H_5OH \leftrightarrows CH_3COOC_2H_5 + H_2O$$

　いま、酢酸 1.50 mol とエタノール 1.00 mol を混合して適当な温度で保温したところ、しばらくして平衡状態に達し、酢酸エチル 0.600 mol が生成された。次いで、ここにエタノール X mol を追加して新たな平衡状態を作り出したところ、最終的な酢酸エチルは 0.750 mol となった。ただし、反応の前後において、蒸発や反応に伴う混合液の液量変化は生じないものとする。

　次の (a)〜(e) の記述のうち正しいものはいくつあるか。その個数としてもっとも適当なものを次の ①〜⑥ のうちから 1 つ選べ。なお、正しいものがない場合には、⑥ を選べ。　　[12]

(a)　本文に示された条件において、反応の平衡定数 (K) は1.00である。

(b)　反応速度を増大させる作用を有する触媒を、正触媒という。

(c)　触媒は原料物質と反応するので、反応の進行に伴いその物質量が減少する。

(d)　触媒の使用により、反応熱を低下させることができる。

(e)　本文中のXの値は、0.500と算出される。

　① 1　　② 2　　③ 3　　④ 4　　⑤ 5　　⑥ 0

問 2　濃度 0.10 mol/L の硫酸銅（Ⅱ）水溶液の調製法として、もっとも適当なものを次の ①〜⑤ のうちから一つ選べ。　　[13]

　①　$CuSO_4 \cdot 5H_2O$ 25 g を秤量し、これを蒸留水 1.0 L に溶解する。

　②　$CuSO_4 \cdot 5H_2O$ 16 g を秤量し、これを蒸留水 1.0 L に溶解する。

　③　$CuSO_4 \cdot 5H_2O$ 25 g を秤量し、これを蒸留水に溶解して全量を 1.0 L とする。

　④　$CuSO_4 \cdot 5H_2O$ 16 g を秤量し、これを蒸留水に溶解して全量を 1.0 L とする。

　⑤　$CuSO_4 \cdot 5H_2O$ を乾燥処理して結晶水を除去した後、その 16 g を秤量し、蒸留水 1.0 L に溶解する。

問 3　次の (a)〜(g) の内容ともっとも関連が深い用語として、もっとも適当なものを次の ①〜⑨ のうちから一つ選べ。ただし、適当な用語がない場合には ⑩ を選べ。

(a)　浄水場での浄化作業において、粘土などの不純物による河川水の濁りは、硫酸アルミニウムの添加によって除去されている。　　[14]

(b)　セロハン製の袋に、タンパク質、デンプンおよび塩化ナトリウムを含む混合溶液を入れて口を閉じ、これを流水中に浸漬したところ、袋内の塩化ナトリウム量が減少する。　　[15]

(c)　$Fe(OH)_3$ 溶液に直流電圧をかけると液中の粒子が陰極側に移動する。　　[16]

(d)　卵白水溶液に、十分量の硫酸アルミニウム飽和水溶液を添加すると、沈殿が生じる。　　[17]

(e)　密閉容器中で蒸発した水分子は、その一部が水面に衝突して再び水（液体）に戻る。　　[18]

(f)　寒天溶液を室温中で放置すると固化する。　　[19]

(g)　2 層に分離したドレッシングを撹拌すると、油滴と酢とが一時的に混合状態になる。　　[20]

東京農業大   2023 年度　化学　*61*

① 透析　　② 塩析　　③ 凝析　　④ 電離　　⑤ 電気分解

⑥ 凝固　　⑦ 凝縮　　⑧ 拡散　　⑨ 分散　　⑩ なし

問 4　濃度 0.010 mol/kg の硫酸水溶液に、濃度 0.020 mol/kg の水酸化ナトリウム水溶液を添加した。電解質は水溶液中で完全電離するとした場合に、中和が完結した水溶液の凝固点（℃）はおよそいくらか。もっとも適当なものを次の ①〜⑤ のうちから 1 つ選べ。ただし、水のモル凝固点降下 $K_f = 1.8$（K·kg/mol）とし、中和反応で生成される水はごくわずかであり無視できるものとする。　　　　　　$\boxed{21}$

①　−0.054℃　　②　−0.027℃　　③　−0.018℃　　④　−0.009℃　　⑤　0℃

問 5　乾燥空気中には 0.0300%（体積百分率）の二酸化炭素が含まれている。標準状態（0℃、1.01×10^5 Pa）で、蒸留水 1.00 L に乾燥空気を十分に通じたところ、蒸留水に溶解している二酸化炭素の物質量はおよそ（$\boxed{22}.41 \times 10^{-5}$）mol となる（注：$\boxed{22}$ は、1 の位の数値を表すものとする）。$\boxed{22}$ にあてはまる数値として、もっとも適当なものを、次の ①〜⑨ のうちから 1 つ選べ。ただし、標準状態において、蒸留水は完全に液体の状態であり、二酸化炭素は蒸留水に対して体積比で 1.8 倍溶解するものとする。

①　1　　②　2　　③　3　　④　4　　⑤　5　　⑥　6　　⑦　7　　⑧　8　　⑨　9

Ⅲ　次の文を読み、**問 1〜問 2** に答えよ。ただし、文中において水や各水溶液 1.0 g の温度を 1 K 上昇させるのに必要な熱量はすべて 4.18 J であるとする。また、水やすべての水溶液の密度は 1.0 g/cm^3 であるとする。

　化学反応に伴って発生する、または吸収される熱量を反応熱という。すべての物質は固有の $\boxed{23}$ をもっている。化学反応が起こり、反応物が $\boxed{24}$ に変化すると、反応物がもっている $\boxed{23}$ と $\boxed{24}$ がもっている $\boxed{23}$ との差が反応熱として現れることになる。

　反応熱は温度や圧力で変わるので、ふつう 25℃、1.013×10^5 Pa における着目する物質 1 mol あたりの熱量を用いる。例えば、炭素（黒鉛）と酸素（気体）から 1 mol の一酸化炭素（気体）を生成する反応の反応熱は、炭素（黒鉛）の燃焼熱が 394 kJ/mol、一酸化炭素（気体）の燃焼熱が 283 kJ/mol のとき、$\boxed{25}$ kJ/mol と算出することができる。このように、反応熱は化学反応の途中の経路に依存せず、最初と最後の状態だけで決まる。(ア)<u>この法則</u>により、直接測定が困難な反応熱を算出することができる。

　一方、実験室ですべての実験を断熱容器内で行い、反応によって生じた熱量はすべて水溶液の温度上昇に使われたものと考え、化学反応によって変化した水溶液の温度を測定することで、反応で発生した熱量を算出することができる。固体の水酸化ナトリウム 2.00 g を水 98.0 g に加えて完全に溶解させた。このとき水溶液の温度は、水酸化ナトリウム（固体）を溶解したのちに 5.50 K 上昇した。この反応により発生した熱量は $\boxed{26}$ kJ であると算出され、水酸化ナトリウム（固体）の溶解熱は $\boxed{27}$ kJ/mol となる。これを熱化学方程式で表すと**式（1）**となる。

　　　　式（1）：　NaOH（固体）+ aq = NaOH aq + $\boxed{27}$ kJ

　また、25℃の 1.00 mol/L 塩酸 20.0 mL に 25℃ の 1.00 mol/L 水酸化ナトリウム水溶液 20.0 mL を加えて完全に混合すると、水溶液の温度が 6.70 K 上昇した。この反応で発生した熱量は $\boxed{28}$ kJ であると算

出され、中和熱は $\boxed{29}$ kJ/mol となる。この反応を熱化学方程式で表すと、**式（2）**となる。

式（2）： HCl aq + NaOH aq = NaCl aq + H₂O（液体）+ $\boxed{29}$ kJ

ここで、**式（1）**と**式（2）**の反応をもとに、水酸化ナトリウム（固体）40.0 g を 1.00 mol/L 塩酸 1.00 L に加えたときの反応では、$\boxed{30}$ kJ の熱量が発生すると算出することができる。

さらに、化学反応では原子間の結合の組み換えが起こることが多い。1 mol の炭素（黒鉛）を炭素（気体）にするには 713 kJ のエネルギーが必要であり、1 mol の水素分子（気体）を 2 mol の水素原子にするには、432 kJ のエネルギーが必要であるとすると、原子間の結合の切断と形成に着目した場合、次の**式（3）**を用いるとメタン分子の中の 1 つの C-H 結合の結合エネルギーは $\boxed{31}$ kJ/mol と算出される。

式（3）： C（黒鉛）+ 2H₂（気体）= CH₄（気体）+ 67.0 kJ

問1 文中の $\boxed{23}$ ～ $\boxed{31}$ にあてはまるものとして、もっとも適当なものをそれぞれの選択肢のうちから一つ選べ。

[$\boxed{23}$、$\boxed{24}$ の選択肢]

① 吸熱反応　② 発熱反応　③ 化学エネルギー　④ 物質の質量　⑤ 生成物

[$\boxed{25}$、$\boxed{31}$ の選択肢]

① 111　② 172　③ 279　④ 411　⑤ 505

⑥ 642　⑦ 723　⑧ 882　⑨ 933　⑩ 992

[$\boxed{26}$ の選択肢]

① 7.64×10^{-4}　② 1.31×10^{-3}　③ 7.64×10^{-3}

④ 2.31×10^{-2}　⑤ 1.31×10^{-1}　⑥ 2.30×10^{0}

[$\boxed{27}$、$\boxed{29}$ の選択肢]

① 13.9　② 23.1　③ 38.2　④ 46.0　⑤ 56.0

⑥ 65.5　⑦ 76.4　⑧ 83.4　⑨ 97.3　⑩ 112

[$\boxed{28}$ の選択肢]

① 1.12　② 1.35　③ 1.81　④ 2.16　⑤ 2.40

⑥ 2.65　⑦ 2.83　⑧ 3.14　⑨ 3.28　⑩ 3.36

[$\boxed{30}$ の選択肢]

① 11.2　② 28.3　③ 37.0　④ 43.9　⑤ 57.2

⑥ 69.3　⑦ 74.7　⑧ 81.8　⑨ 90.3　⑩ 102

問2 下線部（ア）の法則の名称は何か。もっとも適当なものを次の ①～⑤ のうちから一つ選べ。

$\boxed{32}$

① ボイル・シャルルの法則　② アボガドロの法則　③ ヘンリーの法則

④ 質量作用の法則　　　　　⑤ ヘスの法則

IV エフェドリンに関する次の文を読み、問1〜問6に答えよ。

　オリンピックなどスポーツ全般において、薬物の摂取などにより成績の向上など競技能力を高め、優位に立とうとする行為を (ア)ドーピングと呼び、競技会などにおいて厳しく禁止されている。容易に入手可能な食品や飲料、市販薬やサプリメントなどにも微量ながら禁止物質が含まれていることがあり、市販の感冒薬（風邪薬）に配合されているメチルエフェドリン（図1）は、その一例である。生薬として用いられていたマオウ（麻黄）から1885年に長井長義によって単離・構造決定されたエフェドリン（図1）は、気管支を拡張する効果がある融点38〜40℃、沸点255℃の化合物であり、咳を鎮めるために用いられていた。しかしエフェドリンは効果が強すぎるため、エフェドリンを (イ)化学的に変換することにより穏やかな効果を示すメチルエフェドリンが開発された。市販薬にはその塩酸塩である塩酸エフェドリンがしばしば配合されている。またエフェドリンの構造を改変したサルブタモール（図1）は喘息の発作を抑える医薬品として広く利用されている。図1に示した化合物はいずれも禁止薬物に指定されているが、サルブタモールは治療の目的であれば制限値以内の投与量での使用は認められている。

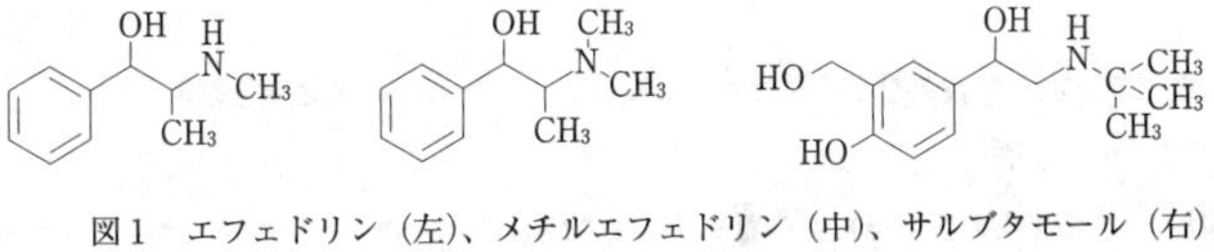

図1　エフェドリン（左）、メチルエフェドリン（中）、サルブタモール（右）の構造
構造式中の線の折れ曲がりおよび線の先端に存在するCや、Cに結合しているHは、例外を除いて省略している。

　エフェドリンをマオウから得るために以下の実験を行った。

＜実験＞

1. 十分乾燥させたマオウを細かくすりつぶし、密閉容器中で十分な量のジエチルエーテルに長時間浸したところエフェドリンが抽出されていることが確認できた。

2. 固体をろ過により取り除いたジエチルエーテル層を (ウ)分液ろうとに移し、そこに1 mol/L の塩酸を十分量加え、よく振り混ぜた後静置したところ液体は二層に分かれた。

3. 分液ろうと内の二層のうち下層を三角フラスコへ移した。これをA層とし、残った上層をB層とした。

4. 三角フラスコ内のA層に2 mol/L の水酸化ナトリウム水溶液を塩基性になるまで加えたところ油状物質が析出した。

5. 三角フラスコ内の物質を全て分液ろうとに移し、十分な量のジエチルエーテルを加えてよく振り混ぜた後静置したところ液体は二層に分かれた。

6. 分液ろうと内の二層のうち下層を三角フラスコへ移した。これをC層とし、残った上層をD層とした。

7. 得られたエフェドリンを含む層にはマオウ由来のその他の成分が多量に含まれているため、純粋なエフェドリンを得るためにはさらなる (エ)精製操作が必要であった。

問1 エフェドリンには2つ、サルブタモールには1つの不斉炭素原子がある。立体異性体はそれぞれいくつあるか。もっとも適当なものを次の ①〜⑥ のうちからそれぞれ一つ選べ。ただし、立体異性体が存在しない場合は ⑥ を選べ。

エフェドリンの立体異性体の数： 33

サルブタモールの立体異性体の数： 34

① 1　② 2　③ 3　④ 4　⑤ 5　⑥ 0

問2 下線部（ア）ドーピングの検査に関する次の説明文のうち、**誤った**説明文はいくつあるか。もっとも適当なものを次の ①〜⑥ のうちから一つ選べ。ただし、すべて正しい場合は ⑥ を選べ。　35

(a) 選手の尿や血液などの検体には微量の禁止薬物しか含まれていないため、化合物を燃焼させる元素分析による組成式の決定が有効である。

(b) 市販薬は安全性が高いため、禁止薬物が検出されることはない。

(c) 禁止薬物は全て揮発性が高い化合物なので選手の尿からは検出できない。

(d) 選手の尿に塩化鉄（Ⅲ）水溶液を加えて紫色を呈すればエフェドリンが含まれていることを証明できる。

(e) 選手の尿に濃硝酸を加えて黄色を呈すればエフェドリンが含まれていることを証明できる。

① 1　② 2　③ 3　④ 4　⑤ 5　⑥ 0

問3 下線部（イ）のように化合物の作用を維持したまま、より安全な化合物へ化学変換したものを医薬品として用いている例としてアセチルサリチル酸がある。アセチルサリチル酸の構造式としてもっとも適当なものを次の ①〜⑥ のうちから一つ選べ。　36

問4 下線部（ウ）分液ろうとの使用法に関する次の説明文のうち、正しい説明文の組み合わせとして、もっとも適当なものを次の ①〜⑩ のうちから一つ選べ。　37

(a) 分液ろうとの中身は十分に混合する必要があるので、内側の圧力の高まりは無視して激しく振り混ぜる。

(b) 水より密度の低い有機溶媒は二層に分離後は上層になる。

(c) 下層を分離する際は、上部ガラス栓の空気孔と溝を合わせた後に活栓を開いて下側からフラスコなどに移す。

(d) 中身を振り混ぜる際は、上部ガラス栓をしっかり手のひらで押さえて振り混ぜる。

(e) 二層に分離するまで静置する際は、活栓を解放しておく。

東京農業大   2023 年度　化学　65

　　① (a)、(b)、(c)　　② (a)、(b)、(d)　　③ (a)、(b)、(e)　　④ (a)、(c)、(d)

　　⑤ (a)、(c)、(e)　　⑥ (a)、(d)、(e)　　⑦ (b)、(c)、(d)　　⑧ (b)、(c)、(e)

　　⑨ (b)、(d)、(e)　　⑩ (c)、(d)、(e)

問5　実験1にて抽出されたエフェドリンは、その後の分液操作でどの層に含まれているか。正しい層の組
　　み合わせとして、もっとも適当なものを次の ①～⑥ のうちから一つ選べ。ただし、分液操作でエフェ
　　ドリンは一方の層にすべて移動したものとする。　　　　　　　　　　　　　　　　　　　　38

　　① A層、B層　　② A層、C層　　③ A層、D層

　　④ B層、C層　　⑤ B層、D層　　⑥ C層、D層

問6　下線部（エ）物質の精製操作として用いられる様々な手法に関する説明文のうち、正しい説明文の組
　　み合わせとしてもっとも適当なものを次の ①～⑩ のうちから一つ選べ。　　　　　　　　　39

　(a)　エフェドリンのように沸点が高い物質の蒸留では減圧すれば沸点が低くなる。

　(b)　エフェドリンのように融点が低い物質の再結晶では高温の溶媒を用いればよい。

　(c)　融点より低い温度であればすべての物質を昇華により精製できる。

　(d)　クロマトグラフィーは吸着のしやすさなど物質の性質の差を利用する手法である。

　(e)　酸性アミノ酸は中性条件下の電気泳動で陽極側に移動する。

　　① (a)、(b)、(c)　　② (a)、(b)、(d)　　③ (a)、(b)、(e)　　④ (a)、(c)、(d)

　　⑤ (a)、(c)、(e)　　⑥ (a)、(d)、(e)　　⑦ (b)、(c)、(d)　　⑧ (b)、(c)、(e)

　　⑨ (b)、(d)、(e)　　⑩ (c)、(d)、(e)

生物

（60分）

Ⅰ 物質循環に関する次の文章を読み、以下の設問に答えよ。

わが国は多くの食料や飼料を輸入している。このことは最終的に食品残渣や家畜ふん尿などの大量の生物系廃棄物を発生させ、多くの成分が環境中に放出されることになる。そのような中で土壌は植物の生育に不可欠な水分や養分を蓄えるととともに、有機物を分解して無機物に変える能力を備え、物質循環に重要な役割を果たしている。生物系廃棄物を有機質肥料として土壌に投入すると、含まれる有機窒素化合物は土壌微生物によって分解され［ア］を生じる。［ア］は、硝化作用によって［イ］を経て最終的に［ウ］へ酸化される。

生じた［ウ］は水に溶けた状態で根から植物に吸収され、［イ］から［ア］に還元され、そこから［エ］合成酵素の働きによって［ア］と［オ］をもとにATPのエネルギーを消費して［エ］が生成し、［オ］合成酵素の働きによって［エ］のアミノ基が［カ］に転移して、2分子の［オ］が生じる。生じた［オ］のアミノ基がアミノ基転移酵素によってさまざまな有機酸に転移して対応するアミノ酸が生じ、循環を果たす。

肥料資源やエネルギーの有限性が指摘される中、食料自給率を向上させ、農業を持続可能なものとするためには、生物系廃棄物の肥料としてのリサイクル利用は避けては通れない重要な問題である。農業の生産活動を通じて窒素循環の適正化に務めることが、環境にやさしい農業をすすめる上で重要である。

問1 文章中の［ア］、［イ］、［ウ］に入る語句の組み合わせとしてもっとも適切なものを次の①〜⑨の中から一つ選べ。ただし、［ア］、［イ］、［ウ］の順とする。　**1**

① CO_2、NO_2^-、NO_3^- 　② CO_2、NH_4^+、NO_3^- 　③ CO_2、NO_3^-、NO_2^-

④ NO_2^-、NH_4^+、NO_3^- 　⑤ NO_2^-、H_2O、NH_4^+ 　⑥ NO_2^-、NO_3^-、NH_4^+

⑦ NH_4^+、NO_2^-、NO_3^- 　⑧ NH_4^+、H_2O、NO_2^- 　⑨ NH_4^+、NO_3^-、NO_2^-

問2 下線部**イ**に関して、家畜ふん尿を含んだ汚水が流入したある河川の自然浄化作用について調査し、下図のような結果が得られた。以下の文章を読みa〜dに答えよ。

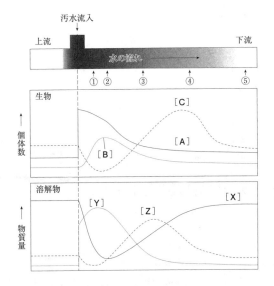

1. 汚水流入付近の下流では有機物の増加によって[A]が増加し、その（あ）によって[X]が少なくなった。また（い）の分解によって[Y]も増加した。
2. 1.の下流では[A]を捕食する[B]が増加して、[A]は減少した。また（う）のはたらきによって[Y]が減少し、[Z]が増加した。
3. 2.の下流では[Z]の増加によって[C]が増加し、（え）によって[X]が増加した。
4. さらに下流では[Z]の減少によって[C]が減少し、もとのようなきれいな河川水となった。

 a．文章中の（あ）、（い）、（う）、（え）に入る語句の組み合わせとしてもっとも適切なものを次の①〜⑩の中から一つ選べ。ただし、（あ）、（い）、（う）、（え）の順とする。　2

　① 光合成、無機塩類、光合成細菌、脱窒
　② 光合成、窒素酸化物、硝化菌、呼吸
　③ 光合成、無機塩類、光合成細菌、呼吸
　④ 光合成、有機窒素化合物、シアノバクテリア、低酸素化
　⑤ 窒素同化、無機塩類、シアノバクテリア、脱窒
　⑥ 窒素同化、窒素酸化物、光合成細菌、呼吸
　⑦ 窒素同化、有機窒素化合物、硝化菌、光合成
　⑧ 呼吸、窒素酸化物、シアノバクテリア、光合成
　⑨ 呼吸、無機塩類、光合成細菌、低酸素化
　⑩ 呼吸、有機窒素化合物、硝化菌、光合成

 b．図中の[A]、[B]、[C]に入る語句の組み合わせとしてもっとも適切なものを次の①〜⑩の中から一つ選べ。ただし、[A]、[B]、[C]の順とする。　3

　① シアノバクテリア、藻類、菌類

② シアノバクテリア、菌類、細菌
③ 菌類、藻類、細菌
④ 菌類、原生動物、シアノバクテリア
⑤ 原生動物、菌類、藻類
⑥ 原生動物、細菌、シアノバクテリア
⑦ 細菌、シアノバクテリア、原生動物
⑧ 細菌、原生動物、藻類
⑨ 藻類、細菌、原生動物
⑩ 藻類、シアノバクテリア、菌類

c．図中の［X］，［Y］，［Z］に入る語句の組み合わせとしてもっとも適切なものを次の①～⑩の中から一つ選べ。ただし，［X］，［Y］，［Z］の順とする。　4

① NO_3^-、NH_4^+、CO_2　　② NH_4^+、CO_2、O_2
③ CO_2、NO_3^-、O_2　　④ O_2、PO_4^{3-}、CO_2
⑤ PO_4^{3-}、O_2、NO_3^-　　⑥ NO_3^-、PO_4^{3-}、NH_4^+
⑦ NH_4^+、NO_3^-、PO_4^{3-}　　⑧ CO_2、O_2、PO_4^{3-}
⑨ O_2、NH_4^+、NO_3^-　　⑩ PO_4^{3-}、CO_2、NH_4^+

d．図中①，②，③，④，⑤の地点の河川水を採取し，O_2飽和水で希釈しビンに詰めて20℃に保ち5日間放置し，その間に消費されたO_2量を測定した。消費されたO_2が最も多いと考えられる地点の河川水を①～⑤の中から一つ選べ。　5

問3　下線部ロに関して，下図のように容器A、CにはKOH溶液の入ったビーカーを，容器B、Dには水の入ったビーカーを置いた実験装置を用意し，容器A、Bにはある地域から採取した土壌を，容器C、Dにはその土壌にある有機物を一定量添加したものをそれぞれ100 gずつ入れ，その後の着色液の移動を観察した。容器Aでは10分後に着色液が目盛り8.0まで移動した。容器Bでは，10分後に着色液が目盛り9.8まで移動した。容器Cでは，10分後に着色液が目盛り2.4まで移動した。容器Dでは，10分後に着色液が目盛り8.1まで移動した。なお観察開始時の着色液は目盛り10.0の位置にあり，1.0目盛りが10μLを示す。また，観察中の大気圧，実験装置内外の温度に変化はなく，O_2、CO_2以外の気体の増減もなかった。以下のa、bに答えよ。

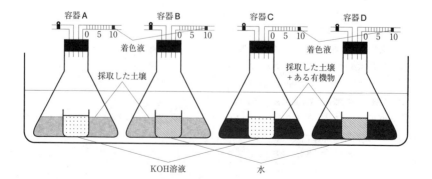

東京農業大   2023 年度　生物　69

a．この実験に使用した土壌の24時間あたりのCO_2放出量に最も近いものを次の①〜⑧の中から選べ。

　　　6

　① 2.0mL　　② 2.6mL　　③ 2.9mL　　④ 4.8mL

　⑤ 20mL　　⑥ 26mL　　⑦ 29mL　　⑧ 48mL

b．下記の記述ア〜オのうち、この実験の結果の説明として適切なものを過不足なく含む選択肢を次の
　①〜⑨の中から一つ選べ。　　7

　ア．実験に使用した土壌の消費するO_2量は、放出するCO_2量より低かった。

　イ．容器A、Cは発生したCO_2がKOH溶液に吸収されたため、O_2吸収量とCO_2放出量の差が測定された。

　ウ．容器B、Dは消費したO_2量が測定された。

　エ．土壌に有機物を添加することでCO_2の放出量が増加した。

　オ．土壌に有機物を添加することで呼吸商の値が減少した。

　① ア　　　　② イ　　　　③ ウ　　　　④ ア、オ　　　　⑤ イ、ウ

　⑥ イ、オ　　⑦ エ、オ　　⑧ ア、イ、ウ　　⑨ ア、エ、オ

問4　下線部ハに関する記述として**適切でない**ものを過不足なく含む選択肢を次の①〜⑧の中から一つ選べ。

　　　8

　A．材料にH_2Oを使うためO_2が発生する。

　B．光合成と比較すると、得られるエネルギーは多い。

　C．反応にはO_2が必要なため湛水期の水田では表面の層に生ずるのみである。

　D．畑を耕すことは土壌へのO_2の供給を促し反応を盛んにさせる。

　E．反応には酸化力の強い無機物が電子を与える。

　① A、B　　　　② A、B、C　　　③ A、B、E　　　④ B、C、E

　⑤ B、D、E　　⑥ B、D　　　　⑦ C、E　　　　⑧ C、D、E

問5　文章中の[エ]、[オ]、[カ]に入る語句の組み合わせとしてもっとも適切なものを次の①〜⑥の中から一つ選べ。ただし、[エ]、[オ]、[カ]の順とする。　　9

　① グルタミン、グルタミン酸、α−ケトグルタル酸

　② グルタミン、α−ケトグルタル酸、グルタミン酸

　③ グルタミン酸、グルタミン、α−ケトグルタル酸

　④ グルタミン酸、α−ケトグルタル酸、グルタミン

　⑤ α−ケトグルタル酸、グルタミン、グルタミン酸

　⑥ α−ケトグルタル酸、グルタミン酸、グルタミン

問6　下線部ニに関して、空気中のN_2を窒素同化の窒素源として利用できる生物の組み合わせとしてもっとも適切なものを次の①〜⑩の中から一つ選べ。　　10

　A．ネンジュモ　　　　B．コムギ　　　　C．アゾトバクター

　D．クロストリジウム　E．ゼニゴケ　　　F．スギナ

　① A、B、D　　② A、C、D　　③ A、C、F　　④ A、D、F　　⑤ B、C、D

　⑥ B、C、E　　⑦ B、D、E　　⑧ B、D、F　　⑨ C、D、F　　⑩ C、E、F

70 2023 年度　生物　　　　　　　　　　　　　　　　　　　　　　　　　　東京農業大

Ⅱ　生殖と発生に関する以下の設問に答えよ。

問1　栄養生殖では、植物の根、茎、葉などの栄養器官の一部から新しい個体がつくられる。ジャガイモは
　　　環境条件によっては有性生殖により実をつけることもあるが、通常は［ア］をつくる栄養生殖により繁
　　　殖する。［ア］に当てはまる語句として、もっとも適切なものを次の①〜④の中から一つ選べ。 11
　　　①　走出枝　　　②　塊茎　　　③　地下茎　　　④　鱗茎

問2　様々な生物の体細胞の染色体数に関する説明文A〜Dのうち、適切なものを過不足なく含む選択肢を
　　　次の①〜⑩の中から一つ選べ。 12
　　　A．タマネギの染色体数よりもイネの染色体数の方が多い。
　　　B．イネの染色体数よりもシロイヌナズナの染色体数の方が多い。
　　　C．キイロショウジョウバエの染色体数よりもヒトの染色体数の方が多い。
　　　D．ヒトの染色体数よりもマウスの染色体数の方が多い。
　　　①　A　　　　　②　B　　　　　③　C　　　　　④　D　　　　　⑤　A、B
　　　⑥　A、C　　　⑦　A、D　　　⑧　B、C　　　⑨　B、D　　　⑩　C、D

問3　動物の減数分裂の第一分裂で観察される特徴として、もっとも適切なものを次の①〜⑤の中から一つ
　　　選べ。 13
　　　①　前期にDNAの複製が起きる。
　　　②　中期に相同染色体が対合面から分離して両極へ移動する。
　　　③　後期にDNAの複製が起きる。
　　　④　後期に相同染色体が対合面から分離して両極へ移動する。
　　　⑤　終期に4個の娘細胞が形成される。

問4　A〜Dの動物の体細胞分裂の特徴のうち、適切なものを過不足なく含む選択肢を次の①〜⑩の中から
　　　一つ選べ。 14
　　　A．二次卵母細胞において観察される。
　　　B．相同染色体間の乗換えが起こる。
　　　C．母細胞と娘細胞で細胞1個あたりの染色体数は変化しない。
　　　D．母細胞と同じ核相の娘細胞をつくる。
　　　①　A　　　　　②　B　　　　　③　C　　　　　④　D　　　　　⑤　A、B
　　　⑥　A、C　　　⑦　A、D　　　⑧　B、C　　　⑨　B、D　　　⑩　C、D

問5　卵は、卵黄の分布と卵割の様式により等黄卵、端黄卵、心黄卵、に分けることができる。その特徴と
　　　して、もっとも適切なものを次の①〜⑥の中から一つ選べ。 15
　　　①　等黄卵は、卵黄量が少なく一様に分布しており、卵割の様式は全割である。
　　　②　等黄卵は、卵黄量が少なく一様に分布しており、卵割の様式は部分割である。
　　　③　端黄卵は、卵黄量が少なく動物極に片寄って分布しており、卵割の様式は全割と部分割がある。
　　　④　端黄卵は、卵黄量が少なく植物極に片寄って分布しており、卵割の様式は全割と部分割がある。
　　　⑤　心黄卵は、卵黄量が多く中央に分布しており、卵割の様式は全割である。
　　　⑥　心黄卵は、卵黄量が多く一様に分布しており、卵割の様式は全割である。

東京農業大   2023 年度　生物　71

問6　端黄卵を形成する動物として、**適切でないもの**を次の①～⑤の中から一つ選べ。　16

　　①　鳥類　　②　魚類　　③　ハ虫類　　④　哺乳類　　⑤　両生類

問7　ウニの発生過程における以下の文A～Dが生じる順序として、もっとも適切なものを次の①～⑧の中から一つ選べ。　17

　　A．原腸胚期では、腸管の原型である原腸ができる。

　　B．胞胚期では、胚の表面に繊毛が生じる。

　　C．プリズム幼生期では、口の形成がはじまる。

　　D．プルテウス幼生期では、体内にウニ原基ができる。

　　①　A→B→C→D　　②　B→A→C→D　　③　A→B→D→C　　④　B→A→D→C

　　⑤　C→D→A→B　　⑥　D→C→A→B　　⑦　C→D→B→A　　⑧　D→C→B→A

問8　両生類の分化について、外胚葉から形成される組織として、もっとも適切なものを次の①～⑥の中から一つ選べ。　18

　　①　腎臓　　②　胃　　③　心臓　　④　骨格筋　　⑤　肺　　⑥　網膜

問9　ショウジョウバエの卵形成では、様々な母性因子が卵内に蓄えられる。ビコイドmRNAとナノスmRNA、ハンチバックmRNAは卵の前後軸の形成に重要であるが、卵の中における各mRNAの分布として、もっとも適切なものを次の①～⑥の中から一つ選べ。　19

　　①　ビコイドmRNAは前部において高濃度、ナノスmRNAは後部において高濃度、ハンチバックmRNAは均一に分布する。

　　②　ビコイドmRNAは後部において高濃度、ナノスmRNAは前部において高濃度、ハンチバックmRNAは均一に分布する。

　　③　ビコイドmRNAは均一、ナノスmRNAは前部において高濃度、ハンチバックmRNAは後部において高濃度に分布する。

　　④　ビコイドmRNAは均一、ナノスmRNAは後部において高濃度、ハンチバックmRNAは前部において高濃度に分布する。

　　⑤　ビコイドmRNAは前部において高濃度、ナノスmRNAは均一、ハンチバックmRNAは後部において高濃度に分布する。

　　⑥　ビコイドmRNAは後部において高濃度、ナノスmRNAは均一、ハンチバックmRNAは前部において高濃度に分布する。

問10　ショウジョウバエのペア・ルール遺伝子は分節遺伝子であり、胚の区画化や体節の形成にかかわる。ペア・ルール遺伝子のはたらきとして、もっとも適切なものを次の①～⑥の中から一つ選べ。　20

　　①　ペア・ルール遺伝子は、母性効果遺伝子の働きによって体節形成の最初に発現する。ペア・ルール遺伝子から合成されるタンパク質は調節タンパク質としてはたらく。

　　②　ペア・ルール遺伝子は、母性効果遺伝子の働きによって体節形成の最初に発現する。ペア・ルール遺伝子から合成されるタンパク質によって、胚の前後軸に沿って7つの繰り返し構造が形成される。

　　③　ペア・ルール遺伝子は、ギャップ遺伝子の調節タンパク質の濃度と組み合わせにより発現し、胚の前後軸に沿って7つの繰り返し構造が形成される。

　　④　ペア・ルール遺伝子は、ギャップ遺伝子の調節タンパク質の濃度と組み合わせにより発現し、胚の

72 2023 年度　生物　　　　　　　　　　　　　　　　　　　　　　　　　　　　東京農業大

前後軸に沿って14の繰り返し構造が形成される。

⑤　ペア・ルール遺伝子は、セグメント・ポラリティ遺伝子の調節タンパク質の濃度と組み合わせにより発現し、胚の前後軸に沿って7つの繰り返し構造が形成される。

⑥　ペア・ルール遺伝子は、セグメント・ポラリティ遺伝子の調節タンパク質の濃度と組み合わせにより発現し、胚の前後軸に沿って14の繰り返し構造が形成される。

Ⅲ　ヒトの体内環境の維持に関する次の文章を読み、以下の設問に答えよ。

　生物は、気温や湿度の変化など、さまざまな体外環境の影響を受けている。しかし、ヒトのほとんどの細胞は体外環境に直接さらされているわけではなく、細胞は体液と呼ばれる液体に浸されている。そのため、体外環境が変化しても、体液の状態を一定の範囲内に保ち、生命活動を維持している。この性質を恒常性（ホメオスタシス）という。ヒトでは、循環系により体液が体内を循環することで、細胞と体液の間での物質交換が行われている。ヒトの体液は、血液、組織液、リンパ液に分けられる。血液は液体成分の血しょうと、有形成分である血球からなり、血管の中を流れている。血しょうは、毛細血管の血管壁からしみ出て細胞の間を満たす組織液となる。組織液の大部分は再び毛細血管に戻り、血液となる。組織液の一部はリンパ液となり、リンパ管やリンパ節を通り、最終的に　**28**　から血液に合流する。体液の恒常性を維持する重要な器官としては、肝臓と腎臓が挙げられる。

問1　文章中の下線部に関する次の文章を読み、以下のa～dに答えよ。

　ヒトの血液の循環は体循環と肺循環に分けられ、心臓が血液循環に関与している。心臓は、ほぼ一定のリズムで収縮と弛緩を繰り返している。このリズムは［ア］にある洞房結節（ペースメーカー）によりつくり出されている。洞房結節で生じる興奮のリズムは、自律神経系によって調節されている。

　a．以下のA～Dのうち、動脈血を含む血管の組み合わせとして、もっとも適切なものを次の①～⑥の中から一つ選べ。　**21**

　　A．肺動脈　　B．肺静脈　　C．大動脈　　D．大静脈

　　① A、B　　② A、C　　③ A、D　　④ B、C　　⑤ B、D　　⑥ C、D

　b．血液は次のような経路で流れる。［イ］→［ウ］→肺→［エ］→［オ］→［カ］→［キ］→肺以外の組織→［ク］→［ケ］→［イ］。［イ］～［ケ］に入るものの組み合わせとして、もっとも適切なものを次の①～⑧の中から一つ選べ。ただし、［イ］～［ケ］には、左心房、右心房、左心室、右心室、大動脈、大静脈、肺動脈、肺静脈のいずれかが入るものとする。　**22**

　　①　［イ］左心室、［エ］肺動脈、［ク］大静脈

　　②　［イ］右心室、［オ］左心室、［キ］大動脈

　　③　［ウ］肺静脈、［オ］左心房、［ケ］右心房

　　④　［ウ］肺動脈、［カ］左心房、［ク］大静脈

　　⑤　［エ］肺静脈、［オ］左心房、［ク］大静脈

　　⑥　［エ］肺動脈、［キ］大動脈、［ケ］右心室

東京農業大 2023 年度 生物 73

⑦ ［オ］右心房、［カ］右心室、［キ］大動脈

⑧ ［オ］左心室、［キ］大動脈、［ク］大静脈

c．文章中の［ア］に入るもっとも適切なものを次の①～⑧の中から一つ選べ。 23

① 左心房 ② 左心室 ③ 右心房 ④ 右心室

⑤ 視床下部 ⑥ 延髄 ⑦ 脊髄 ⑧ 大脳

d．自律神経系に関する説明文A～Dのうち、適切なものを過不足なく含む選択肢を次の①～⑩の中から一つ選べ。 24

A．自律神経系は、交感神経、副交感神経、運動神経、感覚神経からなる。

B．自律神経系は、中枢神経によって制御されている。

C．血液の二酸化炭素濃度が上昇すると、交感神経がはたらき、心拍数が増加する。

D．血液の二酸化炭素濃度が低下すると、運動神経がはたらき、心拍数が低下する。

① A ② B ③ C ④ D ⑤ A、B

⑥ A、C ⑦ A、D ⑧ B、C ⑨ B、D ⑩ C、D

問2 血球に関する次の文章を読み、以下のa～cに答えよ。

ヒトの血液の有形成分は赤血球、白血球、血小板からなる。これら有形成分はすべて造血幹細胞を由来とするが、血液中でのはたらきは異なる。赤血球はヘムタンパク質を含み、各組織に酸素を運搬している。白血球は免疫に関与し、血小板は血液凝固にはたらいている。

a．細胞膜は半透性を示す。下の表は、ヒトまたはカエルの赤血球を、0.65％、0.9％、1.15％濃度の食塩水に浸したときの赤血球の形を観察したものである。表中のA～Eのうち、赤血球の形に変化のみられなかったものを過不足なく含む選択肢を次の①～⑩の中から一つ選べ。 25

	0.65％食塩水	0.9％食塩水	1.15％食塩水
ヒトの赤血球	A	B	収縮する
カエルの赤血球	C	D	E

① A ② B ③ C ④ D ⑤ E

⑥ A、D ⑦ A、E ⑧ B、C ⑨ B、D ⑩ B、E

b．ヘムタンパク質は、鉄を含むヘムという化合物が結合しているタンパク質であるが、以下のA～Eのうち、ヘムタンパク質として適切なものの組み合わせを次の①～⑩の中から一つ選べ。 26

A．アクチン B．カドヘリン C．ヘモグロビン D．ミオグロビン E．ミオシン

① A、B ② A、C ③ A、D ④ A、E ⑤ B、C

⑥ B、D ⑦ B、E ⑧ C、D ⑨ C、E ⑩ D、E

c．血液凝固には血液中のさまざまな成分が関与するが、そのうちの一つにトロンビンという酵素がある。トロンビンが合成されるためには［コ］が必要である。したがって、血液に［コ］と結合する物質を加えると、血液凝固が抑制される。［コ］に入る物質としてもっとも適切なものを次の①～⑩の中から一つ選べ。 27

① アドレナリン ② カリウムイオン ③ カルシウムイオン ④ グルコース

⑤ チロキシン ⑥ ナトリウムイオン ⑦ フィブリノーゲン ⑧ フィブリン

⑨ パラトルモン ⑩ リン酸イオン

74 2023 年度　生物　　　　　　　　　　　　　　　　　　　　　　　　　　東京農業大

問3 文章中の　28　に入るもっとも適切なものを次の①〜⑧の中から一つ選べ。

　　① 肝臓　　② 心臓　　③ すい臓　　④ 肺動脈

　　⑤ ひ臓　　⑥ 肺静脈　　⑦ 鎖骨下静脈　　⑧ 毛細血管

問4 肝臓に関する説明文A〜Hのうち、適切な説明文の数を次の①〜⑨の中から一つ選べ。　29

　A．消化管からの血液は肝門脈を通り、肝臓に運ばれる。

　B．肝臓は肝小葉と呼ばれる構造が約50万個集まって構成されている。

　C．肝臓に蓄えられたグリコーゲンは、血糖値の調節には関与しない。

　D．アルブミンは肝臓でつくられる。

　E．ビリルビンと肝臓で生成した胆汁酸から、胆汁がつくられる。

　F．アルコールは肝臓で分解される。

　G．肝臓はインスリンの標的器官である。

　H．肝臓はグルカゴンの標的器官である。

　　① 0　　② 1　　③ 2　　④ 3　　⑤ 4　　⑥ 5　　⑦ 6　　⑧ 7　　⑨ 8

問5 腎臓に関する説明文A〜Hのうち、適切な説明文の数を次の①〜⑨の中から一つ選べ。　30

　A．腎臓には約100万個のネフロンと呼ばれる構造が存在する。

　B．ネフロンは、糸球体、ボーマンのう、細尿管で構成される。

　C．糸球体でグルコースは再吸収される。

　D．細尿管で多くのタンパク質は再吸収される。

　E．筋肉で生成したクレアチニンは細尿管や集合管で再吸収されにくい。

　F．アミノ酸の代謝により生成したアンモニアは、腎臓で尿素に変えられて体外に排泄される。

　G．バソプレシンは腎臓の集合管での水の再吸収を促進する。

　H．鉱質コルチコイドは腎臓の細尿管でのナトリウムイオンの再吸収を促進する。

　　① 0　　② 1　　③ 2　　④ 3　　⑤ 4　　⑥ 5　　⑦ 6　　⑧ 7　　⑨ 8

Ⅳ 生命の起源と生物の変遷に関する次の文章を読み、以下の設問に答えよ。

地球上で最古の岩石ができてから現在までを地質時代と呼ぶ。地球の地質時代は、地層の中に残された生物化石の出現状況により区分されている。大まかな時代区分として「代」が、「代」の中の時代区分として「紀」が用いられている。下の図1は、図2の時代と比べると生物化石の出現量が少ない時代で、生物の起源と変遷における重要な出来事とその時期を示している。図中の数字は期間の長さを示しており、単位は億年である。図2のA～Lは、図1以降の地質年代の時代区分である「紀」の期間を示しており、数字の単位は億年である。

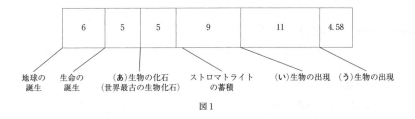

図1

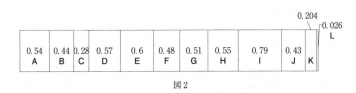

図2

問1 図1の（あ）生物に含まれるものと、（い）生物に含まれるものとしてもっとも適切な現生する生物の組み合わせを次の①～⑩の中から一つ選べ。ただし、（あ）生物に含まれるもの、（い）生物に含まれるものの順とする。　31

① 酵母、枯草菌　　　② 酵母、粘菌類　　　③ 根粒菌、枯草菌
④ 根粒菌、ブドウ球菌　⑤ 枯草菌、酵母　　　⑥ 枯草菌、根粒菌
⑦ 粘菌類、酵母　　　⑧ 粘菌類、根粒菌　　　⑨ ブドウ球菌、枯草菌
⑩ ブドウ球菌、根粒菌

問2 図1の（い）生物の起源に関する説明としてもっとも適切な組み合わせを次の①～⑩の中から一つ選べ。　32

A．（い）生物は嫌気性細菌に好気性細菌がとりこまれたことに起源したと考えられている。
B．酸素濃度の低下が細胞内共生の引き金になった。
C．独立栄養の（い）生物は一度の細胞内共生により起源したと考えられている。
D．細胞内共生でとりこまれた細胞は、細胞小器官となってリン脂質の二重層を失った。
E．細胞内共生に由来する細胞小器官は、核とは異なる独自のDNAをもっている。

76 2023 年度　生物　　　　　　　　　　　　　　　　　　　　　　　　　　　　　　　東京農業大

① Ａ、Ｂ　　② Ａ、Ｃ　　③ Ａ、Ｄ　　④ Ａ、Ｅ　　⑤ Ｂ、Ｃ

⑥ Ｂ、Ｄ　　⑦ Ｂ、Ｅ　　⑧ Ｃ、Ｄ　　⑨ Ｃ、Ｅ　　⑩ Ｄ、Ｅ

問3 図1の（あ）生物と（う）生物に関する説明としてもっとも適切な組み合わせを次の①〜⑩の中から
　　　一つ選べ。　33

Ａ．（あ）生物の細胞には核小体がない。

Ｂ．（あ）生物は分裂によって増え、個体の増殖速度は（う）生物よりも速い。

Ｃ．（あ）生物がもつDNAの複製は、ゲノム中の複数箇所から同時に始まる。

Ｄ．（う）生物には鞭毛で運動する鞭毛虫類や渦鞭毛藻類などが含まれる。

Ｅ．植物、菌類、動物はすべて（う）生物である。

① Ａ、Ｂ　　② Ａ、Ｃ　　③ Ａ、Ｄ　　④ Ａ、Ｅ　　⑤ Ｂ、Ｃ

⑥ Ｂ、Ｄ　　⑦ Ｂ、Ｅ　　⑧ Ｃ、Ｄ　　⑨ Ｃ、Ｅ　　⑩ Ｄ、Ｅ

問4 図1のストロマトライトが蓄積した時代の地球環境に関する説明として**適切でないもの**を次の①〜⑤
　　　の中から一つ選べ。　34

① 大気中の酸素濃度が増加した。

② 大気中の二酸化炭素濃度が減少した。

③ 海水中に多くの酸素が放出され、酸化鉄として海底に沈殿した。

④ 好気性生物が増加した。

⑤ バクテリオクロロフィルをもつ光合成細菌によって大量の酸素が放出された。

問5 図2のＡは、海洋無脊椎動物の種類が爆発的に増加した時代区分である。図2のＡ、Ｂの時代に海中
　　　で繁栄していた光合成を行う（い）生物の分類に含まれる生物に関する説明として**適切でないもの**を次
　　　の①〜⑤の中から一つ選べ。　35

① 細胞内共生によって葉緑体を獲得したことで誕生したと考えられている。

② 光合成色素としてクロロフィルaが必ず含まれている。

③ 光合成を行うとともに、ほかの生物や有機物を摂食するものもいる。

④ 単細胞のものや多細胞のものが存在する。

⑤ 表面にクチクラ層をもつが、維管束や根、茎、葉の分化は見られない。

問6 陸上植物の起源に関する説明としてもっとも適切な組み合わせを次の①〜⑩の中から一つ選べ。
　　　36

Ａ．現在知られている最古の陸上植物であるクックソニアの化石は図2のＢの時代のものである。

Ｂ．陸上植物はシャジクモ類の祖先から進化したと考えられている。

Ｃ．図2のＤの時代に、リニアなどの植物が出現した。

Ｄ．クックソニアは維管束をもつことで水や栄養分の供給と物理的強度がもたらされた。

Ｅ．リニアは安定した水分の供給を可能にするため根を進化させた。

① Ａ、Ｂ　　② Ａ、Ｃ　　③ Ａ、Ｄ　　④ Ａ、Ｅ　　⑤ Ｂ、Ｃ

⑥ Ｂ、Ｄ　　⑦ Ｂ、Ｅ　　⑧ Ｃ、Ｄ　　⑨ Ｃ、Ｅ　　⑩ Ｄ、Ｅ

東京農業大   2023 年度　生物　77

問7　図2の時代区分のうち、昆虫類と両生類が出現した時代としてもっとも適切なものを次の①～⑥の中から一つ選べ。　37

①　A　　②　B　　③　C　　④　D　　⑤　E　　⑥　F

問8　図2のG、H、Iの時代に繁栄した生物に関する説明として**適切でないもの**を次の①～⑥の中から一つ選べ。　38

①　図2のFの時代に生じた地球規模の寒冷化によって、Gの時代以降に種子をもつ植物が繁栄した。

②　これらの時代に繁栄した植物の胚乳は単相（n）で、重複受精は行わない。

③　これらの時代に繁栄した植物では、配偶体と胞子体の両方が独立した生活体になる。

④　高温で乾燥した時期が続き、胚発生が胚膜内で生じる羊膜類が繁栄した。

⑤　陸上で繁栄した恐竜類や空中を飛ぶ翼竜などが出現し、地球上のさまざまな環境に進出した。

⑥　鳥類が恐竜類の中から進化した。

問9　図2のJの時代以降に繁栄した植物に関する説明として**適切でないもの**を次の①～⑤の中から一つ選べ。　39

①　雄性配偶体の配偶子は卵と受精し、胚のうが胚乳になる。

②　配偶体が胞子体から離れず、胞子体に寄生するかたちになっている。

③　道管をもち、根で吸収した水や無機塩類を効率的に輸送できる。

④　おもに昆虫が媒介する送受粉のしくみが発達している。

⑤　気候の寒冷化や乾燥化が進んだ結果、キク科やイネ科の草本が分布を拡大した。

問10　人類の変遷に関する説明として**適切でないもの**の組み合わせを次の①～⑩の中から一つ選べ。　40

A．アウストラロピテクスと呼ばれる猿人類は、まだ直立二足歩行を行っていなかった。

B．大後頭孔が頭骨の真下に近い位置につくことがヒト（ホモ・サピエンス）の特徴の一つである。

C．原人は図2のLの時代に出現したと考えられている。

D．原人の化石はアフリカ大陸からしか見つかっていない。

E．旧人であるネアンデルタール人の脳容積は現生のヒトとあまり変わらない。

①　A、B　　②　A、C　　③　A、D　　④　A、E　　⑤　B、C

⑥　B、D　　⑦　B、E　　⑧　C、D　　⑨　C、E　　⑩　D、E

国語

（六〇分）

第 1 問　次の文章を読んで、後の問い（問 1 〜 12）に答えよ。

著作権の都合上、省略。

著作権の都合上、省略。

著作権の都合上、省略。

（池澤夏樹『科学する心』による）

(注1) 鼠の嫁入り——鼠の夫婦が娘に天下一の婿を取ろうとして、太陽、雲、風、壁を訪ねてまわるが、結局は鼠が一番偉いということになり娘は同じ仲間の鼠と結ばれるという話。

(注2) ヨブ——旧約聖書に登場する人物で、恵まれた資産と家庭的幸福を突然に失い、多くの苦難に遭うが、最後に神の信仰にたち返り健康と家庭と財産とをとりもどす。

(注3) バージェス動物群のアノマロカリスやハルキゲニア——カンブリア紀に生息した生物で、どちらも化石から奇妙な姿形をしていたことがわかっている。

＊問題作成上の都合により、本文の一部に手を加えてある。

問1 傍線部a〜eのカタカナと同じ漢字を用いるものを、各群の①〜⑤のうちからそれぞれ一つずつ選べ。解答番号は、a・[1]〜e・[5]。

a ジメイ [1]
① 情報のカイジを求める。
② 外出をジシュクする。
③ ジゼンの策を講じる。
④ 旅先のフウジを訪ねる。
⑤ ジョウリュウに乗って成功する。

b ドウハイ [2]
① イカク者の有無を記入する。
② 差別的発言をハイジョする。
③ 優れた学者をハイシュツした大学。
④ 夏は食品がフハイしやすい。
⑤ 戦争で心がコウハイする。

c キセ [3]
① 共同体には道徳上のキンキがある。
② 世界の平和をキキュウする。
③ 応援されて選手がフンキする。
④ 人生のキキを乗り越えていく。
⑤ キンの価値観にとらわれる。

d シキサ [4]
① 自宅のシキチに池がある。
② 会社のソシキに問題がある。
③ シキサイ豊かに描かれた風景画。
④ 一流ホテルはカクシキが高い。
⑤ 家畜の固体をシキベツする。

e ゴウ [5]
① あまりの悲しさにゴウキュウする。
② 計画をゴウインに進める。
③ ヒゴウの最期を遂げた武将。
④ 権力にゲイゴウする。
⑤ ゴウマンな態度で人を見下す。

問2 次の一文が入るべき箇所を、本文中の【①】〜【⑤】のうちから一つ選べ。解答番号は、[6]。
【その安直な誘惑に背を向けるのが科学である。】

問3 傍線部ア「垂水雄二によれば」とあるが、筆者は垂水氏の論のどのような点に着目しているのか。その説明として最も適当なものを、次の①〜⑤のうちから一つ選べ。解答番号は、[7]。

① 生物には驚くほどの多様性があるということ。
② すべての生物にDNAが備わっているということ。
③ 生物を構成する元素は数十種類ぐらいしかないということ。

82 2023年度 国語　　　　　　　　　　　　　　　　　　　　　　　　　　東京農業大

④　すべての生物に本質的な共通性があること。

⑤　生物には多様性という普遍的な原理があること。

問4　傍線部イ「リうらう例」によってぼくらはホモ・サピエンスの優位という神話を壊したら」とあるが、「リうらう例」の説明として最も適当なものを、次の①～⑤のうちから一つ選べ。解答番号は、　**8**　。

①　人間が合理的な道路網を設計するのに粘菌の手を借りねばならないように、ヒトが最も優秀な生物であるとはいえないことを示す例。

②　ミツバチが一人の母と数万の姉妹で次世代を育てるように、共同体が子孫の世話をすることでヒトより繁栄していることを示す例。

③　人間が同僚と自分の給料の繊細な差まで注目することができるように、ヒトには哲学を生み出すほどの高い知性があることを示す例。

④　粘菌が栄養物質を最も効率的に運ぶことができるように、ヒトよりも下等だと見なしている生物にもかえって高い能力があることを示す例。

⑤　高等生物が個体という形を取って生きているように、子孫繁栄のために個の生存を優先することを生命の原理が強要することを示す例。

問5　空欄　　　**✕**　　　に入る最も適当なものを、次の①～⑤のうちから一つ選べ。解答番号は、　**9**　。

①　自分たちはヒトであると同時に人間であるという矛盾を抱えている問題

②　自分たちの優位にばかり目がいってしまう高等生物であるがゆえの問題

③　自分たちも種の一つであるがゆえに偏見から逃れられないという問題

④　自分たちは共同体に属している個体としても生きねばならぬ二律背反の問題

⑤　自分たちは高等生物であるという意識が強く配慮に欠けるという問題

問6　傍線部ウ「一般の人々は『進化したケータイ』という広告を信じる」とあるが、これはどのようなことを表しているのか。その説明として最も適当なものを、次の①～⑤のうちから一つ選べ。解答番号は、　**10**　。

①　最新機種のケータイが現行機種にはない機能を加えただけだとしても、「進化したケータイ」というたたき文句によって、その機能が最も重要だと人々が思い込まされること。

②　「進化したケータイ」という言葉によって、最新機種のケータイは現代に適した機能が備わり従来のものより性能が優れているというように、人々が無批判に受け入れること。

③　「進化したケータイ」という広告を信じ、革新的な技術が開発されて今までとは仕組みの異なるケータイが新しく誕生したのだと、人々が自分勝手に想像してしまうこと。

④　最新機種のケータイが必要な人はほとんどいないのに、「進化したケータイ」という広告に踊らされて、最新機能を使うことをよしとしないと時代遅れになると人々が誤解すること。

⑤　古いケータイをガラパゴス島の生物になぞらえガラケーと呼ぶことに加え、最新のケータイを「進化したケータイ」と呼ぶことで、人々がダーウィンの進化論を信奉すること。

問7　傍線部エ「最新の例では右端の人間は机に向かってコンピューターをいじっているだろする」とあるが、ヒトの進化の図においてこれはどのようなことを表していると考えられるか。その説明として最も適当なものを、次の①～⑤のうちから一つ選べ。解答番号は、　**11**　。

①　人間はヒトとして進化するどころか人工知能に取って代わられるという悲観を表している。

②　人間が人工知能を備えたことがヒトとして進化しているよりの証左となることを表している。

③　人間の生物としての進化は人工知能の使用と大きく関係する可能性があることを表している。

④　人間の進化のスピードがコンピューターの出現によって加速していることを表している。

⑤　人間はコンピューターを生み出し使うことすら進歩を遂げているという見方を表している。

問8　傍線部オ「絶滅のことを正面から考えなければならない」とあるが、筆者がそのように考えるのはなぜか。その説明として最も適当なものを、次の①～⑤のうちから一つ選べ。解答番号は　12　。

①　生物の「進化」において、自然選択によって種が絶滅するのは生物の宿命だから。

②　生物の歴史においては、「進化」ではなく退化して絶滅してしまう生物も多く見られるから。

③　生物の「進化」を見ると、生き残るよりも絶滅してしまう生物のほうが圧倒的に多いから。

④　生物は自然の摂理に従うものが「進化」と見なされるだけで、それ以外はすべて絶滅するから。

⑤　生物は絶滅が必然であるからこそ、種の保存のために「進化」するといえるから。

問9　傍線部カ「この本によって文字通り業を啓かれた」とあるが、「業を啓かれた」とはこの場合、具体的にどのようなことを言うか。その説明として最も適当なものを、次の①～⑤のうちから一つ選べ。解答番号は　13　。

①　本を読んで初めて生物の進化についてじっくり考える気になったこと。

②　本を読むまではなかった視点で生物進化を捉えるようになったこと。

③　本を読んでそれまで抱いてきた生物進化に対する疑問が解消したこと。

④　本を読むことで生物進化に関する最新の発見を知ることができたこと。

⑤　本を読むうちに全く無関心だった生物に興味をもつようになったこと。

問10　空欄　Ⅰ　・　Ⅱ　に入る言葉の組み合わせとして最も適当なものを、次の①～⑤のうちから一つ選べ。解答番号は　14　。

①　Ⅰ——強者　Ⅱ——弱者

②　Ⅰ——弱者　Ⅱ——強者

③　Ⅰ——適者　Ⅱ——弱者

④　Ⅰ——適者　Ⅱ——強者

⑤　Ⅰ——強者　Ⅱ——適者

問11　傍線部キ「吉川氏はこれをスポーツに喩える」とあるが、スポーツの喩えで吉川氏が述べようとしていることに当てはまらないものを、次の①～⑤のうちから一つ選べ。解答番号は　15　。

①　生物は身体が大きいほど環境の変化に対応するのが難しくなって競争力は弱くなること。

②　ある環境を生きるのに有利な身体は他の環境に対しては不利になる場合があること。

③　環境が突然大きく変わってしまうと生物がすぐに適応するのは不可能に近いこと。

④　生物進化を生存競争という視点で捉えると生物の真の姿を見誤るおそれがあること。

⑤　今ある生物は自然淘汰によって生き残った勝者だと考えるのは間違っているということ。

問12　本文の趣旨と表現について説明したものとして最も適当なものを、次の①～⑤のうちから一つ選べ。解答番号は　16　。

①　生物進化は理不尽なものであるという吉川氏の説に基づき、生物の絶滅について多様な例を挙げな

から科学的に分析し、人間を生物の中で優位に立つものと見なす考えは捨て去るべきだという筆者の自説を、体言止めや短い一文を印象的に用いて明快に主張している。

② 人間がすべての生物の頂点に立つという考えを否定するために、吉川氏の説を援用して生物進化が理不尽なものであることを説き、最後にアインシュタインや佐野洋子の言葉に言及して信仰心というものについて神の摂理と結び付けた筆者独自の解釈を示している。

③ 生物進化は偶然に左右された結果にすぎないという吉川氏の説を援用し、身近な例だけではなく民話や旧約聖書の話を踏まえたりを比喩として断片的にちりばめながら、人間だけが生物として特に優れているわけではないという筆者の見解を述べている。

④ 人間とは何かを追究する文学者の立場から生物進化を捉えようとする筆者は、吉川氏の『理不尽な進化』に大きな影響を受けるが、身近な名言を根拠に、ヒトが人間である限り先入観なしに生物について考えることは難しいという結論に達している。

⑤ 自然選択という原理で捉えるダーウィンの進化論に対して、種の絶滅という観点から生物進化を捉えるべきだと主張する筆者は、進化は理不尽なものと考える吉川氏の説に依拠しながら、文学的な比喩を繰り広げて、自然の摂理に従う生命の神秘に触れようとしている。

第2問 次の文章を読んで、後の問い（問1〜11）に答えよ。

〈社会学する〉とは、どういうことだろうか。それは、社会的な水準にもさまざまな秩序（あるいは反秩序）を形成させるわれわれの経験が、どのような構成をとっているかを認識することにある。要するに、それは、社会的であるかぎりのわれわれの経験がどのようなものであるかを〈見ること〉である。〈見ること〉は、一見単純な作業に思われるかもしれない。それは、しばしば〈考えること〉よりも容易なことであると見なされている。〈見ること〉は誰にでもできるが、〈考えること〉は馬鹿にはできない、というわけだ。しかし、本当の困難は〈見ること〉にこそ、われわれの経験の社会的構成を〈見ること〉にこそあるのだ。この困難は、もちろん、見られるべき対象——つまり経験の構成——の独特な複雑性に由来している。

[I]、（注1）柳田國男の「遠野物語拾遺」（角川文庫版『遠野物語』所収）に[a]サイロクされている次の説話は、経験を〈見る〉ということの困難を示すよい隠喩になっている。

（注2）土淵村栃内の久保の（注3）観音は馬頭観音である。その像を近所の子供らが持ち出して、前阪で投げ転ばしたり、また橇にして乗ったりして遊んでいたのを、（注4）別当殿が出て行って咎めるとすぐにその晩から別当殿が病んだ。巫女に聞いて見たところが、せっかく親観音様が子供らと面白く遊んでいたのを、お節介をしたのが気にもわったというので、詫び言をしてやや病気がなおった。この話をした人は村の新田鶴松という爺で、その時の子供の中の一人である。

この説話を引用してみたのは、[ア]ここに原初の社会学とでも呼ぶべき営みが記録されているからである。「原初の社会学」というのは、他の諸実践から区別された「社会学」としての固有の方法的な自覚を未だ獲得してはいないが、ここで分析されている当の社会——遠野の共同体——の中では、今日の社会学がわれわれの社

会の中で果たしているのといった □b □ が働きを担った知的な営みになっているということである。説話の中で〈原初的な〉社会学に対応しているのは、別当の病の原因を看破した巫女の □ドウサツ□ である。

もしここに社会学の □ A □ を形式を認めることができるのだとすれば、次のような見通しをえることができるだろう。すなわち、この共同体において一種の「社会学」がいかなる社会構造の下で可能になっているのか、それ自身社会学的に解明することを通じて〈社会学する〉ということの構成を例示することができるに違いない、と。要するに、〈(遠野の共同体において)社会学すること〉を〈社会学すること〉を通じて〈社会学すること〉の構造を具体的に示すことができるのではないだろうか。

この説話がさらに教えてくれることは、経験している世界の本当の姿を見るためには □ B □ ことではあるが、見ることを遮ること、見ること自体から離れることが必要だ、ということである。つまり〈見ること〉は、見ることの否定をも含んでいるのである。このことは、別当にとって世界がどのように見えてきたかを考えてみれば、よくわかることである。別当は、馬頭観音と、それぞれと接したり一緒に遊んだりしてはならないものとして現れていたはずだ。□ II □ 別当にとっては、馬頭観音との関係の内に、決して還元できてはならない距離——崇拝を可能にする距離——が □d □ カイザイしていなくてはならないのである。別当がこの子供たちを叱るとき、馬頭観音のこのようなあり方が、別当自身にとってまぎれもない「真実」である。

□ III □ 、それを識っていた。つまり、この子供たちを叱るときに別当が「真実」として見ていたのは、別当自身が経験していたはずのものとは異なっていたのである。この自分自身の否定が、別当の身体の上に兆候として現れることになる。

では別当が病に倒れるのは、なぜだろうか。民間伝承の水準では、この病は、観音さまの復讐だったとして解釈されるだろう。もちろん、このような解釈は、起こったことを直接に合理化するためのよくある構図であり、病にかかったということのトートロジカルな(同語反復的な)言い換えでしかない。

病という兆候は、次のことを意味しているだろう。子供たちと同様に、別当自身も、身体の水準では「観音さまと楽しく遊びたいはずだ」つまり「観音さまと親しく交わっても良いはずだ」ということを知っているのである。しかし、馬頭観音と遊ぶ子供たちを叱りとばしているとき、彼の言葉は、この身体の水準を裏切っていることになる。身体的な水準で見ていたものを、言語的な水準——言語において記載される水準——で見ることができなかったのである。身体がすでに見ていたものを言語の方が否定したことに対する、身体の反作用として、兆候(病)が現象することになるわけだ。

□ IV □ 、別当にとっては、身体の水準で生きそして見ているものと、言語の水準で自らが「生きそして見ていると自覚していること」とが一致していないのである。さらに、付け加えておけば、消極的には、子供たちにとっても同じく不一致があると言わなくてはならない。別当にしかられ、それに従っている限りにおいては、子供たち自身も、その身体性の水準を正確に自覚しているわけではないからである。

(中略)

要するに、別当に対して現れている世界が、複層的に構成されているのである。すぐに言語化され意識される層、つまりさしあたり見えてきている層が、表層である。しかし、その下に、もう一つの層、身体的な層があるのだ。しかし、これら二つの層はそれぞれ順接しておらず、逆接している(一方の層で見えていることが、他方の層で否定される)。この逆接が強いる「無理」が、病として現れているのである。病は、言ってみれば、地

表に露出した深部の地層のようなものである。

　このような別当の世界の内的な複層性は、さらに[　Ｈ　]りの説話が実感をもって語られ、受け継がれている共同体の社会構造自身がそれと同型的な複層的な構成をとっているのではないか、との類推を誘う。観音像は村落の共同体の統一性を保証するような超越性を具現しているだろう。説話は、この超越性を準拠点にして二種類の（社会的な）関係性が張られていることを示唆している。一方では、観音像を共同体の中の生きた仲間のようなものと見なし、子供たちが愛しければ相手の観音像も愛しはずだという快楽の相互反射の関係の内に観音像を位置づけるような感覚が生きている。つまり、超越的な存在が、相互反射的な二者関係から明確に離陸していないのである。しかし他方で、説話は「観音像をなれなれしく扱ったり、粗末にしてはならない」という禁止が成り立つような関係の様態が、この共同体の中に確立されていることを示しているだろう。この種の禁止が成り立つ関係とは、観音像を共同体の成員たちの相互の想定の関係から距離化された場所に位置づけ、観音像の存在が──そして観音の超越性を代行するもの（たとえば説話の中では別当）が──一方的に成員たちの行為を想定するような関係のことである。別当の怒りの忠告・功を奏したことから示されるように、少なくとも表面的には、この共同体の内部では、後者の関係性が支配的なものとして現れている。

　[　ア　]の関係性──超越的な観音を共同体内の相互な反射の方に解消しようとする関係性──は、説話の中では、子供たちによって代表されている。もちろん、それは、別当の内的な世界の中では、身体性の水準に対応しよう。[　イ　]の関係性──観音を離脱した超越性として確保することで営まれる関係性──は、子供たちを叱る別当によって代表される。それらは、別当の内的な世界においては、言語性の水準に対応する。最後に、表面的な[　ウ　]の優越とは裏腹に、究極的には[　エ　]りこそが社会構造全体の要であり、[　オ　]を支えそれを想定しているということを示す要素は、つまり精という身体的な先験に対応する社会構造上の要素は、巫女である。

　先に、社会的な経験を（見る）ためには、ある意味では、見ることを否定しなくてはならない、と述べた。経験の深層に到達するためには、表層における視点を離れ、もう一つの別の視点に移らなくてはならない。見ることの否定、この視点の移行のための前提条件になるのだ。そして、移行先になるその「もう一つの別の視点」、これが、説話の中では、巫女によって具体化されているのである。要するに（社会学する）ということ、この巫女によって具体化されている視点を獲得することにほかならない。説話の中で、ただ巫女だけが、経験されていることの（真実）を見ている。言い換えれば、巫女だけが[　　　　　×　　　　　]ができるのである。たとえば巫女は、別当でさえ観音と人々との相互反射的な関係をすでに承認しており、そのような承認を基礎にして他の諸経験を積み上げているということを見抜いている。（社会学する）ということは、つまり社会的な秩序を構節する経験の構成を認識するということは、まさにこの「人々はそれを意識しないが、しかしそれを行う」と言われるときのその行っていることを見ることにほかならない。

　それにしても、社会学的な重要なことは、別当や子供たちの経験の（真実）が、別当の内的な視点に対してではなく、まだ子供の視点に対してでもなく、巫女というどちらにとっても他者である視点に対して、現れるということである。別当の悲劇をもたらしたのは、自ら自身が経験している世界が、自ら自身の視点に対して死角になっているということである。人が自ら行っていることを意識しないことの究極の原因はここにある。行為や経験において選択されていることが、それに対して一貫性を呈するような視点は、まず第一義的には、行為したり経験している当人の視点ではなく、他者の視点であるからである。だから（社会学する）ということは、どのような他者に対して、行為・経験の選択性が有意味なものとして現れているのかを見定めることである。

　行為・経験は、その他者に対して意味あるものとして意識されるのであり、行為したり経験したりしている

当人にとっては、さしあたって、把握しがたい不合理として立ち現れるのである。

オ 以上の考察の副次的な産物として、われわれは「抑圧されている」という状態がどういうことであるかを定義する術を得ることになる。抑圧されているということは、経験がそれに対して意味を有するというその他者の視点が、外的なままにとどまっている状態、つまり、そのような視点が、経験する者から奪われているような状態である、と定義することができるのである。たとえば、別当の内的な世界の中では、馬頭観音と遊びたい、馬頭観音と相互に喜びを享受して良いという感覚が抑圧されている。このような感覚を別当が所属しているのだが、そのような感覚の存在を証言してくれる視点を別当や我が物としているないからである。その視点は、他者の場所(巫女)に止まっているのである。同様に、社会的には、子供が抑圧されている。子供やらでいることの意味を証言する者がいないからである。だから、抑圧されている者は、本質的に、自らが何を行っているのか、自らが何者であるのかを語ることができない者のことである。そうであるとすれば、社会学の課題を次のように言い換えることもできることになる。それは、抑圧されている者に証言くの通路を開くことである、と。

(大澤真幸『近代日本思想の肖像』による)

(注1) 柳田國男――日本民俗学の創始者(一八七五―一九六二)。『遠野物語』は、岩手県遠野地方の民話・民間信仰・年中行事などを記録したもの。

(注2) 土淵村栃内――土淵村は遠野郷の村のひとつで栃内は地名。

(注3) 馬頭観音――宝冠に馬頭をいただいた観音菩薩のこと。

(注4) 別当――ひろく長官のことを称する語だが、この場合は寺の主人。神仏習合が行われていた時代には神社に付属する寺があり、その社僧の長を別当と呼んだ。

* 問題作成上の都合により、本文の一部に手を加えてある。

問1 傍線部a〜eのカタカナと同じ漢字を用いるものを、各群の①〜⑤のうちからそれぞれ一つずつ選べ。解答番号は、a・17〜e・21。

a サイロク 17
① 森林をバッサイする。
② 難民キュウサイに尽力する。
③ サイメイを調らをもず点検する。
④ ティサイを気にして見栄を張る。
⑤ 話がサイゲンなく続いて終わらない。

b トカ 18
① 商品をシュッカする。
② 女性にカタクして書かれた日記。
③ 芸術のシンカが発揮される。
④ 批判されてカジョウに反応する。
⑤ うわさのカチュウにある人物。

c ドウサツ 19
- ① 新しい技術をドウニュウする。
- ② 飛行機のドウタイに絵が描かれる。
- ③ 山の中のドウクツを探検する。
- ④ 幼なじみと遊びドウシンに返る。
- ⑤ 人の物を奪うのは言語ドウダンだ。

d カイサイ 20
- ① 勝者がカイシンの笑みを浮かべる。
- ② 発言をテッカイする。
- ③ フカイな出来事が起きる。
- ④ 年老いた親をカイゴする。
- ⑤ 隣家とのキョウカイを確認する。

e シサ 21
- ① 経歴をサショウする。
- ② 感染地域がフウサされる。
- ③ 中古車をサテイする。
- ④ ある言動は正気のサタではない。
- ⑤ キョウサして犯罪に巻き込む。

問2 空欄 **I** 〜 **IV** に入る言葉の組み合わせとして最も適当なものを、次の①〜⑤のうちから一つ選べ。解答番号は、22。

① I ── たとえば　　II ── というのも　　III ── むしろ　　IV ── つまり

② I ── たとえば　　II ── つまり　　III ── しかし　　IV ── だから

③ I ── しかしながら　　II ── なぜなら　　III ── さらに　　IV ── なぜなら

④ I ── しかしながら　　II ── むしろ　　III ── しかし　　IV ── 要するに

⑤ I ── というわけで　　II ── つまり　　III ── しかし　　IV ── もちろん

問3 空欄 **A**・**B** に入る言葉として最も適当なものを、各群の①〜⑤のうちからそれぞれ一つずつ選べ。解答番号は、A・23、B・24。

A ① 革新的　② 先駆的　③ 学術的　④ 重層的　⑤ 神話的

B ① 常識的　② 間接的　③ 創造的　④ 逆説的　⑤ 消極的

問4 傍線部ア「ココに原初の社会学とでも呼ぶべき営みが記録されている」とあるが、筆者が土淵村の説話をこのように捉えるのはなぜか。その説明として最も適当なものを、次の①〜⑤のうちから一つ選べ。解答番号は、25。

① 土淵村の説話は、柳田國男が記録したものなので、村に伝わる貴重な説話が文学的に描かれていると考えられるから。

② 土淵村の説話は、素朴な民俗学と言えるほど庶民の営みが具体的に描かれ、社会学的な分析がしやすいと言えるから。

③ 土淵村の説話は、当時の子供から直接聞いて書かれたものなので、出来事の信憑性が高く作話とは思えないから。

④ 土淵村の説話は、巫女によって解明される出来事が、村の人たちが意識していないことを表象したものと考えられるから。

東京農業大 2023年度 国語 89

⑤ 土俗村の説話は、事件を解決する巫女の目を通して、出来事の当事者には見えないものが神秘的に描き出されているから。

問5 傍線部イ「〈見ること〉は〈見ること〉の否定をも含んでいる」とあるが、どういうことか。その説明として最も適当なものを、次の①～⑤のうちから一つ選べ。解答番号は 26 。

① 物事を深層まで理解するには自分の目に懐疑的になる必要があり、そのために見ていること自体を疑わざるを得なくなること。

② 自分が見ている世界の真相を捉えるには客観的視点が必要なので、自分に見えている世界は主観的なものにすぎないと認めること。

③ 出来事を深く捉えるためには別の視点を得る必要があり、そのためには自分が見ている視点からいったん離れる必要があるということ。

④ 重層的に成り立っている社会の深部まで見通すには複眼的な考察が必要で、そのためには自身の思考を一旦停止するしかないこと。

⑤ 真の意味で物事を見るには表面的に見えているものを否定的に見ることが必要で、それは実際に目に入るものを退けるに等しいこと。

問6 傍線部ウ「別当が病に倒れるのは、なぜだろうか」とあるが、別当の病について筆者はどのように考えているのか。その説明として最も適当なものを、次の①～⑤のうちから一つ選べ。解答番号は 27 。

① 馬頭観音が子供たちと遊びたいと思っていることにまったく気づかず、頭の痛さに子供たちを叱りつけて観音から引き離したために、神仏の怒りを招いた罰として別当は病になった。

② 子供たちが馬頭観音に乱暴を働いていると思い込み、別当はそれを許されざる行為だとして子供たちを叱ったが、観音は彼らと遊びたかったのではないかと考え直して気に病んでしまった。

③ 馬頭観音に親しみたいという気持ちが本当は別当の心の底にあるのに、観音と親しみ一緒に遊んでいる子供たちを叱ったことで、自身の内部に亀裂が生じそれが身体症状として現れた。

④ 別当は子供たちと馬頭観音の距離が近いことにもともと無意識の嫉妬があったが、それがエスカレートして子供たちを叱りつけるという行為に発展したことに、自己嫌悪に陥り病になった。

⑤ 馬頭観音が子供たちと遊ぶことは自然なことなので、それを責めて子供たちを叱ったことは観音信仰を否定することになり、それに気づいた別当自身の心の崩壊が身体症状として現れた。

問7 傍線部エ「この説話が実感をもって語られ、受け継がれている共同体」に関する説明として最も適当なものを、次の①～⑤のうちから一つ選べ。解答番号は 28 。

① 観音像を共同体の統一性を象徴する神聖なものと捉えて信仰の対象とする見方と、共同体に快楽をもたらす卑俗なものと捉えて遊びの対象とする見方が同時に存在し、超越的な存在に対して一貫した態度がとれない社会構造のひずみがある。

② 共同体の仲間意識を高めるために観音を信仰の対象としているが、偶像を超越的な存在として崇拝することを強いる不寛容と、一緒に遊んでくれるほど親しく接することを認める寛容さが同時に存在し、社会構造に道徳的なむらがあることが見られる。

③ 身体的な水準で捉えたものが言語的な水準で捉えたものに否定されて、そこに生じてしまう複層的な構造をもち、共同体の象徴である超越的な存在に対して成員が親近感を持てるように、言語的な水準に従うことを個人に求める構造になっている。

④ 超越的存在によって統一性が保証される共同体の成員は、崇拝する対象と距離を置いた関係を築いてきたが、それを快楽の相互行為の関係の内に位置づける感覚が成員の無意識の層で生じてきて、社会構造が二方向に分裂している。

⑤ 共同体の連帯意識の象徴となる超越的存在を仲間として親しく位置づける関係性と、超越的存在を崇拝の対象として距離を置く関係性が同時に存在し、二つの関係性が整合することなく社会構造のなかに積み重なっている。

問8 空欄　ア　～　オ　に入る言葉の組み合わせとして最も適当なものを、次の①～⑤のうちから一つ選べ。解答番号は　29　。

① ア——前者　イ——後者　ウ——前者　エ——後者　オ——前者
② ア——前者　イ——後者　ウ——後者　エ——前者　オ——後者
③ ア——前者　イ——後者　ウ——後者　エ——後者　オ——前者
④ ア——後者　イ——前者　ウ——前者　エ——前者　オ——後者
⑤ ア——後者　イ——前者　ウ——前者　エ——後者　オ——前者

問9 空欄　X　に入る最も適当なものを、次の①～⑤のうちから一つ選べ。解答番号は　30　。

① 人々が無意識のうちに葬ろうとしている〈真実〉を暴くこと
② 人々が意識することなくゆがめてしまう〈真実〉を正すこと
③ 人々がそうとは意識することなく行っていることを見ること
④ 人々がなんの気なしにやってしまうことを意識すること
⑤ 人々が日常の経験として行っていることを承認すること

問10 傍線部オ「以上の考察の副次的な産物として、われわれは『抑圧されている』という状態がどういうことであるかを定義する術を得ることになる」とあるが、どういうことか。その説明として最も適当なものを、次の①～⑤のうちから一つ選べ。解答番号は　31　。

① 社会的な行為や経験の意味することが、常人ではなく超人的な視点によってしか解明されないということが明らかになったので、行為したり経験したりする当人自身のふるまいに無自覚な状態が「抑圧されている」ということだと言えること。

② 社会的な行為や経験のもつ真実が、当人ではなく他者の視点によってしか現れないということがわかったので、行為したり経験したりする当人自身の行為や経験の意味がわからなくなっている状態が「抑圧されている」ということだと考えられること。

③ 社会的な行為や経験の真の意味は、その当人にはまったく理解することができないということが証明されたので、行為したり経験したりする当人が常に他者の視線を意識している状態にあることが「抑圧されている」ということだと類推できること。

④ 社会的な行為や経験の意図が、その当人ではなく超越者の視点に照準を合わせたものであることがわかったので、行為したり経験したりする当人から自身の意志が失われ、他者の意向に従っている状態が「抑圧されている」ということだと言えること。

⑤ 社会的な行為や経験は、その社会とは無関係な他者によってしか真相を究明できないということがわかったので、行為したり経験したりする当人が理不尽に自由を奪われ、そのことを認識できない状態にあ

ることが「抑圧されている」ということだと考えられない。

問11 〈社会学する〉ということについて、本文の趣旨を踏まえて説明したものとして最も適当なものを、次の①〜⑤のうちから一つ選べ。解答番号は 32 。

① 〈社会学する〉ことは、土淵村の説話の当事者のように社会的に弱い立場の人間の行為や経験に対して、合理的な意味を与えて社会の構造を理解しやすくすることである。

② 〈社会学する〉ことは、抑圧されている側の視点から社会構造を捉えることで、それによってどのように抑圧されているのかを、社会的弱者が自身で証言できるようになる。

③ 〈社会学する〉ことは、さまざまな秩序を社会的な水準にあてはめて考えることで、土淵村の説話の別当のように自身の行動や経験の意義を分析して認識することができる。

④ 〈社会学する〉ことは、土淵村の説話の巫女の視点に立つことに当たり、ある社会に生きる人間の行動や経験を見て、社会がどのような構造になっているのかを看破することである。

⑤ 〈社会学する〉ことは、社会がどのような構造で成り立っているのかを見抜くことで、土淵村の説話の巫女のように、その社会に生きる人間が抑圧されている証拠をつかむことができる。

解答編

英語

Ⅰ 解答　1—③　2—④　3—③　4—④　5—②

≪ハチミツ——奇跡の食品≫

著作権の都合上，省略。

東京農業大　　　　　　　　　　　　　　2023 年度　英語〈解答〉　*93*

解答編

著作権の都合上，省略。

◀解　説▶

1．第4段第3・4文（Honey has been … safe to eat.）で，3,000年以上前のハチミツがまだハチミツのような味がして食べても大丈夫であると記述されている。よって，正解は③となる。

2．第5段第3文（Honey is also …）にのどの痛みを和らげる効能について，第5段第2文（Because it's very …）に感染を防ぐ効果について，第6段第2・3文（People have long … balms, and shampoos.）に保湿効果について述べられている。選択肢④の語を入れた表では，本文中のcuts「傷口」が wounds に，attract and retain moisture「水分を引き寄せ保持する」が prevent dryness「乾燥を防ぐ」と書きかえられている。

3．第1段最終2文（But honey is … miracle of sorts.）に，ハチミツが甘味料であるだけではなく，奇跡のようなものだと述べられている。また，第2段では人工的に作るのが難しいこと，第3・4段では腐らず長持ちす

ること，第5段では薬として使えること，第6段では肌や髪の製品として使用されていることが述べられている。このことをまとめると，③「ハチミツは多くの点で素晴らしい」が正解である。①「ハチミツは歴史の中で医療目的に使用されてきた」，②「ハチミツを使って自分自身の化粧品を作ってみることができる」，④「我々は7,000年以上前からハチミツを使用している」は，どれもハチミツの特徴の一つであり要旨ではない。

4．①は第2段第2文（In addition, even …）に一致。②は第6段第4・5文（You can purchase … for your hair.）に一致。③は第4段第3文（Honey has been …）に一致。④は第4段第1文（No one knows …）にスペインの壁画についての記述があるが，書かれているのはハチミツを食べる習慣ではなく，養蜂の証拠である。よって，不一致。

5．「そんなに長持ちする食べ物は他にはないのだ！」という文を挿入するため，ハチミツが長持ちすることについて書かれている段落を探す。第4段第3・4文（Honey has been … safe to eat.）に3,000年前のハチミツが今でも美味しく安全に食べられるとの記述があり，この後に挿入するのが最適である。よって，②が正解となる。lasting「長続きする」

II 解答 6—③　7—②　8—③　9—①　10—③　11—④
12—②　13—①　14—④　15—④

◆全 訳◆

≪世界とつながる漁業≫

　日本人は魚を非常に多く食べるので，生産量を増やすための国際的な取り組みにも関与している。たとえば，スペイン沖では，スペイン人労働者が経営し，ヨーロッパの製薬会社生産のビタミンを注入したオランダ産のニシンの供給を受けるマグロ養殖場に資金を援助している。オーストラリア近海でもマグロの養殖は大きなビジネスになっている。海が産み出すものを何でも漁獲するよりもむしろ，漁業は多国籍産業のようになっており，その中で，築地から最終的に東京の家庭の食卓へとつながっていく「商品連鎖」のつなぎ役として養殖場は機能している。スペイン近海での合弁事業，オーストラリア沿岸の養殖場，メイン州の漁師との取引の理由の1つは，日本人が単独では行うことができないからだ。国際的なルールでは，200マイルの漁業制限があり，各国の沿岸付近の海は自国の漁師が排他的

東京農業大　　　　　　　　　　　　　　　　　　　　　　　2023 年度　英語〈解答〉　*95*

に使用する水域として確保されている。また，他のルールによって，外洋で捕ることのできる魚は，少なくとも原則的に制限されている。世界の水産物取引の「司令塔」である築地は，そのような海洋環境を守るための国際的な規制の影響を受けている。しかし，その規制が本当に魚の保護に役立っているかは，また別の問題である。

　日本は，食によって世界とつながっている。日本の消費者は，日本の寿司屋にいながらにして，世界中の恵みを摂取することができる。それと同様に，海外では，より多くの人が同じような海産物を日本のスタイルで楽しんでいる。食生活は違うが，共通点はずっと多い。少なくとも，グローバル化とは，同じようなことをしたり，同じような体験をしたりすることで，遠く離れた人同士がつながることである。魚を食べるということに関しては，どこにいようと関係なくなってきている。漁業においても，漁師→運送業者→競売業者→取引業者→小売業者→消費者という連鎖の中で，より多くの人がつながっているのである。

━━━━━　◀解　説▶　━━━━━

6．tuna farms を修飾する過去分詞が入ると推測できる。tuna farms run by Spanish workers「スペイン人労働者に経営されるマグロ養殖場」で意味が通る。run は他動詞としては「～を経営する」という意味もある。

7．fill＋前置詞が選択肢に並ぶため，Dutch-caught herring と vitamins の関係から「（ヨーロッパの製薬会社製の）ビタミンでいっぱいのオランダ産ニシン」という意味になると考えられる。正しい前置詞との組み合わせは②filled with である。(be) filled with ～「～で満たされている」

8．前置詞＋which が選択肢に並ぶため，どの前置詞が適切かを考える。先行詞 transnational industry と関係詞節 the farms operate as links …のつながりを見ると，the farms operate in the transnational industry as links …「養殖場は国際産業の中で…のつなぎ役として機能している」で意味が通る。よって，③in which が正解である。

9．空欄前後の a zone と use by its own fishermen から「自国の漁師のみ使える排他的水域」とすると文意が通るため，①exclusive「排他的な」が正解。②inclusive「包括的な」　③conclusive「決定的な」　④reclusive「世を捨てた」

10．空欄の前後の意味から③at least を補充し，at least in principal「少

なくとも原則では」とするのが最適。①at the beginning「最初に」 ②at first「当初」 ④at most「せいぜい」

11. habitat(s)は「生息地」という意味であるが，marine habitat(s)もしくは ocean habitat(s)で「海洋環境」となる。safeguard ocean habitats「海洋環境を守る」 ①habit「習慣」 ②habituation「習慣化」

12. 第2段第2文（In the comfort…）には，日本にいながら世界中の魚を食べることができると述べられており，続く同段第3文（ [12], outside Japan more…）には，日本の外でも，日本スタイルの食事を楽しむことができると書かれている。この2文の関係を考えると，②by the same token「同じ理由で」が正解。①by all means「ぜひとも」 ③by the end「終わりまで」 ④by the way「ところで」

13. 空欄の前には Their diets still differ, but… と書かれており，「日本と外国で食習慣は異なる，しかし…」と続く。but の前とは対立することが述べられていると考えられるため，①in common が正解となる。have much more in common「もっと多くの共通点がある」 ②for ages「何年にもわたって」 ③at best「せいぜい」 ④by mistake「誤って」

14. 空欄の前文で，グローバリゼーションの意味について語られており，空欄以降で「魚を食べることに関しては」と展開する形にすると，後述部「どこにいようと関係なくなってきている」とつながるので，④when it comes to「～に関しては」を補充する。①at last「ついに」 ②in favor of「～に賛成で」 ③in spite of「～にもかかわらず」

15. 国際的な海産物取引の商品連鎖において，trader「取引業者」と consumer「消費者」の間に入る役割を考える。よって，正解は④retailer「小売業者」となる。①retreater「加工業者」 ②retorter「真空包装機，真空加工業者」 ③retiree「退職者」

III 解答 (1)16—② 17—① 18—③ (2)19—② 20—①

◀解 説▶

(1)16.「ジョンは賢いが，どのようにこの機械が動くかわからない」 形容詞＋as＋A＋be「A は～ではあるが」

17.「この度，代表の一人としてご推薦いただき，大変光栄に思っており

東京農業大   2023 年度　英語〈解答〉　*97*

ます」　It is ～ that … の強調構文で書かれた文である。with great pride
「大変な誇りをもって」　one of ～ には複数名詞が続く。representative
「代表者」　represent「～を代表する」

18.「お互いに微笑み合っていない両親をほとんど見たことがない」　空欄
Aの後に完全文（they're not smiling at ….）が続くため，関係代名詞
who は不可。直前の名詞 my parents を修飾する when の用法であると推
測できる。*A* when SV「SがVするときの*A*」　hardly ever「ほとんど
～ない」

⑵19.「メアリーは別の外国語を学ぶのに苦労しているし，ジョンも同様
だ」　前文を受けて，「*A* もそうだ」と表す場合は，so ＋動詞＋*A* となる。
前文が現在進行形で be 動詞が用いられている文であるため，②so is
John が正解になる。一般動詞が用いられている文が前にある場合は，so
does *A* となる。

20.「どんなに批判されても，ジョンは妻がそれを許容していると考えて
いる」　no matter（　　）criticism he gets は，「彼がどんなに多くの批
判を受けても」とすれば意味が通る。criticism は s がついていないこと
からも不可算名詞であるとわかるため，①how much が正解となる。

Ⅳ　解答　21—③　22—②　23—②　24—①　25—①

◀解　説▶

21.「本や音楽などの内容全体がどのようなものかの目星をつけさせる短
い文章」なので，③extract「（本や楽曲からの）抜粋」が最適である。①
extent「程度，範囲」　②extinction「絶滅」　④exact「正確な」

22.　A：もしもし，スミスさんとお話しできますか？

B：こちらダニエル＝スミスです。

A：メアリー＝ウィリアムズと申しますが，あのアパートのことでお電話
　　させていただきました。

B：ああ，ご覧になりたいのですか？

A：はい，可能であれば。その建物が静かな場所にあるのかどうか，気に
　　なるのですが。

以上の会話から，Aは女性（メアリー）で，Bは地元の不動産業者だとわ

かるので，②が正解。

23. race「レース」は fatigue「疲れ」の原因という関係が成り立つため，fast が原因で生じるものを考える。fast には名詞で「断食」という意味があるため，正解は② hunger「飢え」となる。

24. 「ある先生は，3つの容器に入ったシールを持っています。1つには56枚，もう1つには48枚，3つめには58枚のシールが入っています。先生がすべてのシールを27人の生徒に均等に分けると，一人何枚のシールを受け取れるでしょうか？」

すべてのシールの枚数は，56＋48＋58＝162となる。それを27人の生徒で均等に分けるため，162÷27＝6が一人あたりの枚数になる。よって，①が正解となる。

25. 代名詞が何を指しているかを考えながら並べ替えるとわかりやすい。1の「他の点では冷静な人種」とは英国人で，4の2つの it はともに，queueing を指していると考えると 1 → 4 の順が成立する。また，2の they は people on the continent を指していると考えると，3 → 2 の順で話の展開として自然になり，英国とヨーロッパの他の国々との列を作って待つことに関する慣習の違いを述べた文として意味が通る。よって，① 1 － 4 － 3 － 2 が正解である。並べ替えた文章の全訳は次の通りである。「行列，または列を作って待つことは，他の点では冷静な人種の国民的な情熱である。イギリス人はそれを恥ずかしがり，大好きなわけではないと否定する。ヨーロッパ大陸では，人々がバス停で待っているときは，一見ぼんやりした様子でうろうろしている。バスが到着すると，彼らはバスに向かってダッシュする。ほとんどの人はバスで去り，不運な少数派はエレガントな黒い救急車で運ばれる」

V 解答 (1)26—⑦ 27—⑨ 28—④ (2)29—⑥ 30—②

◀解　説▶

(1)26.「自由貿易を促進するために設立された国際的な機関」の箇所に該当する英文を探す。候補として，①・⑤・⑦が挙げられるが，①の internationally established「国際的に設立された」という表現は「国際機関」という表現に不適切である。また，enforcement は「強化」であり，

「促進」ではないので不適。⑤の to manipulate free trading は「自由貿易を操作するために」となり，対応する日本語に合致しない。⑦は an international organization「国際機関」，stimulate「～を刺激する，促進する」，establish「設立する」と合致した語彙が含まれており，正解である。

27. 「世界経済が経済ブロックに分かれることを防ぐために」の箇所に該当する英文を探す。候補として，②・⑥・⑨が挙げられる。②は prevent の語法に誤りがある。prevent O from *doing*「O が～するのを妨げる」の形で使われるため，prevent O to *do* は不適。また，be divided by economic blocs は「経済ブロックによって分けられる」となり，対応する日本語に合致しない。⑥は avoid に avoid O to *do* の用法はなく，be separated from economic blocs「経済ブロックから分離される」も合致しない。⑨は上記の prevent の正しい使い方，divide into ～「～に分かれる」も含まれており，合致するため正解となる。

28. 「世界各国が輸入規制を撤廃し」の箇所に該当する英文を探す。候補は③・④・⑧が挙げられる。③は主語が the restrictions となっており，その後に続く reduced ～ につながらない。⑧は imposed the import restriction「輸入規制を課した」とあり，対応する日本語に合致しない。④は countries around the world「世界の国々」が主語で，removed「取り除く」，the restrictions on import「輸入に関する規制」という動詞と目的語が含まれており，合致するため正解。

(2)29. ⑥が正解。Time is up.「はい，終わりです」 ①「タイムリミットが迫っています」，④「タイミングがよい」と混同しないように注意が必要。

30. ②make it「たどり着く」，on time「定刻通りに」が正解。⑤come in time「時間通りに」と混同するかもしれないが，on time は「予定時間通りに」という意味があり，in time は「時間に遅れず間に合う」という意味となるので注意しよう。

100 2023 年度 日本史〈解答〉 東京農業大

日本史

I 解答
1―① 2―④ 3―② 4―② 5―③ 6―②
7―① 8―① 9―② 10―①

◀解 説▶

≪国風文化≫

2．④正解。

a．誤文。「すべて」が誤り。序文は漢字で書かれた真名序と，平仮名で書かれた仮名序の2つで構成されている。

d．誤文。六歌仙ではなく，紀貫之・紀友則らが中心となって編纂された。

4．②正解。

X．正文。Y．誤文。「市聖」と称されたのは空也。

5．③正解。

①誤文。本地垂迹説は神を仏の化身とする思想，御霊会は怨霊・疫神を鎮めて災厄を除こうとする御霊信仰にもとづく祭礼で，両方とも末法思想とは関係ない。

②誤文。釈迦入滅後の1000年間，証が得られる時代を正法という。

④誤文。証が得られなくなった時代を像法といい，像法後の1万年を末法という。

6．②正解。

①源信（恵心僧都）は，『往生要集』を著して，念仏往生の教えを説いた。③大江匡房の著作に，有職故実書『江家次第』，日記『江記』，伝記集『続本朝往生伝』などがある。④三善為康は仏道に帰依し，『拾遺往生伝』などを著した。

9．②正解。

X．正文。Y．誤文。白木造・檜皮葺などが基本となっている。

II 解答
11―③ 12―① 13―④ 14―③ 15―③ 16―④
17―② 18―④ 19―① 20―①

東京農業大学　　　　　　　　　　　　　　　　　2023 年度　日本史〈解答〉　*101*

◀解　説▶

≪執権政治の展開≫

11.　③正解。

①藤原（九条）頼経は鎌倉幕府 4 代将軍（摂家将軍）。②藤原（九条）頼嗣は鎌倉幕府 5 代将軍（摂家将軍，藤原頼経の子）。④惟康親王は鎌倉幕府 7 代将軍（皇族将軍，宗尊親王の子）。

13.　④誤文。日蓮は 1260 年に『立正安国論』を前執権の北条時頼に献上した。

14.　③正解。

①磐座（いわくら）は，神が宿るとされる石のこと。原始信仰では，自然崇拝を行っていたことから，神は山・樹木・石などに宿ると考えられていた。②水城は，白村江の戦い後，唐・新羅の侵攻に備えるため，大宰府の北方に築かれたもの。④環状列石（ストーン＝サークル）は，縄文時代にみられる配石遺構の一種で，円形に石を並べた配石となっている。

17.　②正解。

①北条長時は北条義時の孫で，6 代執権。③北条時村は，7 代執権北条政村の嫡男。④北条守時は最後の執権。

19.　①正解。

②九州探題は，1336 年に足利尊氏が設置した機関。③長門探題は，1275年，鎌倉幕府が長門国を防備するために編成した異国警固番役を指揮する長門国守護のこと。④は長門探題のこと。長門探題の範囲が中国地方にも及んだことから中国探題とも称された。

20.　①誤文。永仁の徳政令は，9 代執権北条貞時が発した。

Ⅲ　**解答**　21―④　22―②　23―④　24―②　25―②　26―③
　　　　　　　27―①　28―②　29―④　30―①

◀解　説▶

≪化政文化≫

21.　④正解。

X・Y．正文。Z．誤文。佐藤信淵の『農政本論』の説明である。

22.　②正解。

Y・Z．正文。X．誤文。伊能忠敬は天文方の高橋至時に測地・天文学を

102 2023 年度　日本史〈解答〉　　　　　　　　　　　　東京農業大

学んだ。

23.　④正解。

Ｙ．正文。Ｘ．誤文。「人情本」ではなく滑稽本。「人情本」は恋愛情痴の生活を描いた読物。

Ｚ．誤文。『浮世風呂』は，式亭三馬の滑稽本。

24.　②正解。

Ｘ．正文。Ｙ．誤文。良寛に関連する説明。小林一茶は信濃出身である。

25.　②正解。

Ｘ．正文。Ｙ．誤文。歌川（安藤）広重に関連する説明。

26.　③正解。

Ｙ．正文。Ｘ．誤文。『名所江戸百景』は，歌川（安藤）広重の最晩年の代表作。

29.　④正解。

Ｘ・Ｙ．正文。Ｚ．誤文。東北各地を旅した菅江真澄は，紀行日記『菅江真澄遊覧記』を著した。『北越雪譜』で，雪国の自然や農民の生活などを写実的に著したのは鈴木牧之。

Ⅳ　解答　31—①　32—②　33—②　34—②　35—②　36—③
　　　　　37—①　38—①　39—③　40—②

◀解　説▶

≪1920～30 年代の政治・社会・経済≫

31.　①正解。

②四・一六事件は，1929 年の共産党弾圧事件。③３月事件と④10 月事件は，1931 年に発生した陸軍青年将校クーデタ未遂事件。

32.　②正解。

②誤文。警視庁の特別高等課（特高）は，1910 年の大逆事件を契機とし，1911 年に設置された。1928 年の治安維持法改正を契機に，全国各道府県に設置された。

34.　②正解。

①西安事件は，1936 年に張学良が蒋介石を監禁し，中国共産党との内戦停止と抗日を要求したできごと。③平頂山事件は，1932 年に，関東軍が抗日ゲリラによる襲撃の報復として平頂山住民を多数虐殺した事件。④万

東京農業大   2023 年度　日本史〈解答〉　*103*

宝山事件は，1931 年に，朝鮮人農民と現地の中国人が水利権などをめぐって衝突した事件。

36.　③正解。経営が破綻した鈴木商店に対する巨額の不良債権を抱えた台湾銀行を緊急勅令により救済しようとしたが，枢密院の了承が得られなかった。

38.　①正解。第一次世界大戦が勃発し，各国が金本位制から離脱すると，日本も 1917 年に，金本位制から離脱した。

39.　③誤文。金解禁は旧平価で行われた。

104 2023 年度　世界史〈解答〉　　　　　　　　　　　　　　　　　　　　東京農業大

世界史

I 解答
1—②　2—③　3—①　4—②　5—②　6—②
7—④　8—③　9—①　10—②

◀解　説▶

≪イスラーム文明の発展≫

5．②正解。錬金術は，鉄・銅・鉛などから金を生み出そうとした技術。金の製造はできなかったが，その過程で行われた実験は化学の発展をもたらした。

7．④正解。ウマル＝ハイヤームが作成に関わった暦は，ジャラリー暦といわれる太陽暦である。

8．③誤文。「知恵の館」を創設したマームーンはアッバース朝の第7代カリフ。

9．①誤文。「惑星運動の法則を理論化した」のはドイツの天文学者ケプラーである。

10．①誤文。ニザーミーヤ学院の教授として有名なのは神学者ガザーリー。
③誤文。サーマーンの宮廷に仕えた人物としては『シャー＝ナーメ』の作者フィルドゥシーがいる。
④誤文。ムワッヒド朝で法官や宮廷医として仕えたのはイブン＝ルシュド。

II 解答
11—③　12—①　13—④　14—②　15—①　16—②
17—④　18—②　19—④　20—②

◀解　説▶

≪西ヨーロッパ中世世界の変容≫

16．②誤文。カールにローマ皇帝の帝冠を与えたレオ3世以降，教皇領はさらに拡大しているため「最大版図」は誤り。

17．④誤文。異端審問は，教皇が直接つとめたのではなく，教皇が直接任命した審問官が行った。

18．②誤文。ムハンマドは，『旧約聖書』『新約聖書』をともに啓示の書とした。

19. ④誤文。フスはドイツ人司教を追放した。

20. ②誤文。コンスタンツ公会議は神聖ローマ皇帝ジギスムントの提唱で開催された。

Ⅲ 解答
21—② 22—③ 23—③ 24—③ 25—③ 26—①
27—① 28—④ 29—③ 30—④

◀解　説▶

≪オスマン帝国の支配の動揺≫

28. ④誤文。タンジマートの結果，ヨーロッパ工業製品の流入が進み，外国資本への従属が進んだ。

29. ③誤文。クリミア戦争の講和条約はパリ条約（1856年）である。

30. ④誤文。ベルリン会議で列国の対立を調停したのはドイツ帝国宰相ビスマルクである。

Ⅳ 解答
31—② 32—③ 33—① 34—④ 35—② 36—②
37—① 38—② 39—③ 40—①

◀解　説▶

≪第二次世界大戦後における世界秩序の形成とアジア諸地域の独立≫

34. ④誤文。アメリカとカナダは北大西洋条約機構（NATO）の原加盟国である。

35. ①誤文。ウクライナは1949年当時ソ連に属しており，独立国家ではない。このため，経済相互援助会議（コメコン）にも参加していない。
③誤文。経済相互援助会議はマーシャル＝プランに対抗して設立された。
④誤文。経済相互援助会議ではソ連が東欧に原油を輸出した。

38. ②誤文。「民族運動に抵抗した」が誤り。全インド＝ムスリム連盟と国民会議派は，インド自治達成のために協定を結び，第1次非暴力・不服従運動で共闘した。

39. ③誤文。ヒンドゥー教はバラモン教に先住民の土着信仰が吸収・融合されて成立した。

40. ①誤文。カーストは，ポルトガル語の「血統」に由来する。

地理

Ⅰ **解答** 1 —④ 2 —① 3 —③ 4 —⑤ 5 —② 6 —④
7 —④ 8 —③ 9 —① 10—② 11—② 12—⑥

13—⑤

◀解　説▶

≪世界の海峡≫

1．④不適。マンチェスターは，イングランド北西部，ランカシャー地方に位置する，産業革命発祥の工業都市である。

3．ユーロトンネルは全長約 50km である。海底地形は，中央部分に向かって徐々に深くなり，水深 40m より深いところが中央付近で広くみられることが等深線から読み取れるため，断面図としては③が適当である。

4．(ⅱ)海峡はジブラルタル海峡で，アはスペインが該当する。農産物【a】は地中海沿岸に生産が集中しているオリーブ，農産物【b】は地中海沿岸諸国に加えて中国やアメリカでも生産が多いぶどうである。

5．②不適。(ⅲ)ボスポラス海峡を挟んだ両岸はともにトルコ領である。

6．④誤文。輪作は混合農業での特徴である。

7．地中海性気候は，最寒月の平均気温が −3℃ 以上 18℃ 未満であり，夏に乾燥，冬に降水がみられるのが特徴である。

9．①正文。②誤文。カタールの首都はドーハ，クウェートの首都はクウェート，サウジアラビアの首都はリヤドである。

③誤文。クウェートの公用語はアラビア語である。ペルシア語が公用語の国はイラン。

④誤文。3国ともイスラム教スンナ（スンニ）派が主である。

10．イはスマトラ島。②誤文。インドネシアが，ジャワ島のジャカルタから首都を移転する計画を進めているのは，カリマンタン島東部である。

13．自衛隊は，J 付近のソマリア沖からアデン湾にかけて，海賊対処を行っている。

東京農業大　　　　　　　　　　　　　　　2023 年度　地理〈解答〉　107

Ⅱ 解答

14—①　15—②　16—③　17—⑤　18—③　19—①
20—①　21—③　22—③　23—⑤　24—①　25—③
26—④　27—①

◀解　説▶

≪アジアの農業と食文化≫

14. Cは土地面積が非常に狭いためイスラエルである。サウジアラビアは国土の大半が砂漠で「耕地・樹園地の率」が極端に低く，石油関連産業がさかんで「第1次産業の就業人口比率」も低いことから，Aに該当する。

15. ②誤文。このような地下水路は，イランではカナート，北アフリカではフォガラと呼ばれる。

16. ③正解。オアシス農業は乾燥地域での農業である。メコン川の特に下流域は，熱帯で降水量が多く，集約的稲作農業が行われている。

17. ⑤正文。①誤文。樹皮がコルクの原料となるのはコルクがし。
②誤文。ナツメグはニクズクの果実からとれる。
③誤文。コプラはココヤシの果実の胚乳を乾燥させたもので，とれる油は石鹸やマーガリンの原料として利用される。
④誤文。ナツメヤシの生産量第1位はエジプト（2019 年）。

19. アフリカの農業は土地生産性・労働生産性ともに低いところが多く，小麦・米とも低いアが該当する。また，ヨーロッパはロシア・フランス・ウクライナ・ドイツなどで小麦の収穫量が多く，アジアに次ぐ小麦の産地になっていることからイが該当する。残るウが北アメリカである。

20. ①正文。②誤文。ナンとチャパティは，どちらも小麦粉が原料である。
③誤文。ナンはタンドールと呼ばれる窯で，チャパティは鉄板で焼くのが一般的である。
④誤文。トルティーヤは，主にとうもろこしを原料とした料理で，メキシコでよく食べられている。

21. ③正文。①誤文。ブータンの首都はティンプーである。
②誤文。ブータンはチベット系ブータン人が人口の約半分を占めている。
④誤文。ブータンはヒマラヤ山脈の南東部に位置する。
⑤誤文。ブータンは立憲君主制を採用する王国である。

24. ①誤文。中国は大豆の生産量が多いが，主に国内で消費されている。中国は，世界の大豆の輸入量の約 60％を占める，大豆の輸入大国である。

108 2023 年度　地理〈解答〉　　　　　　　　　　　　　　　　　東京農業大

25.　③適当。餃子は小麦を用いる料理で，米の栽培に適さなかった東北部の満族（満州族）が住む地域が発祥地と考えられている。

26.　④誤文。クローブは，熱帯の常緑樹のつぼみからとれる香辛料である。

Ⅲ　解答　28—①　29—③　30—②　31—④　32—③　33—④
34—①　35—④　36—①　37—②　38—③　39—⑤
40—③

◀解　説▶

≪アングロアメリカの地誌≫

31.　④誤文。カナダは，かつてイギリスの植民地であった。

32.　③誤文。ヒスパニックは，農作業や建設工事，サービス業など，低賃金の労働に従事する人が多い。

33.　アメリカ合衆国の大西洋岸，特にあのニューヨーク州など北東部は，人口密度が高く，年間所得の大きい地域が多い。一方，うのアリゾナ州付近は乾燥帯が広がり人口密度も低く，年間所得も小さい。

34.　西経 100 度付近のカナダとの国境周辺地域が，春小麦の栽培の中心である。酪農は，五大湖沿岸を中心に行われている。南部では綿花栽培がさかんであったが，近年は多様な農作物が栽培されるようになっている。

35.　④不適。太平洋岸に位置するカリフォルニア州では，気候を生かした地中海式農業が行われており，とうもろこしの栽培はさかんではない。

36.　カナダは，アメリカ・メキシコと北米自由貿易協定（NAFTA）（2020 年以降は USMCA が発効）を締結しており，特に国境を接したアメリカとの貿易が輸出入とも大半を占める。また，中国からの安価な工業製品の輸入も増加し，カナダにとってアメリカに次ぐ貿易相手国となっている。

37.　食料自給率が 100％を超えている L が，「世界の食料庫」と呼ばれるアメリカである。特に，「穀類」・「肉類」で自給率が 100％を超え，輸出が多い。一方，食料自給率が最も低い N が日本，残る M がイギリスである。

38.　③不適。WHO（世界保健機関）の本部はスイスのジュネーヴにある。

39.　⑤不適。綿織物などの衣類は労働集約型の工業製品であり，中国やインドネシアなどからの輸入が多い。

40.　③不適。バナナの輸出量世界第 1 位はエクアドルである（2019 年）。

東京農業大　　　　　　　　　　　　　　2023 年度　現代社会〈解答〉　*109*

現代社会

I 解答

1 —④　2 —①　3 —②　4 —②　5 —③　6 —①
7 —④　8 —②

◀解　説▶

≪日本の裁判制度≫

4．②が正解。足利事件は 2000 年に無期懲役が確定したが，2010 年に再審無罪となった事件である。

5．③が不適。大日本帝国憲法下における特別裁判所は，皇室裁判所，行政裁判所，軍法会議であり，憲法裁判所は存在しなかった。

6．①が不適。政治裁判は，その国家の政治体制にそぐわない行為や団体を裁く趣旨のものであり，現在の日本には存在しない裁判形態である。

7．④が不適。公訴とは，検察が裁判所に被疑者を訴える行為を指すものであり，裁判のやり直しを求めるものではない。

8．②が不適。裁判員裁判は重大な刑事事件の第一審で適用されるものであり，その担当裁判所は，一般的に地方裁判所である。

II 解答

9 —④　10 —②　11 —③　12 —①　13 —③　14 —③
15 —①　16 —①

◀解　説▶

≪経済社会の変容≫

12．①が不適。経済主体は家計・企業・政府の 3 つに分類される。

13．③が不適。ある商品の人気が高まれば，需要曲線は右にシフトする。

14．③が不適。特例国債と呼ばれるのは赤字国債である。

15．①が不適。現金や預貯金の価値が目減りするのはインフレーションが起こっているときである。

16．①が不適。サッチャー政権は「ゆりかごから墓場まで」という言葉に象徴されたイギリスの福祉政策の転換，つまり社会保障費の削減を進めた。

110 2023 年度 現代社会〈解答〉　　　　　　　　　　　　　　　　　東京農業大

III 解答
17―②　18―①　19―①　20―③　21―①　22―①
23―②　24―②

━━━━━■ ◀解　説▶ ■━━━━━

≪高度情報社会≫

17. ②が正解。テレビや新聞のような世の中全般に情報を発信する媒体を
「マスメディア」と呼ぶ。

18. ①が正解。インターネットなどが急速に普及した 1990 年代の技術革
新のことを「IT 革命」という。

22. ①が不適。電子商取引には，個人が企業から商品を購入することも含
む。

23. ②が不適。「デジタルプラットフォーム取引透明化法」とは，2020 年
に成立した法律で，オンラインによる取引を扱う業者に対し，情報公開の
透明化を促したものである。個人情報の収集や管理に関するものではない。

24. ②が正解。

①は不適。「情報の確かさや利用価値を批判的に見極め，活用する能力」
はメディア – リテラシーと呼ばれる。

③は不適。「ターゲティング広告」はパソコンやスマートフォンの利用者
の行動や嗜好を分析し，それに即した広告を表示するものである。また，
大手製造業者に限らず，さまざまな業者が発信している。

④は不適。情報化の進展により，地域間や世代間のデジタル – デバイド
（情報格差）は拡大している。

IV 解答
25―②　26―①　27―③　28―④　29―②　30―②
31―①　32―③

━━━━━■ ◀解　説▶ ■━━━━━

≪戦後復興と日本経済≫

28. ④が正解。

①は不適。連合国軍総司令部（GHQ）は第二次世界大戦後の日本を占領
統治するために設けられたものであり，第一次世界大戦後や第二次世界大
戦のドイツとは関係がない。

②は不適。連合国軍の最高司令官はダグラス＝マッカーサー（1880～1964
年）であった。

③は不適。高野岩三郎（1871〜1949年）らが発表したのは日本政府としての原案ではなく，私擬憲法と呼ばれる民間の憲法草案であった。憲法問題調査委員会は松本烝治（1877〜1954年）を座長とする当時の日本政府による憲法試案を作成した委員会である。この委員会の憲法改正案は松本案と呼ばれたが，GHQはこれを拒否した。

29. ②が正解。

①は不適。戦前の日本における財閥とはトラストではなくコンツェルンである。

③は不適。ソニーやホンダは銀行を中心とした企業集団ではなかった。

④は不適。冷戦開始によりGHQは財閥解体に消極的になり，不徹底に終わった。

30. ②が正解。

①は不適。対日理事会（米・英・中・ソなどの連合国代表からなるGHQの諮問機関）において，ソ連はより急進的な農地改革を主張して，イギリスなどと対立したが，このときの中国は蔣介石率いる中華民国政府であり，ソ連側にはついていない。中華人民共和国の建国が宣言されて中国に社会主義政権が成立したのは1949年である。

③は不適。自作地の割合は1941年に54%，1949年には87%であった。

④は不適。農地改革により，地主による大土地所有は解体されたが，その代わり経営規模の小さい自作農が圧倒的多数となった。日本の農業経営の大規模化は2023年現在も課題であり，「ほとんどの経営が大規模化した」は誤りである。

31. ①が正解。

②は不適。勤労者の団結権は日本国憲法第28条で認められている。

③は不適。男女雇用機会均等法ではなく，労働基準法の制定である。男女雇用機会均等法は1985年に制定された。

④は不適。労働組合の組織率はGHQの労働組合の育成方針によって大幅に向上した。

32. ③が正解。

①は不適。傾斜生産方式の資金を復興金融金庫債の日銀引き受けで賄ったため，インフレが加速した。

②は不適。傾斜生産方式で投融資が優先的に行われる部門に農業は入って

112 2023 年度　現代社会〈解答〉　　　　　　　　　　　　　　　　　東京農業大

いなかった。

④は不適。復興金融金庫は，国連ではなく，日本政府の機関である。

Ⅴ 解答 33—①　34—③　35—④　36—③　37—④　38—②
39—②　40—②

◀解　説▶

≪世界の軍縮の動向≫

35〜37. 1968 年の核拡散防止条約では，核保有国の核兵器保有を公認するとともに，非核保有国が新たに核兵器を保有することを禁止することが定められた。1968 年の条約成立当初は，アメリカ・イギリス・ソ連（当時）が核保有国として認定され，1992 年にはフランスと中華人民共和国が新たに核保有国として公認された。これ以外の条約締結国が核兵器を持つことは認められず，非核保有国は国際原子力機関（IAEA）の査察を受けて自国の核技術が軍事転用されていないことを証明する必要がある。

39. ②が不適。日本は 1982 年に生物兵器禁止条約を批准し，1995 年には化学兵器禁止条約を批准している。

40. ②が不適。通常兵器の輸出額は，2015〜2019 年の合計では第 1 位がアメリカ，第 2 位がロシア，第 3 位がフランスであった。

数学

I 解答
(1) 1 —④ 2 —① (2) 3 —⑨ 4 —⑦ 5 —④
(3) 6 —② 7 —③ 8 —① 9 —⑥ 10—② 11—②
12—③

◀解　説▶

≪小問 3 問≫

(1) 「$x \leqq y$ ならば $x^2 \leqq y^2$ である」という命題は，反例 $x=-2$，$y=1$ により偽である。

また，「$x^2 \leqq y^2$ ならば $x \leqq y$ である」という命題は，反例 $x=1$，$y=-2$ により偽である。

よって，$x \leqq y$ は $x^2 \leqq y^2$ であるための必要条件でも十分条件でもない。

$\to 1$

「$x \leqq y$ ならば $x^3 \leqq y^3$ である」という命題，「$x^3 \leqq y^3$ ならば $x \leqq y$ である」という命題について，y^3-x^3 の符号と $y-x$ の符号を考える。

$$y^3-x^3=(y-x)(y^2+xy+x^2)=(y-x)\left\{\left(y+\frac{1}{2}x\right)^2+\frac{3}{4}x^2\right\}$$

と変形でき，$\left(y+\dfrac{1}{2}x\right)^2+\dfrac{3}{4}x^2 \geqq 0$ で，等号が成立するのは $x=y=0$ のときのみであるから，y^3-x^3 の符号は $y-x$ の符号と一致する。

よって，「$x \leqq y$ ならば $x^3 \leqq y^3$ である」という命題，「$x^3 \leqq y^3$ ならば $x \leqq y$ である」という命題はどちらも真であるから，$x \leqq y$ は $x^3 \leqq y^3$ であるための必要十分条件である。$\to 2$

(2) $f(x)=x^3+2x^2$，$g(x)=-x^2+px-5$ とおく。

共有点すなわち接点の x 座標を $x=t$ とおくと

$f(t)=g(t)$ より　　$t^3+2t^2=-t^2+pt-5$

∴　$t^3+3t^2-pt+5=0$　……①

$f'(t)=g'(t)$ より　　$3t^2+4t=-2t+p$

∴　$p=3t^2+6t$　……②

114 2023 年度　数学〈解答〉　　　　　　　　　　　　　　　　　　東京農業大

②を①に代入して　　$2t^3+3t^2-5=0$

　　　　$(t-1)(2t^2+5t+5)=0$

t は実数より　　$t=1$，②より　　$p=9$　→3

また接線の方程式は

　　　$y=f'(1)(x-1)+f(1)$

　　　　$=7(x-1)+3$

　　　　$=7x-4$　→4・5

(3)　$|3\vec{a}-\vec{b}|=3$ より，両辺を 2 乗して $9|\vec{a}|^2-6\vec{a}\cdot\vec{b}+|\vec{b}|^2=9$ が成立する。

$|\vec{a}|^2=1$，$|\vec{b}|^2=4$ であるから

　　　$9-6\vec{a}\cdot\vec{b}+4=9$　　　$-6\vec{a}\cdot\vec{b}=-4$

　∴　$\vec{a}\cdot\vec{b}=\dfrac{2}{3}$　→6・7

$|\vec{a}+t\vec{b}|$ について，$|\vec{a}+t\vec{b}|>0$ であるから $|\vec{a}+t\vec{b}|$ が最小となる t と $|\vec{a}+t\vec{b}|^2$ が最小となる t は一致する。

　　$|\vec{a}+t\vec{b}|^2=|\vec{a}|^2+2t\vec{a}\cdot\vec{b}+t^2|\vec{b}|^2$

　　　　　　$=4t^2+\dfrac{4}{3}t+1$

　　　　　　$=4\left(t^2+\dfrac{1}{3}t\right)+1$

　　　　　　$=4\left(t+\dfrac{1}{6}\right)^2+\dfrac{8}{9}$

であり，$|\vec{a}+t\vec{b}|^2$ は $t=-\dfrac{1}{6}$ のとき最小値 $\dfrac{8}{9}$ をとる。

よって　　$|\vec{a}+t\vec{b}|$ は $t=-\dfrac{1}{6}$ のとき，最小値 $\sqrt{\dfrac{8}{9}}=\dfrac{2\sqrt{2}}{3}$ をとる。

　　　　　　　　　　　　　　　　　　　　　　　　→8〜12

Ⅱ　**解答**　(1)13—①　14—②　15—③　(2)16—①　17—③

　　　　　　(3)18—⑦　19—③　20—②　21—①

━━━━━━━━━◀解　説▶━━━━━━━━━

≪三角関数を用いた関数の最大値と最小値≫

(1)　$t=\sin\theta-\cos\theta$ とおくと

$$t = \sqrt{2}\left(\frac{1}{\sqrt{2}}\sin\theta - \frac{1}{\sqrt{2}}\cos\theta\right) = \sqrt{2}\sin\left(\theta - \frac{\pi}{4}\right)$$

と変形できる。

$0 \leqq \theta \leqq \pi$ のとき，$-\dfrac{\pi}{4} \leqq \theta - \dfrac{\pi}{4} \leqq \dfrac{3}{4}\pi$ であるから

$-\dfrac{1}{\sqrt{2}} \leqq \sin\left(\theta - \dfrac{\pi}{4}\right) \leqq 1$ より　　$-1 \leqq \sqrt{2}\sin\left(\theta - \dfrac{\pi}{4}\right) \leqq \sqrt{2}$

よって　　$-1 \leqq t \leqq \sqrt{2}$　→13・14

$t = 0$ のとき，$-\dfrac{\pi}{4} \leqq \theta - \dfrac{\pi}{4} \leqq \dfrac{3}{4}\pi$ の範囲で $\sin\left(\theta - \dfrac{\pi}{4}\right) = 0$ であるから

$\theta - \dfrac{\pi}{4} = 0$ より　　$\theta = \dfrac{\pi}{4}$　→15

(2)　$t^2 = \sin^2\theta - 2\sin\theta\cos\theta + \cos^2\theta = 1 - 2\sin\theta\cos\theta$ であるから

$$\sin\theta\cos\theta = \frac{1 - t^2}{2}$$

よって，y は t を用いて

$$\begin{aligned}
y &= 2\sin\theta\cos\theta + 3(\sin\theta - \cos\theta) \\
&= 1 - t^2 + 3t = -t^2 + 3t + 1 \\
&= -(t^2 - 3t) + 1 \\
&= -\left(t - \frac{3}{2}\right)^2 + \frac{13}{4}
\end{aligned}$$

と表せる。t が $-1 \leqq t \leqq \sqrt{2}$ を動くとき，関数 y は $t = -1$ で最小値 -3 をとる。

$t = -1$ のとき，$\sqrt{2}\sin\left(\theta - \dfrac{\pi}{4}\right) = -1$ より

$$\sin\left(\theta - \frac{\pi}{4}\right) = -\frac{1}{\sqrt{2}}$$

$-\dfrac{\pi}{4} \leqq \theta - \dfrac{\pi}{4} \leqq \dfrac{3}{4}\pi$ の範囲で $\sin\left(\theta - \dfrac{\pi}{4}\right) = -\dfrac{1}{\sqrt{2}}$ となるのは，$\theta = 0$ のときであるから

　　関数 y は $\theta = 0$ のとき，最小値 -3 をとる。→16・17

(3)　$y = -\left(t - \dfrac{3}{2}\right)^2 + \dfrac{13}{4}$ で t が $-1 \leqq t \leqq \sqrt{2}$ を動くとき，関数 y は

116 2023 年度　数学〈解答〉　　　　　　　　　　　　　　　東京農業大

$t=\sqrt{2}$ で最大値 $3\sqrt{2}-1$ をとる。

$t=\sqrt{2}$ のとき，$\sqrt{2}\sin\left(\theta-\dfrac{\pi}{4}\right)=\sqrt{2}$ より

$$\sin\left(\theta-\frac{\pi}{4}\right)=1$$

$-\dfrac{\pi}{4}\leqq\theta-\dfrac{\pi}{4}\leqq\dfrac{3}{4}\pi$ の範囲で $\sin\left(\theta-\dfrac{\pi}{4}\right)=1$ となるのは，$\theta=\dfrac{3}{4}\pi$ のとき

であるから

　　　関数 y は $\theta=\dfrac{3}{4}\pi$ のとき，最大値 $3\sqrt{2}-1$ をとる。→18〜21

Ⅲ　解答

(1) 22—①　23—②　(2) 24—⑥　25—⑦
(3) 26—⑤　27—⑦　(4) 28—②　29—③

◀解　説▶

≪数字の書かれたカードを取り出す確率≫

(1)　1 を除く 2 〜 9 から 2 枚選べばよいので

$$\frac{{}_8C_2}{{}_9C_3}=\frac{\dfrac{8\cdot 7}{2\cdot 1}}{\dfrac{9\cdot 8\cdot 7}{3\cdot 2\cdot 1}}=\frac{1}{3}\quad\to22\cdot23$$

(2)　1−(4 以上のカードを 3 枚選ぶ確率) より

$$1-\frac{{}_6C_3}{{}_9C_3}=1-\frac{6\cdot 5\cdot 4}{9\cdot 8\cdot 7}=\frac{16}{21}\quad\to24\cdot25$$

(3)　3 枚とも偶数か，2 枚奇数と 1 枚偶数を選べばよいので

$$\frac{{}_4C_3+{}_5C_2\times{}_4C_1}{{}_9C_3}=\frac{11}{21}\quad\to26\cdot27$$

(4)　整数の和が奇数となる確率は，(3)より　　$1-\dfrac{11}{21}=\dfrac{10}{21}$

整数の和が奇数かつ 9 以下の場合は

　　　(1, 2, 4)，(1, 2, 6)，(1, 3, 5)，(2, 3, 4)

の 4 通りあるので，求める確率は

$$\frac{10}{21}-\frac{{}_4C_3}{{}_9C_3}=\frac{10}{21}-\frac{4\cdot 3\cdot 2}{9\cdot 8\cdot 7}=\frac{3}{7}\quad\to28\cdot29$$

東京農業大 2023 年度　数学〈解答〉　*117*

IV 解答

(1)30—③　(2)31—②　32—⑤

(3)33—④　34—⑦　(4)35—⑥　36—⑩　37—①

◀解　説▶

≪等差数列を組み合わせてできる数列≫

(1)　$a_{13}=0$, $a_{33}=4$ より　　$a_{23}=2$

これと $a_{22}=0$ から $a_{21}=-2$ なので　　$a_{31}-a_{21}=4$

$a_{41}-a_{31}=a_{31}-a_{21}=4$ であるから

$$a_{41}=a_{31}+4=2+4=6 \quad \to 30$$

(2)　(1)から，$a_{11}+4=a_{21}$ なので　　$a_{11}=-2-4=-6$

よって，表を縦に見て，a_{i1} は初項 -6，公差 4 の等差数列であるから

$$a_{i1}=-6+4(i-1)=4i-10 \quad (i=1, 2, 3, \cdots) \quad \to 31 \cdot 32$$

(3)　$a_{11}=-6$, $a_{13}=0$ から　　$a_{12}=-3$

よって，表を縦に見て，a_{i2} は初項 -3，公差 3 の等差数列であるから

$$a_{i2}=-3+3(i-1)=3i-6$$

$a_{i2}-a_{i1}=(3i-6)-(4i-10)=-i+4$ であるから，表を横に見て i 行目の数列 a_{ij} は初項 $4i-10$，公差 $-i+4$ の等差数列である。

よって　　$a_{ij}=4i-10+(-i+4)(j-1)$

$j=i$ のとき　　$a_{ii}=4i-10+(-i+4)(i-1)$

$$=-i^2+9i-14 \quad (i=1, 2, 3, \cdots) \quad \to 33 \cdot 34$$

(4)　(3)を用いて

$$\sum_{i=1}^{n}a_{ii}=\sum_{i=1}^{n}(-i^2+9i-14)$$

$$=-\frac{n(n+1)(2n+1)}{6}+\frac{9n(n+1)}{2}-14n$$

$$=-\frac{n}{6}\{(n+1)(2n+1)-27(n+1)+84\}$$

$$=-\frac{n}{6}(2n^2+3n+1-27n-27+84)$$

$$=-\frac{n}{6}(2n^2-24n+58)$$

$$=-\frac{n(n^2-12n+29)}{3} \quad \to 35\sim37$$

118 2023 年度 物理〈解答〉 　　　　　　　　　　　　　　東京農業大

物理

Ⅰ 解答
1 ―②　　2 ―①　　3 ―②　　4 ―①　　5 ―②　　6 ―④

7 ―②　　8 ―①　　9 ―①　　10―②　　11―②　　12―②

13―④

◀解　説▶

≪真空放電，光電効果，Ｘ線≫

1 ～ 4 ．気体の入ったガラス管の両端に電極を取り付けてその間に高電圧を加え，内部の空気を抜いていくと管全体がこの気体特有の色を発するようになる。このような希薄な気体による放電を真空放電という。19 世紀の中頃，プリュッカー（ドイツ）は真空放電の実験を行い，ガラス管内の真空度を増していくと，管内の光は消え，陽極側の管壁が蛍光を発することを発見した。蛍光は陰極から陽極に向かって負の電荷を帯びた粒子が管壁にぶつかることによって起こると考えられた。この陰極から出ているものは陰極線と名づけられた。

5 ～ 8 ．波長の短い光を当てたとき，金属の表面から電子が飛び出す現象を光電効果という。ある振動数（限界振動数）より大きい振動数であれば，光の強さにかかわらず光電効果が生じる。また，光の振動数が一定の場合，発生する光電流の強さは光の強さに比例する。

9 ～13．Ｘ線発生装置から発生するＸ線の強さと波長の関係を調べると，そのスペクトルには鋭いピークの固有Ｘ線となだらかな曲線部分の連続Ｘ線があることが明らかになった。Ｘ線発生装置においては，加速電圧が大きいほど，波長の短い，エネルギーの大きいＸ線が生じる。エネルギーの大きいＸ線は透過力が大きい。Ｘ線のうちエネルギーの大きいもの（波長の短いもの）を硬Ｘ線という。

Ⅱ 解答
14―④　　15―④　　16―①　　17―③　　18―③　　19―①

東京農業大 　　　　　　　　　　　　　　　2023 年度　物理〈解答〉　*119*

━━━━━━━━━ ◀解　説▶ ━━━━━━━━━

≪交流，変圧器，実効値≫

14. この回路に流れる実効電流を I_e〔A〕とし，電熱器 R にかかる実効電圧を V_e〔V〕，消費電力の時間平均を P〔W〕とすると，$P = I_e V_e$ より

$$I_e = \frac{P}{V_e} = \frac{1.35 \times 10^3}{1.00 \times 10^2} = 1.35 \times 10 \text{〔A〕}$$

15. 電線 1.00 m あたりの抵抗は $2.05 \times 10^{-4}\,\Omega$ なので，145 m の 2 本の電線に生じる抵抗を R_0〔Ω〕とすると

$$R_0 = 2 \times 145 \times 2.05 \times 10^{-4}$$
$$= 594.5 \times 10^{-4} \fallingdotseq 5.95 \times 10^{-2} \text{〔Ω〕}$$

16. 2 本の電線で消費される平均電力を P'〔W〕とすると

$$P' = R_0 I_e{}^2 = 5.945 \times 10^{-2} \times (1.35 \times 10)^2$$
$$= 10.83 \fallingdotseq 1.08 \times 10 \text{〔W〕}$$

17. 14 と同様に考えて，2 次コイルに流れる実効電流を I_{2e}〔A〕とすると

$$I_{2e} = 1.35 \times 10 \text{〔A〕}$$

18. 変圧器の 1 次コイルと 2 次コイルの実効電圧をそれぞれ V_{1e}，V_{2e}〔V〕とすると，V_{1e} と V_{2e} の比は，コイルの巻数の比に等しいので

$$25 : 1 = V_{1e} : 1.00 \times 10^2$$

よって　　$V_{1e} = 2.5 \times 10^3 \text{〔V〕}$

変圧器内部での電力の損失はないので，1 次コイルに流れる実効電流を I_{1e}〔A〕とすると

$$1.35 \times 10^3 = 2.5 \times 10^3 \times I_{1e}$$

よって　　$I_{1e} = 5.40 \times 10^{-1} \text{〔A〕}$

19. コイルを設置した場合に 2 本の電線で消費される平均電力を P''〔W〕とすると

$$P'' = 5.945 \times 10^{-2} \times (5.40 \times 10^{-1})^2$$

P'' は，コイルを設置しない場合に 2 本の電線で消費される平均電力 P' の α 倍であるとする。

抵抗値が同じ場合，消費電力は電流の 2 乗に比例するので

$$\alpha = \frac{P''}{P'} = \frac{(5.40 \times 10^{-1})^2}{(1.35 \times 10)^2} = 1.60 \times 10^{-3}$$

120 2023 年度　物理〈解答〉　　　　　　　　　　　　　　　　東京農業大

III **解答** 　20—① 　21—③ 　22—⑤ 　23—⑥ 　24—⑦ 　25—⑧
　　　　　　　26—⑥ 　27—① 　28—④

◀解　説▶

≪万有引力≫

20. 万有引力の法則より，物体が受ける万有引力の大きさを F〔N〕とすると

$$F = G\frac{Mm}{a^2}$$

21. 物体の変位が $\vec{x}$〔m〕のときに物体に加えた力 $\vec{F}$〔N〕のした仕事 W〔J〕は $W = \vec{F}\cdot\vec{x}$ であるので

$$\Delta W = F\Delta a \times \cos 0 = G\frac{Mm}{a^2}\Delta a$$

22. 　　$W = \displaystyle\int_r^\infty G\frac{Mm}{a^2}da = GMm\int_r^\infty a^{-2}da$

　　　　　$= GMm\Big[-a^{-1}\Big]_r^\infty = G\dfrac{Mm}{r}$

23. 無限遠での位置エネルギーを 0J とすると，万有引力による点 P での位置エネルギー U〔J〕は

$$U = -G\frac{Mm}{r}$$

24. E_h は，万有引力による位置エネルギーの差として求められるので

$$E_h = -G\frac{Mm}{R+h} - \left(-G\frac{Mm}{R}\right)$$

h は R より十分に小さい場合，$\dfrac{1}{R+h} \fallingdotseq \dfrac{1}{R}\left(1-\dfrac{h}{R}\right)$ と近似できることから

$$E_h = -GMm\frac{1}{R}\left(1-\frac{h}{R}\right) - \left(-G\frac{Mm}{R}\right) = G\frac{Mm}{R^2}h$$

25. 地球の自転は無視できるので，「重力による位置エネルギー」＝「万有引力による位置エネルギーの差」となる。したがって

$$mgh = G\frac{Mm}{R^2}h \quad \therefore \ g = G\frac{M}{R^2}$$

26. 物体を原点 O からの距離が無限遠から距離 r にある位置 P まで近づ

けたとき，万有引力の向きは原点 O に向かう方向にはたらくので，物体は万有引力によって正の仕事をされる。

27. 点 P よりも無限遠での物体の位置エネルギーは W だけ大きい。

28. 地表面を基準とした物体の重力による位置エネルギー E_h は，地上と地上から h の高さのそれぞれにおける万有引力による位置エネルギーの差として求めることができる。

Ⅳ 解答 29—① 30—③ 31—② 32—② 33—② 34—① 35—②

◀解 説▶

≪弾性力，単振動，2 物体の運動≫

29. 球 P を x[m] 右にずらすと，球 P には x 軸の負の方向に弾性力がはたらく。

よって $F=-kx$

30. 球の質量を m[kg]，単振動の周期を T[s] とすると，$T=2\pi\sqrt{\dfrac{m}{k}}$ より

$$T=2\pi\sqrt{\frac{0.60}{15}}=2\times3.14\times0.20$$
$$=1.256\fallingdotseq1.3\text{[s]}$$

31. 球 P が球 Q に及ぼす力を f[N] とすると，作用・反作用の法則より球 Q が球 P に及ぼす力は $-f$ である。また，球 P と球 Q の加速度は等しく，これを a[m/s²] とすると運動方程式はそれぞれ

$ma=15\times10\times10^{-2}-f$

$ma=f$

となり，これを f について解いて

$f=7.5\times10^{-1}$[N]

32. ばねが自然長になったときに球 Q が球 P から離れるので，球 P の位置は 0 m のときである。

33. 求める球 Q の速度を v[m/s] とすると，このとき球 P の速度も球 Q と同じである。力学的エネルギー保存則より

$$\frac{1}{2}2mv^2 = \frac{1}{2}k(0.10)^2$$

$$v = \frac{\sqrt{2}}{4} = \frac{1.41}{4} = 0.3525 \fallingdotseq 3.5 \times 10^{-1} \text{[m/s]}$$

34. 球 P が球 Q と離れてから次第に減速し,その速度がはじめて 0 m/s になった。その位置を x_P[m] とすると,球 P の力学的エネルギー保存則より

$$\frac{1}{2}mv^2 = \frac{1}{2}kx_P^2$$

$$x_P = v\sqrt{\frac{m}{k}} = 0.3525 \times 0.20$$

$$= 0.0705 \fallingdotseq 7.1 \times 10^{-2} \text{[m]}$$

35. 球 P が 0 m から x_P まで運動するのにかかる時間 t[s] は周期 T の $\frac{1}{4}$ である。

$$t = \frac{T}{4} = \frac{2\pi\sqrt{\frac{m}{k}}}{4} = \frac{2\pi\sqrt{\frac{0.60}{15}}}{4} = 0.314$$

この時間 t の間に球 Q は壁と弾性衝突をしているので,一定の速度 v で 0 m から壁で跳ね返り x_P に到達している。球 Q の移動した距離 l[m] は

$l = vt = 0.3525 \times 0.314 = 0.110685$

右図のように,0 m から壁までの距離の 2 倍が $x_P + l$ となる。

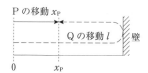

$x_P + l = 0.0705 + 0.110685 = 0.181185$

よって,0 m から壁までの距離は

$$\frac{x_P + l}{2} = 0.0905925 \fallingdotseq 9.1 \times 10^{-2} \text{[m]}$$

東京農業大 2023 年度 化学〈解答〉 123

化学

I 解答

1 —④ 2 —① 3 —② 4 —⑤ 5 —① 6 —⑦
7 —③ 8 —⑦ 9 —③ 10—① 11—④

◀解 説▶

≪セッケン，コロイド，油脂，けん化価，ヨウ素価≫

1 ～ 5 ．セッケンは疎水性部分を内側，親水性部分を外側にしてミセルを形成する。油汚れを内側に取り込んだセッケンはミセルコロイドとなって，水中に分散する。また，セッケン水や合成洗剤は水の表面張力を低下させるため，繊維の隙間に浸透できる。

6 ・ 7 ．油脂 A の分子量を M とすると，けん化価が 190 であるから

$$\frac{1}{M} \times 3 \times 56 \times 10^3 = 190$$

$$\therefore \quad M = 884.2 \fallingdotseq 884$$

また，油脂 A 1 分子中の炭素間二重結合の数を n とすると，ヨウ素価が 86.2 であるから

$$\frac{100}{884} \times n \times 254 = 86.2$$

$$\therefore \quad n = 3.0 \fallingdotseq 3$$

なお，ここでは炭素間二重結合のみを考慮して③を解答とする。

9 ．セッケン水は弱塩基性を示し，合成洗剤の水溶液は中性を示すので，フェノールフタレインは，それぞれ赤色，無色を示す。塩化カルシウム水溶液中では Ca^{2+} が存在するため，セッケン水では不溶性の塩を形成するため白濁するが，合成洗剤の水溶液では不溶性の塩を形成しない。

10．乳化剤として用いるためには，水になじみやすい親水基と水になじみにくい疎水基が部分として明確に分かれている必要がある。①はショ糖脂肪酸エステルで，スクロース部分が親水性，脂肪酸が疎水性である。

II 解答

12—③ 13—③ 14—③ 15—① 16—⑩ 17—②
18—⑦ 19—⑩ 20—⑨ 21—② 22—②

124 2023 年度　化学〈解答〉　　　　　　　　　　　　　　　　　　　　東京農業大

■■■■■■　◀解　説▶　■■■■■■

≪エステルの合成と加水分解，化学平衡，平衡定数，ルシャトリエの原理，溶液の調製，実験操作，凝固点降下，気体の溶解度≫

12. エステルの合成の量的な変化は

$$CH_3COOH + C_2H_5OH \rightleftarrows CH_3COOC_2H_5 + H_2O$$

反応前	1.50	1.00	0	0
反応量	−0.600	−0.600	+0.600	+0.600
平衡時	0.900	0.400	0.600	0.600

平衡定数は $K = \dfrac{[CH_3COOC_2H_5][H_2O]}{[CH_3COOH][C_2H_5OH]}$ より，容器の体積を V〔L〕とすると

$$K = \frac{\dfrac{0.600}{V} \times \dfrac{0.600}{V}}{\dfrac{0.900}{V} \times \dfrac{0.400}{V}} = 1.00$$

また，エタノール X〔mol〕を追加したとき，最初にエタノールが $1.00 + X$〔mol〕あったと考える。

$$CH_3COOH + C_2H_5OH \rightleftarrows CH_3COOC_2H_5 + H_2O$$

反応前	1.50	1.00 + X	0	0
反応量	−0.750	−0.750	+0.750	+0.750
平衡時	0.750	0.250 + X	0.750	0.750

平衡定数は，一定温度において濃度に無関係なその反応特有値であるので

$$\frac{\dfrac{0.750}{V} \times \dfrac{0.750}{V}}{\dfrac{0.750}{V} \times \dfrac{(0.250 + X)}{V}} = \frac{0.750 \times 0.750}{0.750 \times (0.250 + X)} = 1.00$$

∴　$X = 0.500$〔mol〕

13. 0.10 mol/L の硫酸銅(Ⅱ)水溶液は，硫酸銅(Ⅱ)水溶液 1.0 L に 0.10 mol の硫酸銅(Ⅱ)無水物が溶解している。0.10 mol の硫酸銅(Ⅱ)無水物は同物質量の硫酸銅(Ⅱ)五水和物（式量 250）に含まれるので，必要な硫酸銅(Ⅱ)五水和物は $250 \times 0.10 = 25$〔g〕となる。

また，水和水や $CuSO_4$ が含める体積を考慮し，蒸留水を加えて，1.0 L になるようにする。

14〜20. (a)河川水の濁りの原因は土砂などの疎水コロイドであるので，電解質を加えることで凝析により除去が可能である。

東京農業大　　　　　　　　　　　　　　　　　　　　2023 年度　化学〈解答〉　125

(b)透析では分子コロイドであるタンパク質やデンプンはセロハン膜を通過しないが，塩化ナトリウムのような電解質はセロハン膜を通過することができる。

(c)直流電圧をかけると $Fe(OH)_3$ のコロイドは正電荷をもっているため，陰極に移動する。これを電気泳動と呼ぶ。

(d)卵白はタンパク質であるから，十分量の電解質を加えることで塩析を起こすことができる。

(e)蒸発した水は凝縮して液体の水になる。

(f)寒天溶液を放置するとゲル化が起こり固化する。

(g)ドレッシングを撹拌すると油滴と酢が混合状態になることは，乳化とは呼ばず，分散状態と考えてよい。

21. 0.010 mol/kg の硫酸水溶液に同量の 0.020 mol/kg の水酸化ナトリウム水溶液を加えたところで中和が完了して硫酸ナトリウム水溶液ができる。硫酸ナトリウムは $Na_2SO_4 \longrightarrow 2Na^+ + SO_4^{2-}$ に電離するため，溶液中の溶質粒子数は硫酸ナトリウムの 3 倍となる。生成する硫酸ナトリウム水溶液は 0.005 mol/kg であるから，この水溶液の凝固点降下度は

$$0.005 \times 3 \times 1.8 = 0.027 [℃]$$

よって，凝固点は $-0.027℃$ となる。

22. 標準状態で蒸留水 1.00 L に溶解する二酸化炭素の体積は $1.00 \times 1.8 = 1.80 [L]$ である。二酸化炭素は乾燥空気中に 0.0300％ 含まれるので，この二酸化炭素の物質量は

$$\frac{1.80 \times \dfrac{0.0300}{100}}{22.4} = 2.41 \times 10^{-5} [mol]$$

Ⅲ　解答

23—③　24—⑤　25—①　26—⑥　27—④　28—①
29—⑤　30—⑩　31—④　32—⑤

◀解　説▶

《熱化学，反応熱，中和熱の計算，結合エネルギー》

25.　$C(黒鉛) + O_2(気) = CO_2(気) + 394 kJ$　……①

$$CO(気) + \frac{1}{2}O_2(気) = CO_2(気) + 283 kJ　……②$$

①＋②×（－1）より

$$C(黒鉛)+\frac{1}{2}O_2(気)=CO(気)+111\,kJ$$

26. 固体の水酸化ナトリウム 2.00 g と水 98.0 g による溶液であるから，溶液の質量は 2.00＋98.0＝100〔g〕で，この溶液の温度が 5.50 K 上昇したから

$$100×5.50×4.18×10^{-3}=2.299≒2.30×10^{0}\,〔kJ〕$$

27. 溶解した 2.00 g の水酸化ナトリウム（式量 40.0）の物質量は

$$\frac{2.00}{40.0}=0.0500\,〔mol〕$$

よって，水酸化ナトリウムの溶解熱は

$$\frac{2.299}{0.0500}=45.98≒46.0\,〔kJ/mol〕$$

28. 混合溶液の体積は 40.0 mL で密度が 1.0 g/cm^3 であるから

$$40.0×6.70×4.18×10^{-3}=1.12\,〔kJ〕$$

29. $1.00×20.0×10^{-3}$ mol ずつの H^+ と OH^- での中和反応により，$1.00×20.0×10^{-3}$ mol の H_2O が生成したことから，中和熱は

$$\frac{1.12}{1.00×20.0×10^{-3}}=56.0\,〔kJ/mol〕$$

となる。

30. 40.0 g の水酸化ナトリウムは 1.00 mol，1.00 mol/L の塩酸 1.00 L 中の HCl は 1.00 mol であるから

$$45.98＋56.0＝101.98≒102〔kJ〕$$

31. 　　$C(黒鉛)=C(気体)-713\,kJ$　……③

　　　　$H_2(気)=2H(気)-432\,kJ$　……④

　　　　$C(黒鉛)+2H_2(気)=CH_4(気)+67.0\,kJ$　……⑤

③×1＋④×2－⑤ より

　　　　$CH_4(気)=C(気体)+4H(気)-1644\,kJ$

よって，C−H の結合エネルギーは

$$1644×\frac{1}{4}=411〔kJ/mol〕$$

東京農業大   2023 年度　化学〈解答〉　*127*

Ⅳ　解答

33—④　34—②　35—⑤　36—④　37—⑦　38—③
39—⑥

━━━━━━━◀解　説▶━━━━━━━

≪光学異性体，有機化合物の構造，有機化合物の抽出，分液ろうとの使い方，エステルの加水分解，収率≫

33・34. 不斉炭素がある分子の場合，不斉炭素原子の数を n とすると光学異性体の数は 2^n 個で表すことができる。

35. (a)誤文。元素分析による組成式の決定のためには純物質にまで精製する必要がある。

(b)誤文。問題文中に市販薬にも禁止薬物が含まれることがあるとの記載がある。

(c)誤文。エフェドリンは沸点が 255℃ とあるため，揮発性が低いと考えられる。

(d)誤文。塩化鉄(Ⅲ)により呈色するのはフェノール性の OH 基であり，ベンゼン環に直接 OH 基が結合している必要があるため，エフェドリンは呈色しない。

(e)誤文。エフェドリンは芳香環をもち，濃硝酸によりニトロ化され黄色を呈する可能性があるが，何が含まれているかわからない選手の尿において濃硝酸により黄色の呈色がみられたところでそれがエフェドリンによるものかは証明できない。

37. (a)誤文。内圧の高まりにより上部ガラス栓が吹き飛んだり，分液ろうとが破損する可能性があるため，逐一活栓を緩めガスを逃して内圧を下げる必要がある。

(e)誤文。活栓を解放すると，下から溶液が流出するため，上部ガラス栓の溝と空気孔を合わせておく。

38. 手順 2 において，2 級アミンである NH をもつエフェドリンは中和して塩となり塩酸に溶解するため，下層である A 層に存在する。塩酸により中和されることは問題文中に示唆されている（塩酸エフェドリン）。手順 4 において，水酸化ナトリウムによる弱塩基遊離反応によりエフェドリンが生じる。エフェドリンは水に溶けにくく油状物質に含まれる。手順 5 において，ジエチルエーテル層は上層になる。エフェドリンは水に溶けにくくジエチルエーテルに溶解するため，上層である D 層に含まれるこ

128 2023 年度　化学〈解答〉　　　　　　　　　　　　　　　　　　　東京農業大

とになる。

39. (b)誤文。再結晶は溶解度の違いを利用するため，融点は関係がない。
(c)誤文。融点は融解する温度であるため，昇華するかどうかは判断できない。

東京農業大　　　　　　　　　　　　　　　　　　2023 年度　生物〈解答〉 *129*

生物

I **解答**　1 —⑦　2 —⑩　3 —⑧　4 —⑨　5 —①　6 —②
7 —⑦　8 —③　9 —①　10 —②

◀解　説▶

≪物質循環，呼吸≫

1．土壌中のアンモニウムイオン（NH_4^+）は亜硝酸菌により亜硝酸イオン（NO_2^-）へ，亜硝酸イオンは硝酸菌により硝酸イオン（NO_3^-）へ酸化され，植物は根からアンモニウムイオンあるいは硝酸イオンを吸収する。

5．水中の微生物に有機物を分解させる際に消費される酸素量を BOD（生物学的酸素要求量）という。BOD は汚水流入点で最も高くなり，下流にいくにつれ徐々に減少していく。

6．容器 A と C では，放出した CO_2 は KOH 溶液に吸収されるため，目盛りの移動量は消費した O_2 量を示す。一方，容器 B と D では，目盛りの移動量は消費した O_2 量と放出した CO_2 量の差を示す。実験に使用した土壌が消費した O_2 量は，容器 A より

$$10-8.0=2.0〔目盛り〕$$

容器 B より

$$（消費した O_2 量）-（放出した CO_2 量）=10-9.8=0.2〔目盛り〕$$

よって　　放出した CO_2 量＝2.0−0.2＝1.8〔目盛り〕

1.0 目盛りが 10 μL であり，これが 10 分間での値であるから，24 時間では

$$1.8×10×6×24=2592〔\mu L〕$$
$$=2.592〔mL〕≒2.6〔mL〕$$

7．オ．呼吸商は $\dfrac{放出した CO_2 量}{吸収した O_2 量}$ であり，土壌のみの条件下と有機物添加条件下では，それぞれ 0.9，0.75 となる。

8．A．誤文。硝化作用は O_2 と結合する酸化反応である。

B．誤文。光合成のほうが硝化作用より得られるエネルギーは多い。

E．誤文。アンモニウムイオンも亜硝酸イオンも，決して酸化力が強いと

130 2023 年度　生物〈解答〉　　　　　　　　　　　　　　　　　東京農業大

はいえない。

10．B．コムギ（種子植物），E．ゼニゴケ（コケ植物），F．スギナ（シ
ダ植物）はいずれも窒素固定できない。A．ネンジュモ（シアノバクテリ
ア），C．アゾトバクター（好気性細菌），D．クロストリジウム（嫌気性
細菌）は，いずれも窒素固定生物である。

Ⅱ 解答　11—②　12—⑥　13—④　14—⑩　15—①　16—④
　　　　　　17—②　18—⑥　19—①　20—③

◀解　説▶

≪生物の発生≫

12．タマネギ，イネ，シロイヌナズナの染色体数は，それぞれ 16 本，24
本，10 本，またショウジョウバエ，ヒト，マウスの染色体数はそれぞれ
8 本，46 本，40 本である。

13．①・③誤文。DNA の複製は間期（S 期）に起こる。

②誤文。中期ではなく，後期の誤り。

⑤誤文。第一分裂終了後第二分裂が行われた後，4 つの娘細胞が形成され
る。

14．A・B．誤文。いずれも体細胞分裂ではなく，減数分裂の特徴である。

15．②誤文。等黄卵は，卵黄量が少なく一様に分布しており，卵割の様式
は全割である。

③・④誤文。端黄卵は，卵黄量が多く植物極に片寄って分布しており，卵
割の様式は全割と部分割がある。

⑤・⑥誤文。心黄卵は，卵黄量が多く中央に分布しており，卵割の様式は
部分割である。

16．哺乳類は端黄卵ではなく，等黄卵である。

18．中胚葉は①・③・④，内胚葉は②・⑤である。

Ⅲ 解答　21—④　22—⑤　23—③　24—⑧　25—⑧　26—⑧
　　　　　　27—③　28—⑦　29—⑧　30—⑥

◀解　説▶

≪血液循環，自律神経系，内分泌系≫

21．動脈血とは，酸素を豊富に含む血液のことであり，肺から心臓へ排出

東京農業大   2023 年度　生物〈解答〉　*131*

される肺静脈は動脈血である。

22．順にイ：右心室→ウ：肺動脈→肺→エ：肺静脈→オ：左心房→カ：左心室→キ：大動脈→肺以外の組織→ク：大静脈→ケ：右心房→イとなる。

24．A．誤文。自律神経系は交感神経と副交感神経からなる。

D．誤文。運動神経ではなく，副交感神経がはたらき，心拍数を低下させる。

25．ヒトは 0.9 ％，カエルは 0.65 ％の食塩水と等張の体液をもつ。

29．C．誤文。肝臓はグルカゴンやアドレナリンといったホルモンを受容すると，貯蔵していたグリコーゲンをグルコースへ分解し血糖値を上昇させる。

30．C．誤文。グルコースは糸球体ではなく細尿管において 100 ％再吸収される。

D．誤文。タンパク質は基本的に糸球体でろ過されない。

F．誤文。アミノ酸の代謝により生成されたアンモニアは，肝臓のオルニチン回路で尿素に変えられ，腎臓で排出される。

Ⅳ　解答　31—⑤　32—④　33—①　34—⑤　35—⑤　36—⑤　37—④　38—③　39—①　40—③

◀解　説▶

≪生命の進化≫

まずは図 1・図 2 が示している地質時代を確認しよう。図 1 は先カンブリア時代，図 2 はA〜Fが古生代（A：カンブリア紀，B：オルドビス紀，C：シルル紀，D：デボン紀，E：石炭紀，F：ペルム紀），G〜Iが中生代（G：三畳紀，H：ジュラ紀，I：白亜紀），J〜Lが新生代（J：古第三紀，K：新第三紀，L：第四紀）となる。

31．㈠生物は原核生物，㈠生物は真核生物である。酵母や粘菌類は真核生物，それ以外の枯草菌，根粒菌，ブドウ球菌は原核生物である。

32．B．誤文。細胞内共生が成立し，真核生物が出現した頃には酸素濃度が上昇していた。

C．誤文。嫌気性の原核細胞に好気性細菌が共生してミトコンドリアとなり，その後にシアノバクテリアが共生して葉緑体となり，植物細胞ができたと考えられている。

D．誤文。ミトコンドリアも葉緑体も，リン脂質の二重層は失っていない。

33．C．誤文。複製起点を複数もつのは真核生物の特徴である。

D．誤文。⒰生物は多細胞生物である。鞭毛虫類，渦鞭毛藻類は単細胞生物である。

E．誤文。菌類は単細胞生物と多細胞生物を含む。

34．⑤誤文。バクテリオクロロフィルをもつ光合成細菌ではなく，クロロフィルaをもち，酸素発生型の光合成を行うシアノバクテリアである。

35．⑤誤文。「図2のA，Bの時代に海中で繁栄していた光合成を行う⒤生物」とは藻類である。クチクラ層は，陸上植物が乾燥から内部組織を守るために獲得したもので，藻類にはない。

36．A．誤文。クックソニアの化石はB（オルドビス紀）ではなくC（シルル紀）の時代のものである。

D．誤文。クックソニアは維管束をもたない。

E．誤文。リニアは葉も根ももっていない。

37．シルル紀に植物が陸上に進出し，続くデボン紀には動物が陸上進出を果たした。それが節足動物の昆虫類と，脊椎動物の両生類である。

38．③誤文。G・H・Iは中生代であり，種子植物である裸子植物が繁栄した。胞子体が発達し，配偶体が胞子体内に形成されるようになった。

39．①誤文。J（古第三紀）以降に反映したのは被子植物である。被子植物は，胚のう中の卵細胞と中央細胞がそれぞれ別々の雄性配偶子と受精する重複受精を行う。

40．A．誤文。アウストラロピテクスは，直立二足歩行を行っていたことが確実視されている。

D．誤文。インドネシアのジャワ原人や中国の北京原人など，アジアでも見つかっている。

東京農業大 2023 年度 国語〈解答〉 *133*

国語

1

出典 池澤夏樹『科学する心』〈第四章 進化と絶滅と哀借〉（集英社インターナショナル）

解答

問1 a—② b—③ c—① d—⑤ e—③

問2 ③

問3 ④

問4 ④

問5 ③

問6 ②

問7 ⑤

問8 ③

問9 ②

問10 ④

問11 ①

問12 ③

◀**解説**▶

問2 欠文挿入の問題では、欠文の分析が重要。欠文の冒頭に「その安直な誘惑」とある。「その」という指示語に〝人の心をまどわす〟という意味をもつ「誘惑」が添えられていることから、直前に「普通ならば…したくなる」という表現のある【③】が正解とわかる。

問3 傍線部アの直前に「ヒトと粘菌は共に生物」と述べられていること、そして垂水雄二の著作の引用部の中で「生物の魅力…多様性を貫く普遍的な原理が存在する」と述べられていることから、「すべての生物」の「共通性」に言及した④が最も適当である。

問4 傍線部イの前段落で、筆者は〈『粘菌』を下等〉・「我々を高等」と呼ぶことに疑問を提起した上で、「粘菌は我々より賢い」事例を取り上げている。これらの点から、ヒトが「下等だと見なしている生物」がもつ「高い能力」に焦点を当てた④が最も適当である。

問5 空所補充問題では、空欄前後の分析が重要。空欄X直後に「に立ち

返る」とあるため、本来の主題を探す。すると第Ⅰ・Ⅱ段落にて、〈「粘菌と自分たちの間に共通するもの」はない〉という「偏見」・「思い込み」が取り上げられていた。この点から「偏見から逃れられない」ことを「問題」として記述している③が正解とわかる。

問6 傍線部ウ直前の仮定逆接「ても」を利用。この文法事項に基づくと、傍線部ウの内容はその直前部の「進化は進歩ではない」という「進化」をマイナスに捉えた内容と対比的なものであると推測できる。これを踏まえると、「進化したケータイ」に対して「性能が優れている」とプラスの判断を下す「人々」に言及した②が最適とわかる。

問7 筆者は次段落で、傍線部エに関して「『進化』はそんな」直線の向上ではなかった」と批判している。ひるがえって、傍線部エは、ヒトが「一直線の向上」を見せた「進化」を意味すると考えられる。この論理的推測の結果に「コンピューターを生み出し使いこなす」人間の進歩を表すとした⑤が最も合致する。

問8 傍線部オ内の「絶滅」が、二つ前の段落で言及されていることに着目。この段落内では、「絶滅」に関して「十二種のヒト属が…たった一つ…を除いて消滅した」と説明されている。その上で、「進化」に関して「一直線の進歩的な進化ではなかった」と、「ヒトの進化の図」をはじめとした通説を否定しているのである。この内容と一致するのは、③。

問9 傍線部カ内の「文字通り」から、「蒙を啓く」の辞書的な意味を問う設問とわかる。この表現の漢字を組み合わせることで「啓蒙」という熟語に行き着けたかどうかが鍵である。そして、この語の辞書的意味が、知識のない人に教える、であることを考慮すると、今までに「なかった視点」で「捉えるようになった」とする②が正解となる。

問10 この一文の主題が「自然選択」であり、空欄Ⅱの直後およびその次文末がずれる「ではない」である点に着目する。これより、空欄Ⅰには「弱肉強食」と共通点がない「適者」が入るとわかる。さらに、この一文の主題である「自然選択」が、背後に「絶滅」をもつ「進化」であることを考えると、空欄Ⅱは「強者」が適切である。

問11 「これ」とは直前の段落の「理不尽な絶滅」のこと。喩えの直後の「『理不尽な』ルール変更が多くの絶滅の理由だったというのだ」が「吉川氏が述べようとしていること」である。②・③がこの内容にあたる。④・

⑤は「理不尽」ではなく「公正」と考えるのは誤りだということだから、これらも当てはまる。①の「身体が大きい」はあくまで喩えであって「ルール変更」による有利・不利はその都度違うのだから当てはまらない。

問12 「吉川氏の説」としては、傍線部キの段落以降に『理不尽な』ルール変更が…絶滅の理由」「現実は努力と運の組み合わせ」とある。筆者の考えに関しては、傍線部イで「ホモ・サピエンスの優位」を否定している。また、注1で民話、注2で旧約聖書の話を引いているので、③が正解。①は「多様な例を挙げながら科学的に分析」が不適切。

2

出典 大澤真幸『近代日本思想の肖像』〈巫女の視点に立つこと〉（講談社学術文庫）

解答 問1 a—① b—③ c—③ d—④ e—⑤

問2 ②

問3 A—② B—④

問4 ④

問5 ③

問6 ③

問7 ⑤

問8 ②

問9 ③

問10 ②

問11 ④

◀ **解説** ▶

問2 空欄Ⅰは、直後が柳田國男の著書の引用であるので、「たとえば」が適当。空欄Ⅱは、空欄の前後ともに「別当」と「馬頭観音」の間に介在すべき「距離」に言及しているため、「つまり」が入る。空欄Ⅲは、直前の「まざれもない『真実』」を空欄直後で「誤っていた」としているので、「しかし」が適当。空欄Ⅳは、空欄後の内容が空欄前の結果に基づくため、「だから」が適当。

問3 A、空欄A直前の「ここ」は前段落の主題すなわち「説話」の内容を指す。傍線部アに「ここ（＝説話）に、原初の社会学とでも呼ぶべき営みが記録されている」とあり、「社会学」としての「方法的な自覚を

未だに獲得してはいない」が「今日の…と等価な働き」をしているのだから、②「先駆的」と言える。

B、空欄B直前には「経験…世界の本当の姿を見るため」という目的が記されている。そして、この「見る」という目的に関して、空欄直後において「見ることを避ける」という手段を提示している。この「見る」と「避ける」が対義的な表現であることから、④「逆説的」が適当とわかる。

問4 設問文の「説話」に関する筆者の考えは、空欄Bの段落にて「世界の本当の姿を見るため」には「見ること自体から離れることが必要だ」と記されている。このことから「説話」の巫女は、見ることから離れる役割を担っていたと考えられる。ゆえに「(実際に子供たちを見た)村の人たちが意識していないことを表象」と述べた④が正解。

問5 傍線部イの冒頭に「つまり」とあるので、直前の「経験している世界の本当の姿を見るためには…見ること自体から離れることが必要だ」の言い換えであることがわかる。また、空欄Xを含む段落に「経験の深層に到達するためには…視点を離れ…別の視点に移らなくてはならない」とある。以上に合致する③が正解。

問6 傍線部ウの次段落最終文の「兆候(病)が現象することになるわけだ」という記述が、本設問の要求と一致。そこで、その直前までの内容を読むと「観音さまと親しく交わっても良い」ことを知っている「身体的な水準」を「言語的な水準」が否定したことが別当の病の原因と書かれている。よって、正解は③。

問7 傍線部エの後に「二種類の(社会的な)関係性が張られている」とある。「一方には、観音像を…離陸していないのである」と、「他方で…規定するような関係のことである」の二種類である。この二種類の関係性を適切に説明している⑤が正解。

問8 選択肢内の「前者」は観音像を「相互反射的」に、「後者」は「超越的」に捉える考え方を指す。空欄ア・イは、各空欄直後の「相互的な反射」・「超越性」から判断する。空欄ウは、直前の「表面的な」が五行前の「後者の関係性」の説明で用いられることを踏まえる。空欄エは、ウとは「裏腹」であるため、「前者」。空欄オは、エ「前者」が「支え」るものであるため、「後者」。

問9 空欄X直前に「巫女だけが」とあることから、この段落における

「巫女」の定義を利用する。空欄X以降を見てみると、「巫女」の言動の説明として、「『人々はこれを意識しないが、しかし、これを行う』…行っているということを見ること」と記されている。この内容と③が一致する。

問10 設問の対象である「抑圧されている」は、最終段落で説明されている。具体的には、「他者の視点が、外的なままにとどまっている状態」であり、「自らが何を行っているのか、…を語ることができない」ことと定義されている。これらの定義を正しく合んでいるのは②。

問11 選択肢間の共通要素として、「土洲村の説話」を通した〈社会学する〉ことの定義がある。これに当てはまる説明があるのは空欄Aの段落。この段落の四行目の「要するに」に着目。この前後で、「一種の『社会学』」を可能にさせる「社会構造」が主題として取り上げられている。この内容と一致するのは、④。

MEMO

MEMO

2022年度

問題と解答

東京農業大   2022 年度　問題　*3*

■一般選抜Ａ日程（２月３日実施分）

問題編

▶試験科目・配点

教　科	科　　　　　目	配　点
外国語	コミュニケーション英語基礎・Ⅰ・Ⅱ・Ⅲ，英語表現Ⅰ・Ⅱ	100 点
選択Ⅰ	「数学Ⅰ・Ａ・Ⅱ・Ｂ」，「国語（古文・漢文を除く）」から１科目選択	100 点
選択Ⅱ	農（農・動物科・生物資源開発）・応用生物科（農芸化・食品安全健康・栄養科）・生物産業（北方圏農・海洋水産）学部： 　「化学基礎・化学」，「生物基礎・生物」から１科目選択 応用生物科（醸造科）・生命科学部： 　「物理基礎・物理」，「化学基礎・化学」，「生物基礎・生物」から１科目選択 地域環境科（生産環境工）学部： 　地理Ｂ，「物理基礎・物理」，「化学基礎・化学」，「生物基礎・生物」から１科目選択 農（デザイン農）・国際食料情報・生物産業（自然資源経営）学部： 　日本史Ｂ，世界史Ｂ，地理Ｂ，現代社会，「化学基礎・化学」，「生物基礎・生物」から１科目選択 地域環境科（森林総合科・造園科・地域創成科）・生物産業（食香粧化）学部： 　日本史Ｂ，世界史Ｂ，地理Ｂ，現代社会，「物理基礎・物理」，「化学基礎・化学」，「生物基礎・生物」から１科目選択	100 点

▶備　考

• 英語は筆記試験のみ。
• 数学Ｂは数列およびベクトルを出題範囲とする。

(60分)

I 次の英文を読み、問1〜問5に答えなさい。

"The robots are coming, and they'll probably take your job when they get here." But is this true? < ① >

One of the most widely-referenced and panic-inducing figures on the topic came from a 2013 paper by two Oxford economists, Michael Osborne and Carl Benedikt Frey. (1) Their research found that up to 47 percent of American jobs were at risk of being automated by the mid-2030s.

The research underlying the 2013 paper, titled "[   ]," aimed to quantify how progress in tech could impact jobs. The authors chose 70 occupations—such as delivery drivers, housekeepers, civil engineering technicians, sheet metal workers, and utility meter readers—and labeled them as automatable or non-automatable. For each job, they considered the question, "Can the tasks of this job be sufficiently specified, conditional on the availability of big data, to be performed by state-of-the-art computer-controlled equipment?"

(2) Unsurprisingly, jobs requiring creative and social intelligence were deemed least likely to be automated: recreational therapists, mechanic and repair supervisors, and emergency management directors topped the list—no robot will be stealing their jobs anytime soon. Dentists, dietitians, and elementary school teachers can settle in (3) for the long haul, too. < ② >

On the other end of the spectrum—or in this case, the long, long list—some of the jobs most susceptible to automation were telemarketers, tax preparers, and sports officials like referees. Taken as a whole, the authors found 47 percent of US employment at risk of being disrupted by automation.

But let's consider that wording. < ③ >

It doesn't say 47 percent of jobs will be automated. It says 47 out of every 100 jobs could conceivably be done by computers one day in the future if a bunch of massive engineering challenges get solved, not to mention if regulations and public opposition don't get in the way.

Throughout history, technology has always created more jobs than it has destroyed. To use a generic but straightforward metaphor: if the economy is a pie, tech allocates more slices to some people and fewer slices to others in the short term. But in the long term, new technologies always make the whole pie bigger; thus, there's more to go around.

< ④ > Look at mobile phone usage in developing countries. A 10 percent increase in mobile phone ownership among citizens of developing countries can boost per capita GDP growth by about 1 percent per year. Farmers in Kenya and shopkeepers in India aren't as well-off as the Silicon Valley engineers who designed their phones, but they're certainly more well-off than they were before. Absolute poverty rates around the world have fallen faster in the past 30 years than at any other time on record.

問1　下線部（1）について、筆者は下記のどの結論を述べていますか。　　　　　　　　　1

① その通りである：ビッグデータとコンピュータによって制御された設備によって47%の仕事は機械が行うようになるだろう。

② その通りである：機械化はもちろん、ケニヤやインドの人口減少によっても仕事の数は減るだろう。

③ その通りにはならない：機械化が進むことにより47%どころかもっと多くの仕事が人間の手からAIにわたるだろう。

④ その通りにはならない：47%の仕事が機械化されるには、技術的な問題や人々の反対など解決すべき課題がたくさんある。

問2　第3段落の空所［　　］には2013年に発表された論文のタイトルが入るが、そのタイトルとして最も適切なものを下記の選択肢から選びなさい。　　　　　　　　　　　　　　　　2

① The Future of Employment

② The Sustainability in America

③ History of Robotics

④ How You Should Choose Your Job

問3　What does the underlined word (2) Unsurprisingly suggest?　　　　　　　3

① The writer agrees with the researchers' findings about the jobs that will not likely be automated.

② The writer was not shocked by the percentage of the jobs to be automated soon.

③ The writer, like the researchers, expects computers to be more creative and to have social intelligence in the future.

④ The writer admits that some jobs that now require creativity will be automated.

問4　What does the underlined phrase (3) for the long haul mean?　　　　　　4

① a long time ago

② for a long period of time

③ before long

④ no longer

問5　次の文を入れるのに最も適切な箇所を本文の＜　①　＞～＜　④　＞から選びなさい。　　5

Need a concrete, recent example?

6 2022年度 英語　　　　　　　　　　　　　　　　　　　　　　　　　　　　　　　　東京農業大

Ⅱ 次の英文を読んで、空欄 6 ～ 15 に入る最も適切なものを、それぞれ下記の選択肢①～④から選びなさい。

He is not constantly seen in the village. His house stands remote from the highway, almost hidden among hedgerow* trees, and approached by a narrow road, which leads through pasture fields only to the dairy-house. His name is Ebenezer Dark, and 6 very humble people address him as Mr. Dark. His "missus," 7 he occasionally calls his wife, though his habit is to address her ceremoniously as Mrs. Dark, never speaks of him otherwise than "master." He rents a dairy 8 of Mr. William Purchase, and the dairy-house in the old days was the Home Farm. When passing Main Street on weekdays he is usually driving an old brown mare in a market-cart, now and then with a calf or so under a net behind the seat. On Sundays he is always going to or 9 church. Under neither circumstance is he quite himself or really communicative. The serious nature of his errand appears to weigh upon him. He does not draw rein or stop to talk. An acquaintance nods:

"Dairyman!"

Dairyman nods back the name of the acquaintance. In the village every degree of affection, respect, or proper pride can be conveyed by a nod 10 that simple salutation.

Yet Dairyman is by no means a quiet man. In his way he is fond of company and loves everything that is good—a good tale, an old song, a big cup, and a long pipe. But he is so homely that the only place where he finds himself truly 11 is the dairy-house. His mind is so simple that in spite of 12 rising and hard work, he has grown fat upon contentment. Such characteristics are displayed to the best advantage in a long white milking apron. That shows up also his jolly round red face with the fat cheeks and the double chin. Next to that, Dairyman looks well filling out his comfortable armchair by the fireside when the day's work is done. And yet there are folk who hold the opinion 13 Dairyman would be nothing at all and quite lost 14 "his missus."

It was of an evening late in April in a broad pasture sprinkled with many flowers that I first talked with Dairyman.

There 15 showers during the day, but for a while the sky was clear, although raindrops glistened on the grass. From a shining holly bush in the hedgerow a blackbird was singing.

[注] hedgerow「生け垣」

問6	① almost	② at first	③ only	④ but also	6
問7	① when	② against	③ if	④ as	7
問8	① everyday	② of thirty cows	③ in the notebook	④ to the house	8
問9	① avoiding	② far away	③ returning from	④ playing at	9
問10	① apart from	② coupled with	③ from	④ except	10

東京農業大   2022 年度　英語　7

問11	①	at home	②	out of the place	③	lonely	④	dislike	11
問12	①	yesterday	②	noon	③	early	④	late	12
問13	①	which	②	what	③	that	④	of	13
問14	①	with	②	without	③	helping	④	hating	14
問15	①	have been	②	had been	③	has been	④	must be	15

Ⅲ　次の問に答えなさい。

（1）問16〜問18の（　A　）と（　B　）の組み合わせとして最も適切なものを下記の選択肢から選びなさい。

問16　The man （　A　） his friend around the town as if he （　B　） a resident.　　　16

① 　A：drew 　　　 B：is

② 　A：showed 　　 B：were

③ 　A：got 　　　　 B：can be

④ 　A：turn 　　　　 B：has been

問17　In today's world, people （　A　） more and more time （　B　）.　　　17

① 　A：should spend 　　　 B：with working

② 　A：spent 　　　　　　　 B：to work

③ 　A：could have spent 　　 B：to working

④ 　A：spend 　　　　　　　 B：at work

問18　How kind of （　A　） to help me （　B　） the room!　　　18

① 　A：her 　　　 B：clean

② 　A：she 　　　 B：clean

③ 　A：her 　　　 B：cleaning

④ 　A：she 　　　 B：cleaning

（2）問19〜問20の（　　　　）に入れるのに最も適切なものを下記の選択肢から選びなさい。

問19　If I （　　　　） the architect earlier, I could have asked him to design my house.　　　19

① had met 　　② have met 　　③ met 　　④ could meet

問20　Not until I talked to my friend （　　　　） the details of the plan.　　　20

① did I learn 　　② I did learn 　　③ to learn 　　④ learning

8 2022 年度　英語　　　　　　　　　　　　　　　　　　　　　　　　　東京農業大

Ⅳ 次の間に答えなさい。

問21　下記の英語が説明している内容を表す単語を下記の選択肢から選びなさい。　　　　21

a complete change in the appearance or character of something or someone, especially so that that thing or person can be improved

　　① immigration　　② federation　　③ prohibition　　④ transformation

問22　次の会話が行われている最も適切な場所を下記の選択肢から選びなさい。　　　　22

A：I'm sorry but I don't have a reservation for you. When did you call?

B：I called last Thursday.

A：And what did you ask for?

B：I asked for a table for four at eight fifteen.

A：I'm afraid you called some different place.

　　① in a grocery supermarket　　② in a local barbershop

　　③ in a workout gym　　　　　　④ in a trendy restaurant

問23　（例）にある２つの単語の組み合わせと同じ関係になるように、（問）の単語の組み合わせを完成

させなさい。その際に空欄　23　に入る適語を下記の選択肢から選びなさい。

（例）careful : careless

（問）honest：　23

　　① trustworthy　　② reliable　　③ corrupt　　④ ethical

問24　次の英文の解答として最も適切なものを下記の選択肢から選びなさい。　　　　24

Evelyn will use beads to make bracelets. She has 475 beads and needs to use 9 beads for each bracelet. What is the greatest number of bracelets Evelyn can make with the beads?

　　① 45　　② 49　　③ 52　　④ 53

問25　次の４つの文はもともと一続きの文章を構成する英文である。正しい順番を示すものを下記の選

択肢から選びなさい。　　　　25

1．In the south of England and at any restaurant it's a cooked evening meal.

2．Thus, factory workers in the south have a lunch break, while those in the north have a dinner break.

3．But in northern England it's the meal eaten around noon.

4．In different areas of Britain, the term dinner can be used differently.

　　①　1－4－3－2　　②　4－1－3－2

　　③　3－2－1－4　　④　1－3－4－2

東京農業大   2022 年度　英語　*9*

Ⅴ　（1）次の日本語の文に対応する英文の空欄　26　～　28　に、下記の選択肢①～⑨の中から最も適切なものをそれぞれ1つ選びなさい。

　　物価が上昇し続け、貨幣の価値が下がり続けることをインフレといいます。インフレになると人々は早く物を買おうとするので品不足になり、さらに物価が上昇することになります。一方、デフレになると、物が売れなくなるので、企業の売上が減り、失業者が増えることになります。

　　The condition in which the price of goods　26　. In times of inflation, people try to buy goods as soon　27　. On the other hand, since it is difficult to sell goods, company sales fall and　28　in times of deflation.

　　＜選択肢＞

　① a number of unemployed people goes up

　② continues to rise and the value of currency continues to fall is called inflation

　③ as possible, leading to shortages of products and a further increase in prices

　④ continues to raise and the value of dollars continues to fail is called inflation

　⑤ unemployment goes up

　⑥ as possible, leads to a shortage of production and a further increase in price

　⑦ continue to raise and the values of money continue to go back is called inflation

　⑧ possible as, leads to shortages of products and moreover an increase in prices

　⑨ jobless people go up

　（2）次の2種類の日本語の会話に対応する英文の空欄　29　～　30　に、下記の選択肢①～⑥の中から最も適切なものをそれぞれ1つ選びなさい。

A：I get up at 4 am on weekdays.

　　平日は朝4時に起きるんだ。

B：Oh,　29　.

　　わあ、早起きなんだね。

A：Do you agree with my plan?

　　私の計画に賛成してくれますか？

B：Yes,　30　.

　　はい、賛成です。

＜選択肢＞

① good for you

② I'm for it

③ you might be a crowing cock

④ you are an early bird

⑤ I'll be with you

⑥ you must be a laying hen

東京農業大   2022 年度　日本史　*11*

■日本史■

（60 分）

Ⅰ　次の**文章**を読み、**問1～問10**に答えよ。

　　古代の日本では、(a) 飛鳥の地に王宮が営まれ、宮都としての様相を示すようになり、さらに、(b) 中国の都の形式である条坊制を取り入れた計画的な宮都が造営されるようになった。室町時代には(c) 様々な機能を持つ都市も生まれ、近世になると(d) 城下町が発達した。都市では、(e) 商工業が発達し、(f) 食料は主に農村部との交易によって得られた。江戸時代に(g) 三都と称された江戸・大坂・京都は、それぞれ特色のある大都市として成長した。

　　明治以降、都市の人口は一層増加し(h) 生活様式が近代化し、(i) 第一次世界大戦後は都市特有の文化の発展もみられた。しかし、都市の発達は負の側面ももたらし、(j) 高度経済成長期には都市問題が発生した。

問1　下線部（a）に関連する説明a～dの組み合わせとして、最も適切なものはどれか。次の①～④の中から一つ選べ。　[　1　]
　　a：厩戸王は斑鳩宮を造営し、のちに推古天皇の宮殿となった。
　　b：斑鳩には、厩戸王によって法隆寺・飛鳥寺・四天王寺が建立された。
　　c：礎・瓦を用いた新技法による大陸風伽藍が建築された。
　　d：飛鳥池遺跡からは、天武朝頃に鋳造された富本銭が出土している。
　　①　a・b　　　②　c・d　　　③　a・d　　　④　b・c

問2　下線部（b）として、古代の日本で最も早く造営された宮都として最も適切なものはどれか。次の①～④の中から一つ選べ。　[　2　]
　　①　藤原京　　　②　長岡京　　　③　平城京　　　④　恭仁京

問3　下線部（c）に関連する説明として最も適切なものはどれか。次の①～④の中から一つ選べ。　[　3　]
　　①　堺は、摂津国の港町で、勘合貿易・南蛮貿易で繁栄した。年行司とよばれる36人の豪商が自治的町政を指導した。
　　②　草戸千軒町は、安芸国太田川中流に栄えた港町であったが、砂礫の堆積や洪水により、中世末期に廃れた。
　　③　宇治・山田は、伊勢神宮の内宮・外宮の門前町で、山田三方、宇治会合という自治組織で運営されていた。
　　④　坂本は、加賀との国境に近い越前に位置しており、蓮如が御坊を開いてから門前町として発達した。

問4　下線部（d）に関連する説明a〜dの組み合わせとして、最も適切なものはどれか。次の①〜④の中から一つ選べ。　4

a：織田信長は、惣無事令によって、在地領主として農村部に住んでいた武士の城下町への移住を強制した。

b：越前の一乗谷や越後の春日山は、戦国大名の城下町として栄えた。

c：近世の城下町は、武家地、町人地、寺社地などに区分されている場合が多かった。

d：18世紀の初めには、金沢や名古屋の人口は100万人を超えていた。

①　a・b　　②　c・d　　③　a・d　　④　b・c

問5　下線部（e）に関連する説明X・Y・Zについて、その正誤の組み合わせとして最も適切なものはどれか。次の①〜④の中から一つ選べ。　5

X：室町時代には、大都市では軒端に棚を設けて商品を販売する見世棚（店棚）が一般化した。

Y：室町時代初期には、活発化した商取引や貿易を背景に、株仲間が出現した。

Z：織田信長や豊臣秀吉は楽市・楽座を推進し、商工業者に自由な営業活動を認めた。

①　X：正　－　Y：正　－　Z：正　　　②　X：正　－　Y：誤　－　Z：正

③　X：誤　－　Y：正　－　Z：誤　　　④　X：誤　－　Y：誤　－　Z：誤

問6　下線部（f）に関連する説明X・Yが示すものとして最も適切なものはどれか。次の①〜④の中から一つ選べ。　6

X：室町時代に都市周辺で発達した、米などの重量物の輸送業者

Y：江戸時代に、江戸と大坂におかれた青物市場の場所

①　X：車借　　－　Y：神田・天満　　②　X：車借　　－　Y：日本橋・堂島

③　X：連雀商人　－　Y：神田・天満　　④　X：連雀商人　－　Y：日本橋・堂島

問7　下線部（g）に関連する説明X・Y・Zについて、その正誤の組み合わせとして最も適切なものはどれか。次の①〜④の中から一つ選べ。　7

X：京都は、聖武天皇が遷都して以来、江戸時代まで宮都として栄えた。足利氏の室町幕府もおかれ、応仁の乱後は、町衆の町として発展し、西陣織、九谷焼などの商工業が栄えた。

Y：大坂は、古代は難波と称して港町として発達し、15世紀以降は大坂と称して、石山本願寺跡に大坂城が置かれてから栄えた。近世には「天下の台所」として発展した。

Z：江戸は、中世に江戸氏の根拠地になり、北条氏が江戸城を築城してから開けた。徳川家康によって幕府が開かれてから発達し、明和の大火以降、市域は急速に拡大した。

①　X：正　－　Y：正　－　Z：正　　　②　X：正　－　Y：誤　－　Z：正

③　X：誤　－　Y：正　－　Z：誤　　　④　X：誤　－　Y：誤　－　Z：誤

問8　下線部（h）に関連して、19世紀末までに行われたこととして誤っているものはどれか。次の①〜④の中から一つ選べ。　8

①　新橋・日本橋間の鉄道馬車の開通。

②　大都市中心部における電灯の実用化。

③　洋風公園である日比谷公園の開園。

④　横浜でのビール醸造の開始。

東京農業大 2022 年度　日本史　**13**

問9　下線部 (i) に関連する説明として**誤っている**ものはどれか。次の①〜④の中から一つ選べ。　**9**

① 新中間層と呼ばれる俸給生活者（サラリーマン）が大量出現した。

② 私鉄の経営するターミナルデパートが出現した。

③ モガ（モダンガール）やモボ（モダンボーイ）が出現した。

④ 自働電話（現在の公衆電話）が設置された。

問10　下線部 (j) として**誤っている**ものはどれか。次の①〜④の中から一つ選べ。　**10**

① 過密化　　② 光化学スモッグ　　③ 特需　　④ スプロール化

Ⅱ　次の**史料1**、**文章2〜4**を読み、**問1〜問10**に答えよ。

1　開皇二十年、倭王あり、姓は阿毎、字は多利思比孤、阿輩雞彌と号す。使を遣して闕に詣る。……

　　大業三年、其の王多利思比孤、(a) 使を遣して朝貢す。使者曰く「聞くならく、(b) 海西の菩薩天子、重ねて仏法を興すと。故、遣して朝拝せしめ、兼ねて沙門数十人、来りて仏法を学ぶ」と。其の国書に曰く「日出づる処の天子、書を日没する処の天子に致す。恙無きや、云々」と。帝、之を覧て悦ばず、鴻臚卿に謂ひて曰く「蛮夷の書、無礼なる有らば、復た以て聞する勿れ」と。……（『隋書』・倭国伝）

問1　下線部 (a) の人物として最も適切なものはどれか。次の①〜④の中から一つ選べ。　**11**

① 南淵請安　　② 小野妹子　　③ 高向玄理　　④ 犬上御田鍬

問2　下線部 (b) の人物として最も適切なものはどれか。次の①〜④の中から一つ選べ。　**12**

① 李淵　　② 文帝　　③ 玄宗　　④ 煬帝

2　1543（天文12）年にポルトガル人を乗せた中国人倭寇の船が、九州南方の種子島に漂着した。またスペイン人も、1584（天正12）年肥前の平戸に来航し、日本との貿易を開始した。当時の日本では、ポルトガル人やスペイン人を南蛮人と呼んだので、この貿易を(c) 南蛮貿易という。

　　南蛮貿易は、(d) キリスト教宣教師の布教活動と一体化しておこなわれ、大名の保護を受けて宣教師たちは布教を開始した。中でも洗礼を受ける大名は(e) キリシタン大名とよばれ、1582（天正10）年に、ローマ教皇のもとに少年使節（天正遣欧使節）を派遣したものもいた。

問3　下線部 (c) に関連する説明X・Yについて、その正誤の組み合わせとして最も適切なものはどれか。次の①〜④の中から一つ選べ。　**13**

　　X：南蛮人は中国の鉄砲・火薬などをもたらし、飛躍的に生産が増大した日本の生糸などと交易した。

　　Y：平戸・長崎・豊後府内などがおもな貿易港であり、京都・堺・博多などの商人も貿易に多く参加した。

① X：正　−　Y：正　　② X：正　−　Y：誤

③ X：誤　−　Y：正　　④ X：誤　−　Y：誤

問4　下線部 (d) に関連して、『日本史』を執筆した宣教師として最も適切なものはどれか。次の①〜④

14 2022 年度 日本史

東京農業大

の中から一つ選べ。 14

① フランシスコ＝ザビエル　　② ガスパル＝ヴィレラ

③ ルイス＝フロイス　　　　　④ ヴァリニャーニ（バリニャーノ）

問5 下線部（e）に関連して、少年使節を派遣したキリシタン大名として**誤っているもの**はどれか。次の
①〜④の中から一つ選べ。 15

① 大友義鎮（宗麟）　② 有馬晴信　③ 大村純忠　④ 黒田孝高（如水）

---

3 豊臣秀吉は、初め(f) キリスト教の布教を認めていたが、1587（天正15）年、大名らのキリスト教入信
を許可制にし、その直後バテレン（宣教師）追放令を出して宣教師の国外追放を命じた。全国を統一した
秀吉は、日本を東アジアの中心とする新しい国際秩序をつくることを志し、1587（天正15）年、 あ
を通して、朝鮮に対し入貢と明へ出兵するための先導を求めた。

問6 下線部（f）に関連する説明として**誤っているもの**はどれか。次の①〜④の中から一つ選べ。 16

① キリシタン大名の細川忠興は長崎をフランシスコ会に寄付していた。

② キリスト教の信仰をすてなかった高山右近は、領地を取り上げられた。

③ 一般人の信仰は、「その者の心次第」として禁じなかった。

④ 土佐に漂着したスペイン船サン＝フェリペ号の乗組員の証言から、秀吉は宣教師・信者26名を捕え
て長崎で処刑した。

問7 あ に入る語句として最も適切なものはどれか。次の①〜④の中から一つ選べ。 17

① 島津氏　② 宗氏　③ 龍造寺氏　④ 大内氏

---

4 徳川家康は、リーフデ号の航海士ヤン＝ヨーステン（耶揚子）と水先案内人のイギリス人ウィリアム＝
アダムズ（三浦按針）とを江戸にまねいて外交・貿易の顧問とするなど、(g) 江戸時代初期の海外交流
は活発であった。日本人の海外進出も豊臣政権期に引き続いてさかんで、ルソン・トンキン・アンナン・
カンボジア・タイなどに渡航する商人たちの船も多かった。幕府は彼らに海外渡航を許可する(h) 朱印
状を与え、朱印状をたずさえた貿易船を朱印船といった。活発な海外貿易も幕藩体制が固まるにつれて、
(i) 日本人の海外渡航や貿易に制限が加えられ、いわゆる鎖国の状態となった。

問8 下線部（g）に関連する説明X・Y・Zについて、その正誤の組み合わせとして最も適切なものはど
れか。次の①〜④の中から一つ選べ。 18

X：オランダは1609（慶長14）年に、イギリスは1613（慶長18）年に幕府から貿易の許可を受け、肥前
の平戸に商館を開いた。

Y：徳川家康は朝鮮や琉球王国を介して明との国交を回復した。

Z：徳川家康はポルトガルとの貿易にも積極的で、ポルトガル領のメキシコ（ノヴィスパン）との通商
を求め、京都の商人田中勝介（勝助）を派遣した。

① X：正 － Y：正 － Z：正　② X：正 － Y：誤 － Z：誤

③ X：正 － Y：正 － Z：誤　④ X：誤 － Y：誤 － Z：正

東京農業大　　　　　　　　　　　　　　　　　　　　2022年度　日本史　*15*

問9　下線部（h）に関連する説明**X・Y・Z**について、その正誤の組み合わせとして最も適切なものはどれか。次の①〜④の中から一つ選べ。　19

　　X：主に東南アジアで中国船と出会貿易を行った。

　　Y：朱印船貿易とともに海外に移住する日本人も増え、東南アジア各地に日本町がつくられた。

　　Z：朱印状のほかに、老中奉書という許可状を受けた海外渡航船を奉書船という。

　　①　**X**：正　−　**Y**：正　−　**Z**：正　　　②　**X**：誤　−　**Y**：誤　−　**Z**：誤

　　③　**X**：正　−　**Y**：正　−　**Z**：誤　　　④　**X**：誤　−　**Y**：誤　−　**Z**：正

問10　下線部（i）に関連する説明として**誤っている**ものはどれか。次の①〜④の中から一つ選べ。　20

　　①　キリスト教の禁教政策や、幕府による貿易利益の独占などが鎖国の理由である。

　　②　ポルトガル船の来航を禁止し、平戸のオランダ商館を長崎の出島に移した。

　　③　在外日本人の帰国を促し、九州各地に寄港していた中国船を長崎に限った。

　　④　オランダ船の来航のたびにオランダ商館長が提出するオランダ風説書によって、海外の事情を知ることができた。

Ⅲ　次の問1〜問10に答えよ。

問1　寛政の改革における農村再興に関連する説明**X・Y**について、その正誤の組み合わせとして最も適切なものはどれか。次の①〜④の中から一つ選べ。　21

　　X：人口減少の著しい陸奥や北関東などでは百姓の他国への出稼ぎを奨励し、荒れた農地を復旧させようとした。

　　Y：飢饉と打ちこわしへの対策として、農村に郷蔵（倉）をつくらせ、大名にも囲米（囲籾）を命じ、各地に社倉・義倉が建てられた。

　　①　**X**：正　−　**Y**：正　　　②　**X**：正　−　**Y**：誤

　　③　**X**：誤　−　**Y**：正　　　④　**X**：誤　−　**Y**：誤

問2　寛政の改革における都市政策に関連する説明**X・Y**について、その正誤の組み合わせとして最も適切なものはどれか。次の①〜④の中から一つ選べ。　22

　　X：江戸では、町々に町費節約を命じ、節約分の7割を積み立てさせ、町会所を設けて米と金を蓄え、飢饉・災害時に困窮した貧民を救済する体制を整えた。

　　Y：江戸では、治安対策として人別改めを強めるとともに石川島に人足寄場を設け、無宿人を強制的に収容し、技術を身につけさせ職業をもたせようと試みた。

　　①　**X**：正　−　**Y**：正　　　②　**X**：正　−　**Y**：誤

　　③　**X**：誤　−　**Y**：正　　　④　**X**：誤　−　**Y**：誤

問3　列強の接近に関連する説明**X・Y**について、その正誤の組み合わせとして最も適切なものはどれか。次の①〜④の中から一つ選べ。　23

　　X：ロシア使節ラクスマンが漂流民大黒屋光（幸）太夫らをともなって根室に来航し通商を求めた。

　　Y：イギリス軍艦モリソン号が長崎に侵入し、当時敵国になったオランダ商館員を人質にし、薪水・食料を強要して退去した。

① X：正 － Y：正 　　② X：正 － Y：誤

③ X：誤 － Y：正 　　④ X：誤 － Y：誤

問4 文化・文政時代に関連する説明X・Yについて、その正誤の組み合わせとして最も適切なものはどれか。次の①〜④の中から一つ選べ。 24

X：11代将軍徳川家斉は文政年間に入ると、品位の劣る貨幣を大量に流通させ、物価は上昇したが幕府財政は潤い、将軍や大奥の生活は華美になった。

Y：近隣の村々を組み合わせた寄場組合をつくらせ、協同して地域の治安や風俗の取締りに当たらせて、農村秩序の維持などをはかった。

① X：正 － Y：正 　　② X：正 － Y：誤

③ X：誤 － Y：正 　　④ X：誤 － Y：誤

問5 大塩の乱に関連する説明X・Yについて、その正誤の組み合わせとして最も適切なものはどれか。次の①〜④の中から一つ選べ。 25

X：大塩平八郎は、富裕な商人による米の買い占めや大坂町奉行所による江戸への米回送に怒り、窮民救済を掲げて武装蜂起した。

Y：大塩平八郎は隠居して自宅に家塾洗心洞を開いて門弟を集め、陽明学を講じていた。

① X：正 － Y：正 　　② X：正 － Y：誤

③ X：誤 － Y：正 　　④ X：誤 － Y：誤

問6 天保の改革における社会・経済統制に関連する説明X・Yについて、その正誤の組み合わせとして最も適切なものはどれか。次の①〜④の中から一つ選べ。 26

X：農民が江戸の住民になることを禁じ、出稼ぎを領主の許可制として制限し、近年江戸に住みついた単身者には帰村を命じた。

Y：都市と農村の商人・手工業者の仲間組織を株仲間として広く公認し、運上・冥加などの営業税の増収を目指した。

① X：正 － Y：正 　　② X：正 － Y：誤

③ X：誤 － Y：正 　　④ X：誤 － Y：誤

問7 天保の改革における政治統制に関連する説明X・Yについて、その正誤の組み合わせとして最も適切なものはどれか。次の①〜④の中から一つ選べ。 27

X：川越藩の財政援助の目的から、川越藩が越後長岡藩へ、越後長岡藩が庄内藩へ、庄内藩が川越藩へと互いに領地を入れ換えることを命じた。

Y：上知（地）令を出し、松前藩と蝦夷地をすべて幕府の直轄地として財政の安定や対外防備の強化を図ろうとした。

① X：正 － Y：正 　　② X：正 － Y：誤

③ X：誤 － Y：正 　　④ X：誤 － Y：誤

問8 農政家・農民指導者に関する説明X・Yについて、その正誤の組み合わせとして最も適切なものはどれか。次の①〜④の中から一つ選べ。 28

X：二宮尊徳（金次郎）は道徳と経済の調和に基づく性学を説き、先祖株組合をつくった。

Y：大原幽学は勤勉に働いて没落した家を再興し、のちに幕府・諸藩に迎えられて農村復興に努めた。勤労・倹約による報徳仕法は彼の死後も続けられた。

東京農業大 2022 年度 日本史 17

    ① X：正 － Y：正   ② X：正 － Y：誤
    ③ X：誤 － Y：正   ④ X：誤 － Y：誤

問9 諸藩の財政改革に関連する説明 **X・Y** について、その正誤の組み合わせとして最も適切なものはどれか。次の①〜④の中から一つ選べ。 **29**

  X：鹿児島（薩摩）藩では調所広郷を登用し改革に着手し、奄美三島特産の黒砂糖の専売を強化し、琉球王国との貿易を増やすなどして藩財政を立て直した。

  Y：佐賀（肥前）藩では村田清風を登用し改革に着手し、多額の借財を整理し、紙・蠟の専売制を緩和し、殖産興業策による税収増加をはかった。

    ① X：正 － Y：正   ② X：正 － Y：誤
    ③ X：誤 － Y：正   ④ X：誤 － Y：誤

問10 藩政改革に関する説明 **X・Y** について、その正誤の組み合わせとして最も適切なものはどれか。次の①〜④の中から一つ選べ。 **30**

  X：高知（土佐）藩では山内豊信（容堂）が改革派を登用して緊縮による財政再建を行い、由利公正・橋本左内・横井小楠らを招いて藩政改革を推進した。

  Y：宇和島藩では伊達宗城が専売制強化による富国策や兵備の近代化による強兵策で藩政改革に成功した。

    ① X：正 － Y：正   ② X：正 － Y：誤
    ③ X：誤 － Y：正   ④ X：誤 － Y：誤

Ⅳ 次の問1〜問10に答えよ。

問1 明治政府が制定した政体書に関する説明 **X・Y・Z** について、その正誤の組み合わせとして最も適切なものはどれか。次の①〜④の中から一つ選べ。 **31**

  X：「五箇条の誓文」に基づき、1868 年閏 4 月に制定された政治の基本的組織を規定した。

  Y：高級官吏を 4 年ごとに互選で交代させる「官吏互（公）選」を取り入れた。

  Z：アメリカの制度を模範とした立法・行政・司法の三権分立制を取り入れ、太政官が統轄する体制とした。

    ① X：正 － Y：正 － Z：正   ② X：正 － Y：正 － Z：誤
    ③ X：正 － Y：誤 － Z：誤   ④ X：誤 － Y：正 － Z：正

問2 版籍奉還後と廃藩置県後の中央官制に関する説明 **X・Y・Z** について、その正誤の組み合わせとして最も適切なものはどれか。次の①〜④の中から一つ選べ。 **32**

  X：版籍奉還の際に、太政官と神祇官のもとに各省をおく二官八省制が採用された。

  Y：廃藩置県後は、太政官を正院・左院・右院の三院制とし、正院のもとに各省をおいた。

  Z：三院制における太政官の正院は政治の最高機関で、太政大臣・左大臣・右大臣の 3 大臣と参議で構成された。

    ① X：正 － Y：正 － Z：正   ② X：正 － Y：正 － Z：誤
    ③ X：正 － Y：誤 － Z：誤   ④ X：誤 － Y：正 － Z：正

問3 徴兵令に関する説明X・Y・Zについて、その正誤の組み合わせとして最も適切なものはどれか。次の①～④の中から一つ選べ。 33

X：士族・平民の別なく、満20歳に達した男性から選抜して3年間の兵役に服させた。

Y：戸主とその跡継ぎ、官吏・学生、代人料270円をおさめた者は兵役免除となった。

Z：1883年の徴兵令改正に伴い徴兵告諭が布告された。

① X：正 － Y：正 － Z：正　　② X：正 － Y：正 － Z：誤

③ X：正 － Y：誤 － Z：誤　　④ X：誤 － Y：正 － Z：正

問4 秩禄処分と士族授産に関する説明X・Y・Zについて、その正誤の組み合わせとして最も適切なものはどれか。次の①～④の中から一つ選べ。 34

X：政府は、一時金を受給した士族以外のすべての受給者に年間支給額の5～14年分の額の金禄公債証書を与え、秩禄を全廃した。

Y：小禄の士族が受けとった公債の額は多く、それを元手に多くの士族が商業に従事し、成功した。

Z：政府は、事業資金の貸付や北海道開拓事業など士族授産の道を講じ、大部分の事業で成功を遂げた。

① X：正 － Y：正 － Z：正　　② X：正 － Y：正 － Z：誤

③ X：正 － Y：誤 － Z：誤　　④ X：誤 － Y：正 － Z：正

問5 地租改正に関する説明X・Y・Zについて、その正誤の組み合わせとして最も適切なものはどれか。次の①～④の中から一つ選べ。 35

X：地租が全国同一の基準で豊凶にかかわらず一律に貨幣で徴収され、政府財政の基礎が固まった。

Y：農民が共同で利用していた入会地のうち、所有権を立証できないものは官有地に編入された。

Z：地租の税率は地価の3％だったが、各地で地租改正反対一揆がおこり、のちに2.5％に引き下げられた。

① X：正 － Y：正 － Z：正　　② X：正 － Y：正 － Z：誤

③ X：正 － Y：誤 － Z：誤　　④ X：誤 － Y：正 － Z：正

問6 殖産興業に関連して、政府の官営事業所として**誤っているもの**はどれか。次の①～④の中から一つ選べ。 36

① 佐渡（相川）金山　　② 長崎造船所　　③ 東京砲兵工廠　　④ 大阪紡績会社

問7 貨幣制度に関する説明X・Y・Zについて、その正誤の組み合わせとして最も適切なものはどれか。次の①～④の中から一つ選べ。 37

X：政府は新貨条例を定め、十進法を採用して円・銭・厘を単位とする新硬貨を発行した。

Y：政府が発行した太政官札・民部省札は、金貨や銀貨と交換できない不換紙幣であった。

Z：国立銀行条例では、発行する銀行券の正貨兌換を義務づけ、取り扱う銀行を第一国立銀行に限定した。

① X：正 － Y：正 － Z：正　　② X：正 － Y：正 － Z：誤

③ X：正 － Y：誤 － Z：誤　　④ X：誤 － Y：正 － Z：正

問8 新思想による啓蒙書の特徴に関する説明X・Yと、その作品a～dの組み合わせとして最も適切なものはどれか。次の①～④の中から一つ選べ。 38

X：スマイルズの『自助論』を翻訳した。

Y：ルソーの『社会契約論』の一部を漢文調で訳した。

a：植木枝盛　　b：中村正直　　c：中江兆民　　d：森有礼

① X－a　Y－c　　② X－a　Y－d　　③ X－b　Y－c　　④ X－b　Y－d

問9 学校制度と教育に関連する説明として**誤っているもの**はどれか。次の①〜④の中から一つ選べ。

　　　 39

① 1871年の文部省の新設に続き、翌72年にオランダの学校制度にならった学制が公布された。

② 学制では、全国を8大学区に分け、その中に中学区を、中学区の中に小学区を設置すると規定した。

③ 小学生男女を平等に学ばせる国民皆学の方針を打ち出したが、翌年の就学率は50％に満たなかった。

④ 1877年には旧幕府の開成所・医学所を起源とする諸校を統合して東京大学が設立された。

問10 暦法の改正に関する説明X・Y・Zについて、その正誤の組み合わせとして最も適切なものはどれか。

　　　 次の①〜④の中から一つ選べ。　 40

　　　 X：太陰太陽暦（旧暦）を廃止して、新たに太陽暦（新暦）の一つであるグレゴリオ暦を採用した。

　　　 Y：1日24時間制とする定時法をとり、七曜制を採用し、のちに日曜を休日とした。

　　　 Z：旧暦による明治6年1月1日を、新暦による明治5年12月3日とした。

① X：正　－　Y：正　－　Z：正　　② X：正　－　Y：正　－　Z：誤

③ X：正　－　Y：誤　－　Z：誤　　④ X：誤　－　Y：正　－　Z：正

世界史

（60分）

Ⅰ ヘレニズム世界に関する次の文章を読み、下の問い（**問1〜問8**）に答えよ。

ヘレニズム時代には、ギリシア文明と(a)オリエント文明が融合してヘレニズム文明が生まれた。オリエントやギリシアの諸科学がギリシア語で集大成されて発達した。特に自然科学では、地球の自転と公転を指摘した　1　、平面幾何学を大成した　2　、地球の周囲の長さを計測した　3　など、すぐれた科学者を輩出した。(b)エジプトのアレクサンドリアには大図書館を備えた　4　が作られ、学問の中心となった。

この時代には、(c)ポリスや民族といった旧来の枠を超えて人びとが活動したので、個人主義などの風潮がめばえた。　5　を祖とする(d)ストア派や、エピクロス派は、いずれも個人の平穏な生き方と心の平静さを求める新しい哲学であった。歴史叙述においては政体循環史観の立場からローマの興隆史を書いた　6　があげられる。

問1　　1　〜　3　に当てはまる最も適当なものを、次の①〜⑩のうちからそれぞれ一つ選べ。

① デモクリトス　　② ヒッポクラテス　　③ アリストファネス

④ アリスタルコス　　⑤ トゥキディデス　　⑥ ソフォクレス

⑦ フェイディアス　　⑧ ヘロドトス　　⑨ エラトステネス

⑩ エウクレイデス

問2　　4　に当てはまる最も適当なものを、次の①〜④のうちから一つ選べ。

① ムセイオン　　② アゴラ　　③ コロッセウム　　④ パンテオン

問3　　5　に当てはまる最も適当なものを、次の①〜④のうちから一つ選べ。

① キケロ　　② ゼノン　　③ ストラボン　　④ ストゥ

問4　　6　に当てはまる最も適当なものを、次の①〜④のうちから一つ選べ。

① プルタルコス　　② リウィウス　　③ ポリビオス　　④ タキトゥス

問5　下線部 (a) のオリエント文明に関して述べた次の文①〜④のうちから、**最も適当でないもの**を一つ選べ。　　　　7

① シュメール人はアッカド人を征服してメソポタミア初の統一国家を建てた。

② メソポタミアは「川のあいだの土地」を意味する。

③ メソポタミアからシリア・パレスチナにいたる地域は「肥沃な三日月地帯」と呼ばれる。

④ 青銅器の使用が始まると生産力が上昇し、都市が発達して職業が分化するようになった。

東京農業大 2022 年度 世界史 *21*

問6 下線部 (b) のエジプトのアレクサンドリアに関して述べた次の文①〜④のうちから、**最も適当でな**
いものを一つ選べ。 8

① ナイル川のデルタ河口の都市である。

② アレクサンドロスが前331年に建設した。

③ セレウコス朝の都である。

④ ローマ時代にはキリスト教会の五本山のひとつの所在地となった。

問7 下線部 (c) のポリスに関して述べた次の文①〜④のうちから、**最も適当でない**ものを一つ選べ。

9

① 植民市は、母市を持つが独立したポリスであった。

② ポリスの成立により、ギリシア全土が統一された。

③ 住民には自由人の市民と奴隷の区別があった。

④ マッサリアは南フランス、ローヌ河口近くに建設された植民市である。

問8 下線部 (d) のストア派やエピクロス派に関して述べた次の文①〜④のうちから、**最も適当でないも**
のを一つ選べ。 10

① エピクロス派では、快楽とは苦痛や恐怖からの解放であり、人生の目的を幸福であるとした。

② ストア派は、魂すら物質とする唯物論をとり、心の平穏を説いた。

③ エピクロス派は、ローマに継承され、多大な影響力を持った。

④ ストア派は個人を普遍的な世界の一員とみる世界市民主義の立場にたった。

Ⅱ 東アジア諸地域の自立化に関する次の文章を読み、下の問い（問1〜問9）に答えよ。

契丹の勢力範囲の東部には、半猟半農の生活を営む 11 系の(a)女真がいて契丹の支配を受けてい
た。やがて12世紀初めに 12 が独立して国号を金と称した。(b)宋は新興の金と結んで(c)遼（契丹）を
攻め、金の攻撃によって遼は滅んだ。このとき、遼の皇族 13 は中央アジアに逃れて(d)西遼をたて、
契丹の文化を西方で維持した。

遼の滅亡後、宋と金は領土をめぐって争い、金は華北に侵入して宋の都 14 を占領した。金は部族
制に基づく 15 という元来の軍事・社会組織を維持する一方、華北では宋の(e)州県制を継承した。

問1 11 に当てはまる最も適当なものを、次の①〜④のうちから一つ選べ。
① トルコ ② モンゴル ③ ツングース ④ ドラヴィダ

問2 12 、 13 に当てはまる最も適当なものを、次の①〜⑥のうちからそれぞれ一つ選べ。
① 耶律阿保機 ② 李元昊 ③ 完顔阿骨打
④ 大祚栄 ⑤ 冒頓単于 ⑥ 耶律大石

問3 14 に当てはまる最も適当なものを、次の①〜④のうちから一つ選べ。
① 開封 ② 鎬京 ③ 長安 ④ 洛陽

問4 15 に当てはまる最も適当なものを、次の①〜④のうちから一つ選べ。

22 2022年度　世界史　　　　　　　　　　　　　　　　　　　　　東京農業大

① 猛安・謀克　　　　② 漢軍八旗　　　　③ 郷挙里選　　　　④ 九品中正

問5　下線部（a）の女真に関して述べた次の文①～④のうちから、**最も適当でないもの**を一つ選べ。

　　　　　　　　　　　　　　　　　　　　　　　　　　　　　　　　　　　16

① 1234年、金はモンゴルと南宋の攻撃を受けて滅んだ。

② 建州部は遼東半島の北側に居住した女真の一派である。

③ 女直ともよばれる。

④ 女真文字はヌルハチの命で創始され、ホンタイジの時代に改良された。

問6　下線部（b）の宋に関して述べた次の文①～④のうちから、**最も適当でないもの**を一つ選べ。

　　　　　　　　　　　　　　　　　　　　　　　　　　　　　　　　　　　17

① 文治主義を採用し、科挙制の確立によって中央集権的な君主独裁体制を構築した。

② 司馬光は、哲宗の即位で宰相となり、新法をことごとく廃した。

③ 太宗は、王安石を登用して悪化した財政の回復をはかった。

④ 欽宗は、徽宗らとともに金に連行された。

問7　下線部（c）の遼（契丹）に関して述べた次の文①～④のうちから、**最も適当でないもの**を一つ選べ。

　　　　　　　　　　　　　　　　　　　　　　　　　　　　　　　　　　　18

① 渤海を滅ぼした。

② 後梁の建国を助けて燕雲十六州を獲得した。

③ 仏教が盛んに信仰された。

④ 都は上京臨潢府である。

問8　下線部（d）の西遼に関して述べた次の文①～④のうちから、**最も適当でないもの**を一つ選べ。

　　　　　　　　　　　　　　　　　　　　　　　　　　　　　　　　　　　19

① 分裂したサーマーン朝の一勢力を滅ぼした。

② カラキタイとは契丹人の自称で「黒いキタイ」を意味する。

③ 東西トルキスタンを支配した。

④ トルコ系のナイマン部に王位を奪われた。

問9　下線部（e）の州県制に関して述べた次の文①～④のうちから、**最も適当でないもの**を一つ選べ。

　　　　　　　　　　　　　　　　　　　　　　　　　　　　　　　　　　　20

① 隋唐時代に確立された地方行政区画の制度である。

② 遼では北面官が中国的な州県制で農耕民を統治した。

③ 唐では太宗のとき10道、玄宗のとき15道を設けた。

④ 各道に監察官が常駐し始めると州・県を統轄した。

東京農業大 2022 年度　世界史　*23*

Ⅲ　アメリカ独立革命に関する次の文章を読み、下の問い（問 1 〜問10）に答えよ。

　　1776年 7 月 4 日、(a)13植民地の代表は独立宣言を発表した。この宣言は、| 21 |らの思想を参考に
して、(b)トマス＝ジェファソンらが起草した。植民地には、独立派のほか、国王への忠誠派や中立派も
存在していたが、76年初めに出た| 22 |の(c)『コモン＝センス』は、大きな反響を呼んだ。独立軍は当
初苦戦したが、イギリスと対立していたフランスなどの参戦、| 23 |などによる(d)武装中立同盟の結
成にもたすけられて、しだいに優勢となった。こうして1781年の| 24 |に敗れたイギリスは、1783年の
パリ条約でアメリカ合衆国の独立を承認し、| 25 |以東の広大な領地をゆずった。アメリカ合衆国はま
だ13の独立した州のゆるい連合に過ぎず、強力な中央政府を樹立しようとする動きが強くなり、1787年フィ
ラデルフィアの憲法制定会議で(e)合衆国憲法がつくられた。

問 1　| 21 |に当てはまる最も適当なものを、次の①〜④のうちから 1 つ選べ。
　　①　パスカル　　　　　②　ロック　　　　　③　マキァヴェリ　　　④　デューイ
問 2　| 22 |に当てはまる最も適当なものを、次の①〜④のうちから 1 つ選べ。
　　①　トマス＝ペイン　②　ホイットニー　　③　ホイットマン　　④　トーマス＝マン
問 3　| 23 |に当てはまる最も適当なものを、次の①〜④のうちから 1 つ選べ。
　　①　スペイン　　　　②　イタリア　　　　③　ロシア　　　　　④　ポーランド
問 4　| 24 |に当てはまる最も適当なものを、次の①〜④のうちから 1 つ選べ。
　　①　レキシントンの戦い　　　②　コンコードの戦い
　　③　プラッシーの戦い　　　　④　ヨークタウンの戦い
問 5　| 25 |に当てはまる最も適当なものを、次の①〜④のうちから 1 つ選べ。
　　①　ミズーリ川　　　②　ミシシッピ川　　③　アパラチア山脈　④　ミシガン湖
問 6　下線部 (a) の13植民地に関して述べた次の文①〜④のうちから、最も適当なものを一つ選べ。

| 26 |

　　①　13の植民地の中にはイギリス領とフランス領が混在していた。
　　②　ペンシルヴェニアはウィリアム＝ペンが建設した。
　　③　ジョージアは最も古い植民地である。
　　④　メリーランドはメアリ 1 世にちなんで名づけられた。
問 7　下線部 (b) のトマス＝ジェファソンについて述べた文①〜④のうちから、**最も適当でないもの**を一
　　つ選べ。| 27 |
　　①　ヴァージニアの大農園出身である。
　　②　合衆国成立後は反連邦派の立場をとった。
　　③　第 3 代大統領としてフランスからルイジアナを購入した。
　　④　工業育成に非常に積極的であった。
問 8　下線部 (c) の『コモン＝センス』に関して述べた次の文①〜④のうちから、**最も適当でないもの**を
　　一つ選べ。| 28 |
　　①　長大な著作であった。

24 2022 年度　世界史　　　　　　　　　　　　　　　　　　　　　　　　東京農業大

② アメリカ植民地は何の利益も得ていないとした。

③ フランス革命にも思想的影響を与えた。

④ 短期間で爆発的に売れた。

問9 下線部 (d) の武装中立同盟に関して述べた次の文①〜④のうちから、**最も適当でないもの**を一つ選べ。

　　　　　　　　　　　　　　　　　　　　　　　　　　　　　　　　　　29

① 間接的に植民地を援護した。

② イギリスの対米海上封鎖に対し、中立国の自由な航行を主張した。

③ ニコライ1世を中心に結成された。

④ 国際法、特に中立法規の発展に寄与した。

問10 下線部 (e) の合衆国憲法に関して述べた次の文①〜④のうちから、**最も適当でないもの**を一つ選べ。

　　　　　　　　　　　　　　　　　　　　　　　　　　　　　　　　　　30

① 人民主権を基礎とした共和政の採用を決定した。

② 外交・通商規制・徴税権などを与えて連邦政府の権限を強めた。

③ 三権分立の原則を定めた。

④ 改正時には、本文を書きかえ時代に即したものとすることを定めた。

Ⅳ 第一次世界大戦に関する次の文章を読み、下の問い（**問1〜問10**）に答えよ。

　　　31　が終結してからわずか1年もたっていない1914年6月、ボスニアの州都　32　においてオーストリアの帝位後継者が(a)セルビア人によって暗殺された。オーストリアが事件を　33　系民族運動を抑える好機とみて、7月末にセルビアに宣戦すると、(b)ロシアはセルビア支援を表明した。8月初め、他の列強諸国も同盟・協商関係に従って参戦し、(c)同盟国側と協商国（連合国）側にわかれてたたかった。(d)オスマン帝国は同盟国側で参戦し、　34　が三国同盟から離れて連合国側に加わった。第一次世界大戦では両軍とも(e)新兵器を投入し、多くの死者を出した。

　　　反戦を掲げた　35　は、参戦国の社会主義政党の多くが自国政府を支持したため事実上解体した。

問1　31　に当てはまる最も適当なものを、次の①〜④のうちから1つ選べ。

　　① イタリア＝トルコ戦争　　② ロシア＝トルコ戦争

　　③ 第2次バルカン戦争　　　④ ドイツ＝フランス戦争

問2　32　に当てはまる最も適当なものを、次の①〜④のうちから1つ選べ。

　　① イスタンブル　　② ウィーン　　③ ヴェルダン　　④ サライェヴォ

問3　33　に当てはまる最も適当なものを、次の①〜④のうちから1つ選べ。

　　① スラヴ　　　② ユダヤ　　　③ ウズベク　　　④ ケルト

問4　34　に当てはまる最も適当なものを、次の①〜④のうちから1つ選べ。

　　① オランダ　　② イタリア　　③ アメリカ合衆国　　④ ギリシア

問5　35　に当てはまる最も適当なものを、次の①〜④のうちから1つ選べ。

① 第1インターナショナル　　②　第2インターナショナル

③ パリ＝コミューン　　　　④　コミンテルン

問6　下線部（a）のセルビアに関して述べた次の文①〜④のうちから、**最も適当でないもの**を一つ選べ。

36

① アドリア海に面したドナウ川中流域の国家である。

② オスマン軍が撤退して自立した。

③ 1878年にサン＝ステファノ条約で独立した。

④ ベルリン条約で国際的に独立が承認された。

問7　下線部（b）のロシアに関して述べた次の文①〜④のうちから、**最も適当でないもの**を一つ選べ。

37

① ロシア十月革命でロマノフ朝は滅亡した。

② 第一次世界大戦が始まったとき、ロシアでは議会政治が脆弱で、経済情勢が悪化し、国民の不満も募っていた。

③ ソヴィエトはロシア語で会議の意味である。

④ ソヴィエト政権は単独でドイツなど同盟国とブレスト＝リトフスク条約を締結した。

問8　下線部（c）の同盟国と協商国（連合国）について述べた次の文①〜④のうちから、**最も適当でない**ものを一つ選べ。

38

① フランスは協商国（連合国）である。

② イギリスは協商国（連合国）である。

③ ベルギーは同盟国である。

④ ブルガリアは同盟国である。

問9　下線部（d）のオスマン帝国に関して述べた次の文①〜④のうちから、**最も適当でないもの**を一つ選べ。

39

① トルコ系の人々がアナトリア西北部を中心に建国したイスラーム帝国である。

② 1453年にビザンツ帝国を滅ぼした。

③ 16世紀のスレイマン1世の時代を最盛期として、西アジア・東地中海の「世界帝国」的存在として君臨した。

④ 第一次世界大戦で敗戦国となり、第二次世界大戦後にスルタン制が廃止されて滅亡した。

問10　下線部（e）の新兵器に関して述べた次の文①〜④のうちから、**最も適当でないもの**を一つ選べ。

40

① 機関銃の発達により塹壕戦が中心となり、戦争は早期決着するようになった。

② 毒ガスは、イーブルの戦いでドイツがフランスに対して最初にもちいた。

③ 戦車はソンムの戦いにイギリス軍が投入した。

④ 航空機は偵察や爆撃にももちいられた。

(60分)

Ⅰ 次の地球の環境問題に関する文章を読んで、**問1～問12**の設問に答えよ。

　　　ア　は、地球温暖化に最も大きな影響をおよぼしている温室効果ガスである。国連が設置した　イ　による2014年の報告書では、21世紀末に世界の平均気温は最悪のシナリオで約2.6～4.8℃上昇すると予測している。地球温暖化が進み海面上昇が起こると、(あ)モルディブなどの(い)サンゴ礁でできた島々や(う)オランダ、(え)バングラデシュなどは水没の危機に直面する。地球温暖化防止への取り組みとして、1992年に　ウ　で開催された地球サミットにより(お)気候変動枠組条約が採択され、1997年の第3回締約国会議(COP3)で　エ　、2015年の第21回締約国会議(COP21)においては　オ　が採択されている。

　　砂漠化も環境問題のひとつである。砂漠化の要因として気候的要因と(か)人為的要因が挙げられる。(き)サヘル地域は砂漠化が最も進んでいる地域のひとつである。

　　熱帯林の破壊は南アメリカなどで進行している。ブラジルでは1970年代にアマゾン原生林の本格的な開発が開始され、アマゾン横断道路に沿って入植が行われた。しかし熱帯林を伐採し、農地として開墾された(く)入植地の土壌は農地には不向きであった。また、(け)鉱山開発のためにも大量の熱帯林が伐採された。

問1 文中　ア　にあてはまる語句とそれと関連が深い地球温暖化の促進要因として最も適当な組み合わせを、次の①～⑥の中から一つ選べ。　1

① 二酸化炭素　－　森林破壊　　　② 二酸化炭素　－　化石燃料の採掘
③ フロンガス　－　草食動物の腸内発酵　　④ メタンガス　－　エアコンの冷媒体への使用
⑤ フロンガス　－　焼畑農業による煙害　　⑥ メタンガス　－　化石燃料の燃焼

問2 文中　イ　にあてはまる機関名として最も適当なものを、次の①～⑥の中から一つ選べ。　2

① LCC　② ILO　③ IPCC　④ PKO　⑤ WFP　⑥ GNSS

問3 下線部(あ)と同緯度に位置する国として最も適当なものを、次の①～⑤の中から一つ選べ。　3

① フィジー　② ソマリア　③ バハマ　④ ニュージーランド　⑤ チュニジア

問4 下線部(い)に関連して、サンゴ礁は低緯度地域の海域に分布するが、南アメリカ大陸西岸の低緯度地域の海域にはサンゴの分布が乏しい要因として最も適当なものを、次の①～④の中から一つ選べ。　4

① アンチョビー乱獲による生態系破壊
② ハリケーン多発
③ アンデス山脈から流出する土砂の海底堆積
④ 周辺のペルー海流

東京農業大   2022 年度　地理　*27*

問 5　下線部（う）に広がる海や湖沼などに対して堤防を築き、堤防内部の水を排除して造成された陸地の

名称として最も適当なものを、次の①～⑤の中から一つ選べ。　　　　　　　　　　　　　5

①　ウィニペグ　　②　カリブー　　③　ポルダー　　④　グレートプレーンズ　　⑤　ダーチャ

問 6　下線部（え）に関して、次の（1）～（2）の問いに答えよ。

（1）バングラデシュが地球温暖化による国土の水没を懸念される理由として最も適当なものを、次の①～

④の中から一つ選べ。　　　　　　　　　　　　　　　　　　　　　　　　　　　　　6

①　ベンガル湾にラグーンが形成されているから。

②　国土の大部分がガンジス川とブラマプトラ川の低平なデルタに位置するから。

③　ガンジス川上流域のむやみな地下水汲み上げが大規模な地盤沈下をもたらしているから。

④　ヒンドスタン平原のレグールは浸透性が悪いから。

（2）下の表はバングラデシュにおける生産量が世界第 2 位の農産物の生産量（2018年）である。この農産

物として最も適当なものを、次の①～⑤の中から一つ選べ。　　　　　　　　　　　　　7

表　ある農産物の生産量（2018年）

国	生産量（千t）	（%）
インド	1,952	53.7
バングラデシュ	1,614	44.4
中国	30	0.8
ウズベキスタン	16	0.4
ネパール	11	0.3

資料：『地理データファイル2021年度版』より作成。

①　サイザル麻　　②　さとうきび　　③　茶　　④　綿花　　⑤　ジュート

問 7　文中　ウ　、　エ　、　オ　にあてはまる語句の組み合わせとして最も適当なものを、次の

①～⑥の中から一つ選べ。　　　　　　　　　　　　　　　　　　　　　　　　　　　　8

①　ウ：パリ　　　　　　　エ：パリ協定　　　　　　　オ：京都議定書

②　ウ：愛知　　　　　　　エ：愛知議定書　　　　　　オ：ロンドン協定

③　ウ：ロンドン　　　　　エ：モントリオール議定書　オ：ロンドン協定

④　ウ：リオデジャネイロ　エ：京都議定書　　　　　　オ：パリ協定

⑤　ウ：京都　　　　　　　エ：京都議定書　　　　　　オ：パリ協定

⑥　ウ：モントリオール　　エ：モントリオール議定書　オ：京都議定書

問 8　下線部（お）と同じく1992年に採択された条約として最も適当なものを、次の①～④の中から一つ選

べ。　　　　　　　　　　　　　　　　　　　　　　　　　　　　　　　　　　　　　9

①　生物多様性条約　　②　ストックホルム条約　　③　ラムサール条約　　④　ワシントン条約

問 9　下線部（か）に関して、砂漠化の人為的要因の説明として**最も不適当な**ものを、次の①～④の中から

一つ選べ。　　　　　　　　　　　　　　　　　　　　　　　　　　　　　　　　　　10

①　天然ゴムのプランテーション農園への転換が要因である。

②　耕地拡大によるさかんな人工灌漑が要因である。

③　人口増加により燃料需要が増加したことが要因である。

28 2022 年度　地理　　　　　　　　　　　　　　　　　　　　　　　　　東京農業大

④　植生が破壊され、土地が荒廃していく過放牧が要因である。

問10　下線部（き）に位置する国として最も適当な国を、次の①～⑤の中から一つ選べ。　　　　　11

①　タンザニア　　②　ニジェール　　③　イエメン　　④　リビア　　⑤　ナミビア

問11　下線部（く）に該当するブラジルの土壌の特徴の説明として最も適当なものを、次の①～⑤の中から
一つ選べ。　　　　　12

①　石灰岩が風化した弱アルカリ性の土壌である。

②　腐植層がなく、地中の塩分が地表面に集積した強いアルカリ性土壌である。

③　雨季に無機養分や腐植が流出し、乾季の水分蒸発に伴い、鉄分などが表面に集まった土壌である。

④　表層は腐植を含み、暗褐色で中性から弱酸性の土壌である。

⑤　氷河によって削られた岩石の微砂の風積土である。

問12　下線部（け）に関連して、ブラジルの鉄山として最も適当なものを、次の①～④の中から一つ選べ。
13

①　カラジャス　　②　メサビ　　③　チュキカマタ　　④　カッパーベルト

Ⅱ　次の世界の工業の変容に関する文章を読んで、**問1～問11**の設問に答えよ。

A.　(あ)先端技術産業は、(い)新素材産業などを含む多様な分野にわたり、また、知識の集約化を図ること
が発展への主要な条件となる。そのもとで、新製品をいち早く市場に出して新たな需要を創出する企業間
の競争が激しくなっている。このような産業が典型的に展開している地域の例として、アメリカ合衆国の
(う)シリコンヴァレーがあり、先端技術の研究から製品の製造までの(え)ネットワークが形成されている。

B.　自動車工業は、多くの部品を組み立てる工程を伴い、(お)労働集約的な産業である。自動車工業をめぐ
る多国籍企業の動きは常に活発であり、世界の工業地域の(か)三極構造や(き)新興市場の拡大に基づく情
勢に敏感に対応してきた。自動車工業は、運輸・石油精製・(く)ガソリン販売などの多様な関連産業の発
展にも結び付き、経済活動に大きな影響を与える。このため、自動車工業の国産化政策や、自動車の輸入
規制を行う国も多い。日本も(け)自動車輸出の多い相手先の国と(こ)貿易摩擦を起こすことがある。近年、
世界では古くからの(さ)自動車工業都市が衰退するケースがみられる。

問1　下線部（あ）の先端技術産業に関する説明として**最も不適当な**ものを、次の①～⑤の中から一つ選べ。
14

①　産学連携が盛んである。

②　長期間にわたって同一の製品を大量生産する方式である。

③　ニッチ（すきま）市場を開拓する事業展開が進展している。

④　バイオテクノロジーを応用した産業も含まれる。

⑤　ベンチャービジネスの成長が顕著な分野である。

問2　下線部（い）と最も関係の深い語句を、次の①～④の中から一つ選べ。　　　　　15

①　ボーキサイト　　②　レーヨン　　③　セラミックス　　④　ナフサ

問3　下線部（う）が位置するアメリカ合衆国の州に関する説明として**最も不適当な**ものを、次の①～⑤の
中から一つ選べ。　　　　　16

東京農業大   2022年度　地理　*29*

① 州の多くの地域が地中海性気候に属する。

② 古くはゴールドラッシュを契機に発展した。

③ 太平洋に面する。

④ 石油の産出もみられる。

⑤ コーンベルトの一角に位置する。

問4 下線部（え）に関連して、零細企業や中小企業のネットワーク形成により産業を形成してきた例とし
て知られる「第3のイタリア」について**最も関係のうすいもの**を、次の①〜⑤の中から一つ選べ。

⬜ 17

① 伝統工芸　　② 繊維や革製品　　③ 人材育成の訓練施設

④ シチリア島とサルデーニャ島　　⑤ 職人的な技能集団

問5 下線部（お）に関連して、工業分野で労働集約型の生産方式と**最も関係のうすいもの**を、次の①〜⑤
の中から一つ選べ。

⬜ 18

① 家具　　② 毛織物　　③ 家電　　④ 石油化学　　⑤ 陶磁器

問6 下線部（か）は、1980年代以降に形成された世界の工業地域の構図を意味するものである。この三極
構造を形成している国として**該当しないもの**を、次の①〜⑤の中から一つ選べ。

⬜ 19

① ブラジル　　② ドイツ　　③ アメリカ合衆国　　④ 中国　　⑤ 韓国

問7 下線部（き）に関連して、自動車の世界市場の拡大に伴う企業の事業展開について**最も不適当なもの**
を、次の①〜⑤の中から一つ選べ。

⬜ 20

① 産業用ロボットの導入

② 日本企業によるインドネシアへの現地工場の配置

③ EU域内での生産拠点の集中化

④ 安い労働力の確保

⑤ 作業工程の標準化

問8 下線部（く）に関連して、世界のガソリン生産量（2017年）の世界第1位・第2位として最も適当な
ものを、次の①〜⑤の中から一つ選べ。

⬜ 21

① 第1位：アメリカ合衆国　　　第2位：中国

② 第1位：サウジアラビア　　　第2位：イラン

③ 第1位：アメリカ合衆国　　　第2位：サウジアラビア

④ 第1位：中国　　　　　　　　第2位：日本

⑤ 第1位：日本　　　　　　　　第2位：アメリカ合衆国

問9 下線部（け）に関連して、下の表は乗用車の輸出の世界ランキング（2017年）第3位までを示してい
る。この表に登場する国々について次の（1）〜（3）の問いに答えよ。

30 2022 年度　地理　　　　　　　　　　　　　　　　　　　　　　　　　東京農業大

表　乗用車の輸出　　　　　単位：千台

2017年の順位	国	2000年	2017年
1	フランス	3,174	5,695
2	A	3,455	4,378
3	日本	3,796	4,218

注：フランスは、フランス国外からのフランスメーカーによる出荷台数を含む。

資料：『データブック オブ・ザ・ワールド2021年版』より作成。

（1）フランスに隣接する国を、次の①〜⑤の中から一つ選べ。　　　　　　　　　　　22

　　① スイス　　　② オーストリア　　　③ ポルトガル　　　④ オランダ　　　⑤ ハンガリー

（2）表中のAの国はライン川が流れる国である。Aの国と日本を比較した場合、日本よりもAの国のほうが大きい数値を示すものとして最も適当なものを、次の①〜⑤の中から一つ選べ。　　23

　　① 対外直接投資額（2018年）

　　② ＧＤＰ（2017年）

　　③ 人口密度（2019年）

　　④ 国土面積に占める耕地面積の割合（2016年）

　　⑤ 米の生産量（2017年）

（3）表中の日本に関連して、日本の工業についての説明として**最も不適当な**ものを、次の①〜④の中から一つ選べ。　　24

　　① 石油化学工業や鉄鋼業は内陸部の都市から発展してきた。

　　② 産業のハイテク化が進む中で、九州や東北などに半導体の量産工場が建設された。

　　③ 1980年代後半以降の円高は、中国やASEAN諸国における現地工場の立地を促進する要因となった。

　　④ 日本の乗用車の輸出相手国第1位（2017年）は、アメリカ合衆国である。

問10　下線部（こ）に関連して、日本とアメリカ合衆国間の貿易摩擦をめぐる両国間の交渉の争点として**最も関係のうすい**ものを、次の①〜⑤の中から一つ選べ。　　25

　　① 農産物貿易の自由化　　　② フェアトレード　　　③ 日本からの鉄鋼の輸出規制

　　④ 貿易収支の是正　　　　　⑤ セーフガード

問11　下線部（さ）に関連して、アメリカ合衆国で古くからの自動車工業都市として発展した経緯があり、ヒューロン湖とエリー湖の中間に位置する都市として最も適当なものを、次の①〜⑤の中から一つ選べ。

　　　　　　　　　　　　　　　　　　　　　　　　　　　　　　　　　　　　　26

　　① ニューオーリンズ　　　② フィラデルフィア　　　③ デトロイト

　　④ アンカレジ　　　　　　⑤ ピッツバーグ

Ⅲ 次の中央アジア、西アジア、北アフリカに関する文章と地図を読んで、問1〜問12の設問に答えよ。

中央アジア、西アジア、(あ)北アフリカには、石油輸出が国の経済を支えている国が多い。石油依存からの脱却を目指して産業の多角化を進める(い)Xの国では、ドバイに自由貿易地域を設けて地域の運輸・物流の拠点となることを目指している。(う)石油の輸出収入が多く比較的人口が少ない国では、1人当たり(え)GDPも高くなる傾向がある。

これらの地域には乾燥した地域が多い。サハラ砂漠には、西部にハマダと呼ばれる　A　が、東部にはエルグと呼ばれる　B　が多くある。また降雨の時だけに水が流れる　C　も随所にみられる。

西アジアと中央アジアでは、(お)カナートなどを利用したオアシス農業がおこなわれている。また(か)乾燥地域での遊牧は、水不足のため農業が困難な地域での重要な生活手段となっている。

これらの地域に住む人々は(き)イスラーム（イスラム教）を信仰する人が多い。ムスリム（イスラーム教徒）には、日常生活の中で守るべき義務((く)五行)がある。またこの地域では民族や宗教が複雑に入り組んでおり、(け)紛争が発生する原因ともなっている。

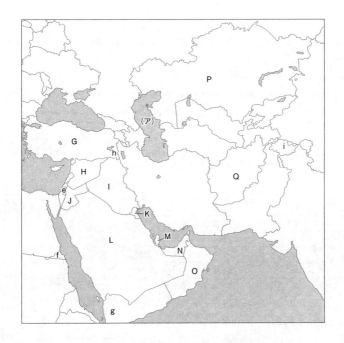

問1　地図中のGの記号の国についての説明として最も適当なものを、次の①〜⑤の中から一つ選べ。

27

① 首都をボスポラス海峡が縦断している。
② 安定陸塊に位置し地震や火山活動が少ない。
③ 公用語はアラビア語である。
④ 主要宗教はイスラム教スンナ派である。

⑤　政体は立憲君主制である。

問2　地図中の湖（ア）に関する説明として**最も不適当なもの**を、次の①〜⑤の中から一つ選べ。　　　28

①　面積は日本の国土面積の約2倍である。

②　湖面の標高は海抜0メートルより低い。

③　湖から流れ出す川はない。

④　海底油田がある。

⑤　チョウザメが生息する。

問3　下線部（あ）の国のうち旧宗主国がイギリスである国を、次の①〜④の中から一つ選べ。　　29

①　モロッコ　　②　チュニジア　　③　アルジェリア　　④　エジプト

問4　下線部（い）を示す上記の地図上の記号として最も適当なものを、次の①〜⑤の中から一つ選べ。　　　30

①　I　　②　J　　③　L　　④　M　　⑤　N

問5　下線部（う）に関連して、次の（1）〜（2）の問いに答えよ。

（1）輸出額（2018年）において**原油が国の最大輸出品目となっていない国**の地図上の記号を、次の①〜⑤の中から一つ選べ。　　　31

①　K　　②　L　　③　O　　④　P　　⑤　Q

（2）下の表は中国、アメリカ合衆国、日本の原油輸入量（2018年）を輸入相手国別に示したものである。表中のa〜cにあてはまる国の組み合わせとして最も適当なものを、次の①〜⑥の中から一つ選べ。　　　32

表　中国、アメリカ合衆国、日本の原油輸入量（2018年）

単位：万t

国名	a	b	c
xの国	32	3,727	1,220
アンゴラ	530	33	4,739
イラク	2,914	272	4,504
イラン	―	657	2,927
サウジアラビア	4,935	5,741	5,673

資料：『地理データファイル2021年度版』より作成。

①　a：アメリカ合衆国　　b：日本　　　　　　c：中国

②　a：アメリカ合衆国　　b：中国　　　　　　c：日本

③　a：日本　　　　　　　b：中国　　　　　　c：アメリカ合衆国

④　a：日本　　　　　　　b：アメリカ合衆国　　c：中国

⑤　a：中国　　　　　　　b：日本　　　　　　c：アメリカ合衆国

⑥　a：中国　　　　　　　b：アメリカ合衆国　　c：日本

問6　下線部（え）の説明として最も適当なものを、次の①〜⑤の中から一つ選べ。　　　33

①　物価水準を考慮した各国の平均所得

東京農業大　　　　　　　　　　　　　　　　　　　　　　　　2022 年度　地理　*33*

② 国内で生産された物やサービスの付加価値の合計

③ UNDPが考案した人間開発指数

④ 輸出額に占める石油輸出の割合

⑤ 石油産出量を国際通貨で評価した金額

問7　文中　[　A　]　、　[　B　]、　[　C　]　にあてはまる語句の組み合わせとして最も適当なものを、次の
①〜⑥の中から一つ選べ。　　　　　　　　　　　　　　　　　　　　　　　[　34　]

① A：砂砂漠　　　B：岩石砂漠　　　C：ワジ

② A：岩石砂漠　　B：砂砂漠　　　　C：ワジ

③ A：砂砂漠　　　B：岩石砂漠　　　C：メサ

④ A：岩石砂漠　　B：砂砂漠　　　　C：メサ

⑤ A：砂砂漠　　　B：岩石砂漠　　　C：モレーン

⑥ A：岩石砂漠　　B：砂砂漠　　　　C：モレーン

問8　下線部（お）の説明として**最も不適当な**ものを、次の①〜⑤の中から一つ選べ。　[　35　]

① 河川や山ろくから地下水路によって水を耕地に導くために利用される。

② なつめやし、すいか、メロン、ぶどうなどの栽培に使われる。

③ カナートはおもにイランでの呼び名である。

④ サウジアラビアではセンターピボットと呼ばれる。

⑤ アフガニスタンではカレーズと呼ばれる。

問9　下線部（か）に関する説明として最も適当なものを、次の①〜⑤の中から一つ選べ。　[　36　]

① 遊牧民の移動式住居のことを、中央アジアではゲルと呼ぶ。

② 遊牧民の炊事の燃料にはおもに薪炭が使われる。

③ 遊牧民は家畜の肉が主食である。

④ リャマは中央アジアで重要な家畜のひとつである。

⑤ 近年は遊牧に自動車が使われることもある。

問10　下線部（き）に関連して、国民の主要宗教が**イスラームではない**国を、次の①〜⑤の中から一つ選べ。

[　37　]

① カザフスタン　　② イスラエル　　③ エジプト　　④ イエメン　　⑤ アルジェリア

問11　下線部（く）について、ムスリムが守るべき五行として**最も不適当な**ものを、次の①〜⑤の中から一
つ選べ。　　　　　　　　　　　　　　　　　　　　　　　　　　　　　　[　38　]

① 偶像崇拝　　② 断食　　③ メッカへの巡礼　　④ 喜捨　　⑤ 1日5回の礼拝

問12　下線部（け）に関連して、独立を求めるクルド人とその居住国との間で紛争が発生している場所を示
す地図上の記号として最も適当なものを、次の①〜⑤の中から一つ選べ。　　　　[　39　]

① e　　② f　　③ g　　④ h　　⑤ i

34 2022 年度　現代社会　　　　　　　　　　　　　　　　　　　　　　　　　　　　東京農業大

現代社会

(60 分)

Ⅰ　わが国の憲法と国会に関する次の文章を読み、下記の設問（**問1〜問10**）に答えよ。

　　国の政治のあり方をきめる権限は国民にある（　1　）。(a) 日本国憲法　2　は、国民が代表者を
通じて政治決定する代表民主制を基本としている。「全国民を代表する」機関は国会であるが、政治機構の
あり方として、憲法は、　3　を採用し、3つの権力（立法権、(b) 行政権、司法権）を「抑制と均衡」
の関係においている。国会は、　4　などの重要な権限をもっている。また、国民の代表者としての行動
を保障するため、国会議員には、会期中の　5　特権などが認められている。

　　国会の両院は、　6　制度を採用しており、実質的な審議は、関係の　6　でおこなわれる。そして、
　6　で審議された結果が本会議に報告されて議決される。政党に所属する議員は、政党の決定に従う必
要がある（　7　）。ただし、　7　によって個々の議員の自由な発言や投票が制約されると、(c) 国
会での審議が形だけのものになるという問題もある。

問1　文中の　1　に入る最も適当なものを、次の①〜⑤の中から一つ選べ。

　　① 自然権　　② 国民主権　　③ 直接民主制　　④ 基本的人権の尊重　　⑤ 立憲主義

問2　文中の　2　に入る最も適当なものを、次の①〜⑤の中から一つ選べ。

　　① 前文　　② 第1条　　③ 第9条　　④ 第13条　　⑤ 第14条

問3　文中の　3　に入る最も適当なものを、次の①〜⑤の中から一つ選べ。

　　① 二院制　　② コンセンサス型民主主義　　③ 多元的国家制　　④ 共和制　　⑤ 権力分立制

問4　文中の　4　に入る**最も適当でないもの**を、次の①〜⑤の中から一つ選べ。

　　① 政省令の議決　　　　② 予算の議決　　③ 条約の承認

　　④ 内閣総理大臣の指名　　⑤ 憲法改正の発議

問5　文中の　5　に入る最も適当なものを、次の①〜⑤の中から一つ選べ。

　　① 歳費　　② 不逮捕　　③ 特別交通費　　④ 宿舎　　⑤ 免責

問6　文中の　6　に入る最も適当なものを、次の①〜⑤の中から一つ選べ。

　　① 特別会　　② 委員会　　③ 公聴会　　④ 議院運営委員会　　⑤ 国会対策委員会

問7　文中の　7　に入る最も適当なものを、次の①〜⑤の中から一つ選べ。

　　① 綱領　　② 派閥　　③ 職能代表　　④ 政党政治　　⑤ 党議拘束

問8　文中の下線部 (a) 日本国憲法の制定に関する記述として、**最も適当でないもの**を次の①〜⑤の中か
　　ら一つ選べ。　8

　　① 1945年10月11日、マッカーサー元帥は、吉田首相に自由主義化した憲法改正を示唆した。

② 1945年10月25日、憲法問題調査委員会（委員長：松本烝治）が設置された。

③ 1945年12月8日、松本国務相は、憲法改正4原則を発表した。

④ 1946年2月3日、マッカーサー元帥は、GHQ民政局に3原則に基づく憲法草案作成を指示した。

⑤ 1946年3月6日、政府は「憲法改正草案要綱」を発表し、マッカーサーは全面承認の声明を出した。

問9 文中の下線部 (b) 行政に関する記述として、**最も適当でないもの**を次の①～⑤の中から一つ選べ。
　 9

① 行政機関が持っている各種の許可・認可などの権限を許認可権という。これにより、行政機関は企業などに対し助言・指導を行える反面、行政機関の肥大化をもたらしているとの指摘もある。

② 行政改革として、日本専売公社、電電公社、国鉄、郵政事業などの民営化などが行われてきた。

③ 2007年の国家公務員法の改正では、再就職のあっせん禁止、現職公務員の求職規制、OBの口利き禁止が決められた。

④ 2001年の省庁再編の結果、総務省、国土交通省、農林水産省、経済産業省などの巨大な官庁が誕生した。

⑤ 財政赤字を抑えるために、政府や地方自治体は公務員にかかる総人件費の削減を進めている。これについて、日本は「市民を雇わない国家」（前田健太郎）だとの指摘がある。

問10 文中の下線部 (c) 国会での審議が形だけのものになるという問題に関する記述として、**最も適当でないもの**を次の①～⑤の中から一つ選べ。　 10

① 国会の審議の活性化と政治主導の政策決定を目的として、国会審議活性化法が1999年に制定された。

② 国会審議活性化法は、官僚が閣僚にかわって答弁する政府委員制度の廃止を定めている。過去には「重要な問題なので政府委員に答弁させる」と発言し、失笑を買った大臣がいた。

③ 国会審議活性化法は、「党首討論」の場としての国家基本政策委員会の設置を定めている。このモデルは、英国議会のクエスチョンタイムとされる。

④ 2001年1月の中央省庁改編にあわせて、従来の政務次官が廃止され、新たに副大臣・政務官が導入された。従来の政務次官は、主に当選8回以上の中堅・ベテラン議員が就任し、実質的役割がなかった。

⑤ 国会審議活性化法が成立し、20年以上が経つが、党首討論は予定通りに実施されないことが多い。

36 2022年度 現代社会 東京農業大

Ⅱ 財政に関する次の文章を読み、下記の設問（**問1～問9**）に答えよ。

　自由な競争が行われる (a) 市場経済でも、無制限な競争が望ましい結果をもたらすとは限らない。市場経済のルールをつくり、レフリーの役割を果たすのが政府である。政府が家計や企業から (b) 租税や公債などにより資金を調達し、財やサービスとして家計や企業に還元していくことを (c) 財政という。

　財政の機能の1つ目は、警察、消防、公園などの公共財や、道路、港湾などの [11] を供給することによる、[12] 機能である。これらの財・サービスは市場の失敗によって供給が [13] になりがちであることから、政府が先導して供給する。

　2つ目は、自由な経済活動の結果として生じる、個人間、世代間、地域間の所得格差を調整する [14] 機能である。所得税などの累進課税制度や、低所得者や高齢者・子どもなどの社会的弱者に対する社会保障が該当する。

　3つ目は、市場経済で避けられない景気の変動の波をなだらかにする、景気の安定化機能である。不景気のときに減税したり、公共事業によって政府支出を増やすことで、民間部門の需要を喚起して景気の回復をはかろうとする。

　政府の収入と支出はそれぞれ (d) 歳入、歳出とよばれ、政府が行う歳入と歳出の活動が財政である。日本の財政は、高度経済成長期には財政黒字を確保していたが、1975年以降は赤字を埋め合わす (e) 国債の発行が続いている。歳入の多くを国債に依存し、国債の利子を払うためにさらに [15] を発行するという悪循環におちいっている。今後の財政再建をどのように進めていくかが緊急の課題である。

問1 文中の [11] に入る最も適当なものを、次の①～⑤の中から一つ選べ。

　① 基盤資本　　② 社会資本　　③ 共益資本　　④ 経済資本　　⑤ 自治体資本

問2 文中の [12] [14] に入る最も適当なものを、次の①～⑥の中からそれぞれ一つ選べ。

　① 雇用の調節　　② 所得是正　　③ 資源配分

　④ 公共配分　　⑤ 公益安定化　　⑥ 所得再分配

問3 文中の [13] に入る最も適当なものを、次の①～②の中から一つ選べ。

　① 過剰　　② 過少

問4 文中の [15] に入る最も適当なものを、次の①～⑤の中から一つ選べ。

　① 補填国債　　② 利子国債　　③ 特別国債　　④ 短期国債　　⑤ 赤字国債

問5 文中の下線部 (a) 市場経済に関する記述として、最も適当なものを次の①～⑤の中から一つ選べ。
[16]

　① イギリスのサッチャー政権やアメリカのレーガン政権は、自助努力を正面にすえ、市場メカニズムに信頼をおく立場をとった。

　② 企業活動が市場を通さず、他の個人や企業に不利益を与える効果を外部経済といい、公害問題はその典型的な例である。

　③ 自由な競争の下では、需要量が供給量を上回ると価格が下落し、反対の場合には価格は上昇する。

　④ 寡占市場において、プライス・リーダーが設定して、他の企業もそれに追従するような価格を統制価格という。

　⑤ いくつかの企業が、独立性を捨てて合併し、巨大企業を形成する形態をカルテルという。

東京農業大 2022年度 現代社会 *37*

問6 文中の下線部 (b) 租税に関する記述として、**最も適当でないもの**を次の①～⑤の中から一つ選べ。
　　 17

① 租税は、税負担者と納税者が同じ直接税と、税負担者と納税者が異なる間接税に分けられ、現在の日本の税収入は直接税のほうが大きい。

② 直接税の長所として水平的公平を実現しやすい点が挙げられるが、捕捉率が低く、脱税しやすいという短所がある。

③ 消費税などの間接税は、景気の影響を受けにくく、安定した税収入を確保できるが、低所得者の負担が相対的に重くなるという逆進性をもつ。

④ 2019年10月から消費税率が8％から10％に引き上げられたが、飲食料品（酒類、外食を除く）などの税率を8％にすえおく軽減税率が導入された。

⑤ 国税では、個人の所得にかかる所得税が、直接税において最も大きな割合を占めている。

問7 文中の下線部 (c) 財政に関する記述として、**最も適当でないもの**を次の①～⑤の中から一つ選べ。
　　 18

① 憲法には、国の財政を処理する権限は、国会の議決に基づき、これを行使するという財政民主主義の原則が定められている。

② 累進課税制度や失業給付などの制度には景気を調整する働きが内在しているため、ビルト・イン・スタビライザーとよばれる。

③ 財政政策だけでなく金融政策、為替政策などを組み合わせて行う経済政策をフィスカル・ポリシーという。

④ 第二次世界大戦後、多くの資本主義国では、小さな政府から大きな政府へと転換し、政府が積極的に経済に介入し、完全雇用や社会保障などを実施するようになった。

⑤ 財政投融資とは、社会資本の整備や中小企業への融資など、民間の金融機関では難しい投融資を行う活動である。

問8 文中の下線部 (d) 歳入、歳出に関する記述として、**最も適当でないもの**を次の①～⑤の中から一つ選べ。 19

① 国の歳出においては、近年、少子高齢化の進展に伴い社会保障関係費が歳出の中で高い割合を占める。

② 歳入と歳出を管理する会計には通常会計と特別会計の二種類がある。

③ プライマリー・バランスの黒字は、国債を除く歳入で国債費を除く歳出をカバーできることを意味する。

④ 歳出は、高度経済成長期には公共事業関係費の割合が高かった。

⑤ 歳出全体でどのような支出をするのか決める余地が少なくなることを、財政の硬直化という。

問9 文中の下線部 (e) 国債に関する記述として、**最も適当でないもの**を次の①～⑤の中から一つ選べ。 20

① 2020年度はコロナ禍に対応するために歳出は大きく膨れ上がり、新規国債発行額は過去最大となった。

② 日本の債務残高の対GDP比は主要先進国中で最悪の水準にあり、これはギリシャを上回る水準である。

③ 近年の日本の国債の累積額は、日本の歳入の約8年分を超える額にまで膨れ上がっている。
④ 一般会計予算の歳入不足を補うための借入金である　15　の発行は、財政法では禁止されている。
⑤ 日本の国債の多くは日本銀行が主に引き受けているが、これは預金などの家計の資産がもとになっており、国が借金を返さなければ最終的に家計が負担を背負う。

Ⅲ 環境保全に関する次の地図と文章を読み、下記の設問（問1～問10）に答えよ。

地球上には、知られているだけでも約175万種もの多様な生物がいる。一方、この数百年で、過去の平均的なスピードの1,000倍という速さで、生物種の絶滅が進んでいると言われている。(a) 生物多様性を保全することは、人間もその一部である　21　を維持し、生物資源を食料や医薬品の開発などに利用していくうえで重要な課題である。生物多様性の維持については、重要な湿地の保全や賢明な利用を図る (b) ラムサール条約や、絶滅の恐れがある動植物を保護するための　22　が採択されている。また、世界の文化遺産及び自然遺産の保護に関する (c) 世界遺産条約、生物多様性の保全や生物資源の持続的利用を定めた (d) 生物多様性条約が結ばれ、国際的な取り組みが進められている。

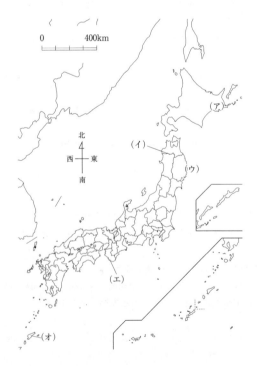

問1　文中の　21　に入る最も適当なものを、次の①～⑤の中から一つ選べ。
　① 生態史観　② 生態系　③ 食物系　④ 生活環　⑤ 生物循環

東京農業大　　　　　　　　　　　　　　　　　　　　　　　2022 年度　現代社会　39

問2 文中の　22　に入る最も適当なものを、次の①〜⑤の中から一つ選べ。

① リオ宣言　　　　　② ジュネーヴ議定書　　　③ ABEイニシアティブ

④ ワシントン条約　　⑤ パリ協定

問3 図に示した（ア）から（オ）の場所について説明した次の文章のうち、**最も適当でないもの**を次の①〜⑤の中から一つ選べ。　23

① （ア）は日本最大の湿原であり、多くの野生生物の生息地となっている。ラムサール条約に日本で最初に登録された。

② （イ）は約170平方キロメートルに及ぶ世界最大級の原生的なブナ林が残されている。1993年に世界自然遺産に登録された。

③ （ウ）は東日本大震災により被災したこの地域の復興に貢献するために、2013年に創設された国立公園である。

④ （エ）は別荘地開発に対して、自然を守るために全国から募金が寄せられた、日本のナショナル・トラスト運動の発祥の地の一つである。

⑤ （オ）は「東洋のガラパゴス」と呼ばれ、固有種の宝庫となっている。2011年に世界自然遺産に登録された。

問4 文中の下線部 (a) 生物多様性に関する記述として、**最も適当でないもの**を次の①〜⑤の中から一つ選べ。　24

① 地球上のさまざまな自然環境のなかで、多種多様な違いを持った生物が、食べものとなったりすみかとなったりしながら、共存していることである。

② 日本において、絶滅のおそれがある野生生物種の減少要因として大きいものは、開発と外来種の流入である。

③ 世界全体において、増加が進む絶滅のおそれがある野生生物種数は、2000年以降、その増加傾向が頭打ちになってきている。

④ 国連総会は、2011年から2020年を「国連生物多様性の10年」とする決議を採択し、取り組みを推進してきた。

⑤ 日本では、2008年に生物多様性基本法が制定された。

問5 文中の下線部 (b) ラムサール条約に関する記述として、最も適当なものを次の①〜⑤の中から一つ選べ。　25

① 1971年にインドのラムサールで採択された条約である。

② 正式な名称は「特に水鳥の生息地として国際的に重要な湿地に関する条約」である。

③ 2021年7月現在、日本では152か所が登録されている。

④ 日本は条約の採択と同時に加入している。

⑤ 1993年の締約国会議は京都で開催された。

問6 文中の下線部 (c) 世界遺産条約に関する記述として、**最も適当でないもの**を次の①〜⑥の中から一つ選べ。　26

① 正式な名称は「世界の文化遺産及び自然遺産の保護に関する条約」である。

② 1972年にUNESCO（国連教育科学文化機関）総会で採択された。

③ 世界遺産は、無形文化遺産、世界の記憶（世界記憶遺産）とあわせて、三大遺産事業と呼ばれる。

40 2022 年度　現代社会　　　　　　　　　　　　　　　　　　　　　　　　　　　　　　　　　東京農業大

④　日本は、1992年にこの条約を締結した。

⑤　2021年 7 月現在、日本では25件が登録されている。

⑥　この条約に基づいて、2013年に「和食；日本の伝統的な食文化」が登録されている。

問7　文中の下線部、(d) 生物多様性条約に関する記述として、最も適当なものを次の①〜⑤の中から一
つ選べ。　27

①　生物の多様性を保全することを目的とし、規制の対象となる動植物のリストである「附属書」が付
いている。

②　2002年の環境・開発サミットで採択された。

③　保護対象を特定の希少種や地域に限っているとの批判がある。

④　2016年の締約国会議で、各国に象牙の国内市場の閉鎖を勧告する決議案が採択された。

⑤　生物多様性を守る取り組みについて国際的に協議する場が生物多様性条約締約国会議（COP）で
ある。

問8　砂漠化に関する記述として、最も適当なものを次の①〜⑤の中から一つ選べ。　28

①　砂漠化は、土地の保水力が弱まって砂漠（不毛の地域）が拡大することである。

②　砂漠化は干ばつなど気候的要因のほか、人間活動によってももたらされるが、放牧や耕作の影響は
小さく、人為的要因よりも気候的要因のほうが大きく寄与している。

③　その地域で放牧できる頭数を超えて家畜が飼われ、多すぎる家畜が草を食べつくすことによって塩
分が過剰になることを、土壌の塩化と呼ぶ。

④　気候変動は地球規模での現象であるため、これによってもたらされる降水量の減少は砂漠化の要因
とはならない。

⑤　砂漠化防止と干ばつの影響を抑えるための国際協調をうたった条約が、1989年に採択されたバーゼ
ル条約である。

問9　オゾン層の破壊に関する記述として、**最も適当でないもの**を次の①〜⑤の中から一つ選べ。　29

①　太陽光に含まれる有害な紫外線を吸収するのがオゾン層であり、オゾン層が破壊され、紫外線が強
くなると、ガンの増加などの人体への影響が懸念される。

②　オゾン層が破壊されてオゾンホールができると、水と硫黄酸化物が反応して硫酸ができることによ
り、強酸性の雨が降る。

③　オゾン層破壊物質の研究や破壊につながる経済活動の規制、各国の情報交換が決められたのが、
ウィーン条約である。

④　化学合成物質の一つであるフロンは幅広く用いられていたが、オゾン層を破壊する原因となってい
たため、オゾン層破壊の影響力の大きい特定フロンは全廃された。

⑤　フロン規制の協定であるモントリオール議定書にもとづく対策により、近年はオゾンホールが縮小
傾向にあるという報告もある。

問10　ナショナル・トラスト運動に関する記述として、最も適当なものを次の①〜⑤の中から一つ選べ。
　30

①　国が事業主体となり、寄付を集めて自然環境や歴史的な文化遺産を保存・管理して一般に公開する
運動である。

②　1895年に産業革命期のフランスではじまった運動である。

東京農業大 2022 年度 現代社会 **41**

③ この運動で保護された文化遺産のうち、文部科学大臣が指定した重要なものが重要文化財である。
④ 埼玉県と東京都にまたがる狭山丘陵で行われている運動では、モデルとなったとされる映画から、保全対象を「トトロの森」と名付けている。
⑤ 日本国内では2021年7月現在、23の市民団体による活動が盛んに行われている。

Ⅳ 国際秩序形成に関する次の文章を読み、下記の設問（**問1 ～ 問9**）に答えよ。

1960年代は先進国が好況を維持した10年間であった。しかし、1970年代に入ると様相は大きく変化し、 31 と二度にわたる石油危機によって世界経済は低成長の時代に入っていった。これまで順調に拡大してきた世界の貿易量もその伸びが減速した。

世界的な経済不振のなかで、先進国間の利害の対立がしだいに深まり、アメリカのように保護主義的な政策をとる国もあらわれた。このままでは自由貿易体制を危うくしかねないとの懸念から 32 年に主要先進国の首脳が一堂に会して会議を開き、世界経済の発展のために協調して経済政策をおこなうことを取り決めた。それ以後毎年1回開催されるこの首脳会議は 33 とよばれ、先進7か国 34 ・中央銀行総裁会議（G7）とともに、貿易や通貨を中心として協調した経済政策をとるための重要な場となった。

自由貿易を促進するために制度化された 35 は、 36 その他の手段による輸入制限措置の緩和を協議し大きな成果をあげてきた。ところが 31 に直面したアメリカなどが 35 違反ともとられかねない 37 などの輸入制限措置を多発するなど、1980年代に入ると保護主義がしだいに台頭した。このような貿易摩擦を解消するため、1986年、 38 とよばれる多角的貿易交渉の開始が宣言された。

問1 文中の 31 に入る最も適当なものを、次の①～⑤の中から一つ選べ。
① ケネディショック ② 金本位制 ③ スミソニアン協定
④ 固定為替相場制 ⑤ ニクソンショック
問2 文中の 32 に入る最も適当なものを、次の①～⑤の中から一つ選べ。
① 1973 ② 1974 ③ 1975 ④ 1976 ⑤ 1977
問3 文中の 33 に入る最も適当なものを、次の①～⑤の中から一つ選べ。
① トップ・ミーティング ② IBRD ③ IMF
④ ライブラリー・グループ ⑤ サミット
問4 文中の 34 に入る最も適当なものを、次の①～⑤の中から一つ選べ。
① 国家元首 ② 外務相 ③ 防衛相 ④ 都市銀行総裁 ⑤ 財務相
問5 文中の 35 に入る最も適当なものを、次の①～⑤の中から一つ選べ。
① WHO ② UNDP ③ GATT ④ SDR ⑤ OECD
問6 文中の 36 、 37 に入る最も適当なものを、次の①～⑤の中からそれぞれ一つ選べ。
① 輸出補助金 ② 関税 ③ 貿易赤字削減 ④ 輸入課徴金 ⑤ ダンピング
問7 文中の 38 に入る最も適当なものを、次の①～⑤の中から一つ選べ。
① ケネディ・ラウンド ② ウルグアイ・ラウンド ③ ヘーゼル・ラウンド
④ 東京・ラウンド ⑤ 一般関税交渉

42 2022年度 現代社会 東京農業大

問8 WTOに関する記述として、**最も適当でないもの**を次の①〜⑤のうちから一つ選べ。 39

① WTOは特定産品の輸入が急増した場合、緊急避難的措置として、一定の要件のもとでセーフガード（関税や輸入数量制限）を行うことを認めている。

② WTOは1995年に76ヵ国・地域をもって発足し、閣僚会議とその部会が貿易制限撤廃を協議する場となっている。

③ 競争が激化する国際経済において、公正で秩序ある自由貿易体制を打ち立てることが重要な課題である。WTOは自由貿易を拡大するための新たなラウンドとしてドーハ・ラウンドを立ち上げた。

④ ドーハ・ラウンドでは、加盟国が拡大して先進国と発展途上国や先進国間の利害が対立し、2012年に交渉の休止が宣言された。

⑤ WTOは特定の国に与えた最も有利な貿易条件をその他の加盟国にも与えなければならないという最恵国待遇の原則を採用している。

問9 FTA（自由貿易協定）・EPA（経済連携協定）に関する記述として、**最も適当でないもの**を次の①〜⑤のうちから一つ選べ。 40

① 多角的貿易交渉が停滞するなか、WTOにおける全世界的な合意を待たず、利害が一致して合意しやすい国と国、国と地域との間でFTAやEPAを締結する動きが進んでいる。

② 現在では世界で300を超える協定が結ばれており、成果をあげているものも多いが、協定を結んでいない国や地域との貿易等で貿易や経済協力が停滞するおそれもあると指摘されている。

③ 日本も多くの国や地域とEPAを締結し、これにより貿易量を増大させ、外国人看護師の受け入れを認めるなど、モノや人の活発な交流が進められている。

④ 2018年には環太平洋経済連携協定（TPP）が調印され、さらに東アジア地域包括的経済連携（RCEP）など、ほかの国や地域とも交渉が進められた。

⑤ FTAとは、貿易障壁の撤廃に加え、知的所有権や労働力移動など、より広い分野での経済協力をめざす協定である。

(60分)

選択肢の中から正しいものを1つ選びなさい。ただし，分数はすべて既約分数（それ以上約分できない分数）とする。

I (1) $2a-1+\dfrac{8}{a+1}$ は，$a=\boxed{1}$ のとき最小値 $\boxed{2}$ をとる。ただし，$a>0$ とする。

(2) △OAB に対して，$\overrightarrow{OP}=s\overrightarrow{OA}+t\overrightarrow{OB}$ とする。実数 s, t が $s\geqq 0$, $t\geqq 0$, $5s+2t\leqq 3$ を満たしながら変化するとき，点 P の動く範囲の面積を S とする。

ここで，△OAB の面積を S_0 とすると，$\dfrac{S}{S_0}=\dfrac{\boxed{3}}{\boxed{4}}$ である。

(3) $0<\theta<\pi$, $\cos\theta=\dfrac{1}{\sqrt{6}-\sqrt{2}}$ のとき，$\sin\theta=\dfrac{\boxed{5}-\boxed{6}}{\boxed{7}}$，$\sin 2\theta=\dfrac{\boxed{8}}{\boxed{9}}$ である。

$\boxed{1}$〜$\boxed{4}$ の選択肢
① 1　② 2　③ 3　④ 4　⑤ 5
⑥ 6　⑦ 7　⑧ 8　⑨ 9　⑩ 10

$\boxed{5}$〜$\boxed{9}$ の選択肢
① 1　② 2　③ 3　④ 4　⑤ 5
⑥ $\sqrt{2}$　⑦ $\sqrt{3}$　⑧ $\sqrt{5}$　⑨ $\sqrt{6}$　⑩ $\sqrt{10}$

44 2022 年度　数学　　　　　　　　　　　　　　　　　　　　　　　　　　東京農業大

Ⅱ 関数 $f(x)$, $g(x)$ は多項式で表される関数で，条件

$$f(2) = -1, \quad g(-1) = 1, \quad \frac{d}{dx}\{f(x) - g(x)\} = -4(x+2), \quad \frac{d}{dx}\{-2f(x) + g(x)\} = 11$$

を満たすとする。このとき，次の問いに答えなさい。

（1）$f(x) = \boxed{10}\,x^2 - \boxed{11}\,x - \boxed{12}$, $g(x) = \boxed{13}\,x^2 + \boxed{14}\,x + \boxed{15}$ である。

（2）座標平面において，曲線 $y = f(x)$ と曲線 $y = g(x)$ で囲まれた図形の
面積は $\boxed{16}\sqrt{\boxed{17}}$ である。

選択肢

　① 1　　② 2　　③ 3　　④ 4　　⑤ 5

　⑥ 6　　⑦ 7　　⑧ 8　　⑨ 9　　⑩ 10

Ⅲ 箱の中に白玉 3 個，赤玉 2 個，青玉 1 個が入っている。この箱から無作為に玉を 1 個ずつ取り出し，同じ
色の玉を 2 回続けて取り出したとき箱から玉を取り出すのをやめる。ただし，取り出した玉は箱の中へ
戻さない。このとき，次の問いに答えなさい。

（1）取り出した玉の色が 1 色である確率は $\dfrac{\boxed{18}}{\boxed{19}}$ である。

（2）取り出した玉の色が 2 色である確率は $\dfrac{\boxed{20}}{\boxed{21}}$ である。

（3）取り出した玉が全部で 3 個である確率は $\dfrac{\boxed{22}}{\boxed{23}}$ である。

（4）取り出した玉が全部で 4 個である確率は $\dfrac{\boxed{24}}{\boxed{25}}$ である。

選択肢

　① 1　　② 3　　③ 4　　④ 9　　⑤ 10

　⑥ 13　　⑦ 15　　⑧ 17　　⑨ 20　　⑩ 60

東京農業大   2022 年度　数学　45

Ⅳ　数列 $\{a_n\}$ は，第 10 項が 22，第 39 項が 80 である等差数列とする。また，数列 $\{b_n\}$ は，条件

$$b_n = \frac{1}{a_{2n-1}} - \frac{1}{a_{2n}} \quad (n = 1, 2, 3, \cdots)$$

によって定められる。このとき，次の問いに答えなさい。

（1）　数列 $\{a_n\}$ の一般項は $a_n = \boxed{26}\, n + \boxed{27}$ であり，$\displaystyle\sum_{k=1}^{n} a_k = n\left(n + \boxed{28}\right)$ である。

（2）　数列 $\{b_n\}$ の初項は $b_1 = \dfrac{1}{\boxed{29}}$，一般項は $b_n = \dfrac{1}{\boxed{30}\, n\left(\boxed{31}\, n + 1\right)}$ である。

（3）　$\dfrac{1}{b_n} - \dfrac{225}{b_1} > 4 \displaystyle\sum_{k=1}^{n} a_k$ を満たす自然数 n の最小値は $\boxed{32}$ である。

$\boxed{26} \sim \boxed{28}$，$\boxed{30}$，$\boxed{31}$ の選択肢

　　① 1　　② 2　　③ 3　　④ 4　　⑤ 5

　　⑥ 6　　⑦ 8　　⑧ −2　　⑨ −3　　⑩ −4

$\boxed{29}$，$\boxed{32}$ の選択肢

　　① 4　　② 8　　③ 10　　④ 12　　⑤ 13

　　⑥ 15　　⑦ 25　　⑧ 27　　⑨ 28　　⑩ 29

(60分)

I 文章の空欄 1 ～ 16 に入る最も適切なものを選択肢から一つずつ選べ。ただし、**選択肢は重複してはならない**。

　鉄などの物体を熱して温度を500℃程度にすると，暗赤色の光が発生する。さらに温度を上げると，この光は 1 から 2 へ変わり，1300℃以上になると 3 となる。また，物体からは赤外線が出ている。このように，物体が光や赤外線などの 4 を放出することによってエネルギーが伝わる現象を熱 5 という。 5 される 4 が他の物体に当たると，物体に 6 された 4 のエネルギーが熱運動のエネルギーになるので物体の温度が上がる。

空欄 1 ～ 6 の選択肢
① 黄色　② 吸収　③ 赤色　④ 電磁波
⑤ 透過　⑥ 白色　⑦ 反射　⑧ 放射

　波が平面や空間を伝わるとき，ある時刻において位相の等しい点を連続的につないでできる面を 7 とよび，この 7 に垂直に引いた線を 8 とよぶ。 8 は波の進む方向を示す線である。また，ある瞬間における 7 上の各点からは，さらにこれらの点を波源として 7 が 9 の 9 波が広がっていると考えられる。この 9 波は 10 波とよばれ，ある時刻の 7 から出た 10 波に共通に接する面が新しい時刻の 7 になる。この 10 波に共通に接する面は 11 面とよばれ，このような波の伝わり方を 12 の原理とよぶ。 12 の原理によって波の屈折や反射などの現象も説明できる。

　音波は音速が異なる媒質の境界で屈折するが，音波は常に音速の 13 側に屈折しながら進む性質がある。気温が高いほど音速は 14 が，よく晴れた冬の夜間のように上空に行くほど高温の場合には，上空に向かってある角度で発せられた音は 15 方向に屈折する。このため，少し離れた場所から発せられた音がより聞こえ 16 なる。

空欄 7 ～ 9 の選択肢
① 稜線　② 波線　③ 射線　④ 波面　⑤ 平面　⑥ 矩形　⑦ 球面

空欄 10 の選択肢
① 衝撃　② 回折　③ 定常　④ 素元

空欄 11 の選択肢
① 連続　② 進行　③ 包絡　④ ブラウン

空欄 12 の選択肢
① ホイヘンス　② スネル　③ キルヒホッフ　④ ヘロン

空欄 13 の選択肢
① 大きい　② 小さい

空欄 14 の選択肢
① 大きい　② 小さい

空欄 15 の選択肢
① 地面に向かう　② 地面から離れる　③ 一旦地面に向かい，その後地面から離れる

空欄 16 の選択肢
① やすく　② にくく

Ⅱ 図のように，軸が鉛直で頂角 θ の円すいのなめらかな内面にそって，大きさの無視できる質量 m [kg] の球が一定の速さ v [m/s] で円運動をしている。重力による加速度の大きさを g [m/s²] として，以下の問に答えよ。

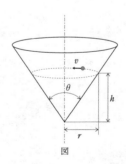

図

問1 球と共に運動する観測者からみた場合，この球の円運動において，球に働く遠心力 [N] はいくらか。最も適切なものを選択肢より一つ選べ。 17

48 2022 年度　物理　　　　　　　　　　　　　　　　　　　　　　　　　　　東京農業大

選択肢

① $\dfrac{mv^2}{2r}$　　② $\dfrac{mv^2}{r}$　　③ $\dfrac{2mv^2}{r}$　　④ $\dfrac{mg^2}{2r}$　　⑤ $\dfrac{mg^2}{r}$　　⑥ $\dfrac{2mg^2}{r}$

問2　この球の円運動の軌道半径 r［m］はいくらか。最も適切なものを選択肢より一つ選べ。　| 18 |

選択肢

① $\dfrac{v^2}{2g}\tan\theta$　　　　② $\dfrac{v^2}{g}\tan\theta$　　　　③ $\dfrac{2v^2}{g}\tan\theta$

④ $\dfrac{v^2}{2g}\tan\left(\dfrac{\theta}{2}\right)$　　⑤ $\dfrac{v^2}{g}\tan\left(\dfrac{\theta}{2}\right)$　　⑥ $\dfrac{2v^2}{g}\tan\left(\dfrac{\theta}{2}\right)$

問3　この球の円運動の高さ h［m］はいくらか。最も適切なものを選択肢より一つ選べ。　| 19 |

選択肢

① $\dfrac{v^2}{3g}$　　② $\dfrac{v^2}{2g}$　　③ $\dfrac{2v^2}{3g}$　　④ $\dfrac{v^2}{g}$　　⑤ $\dfrac{3v^2}{2g}$　　⑥ $\dfrac{2v^2}{g}$

問4　この球が円すい面から受ける垂直抗力［N］の大きさはいくらか。最も適切なものを選択肢より一つ選べ。　| 20 |

選択肢

① $\dfrac{mg}{2\sin\left(\dfrac{\theta}{2}\right)}$　　② $\dfrac{mg}{\sin\left(\dfrac{\theta}{2}\right)}$　　③ $\dfrac{mg}{2\sin\theta}$

④ $\dfrac{mg}{\sin\theta}$　　　　⑤ $\dfrac{mg}{\cos\left(\dfrac{\theta}{2}\right)}$　　⑥ $\dfrac{mg}{\cos\theta}$

問5　この球の円運動の周期［s］はいくらか。最も適切なものを選択肢より一つ選べ。　| 21 |

選択肢

① $\dfrac{\pi v}{g}\tan\left(\dfrac{\theta}{2}\right)$　　② $\dfrac{2\pi v}{g}\tan\left(\dfrac{\theta}{2}\right)$　　③ $\dfrac{4\pi v}{g}\tan\left(\dfrac{\theta}{2}\right)$

④ $\dfrac{\pi v}{g}\tan\theta$　　　⑤ $\dfrac{2\pi v}{g}\tan\theta$　　　⑥ $\dfrac{4\pi v}{g}\tan\theta$

Ⅲ 図のように，なめらかに動くピストンを備え付けた底面積 S [m²] の円筒容器を水平面上に横に置く。容器の底とピストンの間を自然長が l [m]，ばね定数が k [N/m] で体積が無視できるばねでつなぎ，容器内に単原子分子の理想気体を入れた。このとき，大気圧が P_0 [Pa] の状態でピストンは静止しており，容器の底からピストンまでの距離はばねの自然長と等しく l [m] であった。なお，円筒容器とピストンの温度変化に伴う体積変化は無視できるものとする。

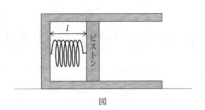

図

問 1 容器内の気体をゆっくり加熱すると気体が膨張し，容器の底からピストンまでの距離が $3l$ [m] になった。このときの気体の圧力 [Pa] はいくらか。最も適切なものを選択肢から一つ選べ。 22

選択肢

① $P_0 + \dfrac{3kl}{2S}$ ② $P_0 + \dfrac{2kl}{S}$ ③ $P_0 + \dfrac{kl}{S}$ ④ $P_0 - \dfrac{3kl}{2S}$ ⑤ $P_0 - \dfrac{3kl}{S}$

問 2 問 1 の過程において容器の底とピストンの間に生じる空間の体積が V [m³] のときの気体の圧力 [Pa] はいくらか。最も適切なものを選択肢から一つ選べ。 23

選択肢

① $P_0 + \dfrac{kV}{S^2} - \dfrac{kl}{S}$ ② $P_0 + \dfrac{2kV}{S^2} - \dfrac{2kl}{S}$

③ $P_0 + \dfrac{kV}{2S^2} - \dfrac{kl}{2S}$ ④ $P_0 + \dfrac{3kV}{2S^2} + \dfrac{kl}{S}$

問 3 問 1 の過程において気体がした仕事 [J] はいくらか。最も適切なものを選択肢から一つ選べ。
24

選択肢

① $2P_0 l^2 S - 2kl^2$ ② $2P_0 lS + 3kl^2$ ③ $2P_0 lS + 2kl^2$
④ $3P_0 lS - 2kl^2$ ⑤ $P_0 lS + 3kl^2$

問 4 内部エネルギーの変化 [J] はいくらか。最も適切なものを選択肢から一つ選べ。 25

選択肢

① $2P_0lS + 6kl^2$　　② $\dfrac{3}{2}P_0lS + 9kl^2$　　③ $3P_0lS + 9kl^2$

④ $3P_0lS - 6kl^2$　　⑤ $P_0lS - 3kl^2$

問 5 気体が吸収した熱量 [J] はいくらか。最も適切なものを選択肢から一つ選べ。 26

選択肢

① $P_0lS + \dfrac{3}{2}kl^2$　　② $3P_0lS + 7kl^2$　　③ $4P_0lS + 9kl^2$

④ $5P_0lS + 11kl^2$　　⑤ $7kl^2$

IV 次の文章の空欄 27 ～ 32 に入る最も適切なものをそれぞれの選択肢から一つずつ選べ。ただし，**選択肢は重複して使用してはならない。**なお，気体は単原子分子の理想気体であり，分子は自由に飛び交って壁と弾性衝突し，気体定数を R [J/(mol·K)]，アボガドロ定数を N_A [/mol] とする。

　1 辺の長さが L [m] の壁に囲まれた立方体中で，質量 m [kg] の気体分子が速さ v [m/s] で運動している。立方体の各壁面と垂直に座標軸をとったとき，ある分子は速度の x 成分の大きさ v_x [m/s] で運動し，x 軸に垂直な壁に衝突する。このとき，分子が 1 回の衝突で壁に与える力積 [N·s] の大きさは 27 である。この分子は壁に衝突した後，x 軸に垂直なもう一つの壁に衝突して 1 秒あたり 28 回壁の間を往復する。従って 1 個の分子が 1 秒間に壁に与える平均の力 [N] の大きさは $F_x =$ 29 である。

　この立方体中の分子の運動に関して速度の y 成分と z 成分をそれぞれ v_y [m/s] と v_z [m/s] とする。分子の運動は不規則であり，$\overline{v^2} = \overline{v_x^2} + \overline{v_y^2} + \overline{v_z^2}$ であるので，$\overline{v_x^2} =$ 30 となる。ただし，$\overline{v^2}$，$\overline{v_x^2}$，$\overline{v_y^2}$，$\overline{v_z^2}$ はそれぞれの速度の全分子の 2 乗平均値である。壁が N 個の分子から受ける圧力 [Pa] は $P =$ 31 である。

　ここで立方体の容積を V [m³] とすると，理想気体の状態方程式 $PV = nRT$ および $N = nN_A$ を用いて，分子の並進運動エネルギーの平均値である $\dfrac{1}{2}m\overline{v^2} =$ 32 が得られる。

空欄 27 と 28 の選択肢

① 0　　② 1　　③ 2　　④ mv_x　　⑤ $2mv_x$

⑥ $\dfrac{1}{2}mv_x^2$　　⑦ $\dfrac{v_x}{L}$　　⑧ $\dfrac{v_x}{2L}$　　⑨ $\dfrac{L}{v_x}$　　⑩ $\dfrac{2L}{v_x}$

東京農業大 2022 年度 物理 *51*

空欄 29 の選択肢

① $\dfrac{L}{mv_x}$ ② $\dfrac{4L}{mv_x{}^2}$ ③ $\dfrac{L}{2mv_x{}^2}$ ④ $\dfrac{mv_x}{L}$

⑤ $\dfrac{mv_x{}^2}{L}$ ⑥ $\dfrac{2mv_x{}^2}{L}$ ⑦ $\dfrac{mv_x{}^3}{L^2}$ ⑧ $\dfrac{mv_x{}^3}{4L^2}$

空欄 30 の選択肢

① $\overline{v^2}$ ② $\sqrt{\overline{v^2}}$ ③ $\dfrac{\overline{v^2}}{3}$ ④ $\dfrac{\sqrt{\overline{v^2}}}{3}$

⑤ $\dfrac{\overline{v^2}}{L}$ ⑥ $\dfrac{\sqrt{\overline{v^2}}}{L}$ ⑦ $\dfrac{\overline{v^2}}{3L}$ ⑧ $\dfrac{\sqrt{\overline{v^2}}}{3L}$

空欄 31 の選択肢

① $\dfrac{Nm\overline{v^2}}{L}$ ② $\dfrac{Nm\overline{v^2}}{L^2}$ ③ $\dfrac{Nm\overline{v^2}}{2L^2}$ ④ $\dfrac{Nm\overline{v^2}}{L^3}$ ⑤ $\dfrac{Nm\overline{v^2}}{3L^3}$

⑥ $\dfrac{Nm\sqrt{\overline{v^2}}}{L}$ ⑦ $\dfrac{Nm\sqrt{\overline{v^2}}}{L^2}$ ⑧ $\dfrac{Nm\sqrt{\overline{v^2}}}{2L^2}$ ⑨ $\dfrac{Nm\sqrt{\overline{v^2}}}{L^3}$ ⑩ $\dfrac{Nm\sqrt{\overline{v^2}}}{3L^3}$

空欄 32 の選択肢

① $\sqrt{\dfrac{RT}{N_A \times 10^{-3}}}$ ② $\sqrt{\dfrac{3RT}{N_A \times 10^{-3}}}$ ③ $\sqrt{\dfrac{RT}{2N_A \times 10^{-3}}}$ ④ $\sqrt{\dfrac{3RT}{2N_A \times 10^{-3}}}$

⑤ $\dfrac{RT}{2N_A L}$ ⑥ $\dfrac{RT}{N_A L}$ ⑦ $\dfrac{RT}{2N_A}$ ⑧ $\dfrac{3RT}{2N_A}$

⑨ $\dfrac{RT\sqrt{\overline{v^2}}}{2L}$ ⑩ $\dfrac{3RT\sqrt{\overline{v^2}}}{2L}$

化学

（60分）

原子量および定数は、次の通りとする。また、同一の問中で解答に複数回同じ選択肢が必要なときには、同じ選択肢を何回選んでも良い。

H = 1.0　　C = 12　　N = 14　　O = 16　　Na = 23　　Mg = 24　　Al = 27

S = 32　　Cl = 36　　K = 39　　Ca = 40　　Cu = 64　　Zn = 65　　Cs = 133

アボガドロ定数 $N_A = 6.0 \times 10^{23}$/mol、気体定数 $R = 8.3 \times 10^3$ Pa・L/(K・mol)、

ファラデー定数 $F = 9.65 \times 10^4$ C/mol

Ⅰ　次の文を読み、問1〜問3に答えよ。

アンモニアは、塩化アンモニウムと水酸化カルシウムの混合物を加熱すると発生し、　1　で捕集して得られる。アンモニアは水に溶けやすく水溶液は　2　を示す。また、アンモニアの水中での電離定数 $K_b = 2.3 \times 10^{-5}$ mol/L とすると、0.23 mol/L アンモニア水のpHはおよそ　3　となる。また、分子の電子式からアンモニア分子の構造を推測すると、窒素原子のまわりに3組の共有電子対と1組の非共有電子対が存在することから、分子の構造は　4　として表わされる。一方、アンモニアと他の物質との化学反応は工業的にも利用される。例えば、(ア)アンモニアと空気の混合気体を約800℃に加熱した白金網に通すことで、アンモニアが酸化されて一酸化窒素が生成する。一酸化窒素をさらに酸化して二酸化窒素とし、温水に吸収させて硝酸を得ることができる。また、アンモニア水は金属イオンの検出にも用いられる。銅（Ⅱ）イオン、鉄（Ⅲ）イオン、カルシウムイオンを含む混合水溶液に多量のアンモニア水を加えると**沈殿A**が生じ、それをろ過すると**水溶液A**が得られる。

問1　文中の　1　〜　4　にあてはまるものとして、もっとも適当なものをそれぞれの選択肢のうちから一つ選べ。ただし、$\log_{10}2.3 = 0.36$、$\log_{10}4.3 = 0.63$、水のイオン積は $K_w = 1.0 \times 10^{-14}$ (mol/L)^2 とする。

[　1　の選択肢]

① 上方置換　　② 水上置換　　③ 下方置換

[　2　の選択肢]

① 弱い塩基性　　② 強い塩基性　　③ 中性　　④ 弱い酸性　　⑤ 強い酸性

[　3　の選択肢]

① 9.30　　　② 9.50　　　③ 9.80　　　④ 10.0　　　⑤ 10.3

⑥ 10.6　　　⑦ 10.9　　　⑧ 11.1　　　⑨ 11.4　　　⑩ 11.9

東京農業大　　　　　　　　　　　　　　　　　　　　　　　　　　2022 年度　化学　53

[4 の選択肢]

① 直線形　　　② 折れ線形　　　③ 正四面体形　　　④ 三角錐形

問2　下線部（ア）の工業的製法において、反応が過不足なく完全に進んだ場合、アンモニア 1.0 mol から得られる硝酸はおよそ何 mol か。もっとも適当なものを次の ①～⑩ のうちから一つ選べ。ただし、二酸化窒素と温水が反応して生成した一酸化窒素は再利用しないものとする。　　　 5

① 0.67 mol　　② 1.3 mol　　③ 1.6 mol　　④ 2.0 mol　　⑤ 2.5 mol

⑥ 3.0 mol　　⑦ 3.3 mol　　⑧ 4.2 mol　　⑨ 4.8 mol　　⑩ 5.0 mol

問3　文中の**沈殿A**および**水溶液A**の色は何色か。あてはまるものとして、もっとも適当なものを次の ①～⑦ のうちから一つ選べ。

沈殿A：　 6 　　　水溶液A：　 7

① 黄緑色　　　② 白色　　　③ 青白色　　　④ 深青色

⑤ 赤褐色　　　⑥ 青紫色　　　⑦ 黒色

Ⅱ　次の問 1～問 4 に答えよ。

問1　次の文中の　 8 　～　 20 　にあてはまるものとして、もっとも適当なものをそれぞれの選択肢のうちから一つ選べ。

　原子が電子を放出すると陽イオンとなり、電子を受け取ると陰イオンとなる。水素原子以外の原子がイオンとなった場合、それらの電子配置は原子番号の最も近い　 8 　の原子と同じ電子配置をとる。原子から最外殻電子 1 個を取り去って 1 価の陽イオンにするのに必要なエネルギーを　 9 　といい、一般に　 9 　の値が　 10 　ほど陽イオンになりやすい。一方、原子が最外殻に電子を 1 個受け取って 1 価の陰イオンになるときに放出するエネルギーを　 11 　といい、一般に　 11 　の値が　 12 　ほど陰イオンになりやすい。原子が陽イオンになると電子を放出するため、半径は元の原子より　 13 　。一方、陰イオンは電子を受け取るため、半径は元の原子よりも　 14 　。また、同じ電子配置では、イオン半径は原子番号が大きいほど　 15 　。一方、同族元素のイオンを比較すると、一般にイオン半径は原子番号が大きくなるほど　 16 　。このような陽イオンと陰イオンが、　 17 　により引き合ってできる結合をイオン結合という。陽イオンと陰イオンがイオン結合によって規則正しく配列した結晶をイオン結晶という。イオン結晶の特徴は、融点が　 18 　ことが挙げられる。特に、陽イオンと陰イオンの電荷の積の絶対値が　 19 　ほど、あるいはイオン間の距離が　 20 　ほど、融点が　 18 　。結晶は、基本となる構造が積み重ねてできており、その基本構造を単位格子という。イオン結晶の例として、塩化セシウム（CsCl）の単位格子を図に示す。

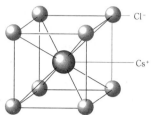

単位格子の一辺の長さ：0.410 nm
Cs⁺イオンの半径：0.220 nm

図　塩化セシウムCsClの単位格子の構造

[8 の選択肢]
① アルカリ金属元素　② アルカリ土類金属元素
③ ハロゲン元素　　　④ 貴（希）ガス元素

[9 ～ 11 の選択肢]
① 電気陰性度　② 電子親和力　③ イオン化エネルギー　④ 極性

[10 、 12 ～ 16 、 19 、 20 の選択肢]
① 大きい　　② 小さい

[17 の選択肢]
① 共有結合　② 水素結合　③ 極性　④ クーロン力　⑤ 電子親和力　⑥ 配位結合

[18 の選択肢]
① 高い　　② 低い

問2　原子番号が1～20の原子のうち、 9 が最大と最小となる原子の組合せで正しいものはどれか。もっとも適当なものを次の①～⑩のうちから一つ選べ。　21
① H、O　　② Li、F　　③ Ne、Cl　　④ Be、Ar　　⑤ C、Ca
⑥ Mg、N　　⑦ B、P　　⑧ Al、S　　⑨ He、K　　⑩ Na、Si

問3　図の塩化物イオンの半径（nm）はおよそいくつか。もっとも適当なものを次の①～⑩のうちから一つ選べ。ただし、$\sqrt{3}$ = 1.73 とする。　22
① 0.115 nm　② 0.125 nm　③ 0.135 nm　④ 0.145 nm　⑤ 0.155 nm
⑥ 0.165 nm　⑦ 0.175 nm　⑧ 0.195 nm　⑨ 0.205 nm　⑩ 0.215 nm

問4　図の塩化セシウム結晶の密度（g/cm³）はおよそいくつか。もっとも適当なものを次の①～⑩のうちから一つ選べ。ただし、4.1^3 = 68.9 とする。　23
① 1.4 g/cm³　② 1.7 g/cm³　③ 2.0 g/cm³　④ 2.3 g/cm³　⑤ 2.6 g/cm³
⑥ 2.9 g/cm³　⑦ 3.2 g/cm³　⑧ 3.5 g/cm³　⑨ 3.8 g/cm³　⑩ 4.1 g/cm³

東京農業大 2022 年度 化学 55

III 次の文を読み、問1～問9に答えよ。

標準状態で、「ある空気（水分含有率 0.1%（質量百分率））」に含まれる二酸化炭素量を定量するために、以下の実験を行った。なお、反応に関与する気体はすべて理想気体として取扱うものとする。

<実験>

手順1 一定量の「ある空気」を 27℃、1.01×10^5 Pa の条件下に移動した。

手順2 手順1の状態の「ある空気」を塩化カルシウム管（塩化カルシウム含有量 20 g）に通じ、その全量を回収した。

手順3 手順2で回収した「ある空気」の体積を測定したところ、3.00 L であった。

手順4 手順3の「ある空気」の全量を、濃度 4.00×10^{-3} mol/L の水酸化バリウム水溶液 50.0 mL に通じた。

$$\text{(a) } CO_2 + \text{(b) } Ba(OH)_2 \rightarrow \text{(c) } BaCO_3 \downarrow + \text{(d) } H_2O \cdots\cdots (式1)$$

注：(a)、(b)、(c)および(d)は係数である。

手順5 手順4の反応液をろ過して得たろ液 20.0 mL を正確にはかりとり、コニカルビーカーに入れた。

手順6 これを、1.00×10^{-2} mol/L の塩酸で滴定したところ、滴定値は 15.0 mL であった。

$$\text{(e) } HCl + \text{(f) } Ba(OH)_2 \rightarrow \text{(g) } BaCl_2 + \text{(h) } H_2O \cdots\cdots (式2)$$

注：(e)、(f)、(g)および(h)は係数である。

問1 手順2で「ある空気」を処理するために用いられた塩化カルシウムと類似の作用を持つものは、次の化合物群中にいくつあるか。もっとも適当なものを次の ①～⑤ のうちから一つ選べ。ただし、該当するものがない場合には ⑤ を選べ。 | 24 |

　［化合物群］

　　・濃硫酸　　　・二酸化ケイ素　　　・硫酸アンモニウム　　　・シリカゲル

　　① 1　　　　② 2　　　　③ 3　　　　④ 4　　　　⑤ 0

問2 手順4（式1）中の係数(a)～(d)の組み合わせとして、もっとも適当なものを次の ①～⑩ のうちから一つ選べ。 | 25 |

　① (a、b、c、d) = (1、1、1、1)　　　② (a、b、c、d) = (1、1、1、2)

　③ (a、b、c、d) = (1、1、2、1)　　　④ (a、b、c、d) = (1、2、1、1)

　⑤ (a、b、c、d) = (2、1、1、1)　　　⑥ (a、b、c、d) = (1、1、2、2)

　⑦ (a、b、c、d) = (1、2、1、2)　　　⑧ (a、b、c、d) = (2、1、1、2)

　⑨ (a、b、c、d) = (2、2、1、1)　　　⑩ (a、b、c、d) = (2、1、2、1)

問3 手順5で「正確にはかりとるために使用する器具名と、それが水で濡れている場合の取扱法」および「コニカルビーカーの内部が水で濡れている場合の取扱法」の組み合わせとしてもっとも適当なものを次の ①～⑧ のうちから一つ選べ。 | 26 |

56 2022年度 化学　　　　　　　　　　　　　　　　　　　　　　　　　　　　　　　東京農業大

選択肢	使用器具名	使用器具の取扱法	コニカルビーカーの取扱法
①	駒込ピペット	加熱乾燥	使用する溶液で共洗い
②	駒込ピペット	自然乾燥	水で濡れていて良い
③	メスシリンダー	水で濡れていて良い	使用する溶液で共洗い
④	メスシリンダー	自然乾燥	水で濡れていて良い
⑤	メスピペット	加熱乾燥	使用する溶液で共洗い
⑥	メスピペット	水で濡れていて良い	使用する溶液で共洗い
⑦	ホールピペット	自然乾燥	水で濡れていて良い
⑧	ホールピペット	加熱乾燥	使用する溶液で共洗い

問4　手順5で得たろ液における水酸化バリウム濃度はおよそいくらか。もっとも適当なものを次の ①〜⑨ のうちから一つ選べ。　　　　　　　　　　　　　　　　　　　　　27

① 1.75×10^{-3} mol/L　　② 2.00×10^{-3} mol/L　　③ 2.25×10^{-3} mol/L

④ 2.50×10^{-3} mol/L　　⑤ 2.75×10^{-3} mol/L　　⑥ 3.00×10^{-3} mol/L

⑦ 3.25×10^{-3} mol/L　　⑧ 3.50×10^{-3} mol/L　　⑨ 3.75×10^{-3} mol/L

問5　手順6（式2）中の係数(e)〜(h)の組み合わせとして、もっとも適当なものを次の ①〜⑩ のうちから一つ選べ。　　　　　　　　　　　　　　　　　　　　　28

① (e、f、g、h) = (1、1、1、1)　　② (e、f、g、h) = (1、1、1、2)

③ (e、f、g、h) = (1、1、2、1)　　④ (e、f、g、h) = (1、2、1、1)

⑤ (e、f、g、h) = (2、1、1、1)　　⑥ (e、f、g、h) = (1、1、2、2)

⑦ (e、f、g、h) = (1、2、1、2)　　⑧ (e、f、g、h) = (2、1、1、2)

⑨ (e、f、g、h) = (2、2、1、1)　　⑩ (e、f、g、h) = (2、1、2、1)

問6　手順6の滴定に関する次の記述のうち、正しいものはいくつあるか。もっとも適当なものを次の①〜⑧のうちから一つ選べ。ただし、正しいものがない場合には、⑧を選べ。　　　　　29

・塩酸は強い刺激臭を有する弱酸である。

・市販の塩酸は約37%の塩化水素を含み、その密度は純水の密度とほぼ同値である。

・滴定に用いるろ液中には、極めて少量の炭酸バリウムが溶解している。

・滴定に用いるろ液中に炭酸バリウムが残存している場合には、飽和状態である。

・炭酸バリウムは、塩酸とは反応しない。

・水酸化バリウムは強塩基であり、皮膚に付着した場合は直ちに酸で中和した後、多量の水で洗う。

・フェノールフタレイン、メチルレッドのいずれも利用可能であるが、前者の使用がより望ましい。

① 1　　② 2　　③ 3　　④ 4　　⑤ 5　　⑥ 6　　⑦ 7　　⑧ 0

問7　「ある空気」に含まれていた二酸化炭素の物質量はおよそいくらか。もっとも適当なものを次の ①〜⑨ のうちから一つ選べ。　　　　　　　　　　　　　　　30

① 1.00×10^{-5} mol　　② 1.25×10^{-5} mol　　③ 1.50×10^{-5} mol

④ 1.75×10^{-5} mol　　⑤ 2.00×10^{-5} mol　　⑥ 2.25×10^{-5} mol

⑦ 2.50×10^{-5} mol　　⑧ 2.75×10^{-5} mol　　⑨ 3.00×10^{-5} mol

問8　27℃、1.01×10^{5} Paで「ある空気 3.00 L」に含まれる二酸化炭素の含有率（体積百分率）はおよそ

いくらか。もっとも適当なものを次の ①〜⑤ のうちから一つ選べ。 | 31 |

① 0.001%　　② 0.010%　　③ 0.100%　　④ 1.00%　　⑤ 10.0%

問9 二酸化炭素と反応する物質、あるいはその検出に用いられる物質は、次の物質群中にいくつあるか。もっとも適当なものを次の ①〜⑤ のうちから一つ選べ。ただし、該当するものがない場合には ⑤ を選べ。 | 32 |

［物質群］

・ソーダ石灰　　・水酸化ナトリウム水溶液　　・石灰水　　・エタノール

① 1　　② 2　　③ 3　　④ 4　　⑤ 0

Ⅳ　殺虫剤に関する次の文を読み、**問1〜問5**に答えよ。

ヒトや農作物などに有害な昆虫類を駆除する目的で、現代では殺虫剤が日常的に用いられている。昔から人類は、ある種の植物が蚊やハエなどの不快害虫を遠ざけることに気付いており、それらの植物を家屋に吊しておくなどしていた。一般に除虫菊として知られるシロバナムシヨケギクはその一つであり、葉や茎の部分ではなく、種子が形成される胚珠の部分に有効な成分が多く含まれていることから、花が咲いた後に刈り取って利用していた。その有効成分を取り出すため、以下のような実験を行った。

＜実験＞

1．開花したシロバナムシヨケギクの胚珠部分より下を切除した。

2．胚珠を含む部位を約2kg集めた後、十分に乾燥させたところ約600gとなった。

3．乾燥したものを細かくすりつぶし、密閉容器中で十分な量の酢酸エチルに長時間浸した。

4．(ア) 固体を液体から分離し得られた液体からさらに、(イ) 酢酸エチルを除いたところ約12gの液体が残った。

5．残った液体には強い殺虫作用があったが、多数の化合物の混合物であったため(ウ) 成分を分離した。

6．分離したそれぞれの成分の中で殺虫作用がある化合物としてピレトリンⅠ（図1）が328mg得られた。

7．得られたピレトリンⅠの全てをメタノールに溶解し、水酸化ナトリウム水溶液を加えて加水分解した後に、酸性にしてから生じた化合物を精製したところ、菊酸（図1）が134mg得られた。理論的にはこの実験で | 36 | の菊酸が得られるはずであるから、この実験における生成物の収率はおよそ | 37 | と計算される。

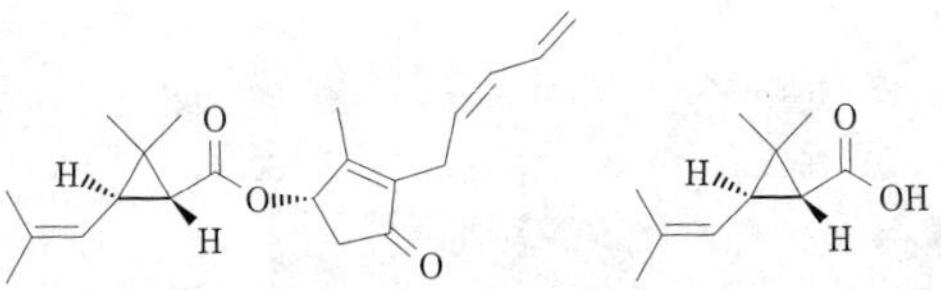

図1　ピレトリンⅠ（左）、菊酸（右）の構造

構造式中の太線は結合が紙面手前に、破線は結合が紙面奥側に向いていることを示す。

また、線の折れ曲がりおよび線の先端に存在するCや、Cに結合しているHは、例外を

58 2022年度　化学　　　　　　　　　　　　　　　　　　　　　　　　　　東京農業大

除いて省略している。

ピレトリン I は分子式 $C_{21}H_{28}O_3$ である揮発性の低い液体で、構造中にエステル結合を有する。不斉炭素原子を 3 つ含み、炭素-炭素二重結合が 4 つある。また、菊酸は分子式 $C_{10}H_{16}O_2$ である融点 17℃ の固体で、室温付近では液体である。不斉炭素原子を 2 つ含み、炭素-炭素二重結合が 1 つある。

ピレトリン I に類似する骨格をもつ様々な殺虫剤が開発されてきており、それらは (エ) <u>ピレスロイド</u>と総称される。ピレトリン I より殺虫活性が高い、もしくは安定性に優れるなどの特性をもつ合成ピレスロイドが市販の殺虫剤の有効成分として含まれている（図2）。

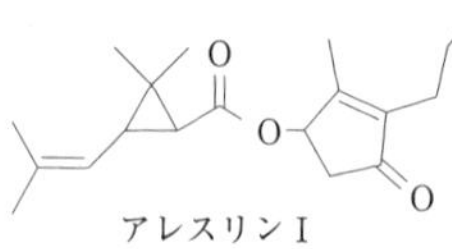

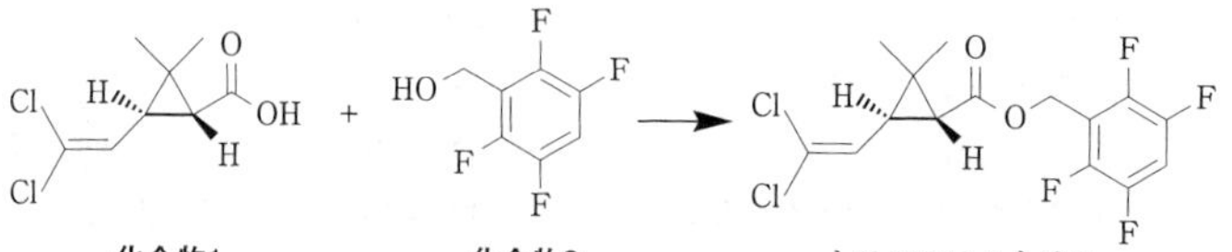

図2　アレスリン I の構造およびトランスフルトリンの合成

アレスリン I は、ピレトリン I の不安定性の 1 つの原因となっている部位を除いた化合物であり、全ての立体異性体の混合物の状態で蚊取り線香などに使用されている。トランスフルトリンはアルコール部位として、さらに化学合成が容易なベンゼン誘導体（化合物2）を利用することで、高い安定性や生産コストの削減を達成し、スプレー式の家庭用殺虫剤などに使用されている。

問1　下線部（ア）～（ウ）を行う際の操作として、もっとも適当なものを次の ①～⑦ のうちからそれぞれ一つ選べ。

　　（ア）： ☐ 33 　　（イ）： ☐ 34 　　（ウ）： ☐ 35

　　① 分留　　　② 再結晶　　　③ 昇華　　　④ ろ過
　　⑤ 抽出　　　⑥ 洗浄　　　⑦ クロマトグラフィー

問2　実験7の空欄にあてはまるものとして、もっとも適当なものを次の ①～⑩ のうちからそれぞれ一つ選べ。

　　[☐ 36 の選択肢]

　　① 144 mg　　② 168 mg　　③ 188 mg　　④ 207 mg　　⑤ 221 mg
　　⑥ 242 mg　　⑦ 264 mg　　⑧ 288 mg　　⑨ 306 mg　　⑩ 328 mg

　　[☐ 37 の選択肢]

　　① 50%　　② 55%　　③ 60%　　④ 65%　　⑤ 70%
　　⑥ 75%　　⑦ 80%　　⑧ 85%　　⑨ 90%　　⑩ 95%

東京農業大   2022 年度　化学　*59*

問 3　ピレトリン I と菊酸の立体異性体に関する次の説明文のうち正しい説明文の組み合わせとして、もっ
とも適当なものを次の①〜⑩のうちから一つ選べ。　　　　　　　　　　　　　　　　　　　38

（a）　ピレトリン I の不斉炭素原子に由来する立体異性体は 8 種類ある。

（b）　ピレトリン I の環状構造部分の二重結合に由来するシス–トランス異性体は存在しない。

（c）　ピレトリン I の二重結合に由来するシス–トランス異性体は 8 種類ある。

（d）　菊酸の二重結合に由来するシス–トランス異性体は存在しない。

（e）　菊酸の不斉炭素原子に由来する立体異性体は 8 種類ある。

　　①　(a)、(b)、(c)　　②　(a)、(b)、(d)　　③　(a)、(b)、(e)　　④　(a)、(c)、(d)

　　⑤　(a)、(c)、(e)　　⑥　(a)、(d)、(e)　　⑦　(b)、(c)、(d)　　⑧　(b)、(c)、(e)

　　⑨　(b)、(d)、(e)　　⑩　(c)、(d)、(e)

問 4　トランスフルトリンは図 2 に示す反応によって製造されている。次の説明文のうち正しい説明文の組
み合わせとして、もっとも適当なものを次の①〜⑩のうちから一つ選べ。　　　　　　　　　39

（a）　この反応の触媒としては濃硫酸が適している。

（b）　この反応の触媒としては希塩酸が適している。

（c）　トランスフルトリンを効率よく得るためには**化合物 1** のナトリウム塩を用いればよい。

（d）　トランスフルトリンを効率よく得るためには過剰の**化合物 2** を用いればよい。

（e）　トランスフルトリンを効率よく得るためには副生成物の水を除去する装置を用いればよい。

　　①　(a)、(b)、(c)　　②　(a)、(b)、(d)　　③　(a)、(b)、(e)　　④　(a)、(c)、(d)

　　⑤　(a)、(c)、(e)　　⑥　(a)、(d)、(e)　　⑦　(b)、(c)、(d)　　⑧　(b)、(c)、(e)

　　⑨　(b)、(d)、(e)　　⑩　(c)、(d)、(e)

問 5　下線部(エ)ピレスロイドに関する推察文として、もっとも適当なものを次の①〜⑧のうちから一つ
選べ。　　　　　　　　　　　　　　　　　　　　　　　　　　　　　　　　　　　　　40

　　①　ピレトリン I の菊酸部分に関する立体異性体には殺虫活性はないものと推察される。

　　②　ピレトリン I の二重結合に関するシス–トランス異性体には殺虫活性はないものと推察される。

　　③　トランスフルトリンの 4 つのフッ素原子は化合物を酸性にする目的があるものと推察される。

　　④　トランスフルトリンの 2 つの塩素原子は化合物を揮発性にする目的があるものと推察される。

　　⑤　三員環部分はピレスロイドの殺虫活性に重要な役割を果たしているものと推察される。

　　⑥　三員環はひずみがなく安定な構造であるので、ピレスロイドには欠かせない構造であると推察さ
　　　れる。

　　⑦　アレスリン I は燃焼させた際に生成する物質が殺虫活性をもっていると推察される。

　　⑧　ピレスロイドは天然由来であるからヒトには全く無害であると推察される。

生物

（60分）

I タンパク質に関する次の文章を読み、以下の設問に答えよ。

タンパク質は生体の構造と機能のすべてにかかわっており、生体に含まれる物質の中でもっとも種類が多く、ヒトの場合、10万種類程度あると考えられている。タンパク質は、細胞の生体膜や筋肉などからだを構成する成分として重要であるとともに、生体内での化学反応の進行や恒常性、細胞運動や物質の輸送などのはたらきを担っている。

問1 特定のタンパク質の細胞内での分布を調べるためには、そのタンパク質に反応する物質が必要である。その様な物質として、もっとも適切なものを次の①～⑧の中から一つ選べ。 [1]

① プライマー ② RNAポリメラーゼ ③ プラスミド ④ 抗体
⑤ DNAリガーゼ ⑥ 制限酵素 ⑦ cDNA ⑧ iPS細胞

問2 GFP（緑色蛍光タンパク質）は、バイオテクノロジー研究に用いられている。緑色蛍光タンパク質の説明文として、**適切でないもの**を過不足なく含む組み合わせを次の①～⑩の中から一つ選べ。 [2]

A．生きた細胞で蛍光が観察できる。

B．細胞内でのmRNAの存在場所を調べるために用いられる。

C．オワンクラゲから見つかった。

D．緑色蛍光タンパク質はPCR法で増幅させることができる。

① A、B ② A、C ③ A、D ④ B、C ⑤ B、D
⑥ C、D ⑦ A、B、C ⑧ A、B、D ⑨ A、C、D ⑩ B、C、D

問3 目的のタンパク質を培養細胞内で可視化するためには、プラスミドに、プロモーター、目的のタンパク質の遺伝子、GFP遺伝子を、右下図のあ、い、うに挿入する必要がある。これらを挿入したプラスミドを細胞に導入した場合、GFPの蛍光が観察される組み合わせとして、適切なものを過不足なく含む選択肢を次の①～⑩の中から一つ選べ。ただし、あ、い、うの順とする。また、転写は矢印の方向に進むものとする。 [3]

A．プロモーター、目的のタンパク質の遺伝子、GFP遺伝子

B．プロモーター、GFP遺伝子、目的のタンパク質の遺伝子

C．目的のタンパク質の遺伝子、プロモーター、GFP遺伝子

D．GFP遺伝子、プロモーター、目的のタンパク質の遺伝子

E．目的のタンパク質の遺伝子、GFP遺伝子、プロモーター

① A ② B ③ C ④ D ⑤ E
⑥ A、B ⑦ A、C ⑧ A、D ⑨ A、B、C ⑩ A、B、D

問4 緑色蛍光タンパク質の蛍光は、 4 を照射することで検出することが可能である。 4 に入る語句として、もっとも適切なものを次の①〜⑤の中から一つ選べ。

① 赤外線　② 遠赤外線　③ X線　④ β線　⑤ 紫外線

問5 ヒトが緑色と認識できる光の波長として、もっとも適切なものを次の①〜⑥の中から一つ選べ。
5

① 400nm以下　② 400〜450nm　③ 450〜500nm
④ 500〜550nm　⑤ 550〜600nm　⑥ 600nm以上

問6 ある細胞におけるタンパク質Aの役割を明らかにするために、以下の実験1）および2）を行った。

実験1）タンパク質Aを添加した培養液中で10分間、細胞を培養した。

実験2）実験1）の後、タンパク質Aを除いた培養液でさらに10分または60分間培養し、タンパク質Bの細胞内分布を調べた。対照実験として、実験1）と同様の操作をタンパク質Aを添加せずに行った後、実験2）と同様の操作を行った細胞を用意した。ただし、本実験で用いた細胞は、タンパク質Aを合成していないものとする。以下の、aおよびbに答えよ。

a．実験2）で、タンパク質Aを除いた培養液で10分および60分間培養した細胞内におけるタンパク質Bの分布を観察した。その結果、10分間培養した細胞では細胞質に分布していたが、60分間培養した細胞では細胞膜での分布がみられた。対照実験では、10分および60分間培養した細胞において細胞質のみに分布していた。これらのことからわかることを過不足なく含む選択肢として、もっとも適切なものを次の①〜⑩の中から一つ選べ。 6

A．タンパク質Aはタンパク質Bの遺伝子発現を促進する。

B．タンパク質Bはタンパク質Aの遺伝子発現を促進する。

C．タンパク質Aは、タンパク質Bの細胞膜上への移動に関与する。

D．タンパク質Bは、タンパク質Aの機能を負に制御する。

E．タンパク質Bは、細胞膜上で翻訳される。

①　A　②　B　③　C　④　D　⑤　E

⑥　A、B　⑦　A、C　⑧　B、C　⑨　B、D　⑩　C、E

b．タンパク質C（本実験で用いた細胞で合成されている）の機能を阻害する阻害剤Dを用いて以下の実験3）および4）を行った。

実験3）タンパク質Aと阻害剤Dとを添加した培養液中で10分間、細胞を培養した。

実験4）実験3）の後、タンパク質Aは除き阻害剤Dは引き続き添加した培養液でさらに10分または60分間培養し、タンパク質Bの細胞内分布を調べた。

その結果、タンパク質Bは10分間培養した細胞では細胞質に分布していたが、60分間培養した細胞でも同様に細胞質に分布していた。以上の結果から、推定されるタンパク質Cの機能として、もっとも適切な組み合わせを次の①〜⑥の中から一つ選べ。 7

A．細胞膜を構成　B．細胞の形態維持　C．細胞分裂時の染色体分配　D．細胞内浸透圧維持

①　A、B　②　A、C　③　A、D　④　B、C　⑤　B、D　⑥　C、D

問7 遺伝子組換え実験における取り扱いに関する法律として、もっとも適切なものを次の①〜⑤の中から一つ選べ。 8

① 動物愛護法　② 外来生物法　③ カルタヘナ法　④ 種の保存法　⑤ 環境基本法

62 2022 年度 生物　　　　　　　　　　　　　　　　　　　　　　　　　　　　　東京農業大

問8　バイオテクノロジーの応用に関する説明文 A〜E のうち適切なものの組み合わせとしてもっとも適切な
　　　ものを次の①〜⑩の中から一つ選べ。｜9｜

　A．現在、日本で糖尿病の治療に使われているインスリンの多くは、ウシのインスリン遺伝子を大腸菌や
　　　酵母に導入してつくられている。

　B．B型肝炎ウイルスのワクチン生産には、遺伝子組換え技術が使用されている。

　C．青いバラは、ペチュニア由来の青色遺伝子を導入することにより作製可能である。

　D．トランスジェニック植物の作製には、一般的にウイルスが用いられる。

　E．DNA型鑑定は、農産物の食品表示偽装検査に用いられている。

　　　①　A、B　　　②　A、C　　　③　A、D　　　④　A、E　　　⑤　B、C
　　　⑥　B、D　　　⑦　B、E　　　⑧　C、D　　　⑨　C、E　　　⑩　D、E

問9　バイオテクノロジーに関する説明文 A〜E のうち適切なものの組み合わせとして、もっとも適切なも
　　　のを次の①〜⑩の中から一つ選べ。｜10｜

　A．バイオテクノロジーに関する技術は、農学や医学などの進歩を通して私たちの生活の質の向上に貢献
　　　している。

　B．遺伝子組換えは突然変異の一種であり、自然に起こる現象であることから、遺伝子組換え技術によっ
　　　てつくられた生物が自然界に広がっても問題ない。

　C．食品となる生物に遺伝子を導入した場合、導入した遺伝子の産物であるタンパク質がヒトに対して直
　　　接毒性を示さない場合、その食品の安全性は担保されたといえる。

　D．塩基配列の解析法の進歩により個人のゲノム情報の取得が容易になり、個人がどのような病気になり
　　　やすいかを予測できるようになった。

　E．個人のゲノム情報は、一般に公開されることで医療分野での貴重なデータになるため、データを管理
　　　する必要はない。

　　　①　A、B　　　②　A、C　　　③　A、D　　　④　A、E　　　⑤　B、C
　　　⑥　B、D　　　⑦　B、E　　　⑧　C、D　　　⑨　C、E　　　⑩　D、E

東京農業大　　　　　　　　　　　　　　　　　　　　　　　2022 年度　生物　*63*

Ⅱ　体内環境の調節に関する次の文章を読み、以下の設問に答えよ。

　ヒトの体内環境は、自律神経系と内分泌系によって意識とは無関係に調節されており、それらのはたらき
は主に視床下部によって支配されている。視床下部は神経や血液を通じて、体内環境の変化を感知する。心
臓の拍動を調節する自律神経系の中枢は［**ア**］にあり、血液中の［**イ**］濃度が高まると中枢がこれを感知し、
拍動数が増加する。

　胃腸などの消化器官の運動も自律神経系のはたらきによって調節されており、［**ウ**］神経が胃腸のぜん動
を促進するようにはたらいている。食物が胃から十二指腸に移動すると、すい液が分泌される。このすい液
分泌の誘導は、神経のはたらきにより引き起こされると考えられていた。しかし、1902 年にベイリスと［**エ**］
のイヌを用いた実験により、すい液分泌を引き起こすのは神経のはたらきではなく、ホルモンのはたらきで
あることが証明された。なお、ホルモンを世界で最初に特定の物質として取り出したのは［**オ**］であり、［**オ**］
はウシの副腎から［**カ**］を結晶として取り出した。

問 1　以下の**A～D**のうち、神経系を介する反応と比較した内分泌系を介した反応の特徴として、適切なも
のの組み合わせを次の①～④の中から一つ選べ。　⬚11⬚

　A．反応が現れるまでにより時間がかかる。

　B．反応が現れるまでの時間が短い。

　C．反応の持続時間が長い。

　D．反応の持続時間が短い。

　　①　**A**，**C**　　　②　**A**，**D**　　　③　**B**，**C**　　　④　**B**，**D**

問 2　文章中の［**ア**］、［**イ**］に入る組み合わせとして、もっとも適切なものを次の①～⑩の中から一つ選べ。
ただし、［**ア**］、［**イ**］の順とする。　⬚12⬚

　　①　延髄、酸素　　　②　延髄、二酸化炭素　　　③　小脳、酸素　　　④　小脳、二酸化炭素

　　⑤　脊髄、酸素　　　⑥　脊髄、二酸化炭素　　　⑦　大脳、酸素　　　⑧　大脳、二酸化炭素

　　⑨　中脳、酸素　　　⑩　中脳、二酸化炭素

問 3　文章中の［**ウ**］に入る神経とその末端から分泌される伝達物質の組み合わせとして、もっとも適切な
ものを次の①～⑨の中から一つ選べ。ただし、［**ウ**］に入る神経、その末端から分泌される伝達物質の
順とする。　⬚13⬚

　　①　交感、ノルアドレナリン　　　②　交感、アセチルコリン　　　③　交感、カルシウムイオン

　　④　副交感、ノルアドレナリン　　⑤　副交感、アセチルコリン　　⑥　副交感、カルシウムイオン

　　⑦　運動、ノルアドレナリン　　　⑧　運動、アセチルコリン　　　⑨　運動、カルシウムイオン

問 4　文章中の［**エ**］に入るもっとも適切な人物名を次の①～⑩の中から一つ選べ。　⬚14⬚

　　①　北里柴三郎　　②　クリック　　　③　シュワン　　④　スターリング　　　⑤　高峰譲吉

　　⑥　フック　　　　⑦　ベルナール　　⑧　ボーマン　　⑨　ランゲルハンス　　⑩　リンネ

問 5　ベイリスと［**エ**］の実験に関する次の文章を読み、以下の a～c に答えよ。

　ベイリスと［**エ**］は、以下の 2 つの実験を行った。

実験 1　**イヌに外科的処置を行った。**引き続き、十二指腸の内壁に、胃液のかわりとして薄い塩酸を注入
　　　した。

実験 2　十二指腸の内壁を取り出し、塩酸を加えた。しばらくしてからすりつぶして、そのしぼり汁をす

64 2022 年度　生物　　　　　　　　　　　　　　　　　　　　　　東京農業大

い臓につながる血管に注入した。

　実験1および実験2において、いずれもすい臓からすい液の分泌が確認された。この2つの実験結果から、「胃から十二指腸へと入ってきた塩酸の刺激によって、十二指腸の粘膜から［キ］が分泌される。この分泌された［キ］がすい臓に作用し、すい液分泌が促進される。」という結論に至った。

a．以下のA～Eのうち、すい液に含まれる物質として、適切なものを過不足なく含む選択肢を次の①～⑩の中から一つ選べ。 15

A．インスリン　　　B．グルカゴン　　　C．トリプシン　　　D．ペプシン　　　E．リパーゼ

① A、B　　　　　② C、D　　　　　③ C、E　　　　　④ D、E

⑤ A、B、C　　　⑥ A、B、D　　　⑦ A、B、E　　　⑧ C、D、E

⑨ A、B、C、D　　⑩ A、B、C、E

b．下線部の外科的処置として、もっとも適切なものを次の①～⑤の中から一つ選べ。 16

① 胃の切除を行った。

② 胃につながるすべての神経を切断した。

③ 十二指腸につながるすべての神経を切断した。

④ 十二指腸につながるすべての血管を糸でしばった。

⑤ すい臓につながるすべての血管を糸でしばった。

c．［キ］に入るホルモンとして、もっとも適切なものを次の①～⑩の中から一つ選べ。 17

① アドレナリン　　② インスリン　　③ オキシトシン　　④ グルカゴン

⑤ 成長ホルモン　　⑥ セクレチン　　⑦ チロキシン　　⑧ ノルアドレナリン

⑨ バソプレシン　　⑩ パラトルモン

問6　文章中の［オ］に入るもっとも適切な人物名を次の①～⑩の中から一つ選べ。 18

① 北里柴三郎　　② クリック　　③ シュワン　　④ スターリング　　⑤ 高峰譲吉

⑥ フック　　　　⑦ ベルナール　　⑧ ボーマン　　⑨ ランゲルハンス　　⑩ リンネ

問7　文章中の［カ］に関して、以下のa、bに答えよ。

a．文章中の［カ］に入るホルモンとして、もっとも適切なものを次の①～⑩の中から一つ選べ。 19

① アドレナリン　　　② エストロゲン　　　③ オキシトシン　　　④ 鉱質コルチコイド

⑤ チロキシン　　　⑥ 糖質コルチコイド　　⑦ ノルアドレナリン　　⑧ バソプレシン

⑨ プロゲステロン　　⑩ プロラクチン

b．文章中の［カ］のはたらきに関する説明文A～Dのうち、適切なものを過不足なく含む選択肢を次の①～⑩の中から一つ選べ。 20

A．肝臓中グリコーゲン分解を促進する。

B．タンパク質からのグルコース合成を促進する。

C．細尿管でのナトリウムイオンの再吸収を促進する。

D．皮膚の毛細血管を拡張させる。

① A　　② B　　③ C　　④ D　　⑤ A、B

⑥ A、C　　⑦ A、D　　⑧ B、C　　⑨ B、D　　⑩ C、D

東京農業大   2022 年度　生物　65

Ⅲ　ある友人同士が家の近くの山を歩いている。以下の会話文を読み、設問に答えよ。

A「近場の森でハイキングをするのが楽しくなってきたよ。緑が鮮やかで風も心地よいね。最近は家にこ
　もっていることが多いから。見えないウイルスに皆が振り回されてさ。」

B「ウイルスは確かに小さくはあるけど、見えないわけではないよ。たまたま僕らの目の分解能に合致しな
　かっただけで。それに今は、顕微鏡があるんだからさ。」

A「どうして目に見えないような小さな生き物がいるんだろう。」

B「ヒトの目には見えないってだけだよ。目に見える世界がすべてではないし、微生物側から見たら僕らは
　きっと大きすぎて宇宙なのかって思うかもしれない。」

A「でもさ、単純に不思議じゃないか、なぜそんなにも大きさに違いがあるんだろう。それに今僕が呼吸し
　ている空気の中にも、さっき食べたおにぎりにも、皮膚の表面にも腸内にも微生物がいるんだろ。僕の
　腸なのに！僕じゃない生き物がいるなんてさ。」

B「君が今踏んだ足元の、リターにも土壌にも驚くほど微生物がいるよ。一見きれいに見える葉の外側にも
　内側にもいるし、風が吹けば胞子も飛ぶさ。菌糸がいないと発芽できない植物だっているんだ。いつだっ
　て君は、君も僕も、植物も動物も、みんな微生物と共にいるんだよ。」

A「そうか。見ようとしていないから見えていないだけなのかもしれないな。」

B「今度、顕微鏡を貸すから何か見てごらんよ。実感できると楽しいよ。」

問 1　下線部**イ**に関して、光学顕微鏡の仕組みと使用方法に関する説明文として、**適切でないもの**を過不足
　なく含む選択肢を次の①〜⑩の中から一つ選べ。　**21**

　A．顕微鏡観察の操作手順としては、最初にレンズをはめる。はめる順番はまず接眼レンズを取り付け、
　　次に対物レンズを取り付ける。

　B．光学顕微鏡の拡大倍率は接眼レンズの倍率×対物レンズの倍率から求めることができる。高倍率にす
　　ると低倍率よりも見える範囲は狭く明るくなる。

　C．顕微鏡では上下左右が逆になって見える。そのため視野内に見えているものを動かしたいときは、動
　　かしたい向きと逆向きにプレパラートを動かす。

　D．一般的な光学顕微鏡の分解能は約 0.2μm である。

　　①　A　　　　②　B　　　　③　C　　　　④　D　　　　⑤　A、C
　　⑥　B、C　　⑦　A、D　　⑧　C、D　　⑨　A、B、C　　⑩　B、C、D

問 2　下の図は、光学顕微鏡に対物ミクロメーターと接眼ミクロメーターをセットし、ある倍率でのぞいた
　ときの見え方である。この倍率においてある微生物をミクロメーターで測定したところ、その長さは図
　のように接眼ミクロメーターで 6 目盛り分であった。この微生物の長さについてもっとも適切な長さを
　次の①〜⑥の中から一つ選べ。ただし、対物ミクロメーターの 1 目盛りは 10μm とする。　**22**

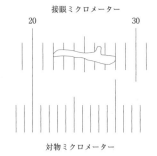

① 12.5μm   ② 37.5μm   ③ 48.0μm   ④ 60.0μm   ⑤ 75.0μm   ⑥ 125μm

問3 下線部ロに関して、リターはおもに落葉や落枝などの植物遺体を指し、森林生態系において重要な役割を果たす。リターに関する説明文として、適切なものを過不足なく含む選択肢を次の①〜⑩の中から一つ選べ。| 23 |

A．リターは分解者によって分解されるが、その分解速度は水分量が影響し、温度は影響しない。
B．リターを分解者が分解することで、土壌中の栄養塩類が増加する。
C．リターはワラジムシ、トビムシ、ミミズなどの多様な土壌動物の生息場所となっている。
D．森林土壌にはリターが分解されてできた有機物によって腐植層が形成される。熱帯林では植物の生産量が多いため、温帯林よりも厚い腐植層が形成される。

① A   ② B   ③ C   ④ D   ⑤ A、B
⑥ A、D   ⑦ B、C   ⑧ A、C、D   ⑨ B、C、D   ⑩ A、B、C、D

問4 生物の種間相互作用に関する説明文として、適切なものを過不足なく含む選択肢を次の①〜⑩の中から一つ選べ。| 24 |

A．よく似た生活様式を持つ2種以上の生物が、競争の結果生息場所を違えている現象をすみわけといい、生態的地位をずらすことで競争を避け、共存しているとみることもできる。
B．どちらにも有利・不利の関係が生じない共存の仕方を中立関係という。
C．種間関係が双方に利益をもたらす場合、この関係を相利共生といい、シロアリとその腸内に生息している微生物は相利共生の関係にある。
D．撹乱の強さや頻度が中程度の場合に生物群集中の種数が高まるとする説を中規模撹乱説という。

① A   ② B   ③ C   ④ D   ⑤ A、B
⑥ A、D   ⑦ B、C   ⑧ A、B、D   ⑨ B、C、D   ⑩ A、B、C、D

問5 次の文章を読み、以下のa、bの設問に答えよ。

よく発達した森林の内部を観察すると、林冠と呼ばれる森林のもっとも高いところに茂った葉がつらなっている部分から、林床と呼ばれる地表面に近いところまでさまざまな高さの樹木や草本による構造を見ることができる。これを階層構造といい、上層から順に高木層、亜高木層、低木層、草本層に分けられる。

a．森林の階層構造に関する説明文のうち、**適切でないもの**を過不足なく含む選択肢を次の①〜⑩の中から一つ選べ。| 25 |

A．冬の落葉樹林の林内は秋から冬にかけて高木層の樹木が葉を落とすため、夏に比べて明るくなる。

東京農業大 2022 年度 生物 67

　　B．いろいろな植物が生育する植生の内部では場所によって環境条件が異なるが、明るさや湿度などの
　　　鉛直方向の変化は小さい。

　　C．草原や荒原に比べて階層構造が発達しさまざまな動物の生活場所にもなるため、多様性の高い空間
　　　になることが多い。

　　D．林冠にあたった太陽光は森林内に入るに従い植物に吸収されたり散乱されたりして減少するため、
　　　林床まで届く光の割合は林冠の数％以下にまで減少する。

　　E．階層構造は多くの種類の植物が繁茂する熱帯多雨林で特に発達する。

　　① A　　　　② B　　　　③ C　　　　④ D　　　　⑤ E

　　⑥ B、D　　⑦ A、C　　⑧ A、B、C　　⑨ B、C、D　　⑩ B、D、E

　b．本州中部の太平洋側などに分布する照葉樹林について、高木層、亜高木層、低木層をそれぞれ構成す
　　る樹種の組み合わせとして、もっとも適切なものを次の①～⑥の中から一つ選べ。ただし、高木層、亜
　　高木層、低木層の順とする。 26

　　① ヒサカキ、スダジイ、アオキ

　　② ブナ、タブノキ、ヤブツバキ

　　③ タブノキ、イヌビワ、アオキ

　　④ ヤブツバキ、ヒサカキ、イヌビワ

　　⑤ スダジイ、ヤブツバキ、アオキ

　　⑥ ブナ、ヤブツバキ、ヒサカキ

問6　次の文章を読み、以下のa、bの設問に答えよ。

　腸内細菌にはさまざまな種類のものがあるが、そのうちのひとつ、大腸菌の増殖について考えてみる。環
境が良好な条件であれば、大腸菌は20分に1回分裂し、1匹が2匹、2匹が4匹、4匹が8匹 … と増え続
け、24時間後には 27 匹という計算になる。しかしこれは理論上の数値であり、実際にはそうはならな
い。

　a． 27 に当てはまるもっとも適切な数値を次の①～④の中から一つ選べ。

　　① 4.7×10^{12}　　② 4.7×10^{15}　　③ 4.7×10^{18}　　④ 4.7×10^{21}

　b．実際の大腸菌の増殖は計算通りにはならない。個体群の成長に関する説明文のうち、**適切でないもの**
　　を過不足なく含む選択肢を次の①～⑩の中から一つ選べ。 28

　　A．個体群の成長を抑制する環境からの作用を環境収容力という。

　　B．成長曲線はやがて増加のスピードがにぶり、S字状の曲線になる。

　　C．ある環境のもとで生育可能な最大の個体数を環境抵抗という。

　　D．成長曲線が頭打ちになるのは、個体数が増えすぎると生育環境が悪化し、個体群の成長が抑えられ
　　　るからである。

　　① A　　　　② B　　　　③ C　　　　④ D　　　　⑤ A、D

　　⑥ B、D　　⑦ A、C　　⑧ A、B、C　　⑨ B、C、D　　⑩ A、B、D

問7　下線部ハに関して、家に戻ったAは、Bが顕微鏡を貸してくれるという話を思い出し、何かを見てみ
　　ようと思ったが、どんな種類の顕微鏡を持っているのかについては聞いていないことに気づいた。果た
　　してBが持っているというその顕微鏡は光学顕微鏡なのか、蛍光顕微鏡なのか、あるいは電子顕微鏡な
　　のだろうか。異なる種類の顕微鏡について説明した以下3つの文のうち、適切なことを説明した文はい

くつあるか。次の①〜④の中から一つ選べ。29

・一般的な光学顕微鏡は色素を持たない試料では詳細な構造を観察することは難しいため、目的とする細胞小器官などをシュウ酸鉄やヨウ素ヨウ化カリウム溶液などで染色して観察する。
・蛍光顕微鏡は光学顕微鏡のひとつであり、紫外線などの特殊な光を当てると特定の分子が蛍光を発することを利用し、目的である細胞小器官などを特殊な色素で染色して観察するものである。
・電子顕微鏡は試料に電子線を当てて、微細な構造を観察するものであり、試料の構造が平面的な像として観察される走査型と、立体的な像として観察される透過型とがある。

① 0 ② 1 ③ 2 ④ 3

問8 1600年代後半に自作の顕微鏡を開発し、多数の生きた微生物を観察し、「微生物学の父」とも称せられる人物として、もっとも適切なものを次の①〜⑥の中から一つ選べ。30

① シュワン ② シュライデン ③ フィルヒョー
④ レーウェンフック ⑤ ダーウィン ⑥ フック

Ⅳ 被子植物の生殖、発生、遺伝に関する次の文章を読み、以下の設問に答えよ。

多くの被子植物は、花におしべ(雄ずい)とめしべ(雌ずい)を生じる。おしべでは花粉が、めしべでは胚のうがつくられる。イ減数分裂によって生じた花粉や胚のうの配偶子どうしが受精することで、胚が発生して種子ができる。受精には、ロ成熟した花粉がめしべの柱頭に付着し、花粉から発芽し伸長した花粉管が、花柱を通って胚のう内の卵細胞へと到達する必要がある。花粉管の卵細胞への誘引には、胚のう内のハ特定の細胞が関与している。下図は胚珠の模式図である。図中の[あ]〜[く]は、胚のうにある細胞または核を示している。ある植物で、図中の[あ]をレーザーで破壊した実験では、花粉管の卵細胞への誘引確率が約70%であった。また、[い]を破壊した実験では、花粉管の誘引確率は、破壊を行っていない正常な胚のうと変わらずほぼ100%であった。さらに、[う]と[え]を同時に破壊した実験では、花粉管の誘引確率が約70%であった。伸び始めた花粉管の中には、3個の核が含まれる。花粉管の先端が無事に胚のうに到達すると、ニ花粉管の中を移動してきた細胞の核が、胚のうの内の複数の核と融合する。このような被子植物の胚のう内における複数の核融合はホ重複受精と呼ばれる。

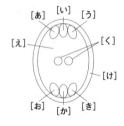

問1 下線部イでは、母細胞が第一分裂、第二分裂と呼ばれる2回の細胞分裂を経て娘細胞がつくられる。これらの過程におけるDNA量(一つの細胞当たり)の関係として、**適切でないもの**を次の①〜⑦の中

東京農業大　　　　　　　　　　　　　　　　　　　　　　　　2022 年度　生物　*69*

から一つ選べ。　31

① 母細胞の分裂準備期（G_2期）　＞　第二分裂期

② 母細胞の分裂準備期（G_2期）　＝　第一分裂期

③ 母細胞の分裂準備期（G_2期）　＝　第二分裂期

④ 母細胞の分裂準備期（G_2期）　＞　娘細胞

⑤ 第一分裂期　＞　第二分裂期

⑥ 第一分裂期　＞　娘細胞

⑦ 第二分裂期　＞　娘細胞

問2　下線部**イ**が起こると、多様な染色体の組み合わせをもつ配偶子が生じる。相同染色体の間で乗換え（交さ）が起こることがあり、その場合母細胞にはなかった対立遺伝子の組み合せをもつ染色体が出現する。これにより、配偶子が受け継ぐ遺伝情報には、膨大な多様性が生じる。配偶子形成における相同染色体の間で乗換え（交さ）が起こる段階として、もっとも適切なものを次の①〜⑩の中から一つ選べ。　32

① 間期（G_1期）　② 間期（S期）　③ 間期（G_2期）　④ 第一分裂前期

⑤ 第一分裂中期　⑥ 第一分裂後期　⑦ 第二分裂前期　⑧ 第二分裂中期

⑨ 第二分裂後期　⑩ 第二分裂終期

問3　染色体のセットの数で表される細胞の状態を核相という。細胞の核に染色体を1セットもつ場合、その細胞の核相をnで表記する。父方由来と母方由来の両方の染色体セットをもつ核相を2nと表記する。ヌマムラサキツユクサは2n＝12の核相をもつが、異なる個体のおしべとめしべの間での交配において、減数分裂によって生じる配偶子が接合によって自由に組み合わされ、その結果として生じる個体のもつ染色体の組み合せの数として、もっとも適切なものを次の①〜⑩の中から一つ選べ。ただし、染色体間の乗換えは起こらないものとする。　33

① 6　　② 12　　③ 32　　④ 128　　⑤ 144

⑥ 256　⑦ 512　⑧ 1024　⑨ 2048　⑩ 4096

問4　下線部**ロ**には大きさの異なる2個の細胞が含まれる。そのうちの小さい方の細胞で、のちに分裂して2個の細胞となるものはどれか。次の①〜⑧の中から一つ選べ。　34

① 花粉四分子　② 雄原細胞　③ 胚のう母細胞　④ 花粉管細胞

⑤ 胚のう細胞　⑥ 中央細胞　⑦ 精細胞　⑧ 花粉母細胞

問5　胚のうにある卵細胞と反足細胞は、図中の［あ］〜［け］のどれか、もっとも適切な組み合わせを次の①〜⑩中から一つ選べ。ただし、卵細胞、反足細胞の順とする。　35

① あ、い　② あ、う　③ い、か　④ い、く　⑤ う、き

⑥ う、く　⑦ え、お　⑧ え、き　⑨ お、か　⑩ お、く

問6　下線部**ハ**の細胞として、もっとも適切なものを次の①〜⑨の中から一つ選べ。　36

① 中央細胞　② 精細胞　③ 母細胞　④ 娘細胞　⑤ 花粉母細胞

⑥ 雄原細胞　⑦ 助細胞　⑧ 反足細胞　⑨ 胚のう細胞

問7　下線部**ニ**について、花粉管由来の核は、図中の［あ］〜［け］のいずれかにある核と融合する。その組み合わせとして、もっとも適切なものを次の①〜⑩の中から一つ選べ。　37

① あ、い　② あ、う　③ い、か　④ い、く　⑤ う、き

⑥ う、く ⑦ え、お ⑧ え、き ⑨ お、か ⑩ お、く

問8 下線部ホによりつくられた受精卵は体細胞分裂を繰り返して胚を形成する。受精卵の最初の分裂で後に胚を形成する頂端細胞と胚にはならない基部細胞が生じる。この基部細胞が発生を続けて形成される構造の名称として、もっとも適切なものを次の①〜⑧の中から一つ選べ。　**38**

① 胚球　② 胚軸　③ 胚乳　④ 胚柄　⑤ 幼芽　⑥ 子葉　⑦ 幼根　⑧ 種皮

問9 下線部ホにより受精卵と胚乳核がつくられ、胚乳核は核分裂を繰り返して多核となり、やがて核のまわりの細胞質が分裂して胚乳となる。発達した胚乳には種子の発芽や芽ばえ（種子から芽がでたばかりの植物体）の成長に利用される糖、脂肪、タンパク質などの栄養分が含まれている。一方、胚乳が退化した無胚乳種子をつくる植物もいる。このような無胚乳種子をつくる植物種の名称と、胚乳の代わりに栄養分を芽ばえに補給する役割を果たす構造（器官）の組み合わせとして、もっとも適切なものを次の①〜⑧の中から一つ選べ。　**39**

① カキノキ、子葉　② クリ、種皮　③ インゲン、幼根　④ イネ、胚軸
⑤ エンドウ、子葉　⑥ ナズナ、種皮　⑦ トウモロコシ、幼根　⑧ ブナ、胚軸

問10 下線部ホによってつくられた受精卵、胚乳核、図中の［け］の細胞がもつ核相の組み合わせとしてもっとも適切なものを次の①〜⑩の中から一つ選べ。ただし、受精卵、胚乳核、［け］の順とする。　**40**

① n、n、n　② n、$2n$、n　③ n、$2n$、$2n$　④ $2n$、n、n
⑤ $2n$、$2n$、n　⑥ $2n$、$2n$、$2n$　⑦ $2n$、$3n$、n　⑧ $2n$、$3n$、$2n$
⑨ $2n$、$3n$、$3n$　⑩ $3n$、$3n$、$3n$

（六〇分）

第 1 問 次の文章を読んで、後の問い（問 1～10）に答えよ。

　人間の文化と自然との関わりを思う時、思い出すものの一つに(注1)和辻哲郎の『風土』があります。ア「風土」については、フランスの地理学者オギュスタン・ベルクが興味深い分析をしています。ベルクは、和辻が風土性は「人間存在の構造契機」として意味があるのであり、「自然環境からいかに人間生活を規定するかということが問題なのではない。……風土的形象が絶えず問題とせられているにしても、それは主体的な人間存在の表現としてであって、いわゆる自然環境としてではない」と書いていることに注目しています。

　ベルクはさらに、和辻のこの考え方は(注2)ヤーコプ・フォン・ユクスキュルの「環世界」という考え方とつながっていることを指摘しています。ユクスキュルは、人間やその他の生物を取り巻くものとして一般的に捉えられる「環境」に対して、生きものの種それぞれに特有の、その生きものにとっての意味のある「環世界」という概念を出しました。

　Ⅰ 今この部屋にある机、椅子、本棚、そこに並べている本……それらすべて私にとって大切なものです。和辻哲郎の『風土』とユクスキュルの『生物から見た世界』を今本棚から取り出して机の上に置きました。椅子にかけるのがお気に入りです。そこにアリがやってきました。実は我が家にはいつもどこかに虫がおり、今も本の脇をアリが歩いています。しかしアリにとっては『風土』も『生物から見た世界』も歩くのにaジャマである以外の何物でもありません。恐らくアリが大いに関心を持つのは、一息入れる時のためにb机の上に置いてあるクッキーだけでしょう。Ⅱ この部屋は、アリにとっては「クッキーのある場所」なのです。

　ユクスキュルの本には、ダニの例があり印象的です。ダニは哺乳類の皮膚から出ている酪酸の匂いや動物の体温前後の温度などを感じた時のみ、そこに移動し血を吸います。ダニの行動原理は徹底していて、ある森の樹にいたダニは、なんと酪酸を感じるまでに十八年間かかったというのです。人間の感覚では驚きますが、ダニにとっては当然のことなのでしょう。生きものそれぞれにこのような環世界があることを知らずに、人間の尺度だけで考えると問題が起きるというユクスキュルの指摘は、今とても大きな意味を持ってきています。すべてを一つの尺度ではかり、分析しようとする「機械論的世界観」とは、この発想はありません。

　ベルクは、和辻の言う「風土」は「人間にとっての環世界」であると教えています。和辻は「風土」の中で、空間における風土性(注3)がハイデガーの言う時間における歴史性に対応して考えたと言っています。詳細はc割愛しますが、ハイデガーはユクスキュルの影響を受けているので、和辻は間接的にユクスキュルの影響を受けたということになるというのがベルクの分析です。いずれにしても大切なことは、今、自然とのつき合い方を考えるには、まず、生きものそれぞれに環世界があるという意識を持ったうえで、人間の環世界としての風土を考えるという立ち位置を持つことだという指摘であり、それはその通りです。

「風土」という考え方に意味を見出すのは、それが無用な抽象化をはばみ、それぞれの人が具体的に触れている自然を考えようとしているからです。ベルクが「風土」を説明して「それは主体的な人間の表現としてであって、いわゆる自然環境としてはない」と言っているのはまさにそのとおりです。つまり、「　Ⅲ　」という言葉で語られる自然は、主体＝それぞれの人間が、具体的に感じとる「自然」なのです。けれどもまさしく、(注4)大森の「心ある自然、心的な自然が様々に（感情的、過去的、未来的、意志的、等々）立ち現れる、それが『私がここに生きている』ということそのことにほかならない、という私はこうなのである。……自然の様々な立ち現れ、それが従来の言葉で『私の心』といわれるものにほかならないのだから、その意味で私と自然とは一心同体なのである」という言葉に通じるものと言えるでしょう。

自然環境と平たく言ってしまうと、自然は抽象化されてしまいます。【①】個々の人間の、自然とのつき合い方が具体的に見えてきません。【②】その結果、人間は自然から離れ中空に浮かぶような存在になり、そこからの目線で、自然への対処を「環境問題」と抽象化するのです。【③】環境との関わりは本来「問題」として捉えるものではないでしょう。むしろ　Ⅳ　に感じるものであり、それを表現したものであるはずです。それが「風土」です。

風土は、たとえば、その土地の特有な暑さに耐えるために独特の様式の家を建てる慣習というように、そこに暮らす人の精神構造に刻まれてクdヅン化しているものです。そのような慣習はかつて、歴史的視点からは考察されても自然との関わりという観点からは考えられてきませんでした。【④】それに気づいた和辻が独自の考察をした結果生まれたのが「風土」なのです。

生態誌では、あらゆる生物としての「環世界」と人間にとっての「風土」を意識していきたいと思います。そして抽象的な「環境」ではなく、具体的な「風土」を考える時、たとえば日本とアメリカ、東京と大阪、私の住む町と隣町の違いというた、個別具体性が意味を持ってきます。【⑤】そうした考えに基づいて、日本人が生きる「風土」を「略画的世界観」とした時に、そこにどんな「重ね描き」を生みだしているかということがあるかを、考えていきたいと思います（念のため、ここで言う「日本人」は、日本列島の自然の中に生きてきた人として捉えています）。

日本人の自然との関わり方についてはたくさんの研究があり短くまとめるのは難しいことですが、思いきって一言で表わすなら「自然の中にある」という意識が強いのではないかと思います。ここで「自然の中にある」は、手をつけない天然の状態だけをさすのではないというのが重要です。都市化が進み、人工の世界になりますてしまったことを嘆き、自然のすばらしさを語る時、頭に思い浮かべてくるのは、原始林ではなく手入れをそれた里山に囲まれた美しい田園風景です。かつて人気のあるのが棚田なのは象徴的です。急斜面のかさな土地をそのままに生かし、しかし徹底的に手を入れて生産の場にしながら、それは私たち日本人には生のままの自然以上に自然を感じさせるのです。一方、福島第一原子力発電所の建設にあたっては、効率を求めて震 e 天の海の近くに施設をつくったことが、津波の被害をうけるという最悪の事態につながったわけです。もっとも、棚田での米づくり作業の大変さを見ると、何とかしたいという気持ちもあるので、この悩みの中から新しい社会のありようを探るのが日本人の生き方だと思います。

花を愛でる気持ちも古くから私たちの中にあり、日本の文化として続いています。ただこの「花」もまったくの天然自然ではなく、徹底的に手を入れられたものです。桜がその典型でしょう。古くは花と言えば梅である、との考えが桜に変わり、今では花見と言えばまず思い浮かべるのは桜です。それを染井吉野、とよく行ってきた薄いピンクの花が一斉に開く、桜並木や公園があります。そして「花の色はうつりにけりないたずらに」のように我が身を世

にふるがめせしまに」という有名な小野小町の歌にも、今近にある桜を思い浮かべてしまいますが、染井吉野は幕末に江戸で作られた品種であり、平安時代にはありませんでした。当時の桜は山桜ですから花の色は白く咲き方も葉と花が一緒に出るので、花が先に咲く染井吉野とは違います。花と言う、桜を思うという点では連続した文化を持ちながら、そして完全な人工を持ちつつ——染井吉野はすべてクローンです——のは、自然の中にあるという原則を持ちながら人工を生かす日本人のありようと生き方ではないでしょうか。

つまり、「自然の中にある」というのは、多種多様な生きものの一つとして生きるということですが、生きものとしての人間に与えられた知性や手の器用さを生かした人工を否定するものではありません。むしろその能力はフルに生かすことが必要です。自然の外に出てしまわず、中にありながら人間らしさを生かす点で、日本の文化はすばらしいものを持っているのです。

「日本人の自然観」と言うましたが、すでに触れたように「自然の中にある」という感覚は日本人だけのものではなく、原始の時代はすべての人がそのよう世界にいたはずです。それがさまざまな地域での文明の展開によって、自然への向き合う方が変わってきたのです。（エ）ですから、その土地ならではの自然との関わり、つまりそれぞれの風土ができ上ったわけです。

分子生物学とニューギニアの鳥の生態学研究を基に人類の歴史を考えている（注5）ジャレド・ダイアモンドは『銃・病原菌・鉄』という名著で、文明について興味深い考察をしています。ダイアモンドがこうした人類史を考え始めたきっかけは、ニューギニアの人から「あなたた白人は、たくさんのものを発達させてニューギニアに持ち込んだが、私たちニューギニアには自分たちのものといえるものがほとんどない。（オ）それはなぜうか。」と聞かれたりとでした。

ダイアモンドは、更新世の最終氷河期が終わり、世界のいくつかの地域で村落生活が始まった一万一〇〇〇年前を人類史の始まりとします。この時は地域による差はありません。そして、シリアの狩猟採集生活から農業社会という文明の第一歩は、それぞれの地域の環境によってきまるのであり、人々の能力の違いではないというのがダイアモンドの発見です。村落で食べ物を得る最も容易な方法はなにか、その狩猟である場合もあれば、農耕や牧畜による場合もあるのはその土地にある自然によります。具体的に言うなら、どんな動物や植物が存在するか、天候はどうかということに左右されます。つまり自然の中にあるものとして、その土地の生活が、ひいては文化が創られてきたことが見えてくるのです。どの生活が優れているかという問題ではありません。

そのような歴史の中で、近代というものを生む科学を生んだのはユーラシア大陸の西にあるヨーロッパでした。しかもこの大陸は東西に広がっているために、自然の状況が似ているので、新しい文化の伝播が容易で速く、その地に科学を基盤とする文明圏ができたというのがダイアモンドの説明です。

(中村桂子『科学者が人間であること』による)

（注1） 和辻哲郎——哲学者、倫理学者、文化史家（一八八九—一九六〇）。主著の一つとして名高い『風土』は「人間学的考察」という副題が付されている。

（注2） ヤーコプ・フォン・ユクスキュル——ドイツの理論生物学者（一八六四—一九四四）。

（注3） ハイデガー——ドイツの哲学者（一八八九—一九七六）。主著の一つに『存在と時間』がある。

（注4） 大森——哲学者の大森荘蔵（一九二一—一九九七）。独自の「立ち現れ」という概念で一元論を説く。本文に先立つ前章で筆者は、大森の提唱した科学的な画描写と日常的な画描写の「重ね描き」で自然を

74　2022 年度　国語　　　　　　　　　　　　東京農業大

捉えることの重要性を説いている。

(注5) ジャレド・ダイアモンド──アメリカの進化生物学者、生理学者、生物地理学者（一九三七─）。

＊問題作成上の都合により、本文の一部に手を加えてある。

問1　傍線部a〜eのカタカナと同じ漢字を用いるものを、各群の①〜⑤のうちからそれぞれ一つずつ選べ。
　　解答番号は、a 　1　 〜e 　5　 。

a　ジャマ　1
　　① ジャグチをひねって水を止める。
　　② 相手の気持ちをジャスイする。
　　③ 村のチョウジャの家は大きい。
　　④ シャフツして消毒する。
　　⑤ 世間に対してシャニに構える。

b　スイ　2
　　① ヘンキョウの地を訪れる。
　　② ガラスのハヘンが飛ぶ。
　　③ タゼンの出来事に戸惑う。
　　④ 庭のイチグウに花が咲く。
　　⑤ 千載イチグウのチャンスを得る。

c　シキ　3
　　① 故郷にキセイする。
　　② 仕事にセイを出す。
　　③ ウンセイを占う。
　　④ 反対派をウッセイする。
　　⑤ 事態をセイカンする。

d　ケン　4
　　① 体力のゲンカイに挑戦する。
　　② 文化のゲンリュウを探る。
　　③ 間違いないとダンゲンできる。
　　④ 土地をゲンジョウに回復する。
　　⑤ 江戸時代の町並みをサイゲンする。

e　ケズり　5
　　① 友人とのガッサクで絵が完成する。
　　② 文章をテンサクして指導する。
　　③ 町をサンサクして店を見つけた。
　　④ 夢と現実がコウサクする。
　　⑤ 労働者をサクシュするのは許されない。

問2　空欄 　Ⅰ　・　Ⅱ　 に当てはまる言葉として最も適当なものを、各群の①〜⑤のうちからそれぞれ一つずつ選べ。解答番号は、Ⅰ 　6　 ・Ⅱ 　7　 。

Ⅰ　① たとえば　　② なぜなら　　③ かりにも
　　④ したがって　⑤ けれども

Ⅱ　① とりのまわり　② 惜しむらくは　③ さらに言えば
　　④ 言いかえれば　⑤ しかしながら

問3 傍線部ア「『風土』については、フランスの地理学者オギュスタン・ベルクが興味深い分析をしています」とあるが、『風土』についてのベルクの分析に関する説明として最も適当なものを、次の①〜⑤のうちから一つ選べ。解答番号は　**8**　。

① 和辻が人間の文化と自然の関わりというテーマのもとに人間に影響を与える環境として「風土」を研究したのは、生物を取り巻く環境を研究したユクスキュルの影響が大きいとベルクは捉えて、ベルクはユクスキュルの思想と和辻の関連性を指摘した。

② 和辻が人間存在の構造契機として着目した「風土性」は、ハイデガーの唱えた「歴史性」に対応するものだが、ベルクはそのことをユクスキュルの唱えた「環世界」と重ね合わせて看破し、自然環境に対する和辻の先見性を評価した。

③ ベルクは、和辻が「風土」を人間の存在構造という観点から捉えた点に、ユクスキュルの唱えた「環世界」という概念に通じるものがあることを指摘し、和辻がハイデガーの思想を通してユクスキュルの影響を受けていると考えた。

④ ベルクは「風土」と「生物から見た世界」を対比的に捉え、ユクスキュルは生物の行動原理の解明によって「環世界」を発見したのに対して、和辻は人間を取り巻く自然環境の探求によって「風土」を発見したことを指摘した。

⑤ ベルクは、和辻が人間の存在構造の思索を試みた際にハイデガーが取り上げた時間性に触発されて空間性に着目したことを指摘し、和辻が提唱した「風土」をユクスキュルの生物における「環世界」に対応するものとして評価した。

問4 傍線部イ「機械論的世界観には、この発想はありません」とあるが、「この発想」とはどういうことか。その説明として最も適当なものを、次の①〜⑤のうちから一つ選べ。解答番号は　**9**　。

① 環世界を前提に自然現象を因果関係で捉えて、生きものが生きる環境を考えること。

② 生きものには固有の環世界があり、自然を一般化して捉えることはできないと認識すること。

③ それぞれの環世界で行動する生きものを観察して、共通の尺度を見つけ出そうと試みること。

④ 多種多様な生きものの環世界を理解して、生きものの視点で環境問題を考えてみること。

⑤ 人間に都合のよいように自然を改変する際に、多様な生きものの環世界に配慮すること。

問5 空欄　**Ⅲ**　・　**Ⅳ**　に当てはまる言葉として最も適当なものを、各群の①〜⑤のうちからそれぞれ一つずつ選べ。解答番号は　**Ⅲ**　**10**　・　**Ⅳ**　**11**　。

Ⅲ　① 環世界　② 風土　③ 世界観　④ 文化　⑤ 環境

Ⅳ　① 生物的　② 直情的　③ 本質的　④ 哲学的　⑤ 主体的

問6 次の一文が入るべき箇所を、本文中の①〜⑤のうちから一つ選べ。解答番号は　**12**　。

【そして「エコな暮らしをしましょう」などという面白味のない、スローガンばかりになってしまいます。】

問7 傍線部ウ「日本人の自然との関わり方」について、筆者はどのように考えているのか。その説明として最も適当なものを次の①〜⑤のうちから一つ選べ。解答番号は　**13**　。

① 田園風景に映える棚田を作ったり、花見のために桜の品種改良をしたりと、自然以上に美しく見える景観にこだわり人工的に作ろうとする。

② 農業にあまり向かない棚田やタロイモの栽培や吉野など、人工的な世界になりすることに賛成しながらも自然を侵略している。

③ 人工的に作り出された棚田や染井吉野が天然のものと感じられるほど、人工物を徹底して自然の中に溶け込ませる工夫を重ねている。

④ 自然のままでは得られない自然美を感じさせる棚田や染井吉野のように、天然のものに徹底的に人の手を加えて自然の中でうまく生かしている。

⑤ 自然の中にあることを意識しているが、棚田や染井吉野のように自然にはない美しさをもつものを人工的に作り出し、理想郷を創造している。

問8 傍線部エ「そこから、その土地ならではの自然との関わり、つまりそれぞれの風土ができ上がった」とあるが、「そこ」の内容として最も適当なものを、次の①～⑤のうちから一つ選べ。解答番号は　14　。

① 文明の展開とともに地域それぞれに変化していった、日本人固有の自然観。

② 多種多様な生きものの一つとして生きてきた人間が、自然の外に出たこと。

③ 自然の中で人間らしさを生かすために、特定の地域で獲得された能力。

④ 今では失われた原始時代にはすべての人にあった、自然の中にあるという感覚。

⑤ 地域や文明の展開によってさまざまに変化した、人間の自然への向き合い方。

問9 傍線部オ「それはなぜだろうか？」とあるが、このニューギニアの人の疑問に対してダイアモンドのように答えると考えられるか。その説明として最も適切なものを、次の①～⑤のうちから一つ選べ。解答番号は　15　。

① あなたたちはニューギニアの自然に溶け込んだ生活をしていて充足しているからだ。

② あなたたちは欲がなくニューギニアの自然の恵みだけで満足できるからだ。

③ あなたたちは自然の中から出ることをおそれるあまり科学を拒んできたからだ。

④ ニューギニアは白人に植民地化されてしまいあなたたちの文化が奪われたからだ。

⑤ ニューギニアは島国なので異国の文化が伝わらず発展が遅れてしまったからだ。

問10 二重傍線部「生命誌では、あらゆる生きものにとっての『環世界』と人間にとっての『風土』を意識していきたい」とあるが、筆者は「生命誌」を〈博物学や進化論、DNA、ゲノム、クローン技術など、人類の「生命への関心」を歴史的に整理し、生きものすべての歴史と関係を知り、生命の歴史物語を読み取る〉新しい知として提唱している。本文全体を踏まえて、科学者としての筆者の考えに当てはまると考えられるものを、次の①～⑤のうちから一つ選べ。解答番号は　16　。

① 自然を抽象化して科学的に捉えるのではなく、人間の「風土」を中心として歴史的な視点を重ね合わせることによって、すべての生物の「環世界」を考えていきたい。

② 自然をすべての生きものにとっての「環世界」と捉えて科学的な見方を排除し、和辻が「風土」を捉えたような文化的な観点から生命を考えていきたい。

③ 自然を客体としてではなく自分が入り込んでいるものとして捉え、科学的な知見とともに日常感覚も大切にし、人間は生きものの一つという立場で生命を考えていきたい。

④ 自然を精密に捉えることを目指して観察によって得られる知識を重要視し、あらゆる生物の立場で自然の歴史を見つめ直し、主観を排除して科学的に生命を考えていきたい。

⑤ 自然を人間の尺度で個別に捉えることを避け、あらゆる生物の立場で抽象化していくことをめざし、「環世界」という視座から生命を考えていきたい。

第2問 次の文章を読んで、後の問い（問1〜10）に答えよ。

【文章A】

一九六〇年に中央公論社から大規模な思想全集「世界の名著」が刊行されたとき、[ア]広告パンフレットの推薦文に、著名な文化人類学者の中根千枝氏が、「従来、日本では『世界の名著』のリストにのっているような本は、学生・専門家のむつかしい顔をして読むのが常であった。特に日本語訳の哲学書、社会科学の理論的な著書はむつかしく、大学生でさえわからなかったり、わからない場合が多い。ところがヨーロッパに行ってみると、これらの本を若い女性たちでさえ、普通の本を読むのと同じ気軽さで読んでいるのをよく見かける」。

[I]教養が日常に根差したヨーロッパは流石であるなどと書いていたのを覚えている。だがこれは実際とは違う。ヨーロッパの民衆のレベルは低く、といった事実はあり得ない。かつてはそんな大嘘が罷り通っていたのである。これはまあキョウ[a]ヨウなケースだが、ヨーロッパ世界を何から何まで高級と見做し、その世界に自分は日本の大衆よりも近い位置に立っているということをもって、知識人・教養人たる事の自己証明とした習慣は、じつは今でも根本的には改められていない。

近代日本にとっての教養の基本にヨーロッパがあり、明治以来、われわれの使用言語そのものがヨーロッパ系の概念を受け入れ、変化してしまった以上、われわれはもはや昔へ引き返しようがなく、[あ]好むと好まざるとに拘わらず、近代以前の日本人と同じように考えたり、感じたりすることは今ではもうむつかしくなってしまっている。[II]江戸時代までの日本人に「気魄」はあっても「自由」はなく、「ケンカ」はあっても「愛」はなかった。近代日本人はヨーロッパ人と同じくレベルでキリスト教的な概念をぐいと抜いた「自由」や「愛」を知っているわけではないけれど、それでも江戸時代までの日本人のようにヨーロッパ的な「自由」について「愛」について、まるでまったく何も知らないのかというとそうではない。どちらとも言えない、微妙に複雑な二重性の上に、近代日本人の知性は横たわっている。おそらくわれわれにとっての真の教養は、この二重性をあらゆる場面でいちいち意識し、自覚的にこれを問題として把握することとは無関係ではないであろう。

それは広告パンフレットに大袈裟の推薦文を書いた人のように、ヨーロッパ文明の前にただひたすら跪いて、[イ]コンジョウ大事にこれを有難がるというのと同じではない。かといって、これと逆に、近代ヨーロッパの影響を受けなかった古い日本の伝統文化、能、歌舞伎、枯[b]山水、神道、武士道、茶の湯、和歌、俳句、源氏物語などを、[ウ]閉鎖的な信仰の砦としてヨーロッパに対する対抗概念として持ち出す、というのとも同じではない。

あるいは、こうも言ってよいのではないかと思う。古い日本の伝統文化を問題にするにしても、これをヨーロッパの詩学の用語や哲学の概念で、ヨーロッパ的な[ウ]色をつけて解釈することは、おおよそ真の教養の名に値する作業とはいえないし、まったく逆に、古い日本の伝統文化をヨーロッパ的知性をまるで知らなかった近代以前の日本人の語法や感性だけで把握し、解釈することは可能だと信じることもまた、真の教養ある方法的態度とは言い難いであろう。

私の言っていることは[d]ドウドウ巡りで恐らく理屈に合わぬ自己矛盾だと思われる向きもあるかもしれない。それにしても、微妙に入り組んだ二重性の（注一）轍の間に、われわれ近代日本人は置かれている。

教養が何かを学ぶことに関わりがあるなら、遠い異国や過去の人間が体験したことを、われわれもまた体験を通して学ぶということとも無関係ではないわけだが、この学ぶべき相手がヨーロッパの人間であるという場合は、日本人の困難は倍加される。近代ヨーロッパは、近代そのものを日本よりも早く追究し、一歩早く近代の着眼点に辿り着き、そこを潜り抜けてしまった。そして、近代の外で、非ヨーロッパ的世界を[c]頑としても間

見て、その中に自分の行き詰まりを打開する鍵を見ていた。日本の伝統文化がその鍵の一つであるとは言うまでもあるが。

が、そうなると、<u>近代日本人の側からすれば、これは大変に厄介な事態だということになる</u>。われわれはヨーロッパ化をすることによって、われわれの近代を手に入れたのだが、同時にこの近代は厳密にはヨーロッパではない。古い日本が生きているからである。しかし、古い日本はもう昔のままの古い日本ではない。われわれの近代は古い日本の中から、ヨーロッパの近代が古いヨーロッパの中から生ずる時間を経て生まれたのと同じように、連続体として成熟・発展したのではなく、自分自身の古い世界をもう自己の内なる異世界として抱え持つ近代であった。しかも異世界はストレートに過去世界なのではない。ここに面倒さがある。

分かり易くいえば次のように言えるであろう。

近代の終焉を迎えつつあったヨーロッパから近代を与えられた日本にとって、前近代の日本（近代ヨーロッパにとって異世界）は、自分自身の内部に抱えた世界であると同時に、やはり、同じように異世界でもあったのだ。われわれが近代のセ⟨洗礼⟩を受けてしまった以上、この二重構造は宿命的に避け難いのである。

(西尾幹二「教養について」による)

【文章B】

二十世紀の初めの明治時代に書かれた<u>夏目漱石</u>の『坊っちゃん』には、こんな一節があります。「坊っちゃん」が数学教師になって赴任して行った四国の松山で、教頭の「赤シャツ」と画学教師の「野だいこ」に誘われ、小舟に乗って沖で釣りをするシーンです。瀬戸内の海はおだやかで、小舟の上で「赤シャツ」と「野だいこ」は、そこから見える景色をほめています。

《赤シャツは、しきりに眺望して、すてきな景色だと言っている。野だは絶景でげすと言っている。絶景だかなんだか知らないが、いい心持ちには相違ない。ひろびろとした海の上で、潮風に吹かれるのは薬だと思った。これに腹が減る。「あの松を見たまえ、幹がまっすぐで、上が傘のように開いてターナーの画にありそうだね」と赤シャツが野だに言うと、野だは「まったくターナーですね。どうもあの曲がりぐあいったらありませんね。ターナーそっくりですよ」　Ｘ　である。ターナーはなんのことだか知らないが、聞かなくっても困らないことだから黙っていた。》(夏目漱石『坊っちゃん』五)

ターナーはイギリスの画家で、もっと言えば「イギリスを代表するような有名な画家」です。でも、二十世紀初めの普通の日本人はターナーのことなんか知りません。だから、「ターナーはなんのことだか知らないが、聞かなくっても困らないことだから黙っていた」と言う「坊っちゃん」は、「当時の普通の日本人」の代表で、その<u>「坊っちゃん」の前で珍妙なターナー論を繰り広げている二人は、ちょっとおかしいのです</u>。

(中略)

小舟から見た無人の小島に生えている松は、本当に「ターナーの絵に出て来そうな松」なのかもしれません。ターナーの絵には赤シャツの言うような「幹がまっすぐで上へ傘を開いたように葉をつけた枝が広がっている松」がよく描かれています。カラー写真もカラー印刷もない二十世紀初めの明治に、赤シャツは白黒の写真図

版の「ぼやけたターナー」を見たのでしょう。

赤シャツの言うのは「西洋の絵」なのですが、どうやら野だいこはそれを知りません。

普段から和服で扇子をパチパチ鳴らしている、どうやら東京生まれらしい「通人的教養(注2)」を誇る野だいこは、同じ小島の絵を見て《あの曲がりくあったらありませんね》と言います。野だいこにとっての「松」は、「幹が曲がりくねっているところがよい」と思われる伝統的な「日本画の絵」なのです。

どうやら画学教師の野だいこは、「ターナー」という固有名詞を知ってはいても、「ターナーの絵」をも知りません。だから夏目漱石は《ターナーそっくりですな》と言う野だいこのことを《　X　》と言います。つまりは「知ったかぶり」です。

「松の幹は曲がっているもの」と思う野だいこに対して、赤シャツは「んなこと言うな」などと否定はしません。二人は似たもの同士なので、野だいこに《これからあの島をターナー島と名づけようではありませんか》と言わせ、《そうのは面白い、吾々これからそう言おう》と、赤シャツに納得させてしまいます。「吾々」はエリートなので、その小島を《ターナー島》と呼ぶ独占的な権利が《ある》です。

夏目漱石にとって、当時の人の「教養」とはそういうものだったのです。

（橋本治『負ける力』による）

(注1)　轍――車が通ったあとに残る車輪の跡。

(注2)　通人――世間の物事をよく知っている人。江戸時代では、遊里の事情に通じ遊び上手な粋人を言う言葉として用いられた。

＊問題作成上の都合により、本文の一部に手を加えてある。

問１　【文章Ａ】の傍線部ａ〜ｅのカタカナと同じ漢字を用いるものを、各群の①〜⑤のうちからそれぞれ一つずつ選べ。解答番号は、ａ　17　〜ｅ　21　。

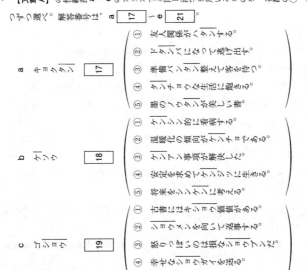

d ドウ 20
　① ドウリで完結するはずだ。
　② 親族がイチドウに会する。
　③ 被害者にドウジョウする。
　④ 行動に出たドウキを探る。
　⑤ 安全な場所にユウドウする。

e セハイ 21
　① 勉学を何もかもユウエイする。
　② 知識のサンセキは経験である。
　③ 開会式で選手がセンセイする。
　④ 自然環境がオセンされる。
　⑤ デザインがセンレンされている。

問2 【文章A】の空欄 Ⅰ・Ⅱ に当てはまる言葉として最も適当なものを、各群の①～⑤のうちからそれぞれ一つ選べ。解答番号は、Ⅰ 22 ・Ⅱ 23 。

Ⅰ ① だから　② つまり　③ 逆に
　④ むしろ　⑤ しかも

Ⅱ ① なぜなら　② さらに　③ しかし
　④ もちろん　⑤ 例えば

問3 【文章A】の波線部あ「好むと好まざるとに拘わらず」・い「色をつけて解釈する」について、いの場合の言い換え表現として最も適当なものを、各群の①～⑤のうちからそれぞれ一つ選べ。解答番号は、あ 24 ・い 25 。

あ「好むと好まざるとに拘わらず」
　① 清濁併せ呑んで　② 是非を問わず　③ 背に腹はかえられず
　④ 否が応でも　⑤ いみじくも

い「色をつけて解釈する」
　① 時間をかけて理解する　② 偏った見方をする　③ 豊かな感性で鑑賞する
　④ 自分勝手に解釈する　⑤ 誤って認識する

問4 【文章A】の傍線部ア「広告パンフレットの推薦文」とあるが、筆者はどのようなことを示すためにこれを挙げたのか。その説明として最も適当なものを、次の①～⑤のうちから一つ選べ。解答番号は、26 。

　① 著名な知識人に大法螺を吹かせる本の広告というものが、高度経済成長が始まった一九六〇年代から日本で見られること。

　② 一九六〇年代当時の日本の知識人は一般大衆を自分よりも低く見て、広告パンフレットに平気で大嘘を書いていたこと。

　③ 著名な文化人類学者がもたらした学識がなく、一九六〇年代に「世界の名著」にリストアップされた本を真に理解していること。

　④ 一九六〇年代当時の日本はヨーロッパの文化を取り入れることに貪欲で、知識人が一般大衆を啓蒙しようと努めたこと。

　⑤ ヨーロッパの文化はすばらしく民衆の教養レベルも高いと、一九六〇年代になっても日本の知識人

が思い込んでいること。

問5 【文章A】の傍線部イ「閉鎖的な信仰の砦として、ヨーロッパに対する対抗概念として持ち出す」とあるが、どういうことか。その説明として最も適当なものを、次の①〜⑤のうちから一つ選べ。解答番号は　27　。

① ヨーロッパと競うために日本の伝統文化を過大評価し、日本文化を守るうえでヨーロッパ文化の受容を忌避すること。

② 伝統文化に日本人の誇りを見出し、日本の西洋化を阻止するためヨーロッパ文化を否定して文化対立が起こること。

③ 西洋より優位に立とうとして日本固有の文化を再評価し、伝統文化のすばらしさを喧伝してヨーロッパ文化に対抗すること。

④ 日本文化をヨーロッパ文化に相対するものと捉え、伝統文化を日本人だけが理解できる優れたものとして絶対視すること。

⑤ 日本の伝統文化はどの国の文化よりも高い価値があると思い込み、ヨーロッパ文化の優劣を競い合おうとすること。

問6 【文章A】の傍線部ウ「近代日本人の側からすれば、これは大変に厄介な事態だといえる」とあるが、それはなぜか。その説明として最も適当なものを、次の①〜⑤のうちから一つ選べ。解答番号は　28　。

① 日本は近代化を急ぎすぎたため、ヨーロッパがすでに近代の行き詰まりを打開しようとしていたことに気づくことができなかったから。

② 近代化しても日本人は古い伝統に固執し、ヨーロッパの近代の本質を理解することができず、拠り所とするイデオロギーがないから。

③ 日本は近代化したといってもヨーロッパの近代の神髄が浸透しているわけではなく、前近代の日本の本質も見失われている状態だから。

④ 日本の近代化はヨーロッパを崇拝したために、日本文化の伝統を途絶えさせることになり、連続体としての成熟が不可能になったから。

⑤ 日本の近代化は異文化の受容というかたちで始まり、ヨーロッパ文化に追随しただけで、新たな社会を創造することはなかったから。

問7 【文章B】の傍線部エ「夏目漱石」に関する説明として適当でないものを、次の①〜⑤のうちから一つ選べ。解答番号は　29　。

① 朝日新聞に「坊っちゃん」を発表し小説家としてデビューした。

② イギリス留学を経験して東京帝国大学で英文学を講義した。

③ 雑誌「ホトトギス」に「吾輩は猫である」を連載し好評を博した。

④ 同時代の作家として森鷗外、門下生として寺田寅彦が挙げられる。

⑤ 「現代日本の開化」と題する講演では近代化の問題点を指摘した。

問8 【文章B】の空欄　X　（二箇所）に入る言葉として最も適当なものを、次の①〜⑤のうちから一つ選べ。解答番号は　30　。

① 思案顔

② 挑み顔

③　心得顔

④　我が物顔

⑤　涼しい顔

問9　【**文章B**】の傍線部オ「『坊っちゃん』の前で珍妙なターナー論を繰り広げている二人」について、どのようなことが読み取れるか。【**文章A**】を踏まえた説明として最も適当なものを、次の①〜⑤のうちから一つ選べ。解答番号は　**31**　。

①　赤シャツは教養人の間で人気のあるターナーについて知識があるということで、高級な西洋文化に通じている教養人であることを自負しているが、野だいこは日本の伝統的な絵の知識がないことを恥じて赤シャツにびくびくしている。

②　エリートではない「坊っちゃん」には西洋文化の知識がないと見くびり、赤シャツは高尚なターナーの絵をたとえで話題にすることで、そうした知識のない自分を教養人として権威づけ、西洋文化に関心のない野だいこよりも優位に立とうとしている。

③　西洋で真の教養を身につけた人にしか理解できないイギリスの画家を話題に持ち出して、ターナーの絵の松について語り合うことで、赤シャツと野だいこは自分たちが教養人であることを、一般大衆の一人「坊っちゃん」の前で誇示している。

④　赤シャツと野だいこはヨーロッパに関する知識があることを誇る当時の教養人として描かれ、二人はターナーの本物の絵を見たことがなく本質的に理解はしていないが、西洋の知識がない「坊っちゃん」の前でターナーについて語り合う仲に入っている。

⑤　伝統的教養の持ち主の野だいこが、普通の日本人である「坊っちゃん」の前で、西洋的教養の持ち主の赤シャツに調子を合わせてターナーの絵の松の話をしているのは、西洋文化が伝統文化よりも高級なものであると思い込んでいるからである。

問10　「教養」について、【**文章A**】と【**文章B**】に照らして考えられることとして最も適当なものを、次の①〜⑤のうちから一つ選べ。解答番号は　**32**　。

①　近代以降の日本では教養として西洋文化の知識を得ることが重要とされてきたことについて、【**文章A**】では現代の学生や専門家がむかしらべた本を読まなくなったことが指摘されているが、それは【**文章B**】で挙げられている「ターナーはなんのことだか知らないが、聞かなくても困らないことだから黙っていた」という「坊っちゃん」態度に通じるもので、教養の低下を夏目漱石は予感していたことがわかる。

②　近代の教養人が自身を日本の一般大衆よりヨーロッパ世界に近い存在と考え優越感を抱くことについて、【**文章A**】では広告の推薦文に嘘を書いた中根千枝が挙げられ批判されているが、【**文章B**】では「坊っちゃん」を教養のない一般大衆の一人として揶揄して描いた場面が挙げられ、夏目漱石も近代の教養人の典型であることが示唆されている。

③　近代日本がヨーロッパを教養の基本に置き教養は知識を得ることと関係があると考えたことについて、【**文章A**】では近代化した日本では微妙な一面性から真の教養を身につけることに困難が伴うことが指摘されているが、【**文章B**】では当時の教養が西洋文化に関する浅薄な知識にすぎないのにそれがエリート意識をもたらしていることを、夏目漱石は見抜いていたことが指摘されている。

④　日本では教養は人格を陶冶するものと見なされてきたことについて、【**文章A**】では教養を身につけている者はず学者が大衆に対して傲慢な態度をとる現実が示されているが、【**文章B**】では、赤シャ

ン」に代表されるような教養人に見下される一般大衆の心理を、夏目漱石が小説『坊っちゃん』で描いたりと示され、教養人のあり方が昔から変わらないことがわかる。

⑤ 近代化を急ぐ日本では西洋文化の知識を得て教養を身につけることが提唱され、一般大衆を啓蒙してきたりとについて、【文章A】ではそれが近代日本の文化の二重性を招く遠因となったことが示唆されているが、【文章B】では「似たようなもの」として指摘される「赤シャツ」と「野だ公」が戯画化して描かれていることを挙げ、夏目漱石が文化の二重性を看破していたことを示唆している。

解答編

英語

Ⅰ 解答 1—④ 2—① 3—① 4—② 5—④

◆全 訳◆

≪自動化は人から仕事を奪うのか≫

「ロボットがやってこようとしている。ロボットがやってきたとき，それらはあなたの仕事を担うだろう」 しかしこれは本当だろうか？

この話題に関するもので，最も広く認知されていて，かつ恐怖を誘発する数字の1つが，マイケル＝オズボーンとカール＝ベネディクト＝フレイという2人のオックスフォード大学の経済学者による，2013年の論文で述べられていた。彼らの研究により割り出されたのは，アメリカの仕事の47パーセントに至るまでが，2030年代半ばまでに自動化される危機があるというものだった。

2013年の論文の根拠となる研究は，「雇用の将来」と題されているが，技術の進歩がどのようにして職に影響を及ぼしうるかを数値化することが狙いであった。著者たちは配達ドライバー，家政婦，土木技術者，板金工，検針員など70の職を選び，それらを自動化できるか，できないかに分類した。それぞれの職に対して，「この職の任務は，ビッグデータが利用可能だという条件の下で，最先端のコンピューター装備によって達成されるよう，十分に明確化されているだろうか」という疑問を彼らは検討した。

創造性と社会的知性を必要とする職が，自動化される可能性が最も低い運命にあるということは，驚くに値しない。リストの上位にある，レクリエーション療法士，整備士及び修理監督者，防災管理者など——これらは当面の間ロボットがその職に取って代わることはないだろう。歯科医，栄養士，そして小学校教諭も，長期にわたり残る可能性がある。

その領域——この場合，とても長いリスト——の対極にあるのだが，最

東京農業大
2022 年度　英語〈解答〉　*85*

も自動化の影響を受けやすい職業は，電話勧誘販売業者，税務申告書作成者，そして審判などのスポーツ役員などである。全体として，合衆国の職業の 47 パーセントが自動化によって途絶えるリスクがあると，著者たちは見出していた。

　しかし，この言い回しに関してよく考察してみよう。

　仕事の 47 パーセントが自動化されるとは述べていない。規制や市民による反対の声が妨げにならない場合においてというのは言うまでもなく，山ほどある重大な工学的難問が解決された場合において，100 ある職のうち 47 の職が，ひょっとしたら，未来のいつの日か，コンピューターに取って代わられるかもしれない，と述べているのだ。

　歴史を通じて，テクノロジーは常に，それが破壊してきた以上の仕事を創造してきた。包括的だが単刀直入な比喩を用いると，もしも経済が 1 つのパイならば，科学技術は短期的に見ると，ある人々にはより多くのパイを，他の人々にはより少ないパイを割り当てる。しかし長期的に見ると，新しいテクノロジーは常にパイ全体を大きくしている。それゆえに，より多くが行きわたるのだ。

　具体的な，最近の例が必要だろうか？　途上国での携帯電話の使用について見てみよう。途上国では市民による携帯電話の所有率が 10 パーセント増えると，1 人当たり GDP が年間約 1 パーセント上昇することがある。ケニアの農場主やインドの小売店主は，携帯電話を設計するシリコンバレーの技術者ほど裕福ではない。しかし以前と比べると確かに，より豊かになっている。世界中の絶対的な貧困率は，記録に残るどの時代と比較しても，過去 30 年間で急速に減少しているのだ。

◀解　説▶

1．第 7 段第 2 文（It says 47 …）の内容と④が一致する。①・③は第 7 段第 1・2 文（It doesn't say … in the way.）より不適。最終段第 4 文（Farmers in Kenya …）にケニア，インドという言葉自体はあるが，②のような内容はない。

2．第 2 段（One of the …）から，この論文では，職の多くが将来自動化されるかもしれないということが述べられているとわかる。また，空所を含む文に，この論文の基礎となった研究は，技術の進歩がどのように職に影響を及ぼすかを調べることを目的としていたとある。以上から，論文

のタイトルとしては①「雇用の将来」が最適である。

3．第3段最終文（For each job …）の内容から，十分に明確化されており，ビッグデータが利用可能であれば，その仕事はコンピューターによって行うことができる，ということがわかる。したがって，下線部を含む文の「創造性と社会的知性を要する仕事」はこの条件にあてはまらず，自動化されにくいと言える。このことを筆者は unsurprisingly「驚くべきことではない（当然だ）」としているので，unsurprisingly が示しているのは，①「自動化されにくい仕事に関する研究者の発見（創造性と社会的知性を要する仕事は自動化されにくいという発見）に筆者が同意している」ということである。

4．直前の文のダッシュ以降（－ no robot will …）に「当面の間，彼ら（レクリエーション療法士など）の仕事はロボットに取って代わられない」とあり，下線部を含む文は，「歯科医，栄養士，小学校教諭もまた，…残る可能性がある」という意味である。よって，選択肢の中では②「長い間」が適切である。

5．挿入する文は「具体的な，最近の例が必要だろうか？」という意味になるので，挿入箇所の直前には漠然とした記述，直後には具体的で最近の事例を用いた記述がくると推測できる。空所④を見ると，直前の2文（To use a … to go around.）に，経済とテクノロジーを，パイとその配分を担うものに例えた記述がある。そして空所の直後に，発展途上国の携帯電話所有率と1人当たり GDP 成長率の，正の相関関係についての記述がある。どちらの記述も，テクノロジーは最終的には全体を豊かにするということを示しているが，前者は漠然としており，後者は具体的である。よって，挿入箇所として適切なのは④である。

Ⅱ **解答** 6－③　7－④　8－②　9－③　10－②　11－①
12－③　13－③　14－②　15－②

◆全　訳◆

≪ある牛乳屋のこと≫

　彼はいつも村で姿が見えるわけではない。彼の家は幹線道路から距離のある所に建っており，ほとんど生け垣の中に隠れている。狭い道路が近くにあるが，それは牧草地帯を通っており，行き着く先は酪農場だけである。

彼の名はエベニーザー＝ダークだが，非常に謙虚な人だけが彼をダークさんと呼ぶ。彼は妻のことを仰々しくダークさんと呼ぶのが通例ではあるものの，彼が時折そう呼ぶように，彼の「女房」は，「主人」という言葉以外では，彼のことを決して語らない。彼はウィリアム＝パーチェス氏の30頭の牛の乳製品を賃借りしており，昔の酪農場がホームファームであった。平日にメインストリートを通るときはたいていの場合，年老いた茶色の雌馬に荷車を引かせていて，ときには子牛などを座席の背後にある網の下に乗せている。日曜日には，彼はいつも教会を行き来している。どちらの状況でも，彼は自分を見失うことはないし，話好きでもない。用事をこなすという真面目な性格が彼に重くのしかかっているようである。彼は馬を止めたり，立ち止まって話をしたりはしない。ある知人は会釈する。

「牛乳屋さん！」と。

「牛乳屋」は知人にうなずき返す。村の中ではあらゆる愛情，敬意，またはしかるべき自尊心が，そのような簡単な挨拶を伴う会釈によって運ばれることがあるのだ。

しかし「牛乳屋」は決して寡黙な人物ではない。それ相応に仲間を愛し，面白みのある物のすべて——笑い話，懐かしい歌，巨大なカップ，そして長いパイプ——を愛する。しかし彼は非常に地味な性格なので，気がつくと本当にくつろげる唯一の場所は酪農場なのである。彼の考えは非常に単純なので，早起きの重労働にもかかわらず，満足してまるまる太ったまま，今に至る。そのような性格は，長くて白い搾乳用のエプロンを着けている際に，最もよく現れる。それは太った頬や二重顎をもつ，彼の陽気な丸い赤みを帯びた顔をも映し出すのだ。それに加え，一日の仕事を終えたとき，「牛乳屋」は暖炉の傍にある心地よい肘掛椅子に埋まるように座り，気分よく見える。しかし，「牛乳屋」は何者でもなく，「彼の妻」なしではまったく何もできないという意見をもつ人々もいる。

私が初めて「牛乳屋」と話をしたのは，ある四月の夜遅く，たくさんの花々が散りばめられた広大な牧草地でのことだった。

日中は雨が降っていたのだが，しばらくの間，空はからりと晴れていた。もっとも雨粒が草の上でぴかぴかと光ってはいたが。生垣の中の輝くヒイラギの茂みからは，クロウタドリの鳴き声がしていた。

88 2022 年度 英語〈解答〉　　　　　　　　　　　　　　　　東京農業大

━━━━◀解　説▶━━━━

6．空所を含む文の直後の文（His "missus," …）に「妻は彼を『主人』という呼び方以外では呼ばない」とある。また第2段第1文（"Dairyman!"）で，彼は Dairyman「牛乳屋さん」と呼ばれており，それ以降の文章でも，彼の呼称は Dairyman である。よって，「非常に謙虚な人々だけが彼をダークさんと呼ぶ」という意味になる③only「～だけ」が最適。

7．空所の直前に missus「女房」，直後に「彼は妻を時折呼んでいる」とあることから，空所の前後は「彼は妻を時折そう呼んでいるように，彼の女房は…」という意味になると考えられる。よって，④as「～のように」が最適。call *A B*「*A* を *B* と呼ぶ」

8．②of thirty cows「30 頭の牛の」が正解。a dairy of ～ で「～の乳製品」の意味。他の選択肢は意味をなさない。

9．等位接続詞 or の前後には，品詞が同じで，意味は同じもしくは対になるものがくる。or の前に going to「～へ行く」，空所の直後に church「教会」があることから，空所には③returning from「～から戻る」が入る。

10．空所の前後は「会釈（　　　　）簡単な挨拶」となるので，空所には「～をもつ」もしくは「～を含む」といった意味の語が入ると推測できる。よって，②coupled with「～と一緒になって，～と相まって」が正解。

11．空所を含む文は「彼は非常に地味な性格なので，本当に（　　　）な唯一の場所は酪農場である」となるので，①at home「気楽に，くつろいで」が最適である。find *oneself* ～「自分が～であるのに気づく」

12．空所の前後は「（　　　）起きることと重労働にもかかわらず」という意味になるので，③early が最適である。early rising「早起き」 in spite of ～「～にもかかわらず」

13．空所の直後は完全文（Dairyman（S） would be（V） nothing（C））であることから，関係代名詞ではなく接続詞が入る。よって③that が最適。この that は同格名詞節を作っている。

14．空所を含む文の直前までは彼のプラスイメージが語られているが，and yet「しかしながら」が逆接の働きをもつため，以降はマイナスイメージの内容になると考える。また空所の直前に「彼は何者でもないという意見をもつ人々もいた」とあることから，②を入れ，「妻がいないと何も

できない」という内容にすることが最適だろう。be lost without ～「～がないと何もできない」 なお，④「～を憎む」の根拠となる内容は本文中にない。

15. 空所を含む文のコンマ以下に「しかし，しばらくの間，空は晴れていた。もっとも，雨粒が草の上で輝いてはいたのだが」とあることから，晴れていたがその前は雨だったのだとわかる。よって，過去よりもさらに前の大過去を表す②had been が最適。

Ⅲ 解答 (1)16—② 17—④ 18—① (2)19—① 20—①

◀解 説▶

(1)16. 「その人はまるで住民であるかのように友人を町に案内した」 ②が正解。as if 中は通常は非現実の内容になり，仮定法が適用され過去時制が用いられる。show A around B「A（人）を B（場所）に案内する」

17. 「今日の世界では，人々はより多くの時間を仕事に費やしている」 ④が正解。spend A B「A を B に使う」 A には時間やお金，B には on, in, for, at 等の前置詞と名詞もしくは動名詞，あるいは動名詞のみが入る。

18. 「私が部屋を掃除するのを手伝ってくれるなんて，彼女はなんて親切なのだろう！」 ①が正解。how …（形容詞）of A to do「～するなんて，A はなんて…なのだろう」 これは，It is kind of her to help me clean the room. が感嘆文になったものである。help A（to）do「A（人）が～するのを手伝う」

(2)19. 「もしももっと早くその建築士に会っていたならば，彼に家の設計を頼むこともできたであろうに」 ①が正解。主節に I could have … とあるので，仮定法過去完了の文になるとわかる。

20. 「友人に話してはじめて，その計画の詳細がわかった」 ①が正解。Not until ～, …「～してはじめて，…」 …は倒置の語順となる。

90 2022 年度　英語〈解答〉　　　　　　　　　　　　　　　　　　　　東京農業大

IV

解答　21—④　22—④　23—③　24—③　25—②

━━━━━━━━━━◀解　説▶━━━━━━━━━━

21.「モノやヒトの外見や特徴における完全な変化。特にそのモノやヒトが向上できるようにである」④「変身」が最適。①「移民」②「連合」③「禁止」

22.　A：申し訳ございませんが，お客様のご予約は承っておりません。いつお電話されましたか。

B：先週の木曜日です。

A：それで，どのようなご予約をされましたか。

B：8 時 15 分に 4 人分の席を予約しました。

A：恐れ入りますが，どこか違うお店にお電話されたのでは。

B の 2 つ目の発言から④「流行りのレストラン」が最適である。①「スーパーマーケット」②「地元の理髪店」③「フィットネスクラブ」

23.　careful と careless は反意語同士である。honest「誠実な」の反対の意味になるものは，選択肢の中では③「不正な」である。①「信頼のおける」②「頼りになる」④「倫理の」

24.「エバリンはブレスレットを作るのにビーズを使う。彼女は 475 個のビーズを持っていて，それぞれのブレスレットに 9 個のビーズを使う必要がある。エバリンがビーズを用いて作ることができるブレスレットの数は最大でいくつか？」　475 ÷ 9 = 52.77… なので，作ることができるブレスレットの数は最大で 52 個である。よって③が正解。

25.　文整序の問題では，接続語や代名詞が含まれる選択肢に特に注目すると良い。1 は後半に it's「それは」という代名詞があり，2 と 3 は文頭にそれぞれ Thus「したがって」，But「しかし」があるので，これらの文が先頭にくることはない。よって，先頭は 4 となる。その他の文の大まかな内容は，1.「南イングランドでは…だ」，3.「しかし北イングランドでは…だ」，2.「したがって，南では…，北では…だ」となるので，4 → 1 → 3 → 2 の順番になるとわかる。よって，②が正解。並べ換えた文章の全訳は次の通りである。「イギリスのさまざまな地域において，ディナーという言葉の用いられ方は異なるかもしれない。南イングランドのどのレストランにおいても，それは調理された夕方の食事である。しかし北イング

ランドでは，それは正午付近にとられる食事である。したがって，南部の工場労働者はランチ休憩を，北部の工場労働者はディナー休憩をとる」

Ⅴ 解答 (1)26—② 27—③ 28—⑤ (2)29—④ 30—②

◀解　説▶

(1)26. ②・④・⑦が候補になる。④と⑦の raise は他動詞であり，これに対応する目的語がないので不適。②の rise は自動詞なので，「物価が上昇し続け」という日本語の文に一致し，文法的にも正しくなる。したがって②が正解。

27. ③・⑥・⑧が候補になる。空所の直前に as soon とあるので，空所には as possible が入る。よって⑧は不適。⑥は leads の主語がないので不適。したがって③が正解。leading 以下は分詞構文の結果を表す用法で，「結果的に～となる」という意味になる。lead to ～「～を引き起こす，～につながる」

28. ①・⑤・⑨が候補になる。「失業者数（または失業率）が増える」という日本文の意味に合致する⑤が正解。①は a number of ～「多くの～」なので，「多くの失業者が上がる」となり，意味をなさないので不適。失業者たちが物理的に上へ上がるわけではないので⑨も不適。

(2)29. early bird「早起きの人」

30. be for ～「～に賛成する」 ⑤は「あなたと一緒にいます」という意味なので，不適。

日本史

I **解答** 1―② 2―① 3―③ 4―④ 5―② 6―①
7―③ 8―③ 9―④ 10―③

◀解　説▶

≪古代〜現代の都市の発達≫

1．②正解。

ａ．誤文。推古天皇は，豊浦宮で即位したのち，小墾田宮へと移ったので，斑鳩宮を宮殿としていない。

ｂ．誤文。飛鳥寺は蘇我馬子が飛鳥に建立した寺。四天王寺は聖徳太子が現在の大阪市に建立した寺。

3．③正解。

①誤文。堺は和泉国の港町で，会合衆と呼ばれる 36 人の豪商により運営された。年行司は博多の自治にあたった 12 人の豪商。

②誤文。草戸千軒町は太田川中流ではなく，芦田川河口に栄えた港町。

④誤文。坂本は近江に位置する延暦寺・日吉神社の門前町。蓮如が開いた御坊は越前吉崎で寺内町として発達した。

4．④正解。

ａ．誤文。惣無事令は，織田信長ではなく豊臣秀吉が戦国大名に向けて出した命令で，戦闘の停止と領地の確定を秀吉に委任させる内容であった。

ｄ．誤文。18 世紀前半の江戸の人口は 100 万人前後と推定されており，京都が 40 万人，大坂も 35 万人ほどなので，金沢・名古屋の人口はそれよりも少なかったと考えられる。

5．②正解。

Ｘ・Ｚ．正文。Ｙ．誤文。活発化した商取引や貿易を背景に港町が繁栄した。株仲間の出現は江戸時代。

7．③正解。

Ｙ．正文。Ｘ．誤文。京都（平安京）に遷都したのは聖武天皇ではなく桓武天皇。九谷焼は京都ではなく加賀九谷で始まった。

Ｚ．誤文。江戸城の築城は太田道灌。市域の拡大は明暦の大火以降。

東京農業大   2022 年度　日本史〈解答〉　93

8．③誤文。日比谷公園の開園は 1903 年なので，20 世紀になる。

9．④誤文。自働電話（公衆電話）は 1900 年に新橋・上野駅に設置され
たことから，第一次世界大戦後ではなく，第一次世界大戦前（明治時代）
である。

Ⅱ　解答　　11―②　12―④　13―③　14―③　15―④　16―①
　　　　　　　17―②　18―②　19―①　20―③

◀解　説▶

≪古代～近世の外交≫

13. ③正解。

Ｘ．誤文。南蛮人は「中国の鉄砲・火薬」ではなく，「中国産の生糸や鉄
砲・火薬」をもたらし，日本の銀などと交易した。Ｙ．正文。

16. ①誤文。キリシタン大名の大村純忠がイエズス会に長崎を寄付してい
た。

18. ②正解。

Ｘ．正文。Ｙ．誤文。朝鮮や琉球王国を介して明との国交回復を試みたが，
実現しなかった。

Ｚ．誤文。徳川家康はスペインとの貿易に積極的で，スペイン領のメキシ
コ（ノヴィスパン）との通商を求めた。

20. ③誤文。九州各地に寄港していた中国船を長崎に限定し，1635 年に
在外日本人の帰国を禁止した。

Ⅲ　解答　　21―③　22―①　23―②　24―①　25―①　26―②
　　　　　　　27―④　28―④　29―②　30―③

◀解　説▶

≪江戸時代の諸改革≫

23. ②正解。

Ｘ．正文。Ｙ．誤文。長崎に侵入したイギリス軍艦はフェートン号。モリ
ソン号はアメリカの商船で，漂流民返還・通商交渉を目的に来航したが，
異国船打払令により砲撃された。

26. ②正解。

Ｘ．正文。Ｙ．誤文。天保の改革ではなく，田沼意次の政策。

94 2022 年度 日本史〈解答〉　　　　　　　　　　　　　　　　東京農業大

27. ④正解。

X．誤文。三方領地替は，川越藩が庄内藩へ，越後長岡藩が川越藩へ，庄内藩が越後長岡藩へと領地を入れ換えようとしたもの。領民の反対もあり撤回された。

Y．誤文。上知（地）令は，江戸・大坂周辺の私領を幕府の直轄地とするもので，松前藩と蝦夷地を対象としたものではない。譜代大名や旗本などの反対もあり実施しなかった。

28. ④正解。

X．誤文。性学を説き，先祖株組合をつくったのは大原幽学。

Y．誤文。勤労・倹約による報徳仕法は，二宮尊徳（金次郎）によるものである。

29. ②正解。

X．正文。Y．誤文。村田清風を登用して改革に着手したのは，長州（萩）藩。

30. ③正解。

X．誤文。由利公正・橋本左内・横井小楠らは，越前国福井藩で活躍した。高知（土佐）藩は，吉田東洋ら「おこぜ組」と呼ばれる改革派の藩士を起用して藩政改革をおこなった。Y．正文。

Ⅳ 解答

31—①　32—④　33—②　34—③　35—①　36—④
37—②　38—③　39—①　40—②

◀解　説▶

≪明治政府の諸政策≫

32. ④正解。

X．誤文。版籍奉還後に採用されたのは二官六省制で，六省は太政官のもとに設置された。Y・Z．正文。

33. ②正解。

X・Y．正文。士族・平民の区別なく，満20歳に達した男性が兵役の対象となった。また兵役免除の条件として，戸主とその跡継ぎ，官吏・学生，代人料270円を納めた者が挙げられている。

Z．誤文。徴兵告諭は1872年に布告されているので，1883年の徴兵令改正に伴うものではない。

34. ③正解。

X．正文。Y．誤文。小禄の士族が受けとった公債の額は少なく，従事した商業も失敗することが多かった。

Z．誤文。士族授産の道を講じたが，大部分の事業で失敗した。

37. ②正解。

X・Y．正文。Z．誤文。国立銀行条例では発行する銀行券の正貨兌換を義務づけたので，国立銀行の設置は4行にとどまった。

39. ①誤文。学制はフランスの学校制度にならったものである。

40. ②正解。

X・Y．正文。Z．誤文。旧暦による明治5年12月3日を，新暦による明治6年1月1日とした。

世界史

I 解答

1—④ 2—⑩ 3—⑨ 4—① 5—② 6—③
7—① 8—③ 9—② 10—③

◀解 説▶

≪ヘレニズム世界≫

7．①誤文。前24世紀頃，アッカド人のサルゴン1世によってシュメール人の都市国家が征服され，メソポタミア初の統一国家を建てた。

8．③誤文。アレクサンドリアはプトレマイオス朝の都である。セレウコス朝は，建国当初セレウキアに都を置いたが，その後はアンティオキアを都とした。

9．②誤文。前8世紀にポリスが成立して以降，各ポリスは独立した都市国家であり，古代ギリシア世界は常に小国の分立状態だった。

10．③誤文。ローマに継承され，多大な影響力をもったのはストア派である。エピクロス派はローマ時代になると衰退した。

II 解答

11—③ 12—③ 13—⑥ 14—① 15—① 16—④
17—③ 18—② 19—① 20—②

◀解 説▶

≪東アジア諸地域の自立化≫

16．④誤文。女真文字は金で作成された民族文字で，完顔阿骨打の命で作られた。ヌルハチの命で創始されたのは満州文字である。

17．③誤文。王安石を登用した宋の皇帝は神宗である。

18．②誤文。遼は，後晋の建国を支援した見返りとして，燕雲十六州を獲得した。

19．①誤文。西遼（カラキタイ）は，耶律大石が分裂したカラハン朝の勢力を征服して建国した。

20．②誤文。遼では二重統治体制がおこなわれ，北面官が固有の部族制で遊牧・狩猟民を統治し，南面官が中国的な州県制で農耕民を統治した。

東京農業大　　　　　　　　　　　　　　2022 年度　世界史〈解答〉　*97*

Ⅲ　解答
21—②　22—①　23—③　24—④　25—②　26—②
27—④　28—①　29—③　30—④

◀解　説▶

≪アメリカ独立革命≫

26. ①誤文。13 植民地は，すべてイギリス領であった。

③誤文。最も古い植民地はヴァージニアである。ジョージアは，13 植民地に最後に加わった。

④誤文。メリーランドはチャールズ 1 世の妻にちなんだ名称である。

27. ④誤文。大農園出身だったトマス＝ジェファソンは，自営農民を主体とする民主主義を理想とし，工業育成には消極的だった。

28. ①誤文。『コモン＝センス』は，トマス＝ペインが出版した小冊子である。

29. ③誤文。武装中立同盟は，ロシア皇帝エカチェリーナ 2 世を中心に結成された。

30. ④誤文。アメリカ合衆国憲法の改正時には，本文は変えずに修正条項を加える。この選択肢の正誤判定はやや難だが，消去法でも解答できる。

Ⅳ　解答
31—③　32—④　33—①　34—②　35—②　36—①
37—①　38—③　39—④　40—①

◀解　説▶

≪第一次世界大戦≫

36. ①誤文。セルビアはドナウ川中流域のスラヴ人国家であるが，内陸国家でアドリア海に面していない。

37. ①誤文。ロマノフ朝が滅亡したのはロシア二月革命（三月革命）である。

38. ③誤文。ベルギーは第一次世界大戦勃発時には中立国である。これをドイツ軍が侵犯したことから，イギリスがドイツに宣戦布告した。

39. ④誤文。スルタン制は，トルコ革命を起こしたムスタファ＝ケマルによって，1922 年に廃止された。

40. ①誤文。塹壕戦が中心となった結果，戦争の長期化を招いた。

98 2022 年度 地理〈解答〉 東京農業大

地理

I 解答
1 —① 　2 —③ 　3 —② 　4 —④ 　5 —③ 　6 —②
7 —⑤ 　8 —④ 　9 —① 　10 —① 　11 —② 　12 —③
13 —①

◀解　説▶

≪地球の環境問題≫

1. ①適当。メタンガスやフロンガスにも温室効果はあるが，最も影響力が大きいのは二酸化炭素。光合成をおこなう森林の減少や化石燃料の燃焼などが，二酸化炭素の増加につながっている。

2. ③適当。IPCC は，「気候変動に関する政府間パネル」の略称。

4. ④適当。南アメリカ大陸西岸を寒流のペルー（フンボルト）海流が北上しているため，低緯度地域でも海水温が比較的低い。

7. ⑤適当。ジュートはガンジス川下流域が主産地で，茎から取れる繊維は農産物を入れる麻袋などの原料に利用される。

9. ①適当。生物多様性条約は，生物の多様性の保全と継続的な利用などを目的として，気候変動枠組条約と同じく地球サミットにおいて 1992 年に採択された。

10. ①誤文。砂漠化の人為的要因としては，過耕作・過放牧・過伐採などがあげられ，乾燥地域やその周辺地域において深刻化している。天然ゴムは年中高温多雨の地域で栽培されるため，砂漠化とは関係が薄い。

12. ③正文。ブラジルの熱帯林が広がる地域では，ラトソルと呼ばれる赤色土壌が分布する。ラトソルは，地表に集まった鉄分により赤色となっている。

II 解答
14 —② 　15 —③ 　16 —⑤ 　17 —④ 　18 —④ 　19 —①
20 —③ 　21 —① 　22 —① 　23 —④ 　24 —① 　25 —②
26 —③

東京農業大   2022 年度　地理〈解答〉　*99*

■■■■ ◀解　説▶ ■■■■

≪世界の工業の変容≫

14. ②誤文。先端技術産業では，研究開発により新たな製品を生み出すことが重要になる。

15. ③適当。陶磁器生産の技術から生み出されたファインセラミックスは，耐熱性などの特性をもち，自動車部品や電子部品など様々な分野で注目されている。

16. ⑤誤文。コーンベルトはアメリカ中西部に位置するアイオワ州からオハイオ州にかけての地域を指す。シリコンヴァレーがあるカリフォルニア州は，アメリカ南西部の太平洋沿岸に位置している。

17. ④不適。「第3のイタリア」は，ヴェネツィア・ボローニャ・フィレンツェなどの，イタリア中部から北部にかけての地域を指す。

18. ④正解。石油化学工業は，軽工業や機械工業と比べて，必要とする労働力は少なく，多数の大型かつ高度な設備を必要とするため，労働集約型の生産方式との関係は最もうすい。

19. ①正解。1980 年代以降の世界の工業においては，ヨーロッパ，NAFTA 諸国，東・東南アジアからなる三極構造が見られるようになった。

20. ③不適。2004 年の EU 拡大以降，東ヨーロッパへ生産拠点が拡大しているほか，新興市場周辺に生産拠点が置かれることも多い。

21. ①適当。世界のガソリン生産量は，1 位がアメリカ合衆国（約 4.1 億 t），2 位が中国（約 1.3 億 t）（2017 年）。

23. ④適当。A はドイツ。ドイツの耕地面積割合 33.7％に対して，日本の耕地面積割合は 11.5％である（2016 年）。日本は，国土の多くを山地が占めているため耕地率が低い。

24. ①誤文。日本において石油化学工業や鉄鋼業は，原料や製品の輸出入に便利な臨海部に発展してきた。

25. ②正解。フェアトレードは，先進国が発展途上国の農産物や製品を適正な価格で購入すること。これにより途上国の生産者や労働者の生活を支えようという意図がある。先進国であるアメリカ合衆国との貿易において交渉の争点となることは考えにくい。

100 2022 年度 地理〈解答〉 東京農業大

III 解答

27—④　28—①　29—④　30—⑤　31—⑤　32—①
33—②　34—②　35—④　36—⑤　37—②　38—①
39—④

◀解　説▶

≪中央・西アジアと北アフリカの地誌≫

27. ④正文。①誤文。トルコの首都はアンカラ。ボスポラス海峡が縦断しているのは，トルコ最大の都市であるイスタンブール。
②誤文。新期造山帯（アルプス＝ヒマラヤ造山帯）に位置しており，地震が多い。
③誤文。公用語はトルコ語。
⑤誤文。トルコは共和制である。

28. ①誤文。カスピ海の面積は約 37 万 km^2 で，日本の国土面積とほぼ同じ。

29. ④適当。エジプトは旧イギリス領で 1922 年に独立。モロッコ・チュニジア・アルジェリアは旧フランス領。

31. ⑤適当。石油は，ペルシア湾やカスピ海沿岸で多く産出される。Q.アフガニスタンの主要輸出品目はぶどうやナッツなどの食料品。

32. ①適当。a はイランからの輸入がないことからアメリカ合衆国。b はサウジアラビアと x の国（アラブ首長国連邦）からの輸入が大半を占める日本。c は輸入総量が多いことから中国。

35. ④不適。センターピボットとは，360 度回転するアームにより散水や肥料の散布などをおこなう方式。

36. ⑤正文。①誤文。遊牧民の移動式住居は，中央アジアではユルトと呼ばれる。
②誤文。乾燥地域で薪炭が不足しているため，燃料も家畜から得る。
③誤文。遊牧民の主食は，家畜の肉と乳である。
④誤文。リャマは，おもにアンデス地方で飼育されている。

37. ②正解。イスラエルはユダヤ教徒が多い。

38. ①不適。イスラームでは偶像崇拝を固く禁止している。

39. ④適当。クルド人は，トルコ・イラン・イラクにまたがる地域に居住している民族。

■現代社会■

I 解答
1—② 2—① 3—⑤ 4—① 5—② 6—②
7—⑤ 8—① 9—④ 10—④

◀解 説▶

≪日本国憲法と国会≫

1. ②が正解。国の政治のありかたを決めるというのが主権の一つの意味であり，日本国憲法の三大原則の一つである「国民主権」を表したものである。

4. ①が不適。政令は国会ではなく内閣が，省令は各省の大臣が，それぞれ定める。

5. ②が正解。憲法第50条に「両議院の議員は，法律の定める場合を除いては，国会の会期中逮捕されず，会期前に逮捕された議員は，その議院の要求があれば，会期中これを釈放しなければならない」と規定されている。

8. ①が不適。この時の日本の首相は幣原喜重郎である。

9. ④が不適。農林水産省は，1978年に旧農林省が改称したものであり，2001年の省庁再編でできた省ではない。

10. ④が不適。かつての政務次官は，当選1〜3回の若手議員が就任する勉強の場であったとされる。

II 解答
11—② 12—③ 13—② 14—⑥ 15—⑤ 16—①
17—② 18—③ 19—② 20—⑤

◀解 説▶

≪日本の財政≫

11. ②が正解。社会資本とは，道路や港湾など，社会生活の基盤となる公共的な資本のことをいう。

13. ②が正解。公共財は非排除性ならびに非競合性をもつものであり，競合性と排除性を前提とする市場機構に任せると，供給が過少となる。

15. ⑤が正解。国債の利子の支払いのために，財政法で禁止されている赤

字国債を特例法制定によって発行し，さらに国債残高が増えるという悪循環に陥っている。

16．①が正解。

②は不適。外部不経済に関する内容である。

③は不適。自由競争の市場においては，需要量が供給量を上回ると価格が上昇し，反対の場合には価格が下落する。

④は不適。統制価格ではなく，管理価格に関する内容である。

⑤は不適。カルテルではなく，トラストに関する内容である。

17．②が不適。直接税の特徴は水平的公平をもたらすのではなく，垂直的公平をもたらすものである。

18．③が不適。フィスカル・ポリシーではなく，ポリシー・ミックスに関する内容である。

19．②が不適。「通常会計」は「一般会計」の誤りである。

20．⑤が不適。国債の日銀引き受けは財政法で禁止されている。

Ⅲ 解答

21—② 22—④ 23—⑤ 24—③ 25—② 26—⑥
27—⑤ 28—① 29—② 30—④

◀解　説▶

≪地球環境問題≫

22．④が正解。ワシントン条約は絶滅の恐れのある動植物の取引を規制した条約であり，1973 年採択，1975 年発効である。

23．⑤が不適。東洋のガラパゴスと呼ばれているのは東京都の小笠原諸島である。

24．③が不適。世界の絶滅の恐れのある野生生物種数は，2000 年以降も増加の傾向を示している。

25．②が正解。

①は不適。ラムサール条約は 1971 年にイランのラムサールで採択された。

③は不適。日本では 2021 年の時点で 53 カ所が登録されている。

④は不適。日本は 1980 年に署名した。

⑤は不適。1993 年の締約国会議は釧路で開かれた。

26．⑥が不適。和食は，世界遺産条約ではなく，無形文化遺産保護条約によって無形文化遺産に認定された。

東京農業大   2022 年度　現代社会〈解答〉　*103*

27.　⑤が正解。

①は不適。「附属書」が付いているのはワシントン条約である。

②は不適。1992 年の地球サミットで採択された。

③は不適。特定の希少種を保護対象とするのはワシントン条約である。

④は不適。ワシントン条約に関する記述である。

28.　①が正解。

②は不適。砂漠化には人為的要因も大きく関わっている。

③は不適。過放牧による砂漠化について述べている。

④は不適。気候変動も砂漠化の要因である。

⑤は不適。バーゼル条約は，有害廃棄物の国境を越えた移動を規制する条約である。

29.　②が不適。酸性雨の原因はオゾンホールではなく，化石燃料の燃焼である。

30.　④が正解。

①は不適。ナショナル・トラストは民間主体の自然保護運動であり，政府が主体となるものではない。

②は不適。ナショナル・トラストはイギリスではじまった運動である。

③は不適。ナショナル・トラストと重要文化財認定は直接的には無関係である。

⑤は不適。日本では 2021 年の時点で 50 以上の団体がナショナル・トラスト運動を行っている。

Ⅳ　解答　31—⑤　32—③　33—⑤　34—⑤　35—③　36—②
　　　　　　　37—④　38—②　39—④　40—⑤

◀解　説▶

≪戦後の国際経済≫

33.　⑤が正解。今日のサミットの原型は 1975 年にフランスの提唱で開かれた第 1 回先進国首脳会議である。当初は主に経済問題について協議する場であった。

36.　②が正解。輸入制限措置の手段として最も代表的なものは関税である。関税は関税分だけ輸入品の価格を高くする効果があるので，輸入面において，自由貿易を阻害する要因となる。また，①の輸出補助金は補助金分だ

け自国製品の価格を低くする効果があり，輸出面において，自由貿易を阻害する要因となる。

39. ④が不適。ドーハ・ラウンドは2011年に「交渉の継続を確認するが，近い将来の合意を断念する」という閣僚会合の発表があった。2012年に交渉の休止が宣言されたという事実はない。

40. ⑤が不適。この選択肢の記述はFTA（自由貿易協定）ではなく，EPA（経済連携協定）に関する記述である。

数学

I 解答

(1) 1 ―①　2 ―⑤　(2) 3 ―⑨　4 ―⑩
(3) 5 ―⑨　6 ―⑥　7 ―④　8 ―①　9 ―②

◀解　説▶

≪小問 3 問≫

(1) $2a-1+\dfrac{8}{a+1}=2(a+1)-3+\dfrac{8}{a+1}$ と変形する。

$a>0$ から $a+1>0$ なので，相加平均と相乗平均の大小関係により

$$2(a+1)+\dfrac{8}{a+1} \geqq 2\sqrt{2(a+1)\cdot\dfrac{8}{a+1}}$$
$$=2\sqrt{16}$$
$$=8$$

が成立する。これを用いると

$$2(a+1)+\dfrac{8}{a+1}-3 \geqq 8-3$$
$$=5$$

である。等号は，$2(a+1)=\dfrac{8}{a+1}$ のとき，つまり

$(a+1)^2=4$

$a+1=\pm 2$

$a=1, -3$

$a>0$ より，$a=1$ のとき成立する。

したがって，$2a-1+\dfrac{8}{a+1}$ は $a=1$ のとき，最小値 5 をとる。　→1・2

(2) $s\geqq 0$，$t\geqq 0$，$5s+2t\leqq 3$ より

$$\dfrac{5}{3}s\geqq 0, \quad \dfrac{2}{3}t\geqq 0, \quad \dfrac{5}{3}s+\dfrac{2}{3}t\leqq 1$$

である。

$\overrightarrow{OP}=s\overrightarrow{OA}+t\overrightarrow{OB}$

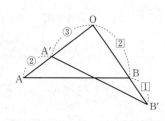

$$= \frac{5}{3}s \cdot \left(\frac{3}{5}\overrightarrow{OA}\right) + \frac{2}{3}t \cdot \left(\frac{3}{2}\overrightarrow{OB}\right)$$

とし

$$\frac{5}{3}s = s', \quad \frac{3}{5}\overrightarrow{OA} = \overrightarrow{OA'}, \quad \frac{2}{3}t = t', \quad \frac{3}{2}\overrightarrow{OB} = \overrightarrow{OB'}$$

とおくと

$$\overrightarrow{OP} = s'\overrightarrow{OA'} + t'\overrightarrow{OB'},$$
$$s' \geq 0, \quad t' \geq 0, \quad s' + t' \leq 1$$

と書ける。

ここで，$0 \leq k \leq 1$ である k を用いて，$s' + t' = k$ とおく。

(i) $0 < k \leq 1$ のとき

$s' + t' = k$ より，$\dfrac{s'}{k} + \dfrac{t'}{k} = 1$ である。

これと $\overrightarrow{OP} = \dfrac{s'}{k} \cdot (k\overrightarrow{OA'}) + \dfrac{t'}{k} \cdot (k\overrightarrow{OB'})$，

$\dfrac{s'}{k} \geq 0, \dfrac{t'}{k} \geq 0$ と書けることから，点 P の存在範囲は，$k\overrightarrow{OA'}$ と $k\overrightarrow{OB'}$ の終点を結んでできる線分 A'B' に平行な線分である。よって，k の値が $0 < k \leq 1$ の範囲で変化すると，点 P は点 O を除く $\triangle OA'B'$ の周および内部を動く。

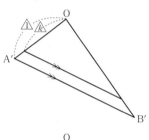

(ii) $k = 0$ のとき

$s' \geq 0, t' \geq 0$ より，$s' + t' = 0$ のとき $s' = t' = 0$ であるから，$\overrightarrow{OP} = \vec{0}$ より点 P は点 O と一致する。

以上(i)，(ii)より，点 P の動く範囲は $\triangle OA'B'$ の周および内部である。

$\angle AOB = \theta$ とすると

$$S_0 = \frac{1}{2}OA \cdot OB \cdot \sin\theta$$

$$S = \frac{1}{2}OA' \cdot OB' \cdot \sin\theta$$

$$= \frac{1}{2} \cdot \frac{3}{5}OA \cdot \frac{3}{2}OB \cdot \sin\theta$$

東京農業大 2022 年度　数学〈解答〉 107

と表せるので

$$\frac{S}{S_0} = \frac{\frac{1}{2} \cdot \frac{3}{5} OA \cdot \frac{3}{2} OB \cdot \sin\theta}{\frac{1}{2} OA \cdot OB \cdot \sin\theta}$$

$$= \frac{3 \cdot 3}{5 \cdot 2}$$

$$= \frac{9}{10} \quad \rightarrow 3 \cdot 4$$

(3)　$\cos\theta = \dfrac{1}{\sqrt{6} - \sqrt{2}}$

$$= \frac{\sqrt{6} + \sqrt{2}}{(\sqrt{6} - \sqrt{2})(\sqrt{6} + \sqrt{2})}$$

$$= \frac{\sqrt{6} + \sqrt{2}}{4}$$

であるから

$$\sin^2\theta = 1 - \cos^2\theta$$

$$= 1 - \left(\frac{\sqrt{6} + \sqrt{2}}{4}\right)^2$$

$$= \frac{16 - (8 + 2\sqrt{12})}{16}$$

$$= \frac{8 - 2\sqrt{12}}{16}$$

である。

$0 < \theta < \pi$ より $\sin\theta > 0$ なので

$$\sin\theta = \sqrt{\frac{8 - 2\sqrt{12}}{16}}$$

$$= \sqrt{\frac{(\sqrt{6} - \sqrt{2})^2}{4^2}}$$

$$= \frac{\sqrt{6} - \sqrt{2}}{4} \quad \rightarrow 5 \sim 7$$

$\sin 2\theta = 2\sin\theta\cos\theta$ に $\sin\theta = \dfrac{\sqrt{6} - \sqrt{2}}{4}$, $\cos\theta = \dfrac{\sqrt{6} + \sqrt{2}}{4}$ を代入して

$$\sin 2\theta = 2 \cdot \frac{\sqrt{6} - \sqrt{2}}{4} \cdot \frac{\sqrt{6} + \sqrt{2}}{4}$$

108 2022 年度　数学〈解答〉　　　　　　　　　　　　　　　　　東京農業大

$$= 2 \cdot \frac{6-2}{16}$$

$$= \frac{1}{2} \quad \rightarrow 8 \cdot 9$$

II 　解答

(1)10—②　11—③　12—③　13—④　14—⑤　15—②

(2)16—②　17—⑥

◀ 解　説 ▶

≪微分を含む等式，2つの放物線で囲まれた図形の面積≫

(1) $\dfrac{d}{dx}\{f(x)-g(x)\}=-4(x+2)$ の両辺を x で積分すると

$$f(x)-g(x)=-2x^2-8x+C_1 \quad \cdots\cdots① \quad (C_1 \text{ は積分定数})$$

$\dfrac{d}{dx}\{-2f(x)+g(x)\}=11$ の両辺を x で積分すると

$$-2f(x)+g(x)=11x+C_2 \quad \cdots\cdots② \quad (C_2 \text{ は積分定数})$$

である。①+② より

$$-f(x)=-2x^2+3x+C_1+C_2$$

$$f(x)=2x^2-3x-C_1-C_2$$

ここで，$f(2)=-1$ より

$$-1=2\cdot2^2-3\cdot2-C_1-C_2$$

$$C_1+C_2=8-6+1$$

$$=3$$

よって

$$f(x)=2x^2-3x-3 \quad \rightarrow 10\sim12$$

これを①に代入して

$$2x^2-3x-3-g(x)=-2x^2-8x+C_1$$

$$g(x)=4x^2+5x-3-C_1$$

ここで，$g(-1)=1$ より

$$1=4\cdot(-1)^2+5\cdot(-1)-3-C_1$$

$$C_1=4-5-3-1$$

$$=-5$$

よって

$$g(x) = 4x^2 + 5x + 2 \quad \rightarrow 13 \sim 15$$

(2) $f(x) = g(x)$ とすると

$$2x^2 - 3x - 3 = 4x^2 + 5x + 2$$

$$2x^2 + 8x + 5 = 0$$

$$x = \frac{-4 \pm \sqrt{6}}{2}$$

$\alpha = \dfrac{-4 - \sqrt{6}}{2}$, $\beta = \dfrac{-4 + \sqrt{6}}{2}$ とする。

$\alpha \leqq x \leqq \beta$ において，$f(x) \geqq g(x)$ なので，求める面積を S とすると

$$S = \int_\alpha^\beta \{f(x) - g(x)\} dx$$

$$= \int_\alpha^\beta \{(2x^2 - 3x - 3) - (4x^2 + 5x + 2)\} dx$$

$$= \int_\alpha^\beta (-2x^2 - 8x - 5) dx$$

$$= \int_\alpha^\beta \{-2(x - \alpha)(x - \beta)\} dx$$

$$= -2 \cdot \left\{ -\frac{1}{6}(\beta - \alpha)^3 \right\}$$

$$= \frac{1}{3}(\beta - \alpha)^3$$

これに $\alpha = \dfrac{-4 - \sqrt{6}}{2}$, $\beta = \dfrac{-4 + \sqrt{6}}{2}$ を代入して

$$S = \frac{1}{3} \cdot \left(\frac{-4 + \sqrt{6}}{2} - \frac{-4 - \sqrt{6}}{2} \right)^3$$

$$= \frac{1}{3} \cdot (\sqrt{6})^3$$

$$= 2\sqrt{6} \quad \rightarrow 16 \cdot 17$$

110 2022 年度　数学〈解答〉　　　　　　　　　　　　　　　　　　　　　　　東京農業大

III

解答　(1)18—③　19—⑦　(2)20—⑧　21—⑩
　　　　(3)22—⑥　23—⑩　(4)24—②　25—⑨

◀解　説▶

≪箱から3色の玉を取り出す確率≫

すべての玉を区別して考えると，箱の中の玉の個数にかかわらず，箱に残っている玉の取り出し方は同様に確からしい。

白玉を取り出す事象を W，赤玉を取り出す事象を R，青玉を取り出す事象を B とする。白玉，赤玉の順に取り出す事象を WR のように書く。

(1)　WW と RR の取り出し方が考えられる。

WW と取り出す確率は　　$\dfrac{3}{6} \cdot \dfrac{2}{5} = \dfrac{6}{30}$

RR と取り出す確率は　　$\dfrac{2}{6} \cdot \dfrac{1}{5} = \dfrac{2}{30}$

これらの事象は互いに排反なので，求める確率は

$$\dfrac{6+2}{30} = \dfrac{4}{15} \quad \rightarrow 18 \cdot 19$$

(2)　取り出す玉の個数で場合分けをする。

(i)　玉を3個取り出すとき

RWW，BWW，WRR，BRR の取り出し方が考えられる。

RWW と取り出す確率は　　$\dfrac{2}{6} \cdot \dfrac{3}{5} \cdot \dfrac{2}{4} = \dfrac{12}{120}$

BWW と取り出す確率は　　$\dfrac{1}{6} \cdot \dfrac{3}{5} \cdot \dfrac{2}{4} = \dfrac{6}{120}$

WRR と取り出す確率は　　$\dfrac{3}{6} \cdot \dfrac{2}{5} \cdot \dfrac{1}{4} = \dfrac{6}{120}$

BRR と取り出す確率は　　$\dfrac{1}{6} \cdot \dfrac{2}{5} \cdot \dfrac{1}{4} = \dfrac{2}{120}$

これらの事象は互いに排反なので，この場合の確率は

$$\dfrac{12}{120} + \dfrac{6}{120} + \dfrac{6}{120} + \dfrac{2}{120} = \dfrac{12+6+6+2}{120}$$

$$= \dfrac{26}{120}$$

$$= \dfrac{13}{60}$$

東京農業大 2022 年度 数学〈解答〉 *111*

⑾ 玉を 4 個取り出すとき

$WRWW$, $WBWW$ の取り出し方が考えられる。

$WRWW$ と取り出す確率は $\dfrac{3}{6}\cdot\dfrac{2}{5}\cdot\dfrac{2}{4}\cdot\dfrac{1}{3}=\dfrac{2}{60}$

$WBWW$ と取り出す確率は $\dfrac{3}{6}\cdot\dfrac{1}{5}\cdot\dfrac{2}{4}\cdot\dfrac{1}{3}=\dfrac{1}{60}$

これらの事象は互いに排反なので，この場合の確率は

$$\dfrac{2}{60}+\dfrac{1}{60}=\dfrac{3}{60}$$

$$=\dfrac{1}{20}$$

⑿ 玉を 5 個取り出すとき

$RWRWW$ の取り出し方が考えられるので，この場合の確率は

$$\dfrac{2}{6}\cdot\dfrac{3}{5}\cdot\dfrac{1}{4}\cdot\dfrac{2}{3}\cdot\dfrac{1}{2}=\dfrac{1}{60}$$

以上(i)〜(iii)の事象は互いに排反なので，求める確率は

$$\dfrac{13}{60}+\dfrac{1}{20}+\dfrac{1}{60}=\dfrac{13+3+1}{60}$$

$$=\dfrac{17}{60}\quad\rightarrow 20\cdot 21$$

(3) 取り出した玉の色は 2 色なので，(2)(i)より，求める確率は

$$\dfrac{13}{60}\quad\rightarrow 22\cdot 23$$

(4) 全部で 4 個取り出す場合，$WRWW$, $BRWW$, $WBWW$, $RBWW$, $WBRR$, $BWRR$ の取り出し方が考えられる。

$WRWW$ と取り出す確率は $\dfrac{3}{6}\cdot\dfrac{2}{5}\cdot\dfrac{2}{4}\cdot\dfrac{1}{3}=\dfrac{2}{60}$

$BRWW$ と取り出す確率は $\dfrac{1}{6}\cdot\dfrac{2}{5}\cdot\dfrac{3}{4}\cdot\dfrac{2}{3}=\dfrac{2}{60}$

$WBWW$ と取り出す確率は $\dfrac{3}{6}\cdot\dfrac{1}{5}\cdot\dfrac{2}{4}\cdot\dfrac{1}{3}=\dfrac{1}{60}$

$RBWW$ と取り出す確率は $\dfrac{2}{6}\cdot\dfrac{1}{5}\cdot\dfrac{3}{4}\cdot\dfrac{2}{3}=\dfrac{2}{60}$

$WBRR$ と取り出す確率は $\dfrac{3}{6}\cdot\dfrac{1}{5}\cdot\dfrac{2}{4}\cdot\dfrac{1}{3}=\dfrac{1}{60}$

$BWRR$ と取り出す確率は $\dfrac{1}{6}\cdot\dfrac{3}{5}\cdot\dfrac{2}{4}\cdot\dfrac{1}{3}=\dfrac{1}{60}$

これらの事象は互いに排反なので，求める確率は

$$\dfrac{2+2+1+2+1+1}{60}=\dfrac{9}{60}$$

$$=\dfrac{3}{20}\quad\rightarrow 24\cdot 25$$

Ⅳ **解答** (1)26—② 27—② 28—③
(2)29—④ 30—④ 31—② (3)32—⑨

◀解 説▶

≪等差数列の和と2次不等式≫

(1) 数列 $\{a_n\}$ の初項を a，公差を d とおく。$a_{10}=22$，$a_{39}=80$ より

$$\begin{cases} a+9d=22 & \cdots\cdots① \\ a+38d=80 & \cdots\cdots② \end{cases}$$

②−① より

$$29d=58$$
$$d=2$$

これを①に代入して

$$a+18=22$$
$$a=4$$

である。よって

$$a_n=4+2(n-1)$$
$$=2n+2\quad\rightarrow 26\cdot 27$$

また

$$\sum_{k=1}^{n}a_k=\sum_{k=1}^{n}(2k+2)$$

$$=2\sum_{k=1}^{n}k+\sum_{k=1}^{n}2$$

$$=2\cdot\dfrac{n(n+1)}{2}+2n$$

$$=n^2+3n$$

$$=n(n+3)\quad\rightarrow 28$$

東京農業大   2022 年度 数学〈解答〉 *113*

別解 数列 $\{a_n\}$ は等差数列であるから，a_{10} に公差の 29 倍を加えると a_{39} となる。よって

$$a_{10} + 29d = a_{39}$$
$$29d = 80 - 22$$
$$d = 2$$

これを $a + 9d = 22$ に代入して $\quad a = 4$

よって $\quad a_n = 2n + 2$

また，$\sum\limits_{k=1}^{n} a_k$ は初項 4，末項 $2n + 2$，項数 n の等差数列の和であるから

$$\sum_{k=1}^{n} a_k = \frac{(4 + 2n + 2)n}{2}$$
$$= (2 + n + 1)n$$
$$= n(n + 3)$$

(2) $\quad b_1 = \dfrac{1}{a_1} - \dfrac{1}{a_2}$

$\qquad = \dfrac{1}{4} - \dfrac{1}{6}$

$\qquad = \dfrac{1}{12} \quad \rightarrow 29$

また

$$a_{2n-1} = 2(2n - 1) + 2 = 4n$$
$$a_{2n} = 2 \cdot 2n + 2 = 2(2n + 1) \quad (n = 1,\ 2,\ 3,\ \cdots)$$

であるから

$$b_n = \frac{1}{a_{2n-1}} - \frac{1}{a_{2n}}$$
$$= \frac{1}{4n} - \frac{1}{2(2n + 1)}$$
$$= \frac{2n + 1}{4n(2n + 1)} - \frac{2n}{4n(2n + 1)}$$
$$= \frac{1}{4n(2n + 1)} \quad \rightarrow 30 \cdot 31$$

(3) $\quad \dfrac{1}{b_n} - \dfrac{225}{b_1} = 1 \div b_n - 225 \div b_1$

$\qquad\qquad = 4n(2n + 1) - 225 \cdot 12$

なので，$\dfrac{1}{b_n}-\dfrac{225}{b_1}>4\sum_{k=1}^{n}a_k$ は

$$4n(2n+1)-225\cdot12>4\sum_{k=1}^{n}a_k \quad \cdots\cdots③$$

と書ける。(1)より $\sum_{k=1}^{n}a_k=n(n+3)$ なので，③の両辺を4で割ると

$$n(2n+1)-225\cdot3>n(n+3)$$
$$2n^2+n-15^2\cdot3>n^2+3n$$
$$n^2-2n-25\cdot27>0$$
$$(n-27)(n+25)>0$$

より，$n<-25$，$27<n$ である。

よって，$\dfrac{1}{b_n}-\dfrac{225}{b_1}>4\sum_{k=1}^{n}a_k$ を満たす自然数 n の最小値は，28 である。

$\rightarrow 32$

東京農業大   2022 年度　物理〈解答〉　*115*

物理

Ⅰ **解答**　1 ―③　2 ―①　3 ―⑥　4 ―④　5 ―⑧　6 ―②
　　　　　7 ―④　8 ―③　9 ―⑦　10 ―④　11 ―③　12 ―①
13 ―②　14 ―①　15 ―①　16 ―①

◀解　説▶

≪熱放射，ホイヘンスの原理≫

1 ～ 6 ．鉄を熱して温度を 500℃ 程度にすると，暗赤色の光が発生し，さらに温度を上げると赤色から黄色へ変わり，1300℃ 以上になると白色となる。また，物体が光や赤外線などの電磁波を放出することによってエネルギーが伝わる現象を熱放射という。放射される電磁波が他の物体に当たると，物体に吸収された電磁波のエネルギーが熱運動のエネルギーになるので物体の温度が上がる。

7 ・ 8 ．波が伝わるとき，ある時刻において位相の等しい点を連続的につないでできる面を波面という。波面に垂直に引いた線（波の進む方向を示す線）を射線という。

9 ～ 12．ある瞬間における波面上の各点から球面の球面波が広がっていると考えられる。この球面波を素元波という。ある時刻の波面から出た素元波に共通に接する面を包絡面といい，この包絡面が新しい時刻の波面になる。このような波の伝わり方をホイヘンスの原理という。

13 ～ 16．音波は常に音速の小さい側に屈折しながら進む性質がある。気温が高いほど音速は大きいが，よく晴れた冬の夜間のように上空に行くほど高温の場合，上空に向かってある角度で発せられた音は地面に向かう方向に屈折する。このため，少し離れた場所から発せられた音がより聞こえやすくなる。

II 解答 17—② 18—⑤ 19—④ 20—② 21—②

◀解 説▶

≪円錐の内面上での球の運動≫

17. 遠心力（慣性力）の式より $\dfrac{mv^2}{r}$ [N]

18. 球と共に運動する観測者から見た場合，右図よりこの球は，重力，垂直抗力，遠心力，3つの力のつり合いが成立する。

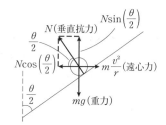

鉛直方向の力のつり合いより

$$N\sin\left(\dfrac{\theta}{2}\right) = mg \quad \cdots\cdots ①$$

水平方向の力のつり合いより

$$N\cos\left(\dfrac{\theta}{2}\right) = m\dfrac{v^2}{r} \quad \cdots\cdots ②$$

①，②より N を消去すると

$$\tan\left(\dfrac{\theta}{2}\right) = \dfrac{gr}{v^2} \quad \cdots\cdots ③$$

よって $r = \dfrac{v^2}{g}\tan\left(\dfrac{\theta}{2}\right)$ [m] $\cdots\cdots ④$

19. 右図より

$$\tan\left(\dfrac{\theta}{2}\right) = \dfrac{r}{h} \quad \cdots\cdots ⑤$$

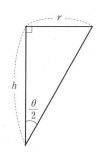

③，⑤より，$\tan\left(\dfrac{\theta}{2}\right)$ を消去すると

$$h = \dfrac{v^2}{g} \text{ [m]}$$

20. ①より $N = \dfrac{mg}{\sin\left(\dfrac{\theta}{2}\right)}$ [N]

21. 周期の式 $T = \dfrac{2\pi r}{v}$ に④を代入して

$$T = \dfrac{2\pi \dfrac{v^2}{g}\tan\left(\dfrac{\theta}{2}\right)}{v} = \dfrac{2\pi v}{g}\tan\left(\dfrac{\theta}{2}\right) \text{ [s]}$$

東京農業大   2022 年度　物理〈解答〉　**117**

Ⅲ　**解答**　22―②　23―①　24―③　25―③　26―④

◀**解　説**▶

≪ばね付きピストンで封じられた気体≫

22. 加熱後の気体の圧力を P_1〔Pa〕とおく。ばねの伸びが $2l$〔m〕であるので，ピストンに働く力のつり合いより

$$P_1 S = P_0 S + 2lk \quad \cdots\cdots①$$

よって

$$P_1 = P_0 + \frac{2lk}{S} \text{〔Pa〕}$$

23. 問 1 の過程において，気体の圧力を P〔Pa〕とおく。ばねの伸びが $\left(\dfrac{V}{S} - l\right)$〔m〕であるので，ピストンに働く力のつり合いより

$$PS = P_0 S + k\left(\frac{V}{S} - l\right)$$

よって

$$P = P_0 + \frac{kV}{S^2} - \frac{kl}{S} \text{〔Pa〕}$$

24. 気体がした仕事を W〔J〕とすると，横軸を容器の底からピストンまでの距離〔m〕，縦軸をピストンにかかる力 F〔N〕とした右図のグラフよりグラフの網掛け部分の面積が求める仕事 W を表しているので

$$W = \frac{1}{2}(P_0 S + P_0 S + 2kl) 2l$$

よって

$$W = 2P_0 l S + 2kl^2 \text{〔J〕}$$

25. 問 1 の過程において，容器の底からピストンまでの距離が l〔m〕のとき（状態 1）の容器内の温度 T_0〔K〕，容器の底からピストンまでの距離が $3l$〔m〕のとき（状態 2）の容器内の温度 T〔K〕，容器内の物質量 n〔mol〕，気体定数 R〔J/(K·mol)〕とする。

状態 1 の気体の状態方程式より　　$P_0(lS) = nRT_0$

118 2022 年度　物理〈解答〉　　　　　　　　　　　　　　　　　東京農業大

よって　　　$T_0 = \dfrac{P_0 lS}{nR}$〔K〕

状態 2 の気体の状態方程式より　　　$P_1(3lS) = nRT$

よって　　　$T = \dfrac{3P_1 lS}{nR}$〔K〕

この過程での内部エネルギーの変化量を ΔU〔J〕とすると，単原子分子の理想気体より

$$\Delta U = \frac{3}{2}nR(T - T_0) = \frac{3}{2}nR\left(\frac{3P_1 lS}{nR} - \frac{P_0 lS}{nR}\right)$$

この式に 22 の結果を代入して計算すると

　　　$\Delta U = 3P_0 lS + 9kl^2$〔J〕

26. 問 1 の過程において，気体が吸収した熱量を Q〔J〕とすると，熱力学第一法則より

　　　$Q = \Delta U + W = 5P_0 lS + 11kl^2$〔J〕

IV　解答　27—⑤　28—⑧　29—⑤　30—③　31—⑤　32—⑧

◀解　説▶

≪気体分子の運動≫

27. 分子が壁に与える力積の大きさは分子が壁から受ける力積の大きさと等しいので，分子が壁に与える力積の大きさを I〔N・s〕とすると，右図より分子の運動について右向きを正として，運動量と力積の関係より

　　　$mv_x + (-I) = -mv_x$

よって

　　　$I = 2mv_x$〔N・s〕

28. 1 回往復するのにかかる時間は $\dfrac{2L}{v_x}$〔s〕，よって 1 秒あたり $\dfrac{v_x}{2L}$ 回壁の間を往復する。

29. 平均の力の大きさ F_x〔N〕を用いて，1 秒間に壁に与える力積の大き

さは　　$F_x \times 1 [\text{N·s}]$　……①

1回の衝突で壁に与える力積の大きさは $2mv_x [\text{N·s}]$ である。1秒あたりに $\dfrac{v_x}{2L}$ 回壁に衝突するので，1秒間に壁に与える力積の大きさは

$$2mv_x \times \frac{v_x}{2L} [\text{N·s}]　……②$$

①＝② より

$$F_x = \frac{mv_x{}^2}{L} [\text{N}]$$

30. 題意より，$\overline{v_x{}^2} = \overline{v_y{}^2} = \overline{v_z{}^2}$ といえる。$\overline{v^2} = 3\overline{v_x{}^2}$ であるので

$$\overline{v_x{}^2} = \frac{\overline{v^2}}{3}$$

31. 圧力の式 $P = \dfrac{F}{S}$ より

$$P = \frac{NF_x}{L^2} = \frac{Nm\overline{v_x{}^2}}{L^3} = \frac{Nm\overline{v^2}}{3L^3} [\text{Pa}]$$

32. 31 の結果より $V = L^3$ であり

$$PV = \frac{Nm\overline{v^2}}{3}$$

$PV = nRT$ より

$$\frac{Nm\overline{v^2}}{3} = nRT$$

$$\frac{1}{2}m\overline{v^2} = \frac{3}{2}\frac{n}{N}RT$$

$N = nN_\text{A}$ より

$$\frac{1}{2}m\overline{v^2} = \frac{3RT}{2N_\text{A}}$$

120 2022 年度　化学〈解答〉　　　　　　　　　　　　　　　　　　東京農業大

化学

Ⅰ　解答　1 ―① 　2 ―① 　3 ―⑨ 　4 ―④ 　5 ―① 　6 ―⑤
　　　　　 7 ―④

◀解　説▶

≪アンモニアの発生と性質，電離平衡≫

3．0.23 mol/L のアンモニア水中の NH_3 の電離度を α とすると

$$NH_3 + H_2O \rightleftharpoons NH_4^+ + OH^-$$

電離前	0.23	0	0	〔mol/L〕
変化量	-0.23α	$+0.23\alpha$	$+0.23\alpha$	〔mol/L〕
平衡時	$0.23(1-\alpha)$	0.23α	0.23α	〔mol/L〕

ここで，NH_3 は弱塩基であるから，電離度 α は極めて小さく，
$1-\alpha \fallingdotseq 1$ とすると

$$0.23\alpha^2 = 2.3 \times 10^{-5} \quad \therefore \quad \alpha = 1.0 \times 10^{-2}$$

よって，$[OH^-] = 2.3 \times 10^{-3}$〔mol/L〕となるから

$$pOH = -\log_{10}(2.3 \times 10^{-3}) = 2.64$$

$$pH = 14 - 2.64 = 11.36 \fallingdotseq 11.4$$

5．オストワルト法では，以下の通りに反応が進行する。

$$4NH_3 + 5O_2 \longrightarrow 4NO + 6H_2O \quad \cdots\cdots①$$

$$2NO + O_2 \longrightarrow 2NO_2 \quad\quad\quad\quad \cdots\cdots②$$

$$3NO_2 + H_2O \longrightarrow 2HNO_3 + NO \quad \cdots\cdots③$$

①で 1.0 mol の NH_3 から 1.0 mol の NO が生成し，②では 1.0 mol の
NO から 1.0 mol の NO_2 が生成する。③から②に NO が再利用されない
とすると，③で得られる HNO_3 は

$$1.0 \times \frac{2}{3} = 0.666 \fallingdotseq 0.67 \text{〔mol〕}$$

6・7．沈殿 A は $Fe(OH)_3$，水溶液 A には $[Cu(NH_3)_4]^{2+}$ が含まれる。

II 解答

8 —④   9 —③   10—②   11—②   12—①   13—②
14—①   15—②   16—①   17—④   18—①   19—①
20—②   21—⑨   22—③   23—⑩

◀解　説▶

≪原子の構造と電子配置，結晶格子≫

21. 原子番号が 1～20 の原子でイオン化エネルギーの最大は He，最小は K である。

22. 右図より，Cs^+ と Cl^- との結合距離は，$0.410 \times \sqrt{3} \times \dfrac{1}{2}$ nm である。Cs^+ のイオン半径が 0.220 nm であるから，Cl^- のイオン半径は

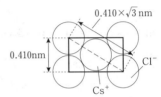

$$0.410 \times \sqrt{3} \times \dfrac{1}{2} - 0.220 = 0.1346 ≒ 0.135 \text{[nm]}$$

23. 求める密度を $d\text{[g/cm}^3\text{]}$ とすると

$$\dfrac{(4.1 \times 10^{-8})^3 \times d}{1} \times 6.0 \times 10^{23} = 133 + 36$$

∴ $d = 4.08 ≒ 4.1 \text{[g/cm}^3\text{]}$

III 解答

24—②   25—①   26—⑦   27—⑨   28—⑧   29—③
30—②   31—②   32—③

◀解　説▶

≪逆滴定，実験器具の使用方法≫

24. 塩化カルシウムは気体の乾燥剤である。選択肢の中で乾燥剤であるのは，濃硫酸とシリカゲルである。

27. 求める $Ba(OH)_2$ 水溶液の濃度を $C\text{[mol/L]}$ とすると，手順 5，6 より

$$C \times \dfrac{20}{1000} \times 2 = 1.00 \times 10^{-2} \times \dfrac{15}{1000} \times 1$$

∴ $C = 3.75 \times 10^{-3} \text{[mol/L]}$

29.（上から順に）

・【誤】塩酸は強酸である。

122 2022 年度 化学〈解答〉 東京農業大

- 【誤】市販の塩酸の密度は純水とは異なる。
- 【正】炭酸バリウムは難溶性であるため，水に極めて少量溶解できる。
- 【正】炭酸バリウムがろ液中にある場合は，少量で飽和溶液となる。
- 【誤】炭酸バリウムは塩酸と反応し，二酸化炭素を発生する。
- 【誤】水酸化バリウムは強塩基であるが，皮膚に付着したときは，多量の水で洗う。
- 【正】中和点では $BaCO_3$ の加水分解によって塩基性である。塩基性に変色域をもつフェノールフタレインが適している。

30. 求める二酸化炭素の物質量を x〔mol〕とすると，27（問 4 ）より，手順 4 で水酸化バリウム水溶液の濃度は，3.75×10^{-3} mol/L になったので

$$2 \times x = (4 - 3.75) \times 10^{-3} \times \frac{50}{1000} \times 2$$

$$x = 1.25 \times 10^{-5} \text{〔mol〕}$$

31. 二酸化炭素の体積を V〔L〕とすると

$$1.01 \times 10^5 \times V = 1.25 \times 10^{-5} \times 8.3 \times 10^3 \times (27 + 273)$$

$$\therefore \quad V = 3.08 \times 10^{-4} \text{〔L〕}$$

よって，空気中の二酸化炭素の含有量は

$$\frac{3.08 \times 10^{-4}}{3.00} \times 100 = 0.0102 ≒ 0.010 \text{〔％〕}$$

Ⅳ 解答 33—④　34—①　35—⑦　36—②　37—⑦　38—②
39—⑥　40—⑤

◀解　説▶

≪殺虫剤の成分，エステルの加水分解≫

36・37. 328 mg のピレトリンⅠ（分子量 328）を完全に加水分解して得られる菊酸（分子量 168）は，328 mg のピレトリンⅠと同物質量であるので，理論上の菊酸の生成量は，$\frac{328}{328} \times 168 = 168$〔mg〕である。よって，収率は $\frac{134}{168} \times 100 = 79.76 ≒ 80$〔％〕となる。

38. (c)ピレトリンⅠの二重結合に由来するシス-トランス異性体は 2 種類なので，誤文。

東京農業大

2022 年度　化学〈解答〉　*123*

(e)菊酸は不斉炭素原子を 2 つもつため，立体異性体は $2^2＝4$ 種類なので，誤文。

40. ピレスロイドはどれもひずみの大きい三員環を含む部分構造をもつ。これが殺虫活性に重要な役割を果たすと推察できる。

124 2022 年度　生物〈解答〉

東京農業大

生物

I 解答
1—④　2—⑤　3—⑨　4—⑤　5—④　6—③
7—④　8—③　9—⑦　10—③

◀解　説▶

≪GFP タンパク質の利用，タンパク質の機能，バイオテクノロジーの応用≫

1．抗体はタンパク質などの抗原がもつ抗原決定基（エピトープ）に結合する。抗体に標識をつけておくことで，抗原抗体反応により抗原であるタンパク質の細胞内分布を可視化することができる。

2．GFP はオワンクラゲから単離された蛍光タンパク質である。GFP 遺伝子を目的の遺伝子と共に生体に組み込むことにより，生きた状態で目的のタンパク質の局在を観察することができる。GFP 遺伝子は PCR 法で増幅させることができるが，タンパク質である GFP を増やすことはできない。

3．基本的にプロモーターは発現させる遺伝子の上流に，GFP 遺伝子は目的遺伝子の下流におく。本問は，GFP の蛍光が観察される組み合わせを過不足なく答える問題であるため，プロモーターの下流に GFP 遺伝子があるものであればすべて，GFP タンパク質が発現し，蛍光が観察されると考えられる。

5．それぞれおよそ青（430〜490 nm），緑（490〜550 nm），赤（640〜770 nm）である。

6．タンパク質 A を添加しない場合はタンパク質 B は細胞質にとどまる一方，タンパク質 A を添加することにより，（タンパク質 A を取り除いてから）60 分後にタンパク質 B が細胞膜に分布していることがわかる。したがってタンパク質 A はタンパク質 B を細胞膜上に分布させるはたらきがあると考えられる。

7．実験 1）および 2）からタンパク質 A はタンパク質 B の細胞膜上への移動に関与することがわかっており，実験 3）および 4）でタンパク質 C の機能を阻害すると，タンパク質 A が存在しても，タンパク質 B の細胞

膜上への移動が阻害される。したがって，タンパク質Cの機能はタンパク質Bの細胞膜上への移動を補助するものであることが推定される。微小管とモータータンパク質は小胞で包まれたタンパク質を細胞質から細胞膜上へ輸送するはたらきがあることが知られている。よって，タンパク質Cは微小管を構成するタンパク質であるチューブリンである可能性が考えられる。微小管は選択肢のB（細胞の形態維持）やC（細胞分裂時の染色体分配）に関与するため，これらが答えとなる。

9．A．ヒトのインスリン遺伝子を遺伝子組み換え技術により導入し，製剤として用いている。

C．青いバラはパンジー由来の青色遺伝子を導入することにより成功した。

D．一般にアグロバクテリウムという細菌が用いられる。

10．B．カルタヘナ議定書により，遺伝子組み換え体は自然界へ拡散させることが禁じられている。

C．直接毒性がなくとも間接的に人体に悪影響を及ぼす可能性がある。

E．個人のゲノム情報は究極の個人情報とも言えるため，厳密に管理しなければならない。

Ⅱ 解答
11—① 12—② 13—⑤ 14—④ 15—③ 16—③
17—⑥ 18—⑤ 19—① 20—①

◀解　説▶

≪自律神経系と内分泌系の調節≫

11．ホルモンは血液によって標的器官へたどり着くため，時間がかかる。また，その効果は持続的である。

15．すい液中に含まれる消化酵素は，アミラーゼ，トリプシン，リパーゼなどである。ペプシンは胃液に含まれる消化酵素である。グルカゴンはすい臓から分泌されるホルモンであるため，外分泌液であるすい液ではなく血液中に分泌される。

16．血中の物質（ホルモン）による影響を調べるため，自律神経系による影響がない環境下で実験を行う必要がある。

18～20．高峰譲吉はウシ副腎髄質から血圧を上昇させるアドレナリンを単離し，ホルモンの存在を初めて発見したとされる。アドレナリンは肝臓に作用し，グリコーゲンの分解を促進，血糖値を上昇させるほか，毛細血管

126 2022 年度 生物〈解答〉 東京農業大

を収縮させるはたらきがある。

III **解答** 21―② 22―⑤ 23―⑦ 24―⑩ 25―② 26―⑤
27―④ 28―⑦ 29―② 30―④

◀**解　説**▶

≪顕微鏡を用いた探究活動≫

21．B．高倍率にすると低倍率よりも視野は狭く暗くなる。

22．接眼ミクロメーター1目盛りの長さは

$$10 \times 10 \div 8 = 12.5 [\mu m]$$

したがって微生物の長さは

$$12.5 \times 6 = 75 [\mu m]$$

23．A．温度にも大きな影響を受ける。D．熱帯林では温度や湿度が高く，微生物の分解速度が速いため，温帯林よりも腐食層が薄い。

25．B．階層構造が発達した森林は明るさや湿度は大きく階層によって変化する。

26．照葉樹林を構成する高木層はタブノキ，スダジイ，クスノキ，亜高木層ではアラカシ，ヤブツバキなどが挙げられる。

27．20 分に 1 回分裂する場合，24 時間で大腸菌は $(24 \times 60) \div 20 = 72$ 回分裂することがわかる。したがって 24 時間後に 2^{72} 匹。式変形すると $(2^{10})^{7.2}$ である。これは $(10^3)^7$ より大きいため，④が正解。

28．ある環境のもとで生育可能な最大の個体数を環境収容力という。個体数が増えすぎると生育環境が悪化し，密度効果（環境抵抗）により個体群の成長が抑えられ，成長曲線はS字を描く。

29．細胞小器官の核は酢酸カーミンや酢酸オルセイン液，ミトコンドリアはヤヌスグリーンなどで染色する。一般的にシュウ酸鉄やヨウ素ヨウ化カリウム溶液で染色はしない。電子顕微鏡は走査型や透過型があり，走査型では立体的な像が，透過型では平面的な像が観察される。

IV **解答** 31―③ 32―④ 33―⑩ 34―② 35―③ 36―⑦
37―④ 38―④ 39―⑤ 40―⑧

東京農業大 2022 年度 生物〈解答〉 *127*

━━━ ◀解 説▶ ━━━

≪植物の発生≫

31. 母細胞の G_1 期の DNA 量を 2 とすると，それぞれの分裂時期の DNA 量は以下のようになる。G_2 期：4，第一分裂期：4，第二分裂期：2，娘細胞期：1

33. $2n=12$ の細胞は，染色体数 12 本，相同染色体が 6 組である。配偶子の染色体は相同染色体 1 組ずつの中からいずれか一方をランダムに選び構成されるため，めしべ，おしべそれぞれから生じる配偶子の染色体の組み合わせは 2^6 通りである。よって接合によって生じる個体の染色体の組み合わせは 2^{12} 通りとなる。

34. 雄原細胞はのちに分裂して 2 個の精細胞を生じる。

35. 反足細胞は卵細胞の反対側にある 3 つ並んだ細胞である。

36. 花粉管を誘引する助細胞は，卵細胞の両側にある二つの細胞である。

37・40. 精細胞の核（精核）は中央細胞内の極核（$n+n$）と，卵細胞の核（n）と融合し，それぞれ胚乳核（$3n$），受精卵の核（$2n$）となる。[け]は珠皮であり，母由来の体細胞であるので，$2n$ である。

38. 受精卵は分裂を繰り返し，胚球と胚柄にわかれる。胚球は胚を形成する。

39. 無胚乳種子はエンドウ，クリなどがあり，子葉に栄養分を蓄える。

128 2022 年度　国語〈解答〉

東京農業大

国語

1　**出典**　中村桂子『科学者が人間であること』（岩波新書）

解答　問1　a—② 　b—④ 　c—① 　d—⑤ 　e—②

問2　I—① 　II—④

問3　③

問4　②

問5　III—② 　IV—⑤

問6　③

問7　④

問8　⑤

問9　①

問10　③

◀解　説▶

問2　I、空欄I直前の第二段落は、「和辻」が参照した「ユクスキュル」の「環世界」という概念について説明している。これに対し、空欄I直後は「机、椅子、本棚」といった具体的な事物を取り上げ、「環世界」の説明を行っている。このことから空欄Iには、具体例が後続することを示す①「たとえば」が最適と言える。

II、空欄IIの直前では、アリが「部屋」の中で関心を持つのは「ケーキ」だ、という具体例が挙げられている。そして空欄IIに続く文は、「部屋」が「アリ」にとって「ケーキのある場所」という内容である。よって、これらと同じ主旨の二文をつなぐには④の「言いかえれば」が最適である。

問3　選択肢間に共通している「ベルク」「和辻」「ユクスキュル」「ハイデガー」の全て出現している傍線部イの次の段落を参照する。ここで、和辻が「対応して考えた」という「ハイデガー」が「ユクスキュルの影響を受けた」という考察を基に、「和辻は間接的にユクスキュルの影響を受けた」としたベルクの分析が記されている。

問4　指示語の指示内容は、まず直前部から探すのが基本。そうすると、

「すべてを一つの尺度ではかり、分析しようとする機械論的世界観」と対比されている「ユクスキュルの指摘」がある。この「指摘」の内容は、「生きものそれぞれに……環世界がある」と記されており、これに②の「生きものには固有の環世界があり」という記述が合致する。

問5　Ⅲ、空欄Ⅲ直前の「つまり」は、前述までの内容を短く言い換える役割を持つ。したがって、直前の一文における主題を考えるとよい。そして、その主題は「ベルク」が説明した「風土」である。ゆえに、空欄Ⅲにふさわしいのは②の「風土」。

Ⅳ、この次の文で「それが『風土』です」と言っているのだから、「風土」が人間にとってどのようなものかを述べた空欄Ⅲ直前の一文に着目し、⑤「主体的」を選ぶ。

問6　脱文は、「エコ」に関する「面白味のないスローガン」についての内容である。そして、この脱文が「そして」という累加の接続詞で始まっていることから、直前に「エコ」に関するマイナスの文がある箇所が適切と推測できる。すると、直前で「人間」が「自然から離れ」、「自然への対処」が「抽象化される」と述べられている空欄③が正解とわかる。

問7　傍線部ウを含む第十段落の直前に空白行があることから、この段落以降に照準を合わせる。ここで筆者は「自然」について、「手をつけない天然の状態」だけではなく、「徹底的に手を入れて生産の場」としたところに「生のままの自然以上に自然を感じ」ると主張している。これに合致するのは④である。

問8　指示語の指示内容は、まず直前部から探す。指示語直前の一文では、「さまざまな地域での文明の展開」を原因として「自然への向き合い方が変わっ」たことが述べられている。この内容と一致するのは⑤である。

問9　設問が「ダイアモンド」の考えを尋ねていることを踏まえ、彼の考えについて説明している次の段落を参照する。ここでは、人類の文明は「それぞれの地域の環境」・「自然」によって決まる、というダイアモンドの考えが記されている。そのため、ニューギニア人の疑問に「自然に溶け込んだ」ことを原因として説明している①が正解。

問10　選択肢間の共通要素である「自然」がヒント。筆者は本文中で「自然の中にある」という日本人の感覚を「みごとな生き方」（傍線部クの次の段落末文）と評価している。この主張から、「自然」を「自分が入り

130 2022 年度　国語〈解答〉　　　　　　　　　　　　　　　　　東京農業大

込んでいるもの」として捉え、「「人間は生きるもの」という立場」として考えるとした③が最も適当と判断できる。

2

出典
【文章A】西尾幹二「教養について」
【文章B】橋本治『負けない力』（朝日文庫）

解答
問1　a—③　b—③　c—④　d—②　e—⑤
問2　Ⅰ—②　Ⅱ—⑤
問3　あ—④　い—②
問4　⑤
問5　④
問6　③
問7　①
問8　③
問9　④
問10　③

◀解　説▶

問2　Ⅰ、空欄Ⅰの直前部は、「ヨーロッパ」を「高級と見做し」た中根氏の発言の引用である。そして空欄Ⅰ直後では、この中根氏の発言について「「ヨーロッパは流石である」などと書いていた」という筆者の記憶が記されている。これら前後の内容から、空欄Ⅰには、直前部を要約する役割を持つ②「つまり」が最適と考えられる。

Ⅱ、空欄Ⅱの直前までで、「近代」と「近代以前」の日本人の比較を行っている。そして空欄Ⅱ直後では、「江戸時代まで」という「近代以前」の具体例が取り上げられている。そのため、空欄Ⅱは具体例を導く役割を持つ⑤「例えば」が最適と判断できる。

問3　あ、波線部あは、相手が承知するか否かを問わずに強いて行わせる様を表す表現である。これの言い換え表現として適切なのが、"をにがなんでも"、という意味を持つ④「否が応でも」である。

い、波線部い直前に「ヨーロッパ的に」という表現があることから、「色をつけて解釈する」は〈偏見や先入観で物事を判断すること〉の喩えだと判断できる。したがって、正解は②。

問4　「教養が日常に根差すものとしてヨーロッパを評価した「推薦文」

に対し、筆者は「あり得ない」と否定している（第Ⅰ段落）。その上で、その「あり得ない」ヨーロッパを「高級と見做し」、これに「大衆よりも近い位置に立」つことを自身の「知識人」であることの証明とした当時の日本人の考えを取り上げている。これに一致するのは⑤である。

問5　傍線部イを含む一文が「これとは逆に」から始まっていることに着目。この「これ」の指示内容は、前文の「ヨーロッパ文明」を「有難がる」という内容である。したがって、これは「逆」に「伝統文化を日本人だけが理解できる優れたもの」とした上で、「ヨーロッパ」を「日本」と対立的に扱っている④が最も適当とわかる。

問6　「近代日本人」に起こったマイナスの事態を探す。傍線部ウを含む段落では、日本人の「近代」はヨーロッパ化によって手に入れたものだが、「ヨーロッパにはなり切らなかった世界」であると、その日本の「近代」は「古い日本」の連続体として発展したものではない、と説明している。この二点を踏まえているのは③である。

問7　夏目漱石のデビュー作は『坊っちゃん』ではなく、俳句雑誌『ホトトギス』に掲載された『吾輩は猫である』である。

問8　二つ目の空欄の後に「つまりは『知ったかぶり』です」とあるのに着目すれば、"よく知っているというような顔つき"を意味する、③の「心得顔」が入るとわかる。

問9　「赤シャツ」と「野だいこ」は「白黒の写真図版の『ぼやけたターナー』」しか見ていない、あるいは「ターナーの絵をまく知」らないままターナーについて話している。【文章A】では「自分が日本の大衆よりも近い位置に立っている」ことをもって「知識人・教養人」の自己証明とした日本人を批判しているが、【文章B】の「赤シャツ」「野だいこ」の言動はこれに一致する。

問10　【文章A】【文章B】ともに、近代日本の教養の基本にヨーロッパがあることを指摘している。【文章A】では、日本人が「真の教養」を得ることは、微妙な二重構造ゆえに「厄介な事態」になっていると書かれている。【文章B】では、【文章A】で指摘されている「ヨーロッパ世界を何かから何まで高級と見做し……教養人だる事の自己証明とし」ている人物として「赤シャツ」と「野だいこ」が描かれている。夏目漱石は【文章A】で書かれたことを、『坊っちゃん』執筆時点で看破していたのである。これを的確にまとめているのは③である。

2021 年度

問題と解答

東京農業大　　　　　　　　　　　　　　　　　　　　　2021 年度　問題　*3*

■ 一般選抜Ａ日程（２月３日実施分）

問題編

▶試験科目・配点

教　科	科　　　　目	配　点
外国語	コミュニケーション英語基礎・Ⅰ・Ⅱ・Ⅲ，英語表現Ⅰ・Ⅱ	100 点
選択Ⅰ	「数学Ⅰ・Ａ・Ⅱ・Ｂ」，「国語総合（漢文を除く）」から１科目選択	100 点
選択Ⅱ	農（農・動物科・生物資源開発）・応用生物科・生物産業（北方圏農・海洋水産・食香粧化）学部： 　「化学基礎・化学」，「生物基礎・生物」から１科目選択 生命科学部： 　「物理基礎・物理」，「化学基礎・化学」，「生物基礎・生物」から 　１科目選択 地域環境科（生産環境工）学部： 　地理Ｂ，「物理基礎・物理」，「化学基礎・化学」，「生物基礎・生 　物」から１科目選択 農（デザイン農）・地域環境科（造園科）・国際食料情報・生物産業 （自然資源経営）学部： 　日本史Ｂ，世界史Ｂ，地理Ｂ，現代社会，「化学基礎・化学」， 　「生物基礎・生物」から１科目選択 地域環境科（森林総合科・地域創成科）学部： 　日本史Ｂ，世界史Ｂ，地理Ｂ，現代社会，「物理基礎・物理」， 　「化学基礎・化学」，「生物基礎・生物」から１科目選択	100 点

▶備　考

・英語は筆記試験のみ。

・数学Ｂは数列およびベクトルを出題範囲とする。

(60分)

Ⅰ 次の英文を読み、問1〜問5に答えなさい。

Why are frogs croaking?

〔1〕 In August of 1995, a group of Minnesota middle school students on a field trip were hiking through some local wetlands when they discovered a horde of young frogs, most of them with deformed, missing, or extra legs. The students' find made the national news and focused public attention on amphibian* population declines, an issue already being studied by many scientists.

〔2〕 There are a number of possible reasons for the problems amphibians are facing. Water pollution is an obvious possibility, since these animals breed and spend their early lives in ponds and streams. Acidic rain resulting from air pollution could also affect their watery homes. Could ultraviolet radiation be causing "mutant" frogs? Is global warming adversely affecting amphibians? Is some disease attacking them? Evidence exists to support each of these possibilities, and there is no single answer. In one case, a college undergraduate came up with an answer, and in the process gave scientists (1) a whole new perspective on the question.

〔3〕 In 1996, Stanford University sophomore Pieter Johnson was shown a collection of Pacific tree frogs (also known as chorus frogs) with extra legs growing out of their bodies. He decided to focus his research project on finding out what caused these deformities. The frogs came from a pond in an agricultural region near abandoned mercury mines; thus, two possible causes of the deformities were agricultural chemicals, and heavy metals from the old mines.

〔4〕 Pieter applied the (2) scientific method. Based on what he knew and on his library research, he proposed a logical explanation for the monster frogs—environmental water pollution—and designed an experiment to test his idea. His experiment compared ponds where there were deformed frogs with ponds where the frogs were normal and tested for the presence or absence of pollutants. As frequently happens in science, his proposed explanation, or hypothesis, was disproved by his experiment. But his field work led to a new hypothesis: that the deformities are caused by a parasite. Pieter conducted laboratory experiments, the results of which supported the conclusion that a certain type of parasite

東京農業大   2021 年度　英語　*5*

is present in some ponds. These parasites burrow into newly hatched tadpoles* and disrupt
the development of the adult frog's hind legs. Pieter's research did not explain the global
decline in amphibians, but it did illuminate one type of problem amphibians encounter.
Science usually progresses in such (A) but (B) steps.

〔5〕 Biologists use the scientific method to investigate the (3) processes of life at all levels,
from molecules to ecosystems. Some of these processes happen in millionths of seconds
and others cover millions of years. The goals of biologists are to understand how
organisms and groups of organisms function, and sometimes they use that knowledge in
practical and beneficial ways.

〔注〕 amphibian「両生類」、tadpole「オタマジャクシ」

問1　According to the passage, which of the following statements is true?　　　　| 1 |

① Pieter decided to study deformed frogs driven by his experience of finding deformed
frogs when he was a middle school student.

② After Pieter got results from his experiments, he went to the library to check whether
the results supported his hypothesis.

③ Pieter put normal frogs in the pond where he found deformed frogs and observed
what would happen to the normal frogs.

④ Pieter's findings failed to clarify the reason why there are fewer frogs than in the past.

問2　What does the underlined part (1) a whole new perspective refer to?　　　| 2 |

① a parasite has caused mutant frogs

② a global warming changed the quality of water in the pond

③ agricultural chemicals killed frogs

④ mercury from the mines increased the number of frogs

問3　下線部 (2) scientific method について正しいものを選びなさい。　　　| 3 |

① Conclusionを得てから、その内容を確認するためにresearchすることが必要である。

② 多くの場合、hypothesisは正しいと証明される。

③ Logical explanationを提案し、その内容についてexperimentで調べる。

④ Field workとlaboratory experimentは同時進行することが望ましい。

問4　第4段落の (A) と (B) に入る語の組み合わせを選びなさい。　　　| 4 |

① A : unusual　　B : available

② A : small　　　B : solid

③ A : concrete　　B : few

④ A : possible　　B : devastating

問5　Choose the most appropriate expression to replace the underlined part (3) processes of life.

① pregnancies　　　　　　　　　　　　　　　　　　　　　　　　　| 5 |

② evolutions

③ fermentation

出典追記 : Life: The Science of Biology 8th edition by Sadava, David E., Heller, H. Craig, Orians, and Gordon H.,
Purve, Cambridge University Press

6 2021 年度 英語　　　　　　　　　　　　　　　　　　　　　　　　　　東京農業大

④ methods

II 次の英文を読んで、空欄 　6　 ～ 　15　 に入る最も適切なものを、それぞれ下記の選択肢①～④から選びなさい。

I have read some historians who have described the 　6　 of this country, that foxes, hares and several other animals turn white in winter owing to the extreme cold and the snow lying long on the ground, but such reports are fictional, for there is no difference between the animals of the United States and other parts of North America, England or Ireland 　7　 the same species.

I have heard and read that the bite of the rattlesnake* 　8　, and that it is death for anybody to be within hearing of the rattle when it makes a noise. But these reports are also fictional, for I have known several men that have been bit in the legs and cured by a quick 　9　 of oil and plantain leaf. Indeed if the teeth 　10　 touch a vein or artery*, it is very dangerous. Last summer as a gentleman was shooting in the wood, he was bit by a rattlesnake in the leg; he immediately shot at it and blew its head off, but the teeth had touched one of the veins and he died within fifteen minutes in great agony. However, this is a case that 　11　 happens, for I have heard of ten being cured for one that died.

In my riding along a wood I saw three or four children drawing a rattlesnake with a piece of bark about its neck; when they got home they gave it a stroke 　12　 the head and it immediately died. I must admit the animal to me was rather terrifying, but use* makes these people 　13　 them.

The inland country from Boston to Albany is very rough, hilly and barren, and only thinly populated. The town of Albany is large and runs a lumber trade. The country of Vermont is very barren, mountainous, rough country and thinly inhabited. Indeed it is a very disagreeable country either to travel through 　14　 live in.

It is here the famous General Eathem Allen lived. This gentleman's history is well known to most people, being an 　15　 character. I spent a month with him in one house in New York; I found him to be a plain rough man, as is generally represented, but good-natured. He told many a laughable tale that happened to him in England. When gentlemen went to see him, he would sometimes feign a sudden madness, and alter his humors so often.

［注］rattlesnake「ガラガラヘビ（毒ヘビ）」、artery「動脈」、use「慣れ」

問6　① wonders　　② crowds　　③ exceptions　　④ rules　　　　　　　　6

問7　① to　　　　② for　　　　③ of　　　　　　④ no　　　　　　　　　7

問8　① cannot be cured　　② can be taken care of　　　　　　　　　　　8

　　③ will be caught　　④ will not be feared

東京農業大   2021 年度　英語　7

問9　① reply　　　② application　③ software　　④ attachment　　　　[9]
問10　① do not　　② seem to　　③ result to　　④ happen to　　　　[10]
問11　① always　　② often　　　③ seldom　　　④ regularly　　　　[11]
問12　① from　　　② on　　　　③ in front of　④ at the back of　　　[12]
問13　① think highly of　　　② think nothing of　　　　　　　　　　[13]
　　　③ think important of　④ think ill of
問14　① it　　　　② and　　　③ but　　　　　④ or　　　　　　　　[14]
問15　① usual　　② even　　　③ unique　　　④ odd　　　　　　　　[15]

Ⅲ　次の問に答えなさい。

（1）**問16～問17**の（　A　）と（　B　）の組み合わせとして最も適切なものを下記の選択肢から選びなさい。

問16　Now I am considering （　A　） my job. I'd like （　B　） a new field.　　[16]
　　　① A：changing　　　B：challenging
　　　② A：to change　　　B：to challenge
　　　③ A：changing　　　B：to change
　　　④ A：to change　　　B：challenging

問17　It （　A　） known that he （　B　） promoted to a general manager.　　[17]
　　　① A：will become　　　　B：had
　　　② A：has been become　　B：will be
　　　③ A：is become　　　　　B：is
　　　④ A：became　　　　　　B：was

（2）**問18～問20**の（　　）に入れるのに最も適切なものを下記の選択肢から選びなさい。

問18　He arrived （　　　） time for the meeting.　　　　　　　　　　　　　[18]
　　　① by　② in　③ before　④ at

問19　The Christmas tree was so small that it was （　　　） my waist.　　　[19]
　　　① not as higher as　　② no higher than
　　　③ not so higher for　　④ no more higher as

問20　（　　　）, give us a call so that we can buy an extra ticket for you.　[20]
　　　① If you will decide to come
　　　② When you found that you will come
　　　③ Having chosen to come
　　　④ Should you make up your mind to come

8 2021 年度　英語　　　　　　　　　　　　　　　　　　　　　　　　　　東京農業大

Ⅳ 次の問に答えなさい。

問21 下記の英語が説明している内容を表す単語を、選択肢から選びなさい。　　　　21

a statement, often written, that an arrangement or meeting is certain

① presumption　② aspiration　③ complementation　④ confirmation

問22 次の会話をしている人物の関係として最も適切な組み合わせを、下記の選択肢から選びなさい。

A：I thought I'd take this last order.　　　　　　　　　　　　　　　　　22

B：I see. Could you bring me some steak sandwiches?

A：I'll see what I can do.

B：Thank you.

　① airport official and tour agent

　② room service waiter and hotel guest

　③ taxi driver and taxi company president

　④ college student and professor

問23 （例）にある2つの単語の組み合わせと同じ関係になるように、（問）の単語の組み合わせを完成

させなさい。その際に空欄　23　に入る適語を、下記の選択肢から選びなさい。　　23

（例）petal：flower

（問）engine：　23

　① tire　② windshield wiper　③ car　④ steering wheel

問24 次の英文の解答として最も適切なものを、下記の選択肢から選びなさい。　　　24

Bob has his own bank account so that he can withdraw some money from it. He had $35

with him and withdrew some more money from his bank account.

He bought a pair of trousers at $34, two shirts at $16 each and 2 pairs of shoes at $24

each. After the shopping, he had $32 left.

How much money did Bob withdraw from the bank?

　① 55　② 79　③ 111　④ 143

問25 次の4つの文はもともと一続きの文章を構成する英文である。正しい順番を示すものを、下記の

選択肢から選びなさい。　　　　　　　　　　　　　　　　　　　　　　　　25

1．The term is a vexed one: it first entered common use during a pair of rising nationalism

in nineteenth-century Ireland and became a useful means to distinguish Irish culture from

that of 'Anglo-Saxon' England.

2．What does 'Celtic' actually mean?

3．As for the facts, it was long claimed that Ireland was occupied by waves of Celtic invaders

arriving from central Europe around 500 BC.

4．Ireland is famously a 'Celtic' nation, sharing strong cultural and linguistic traits with other

Celtic societies in Scotland, Wales, Cornwall, Brittany, and the Isle of Man.

　① 1－4－3－2　② 1－3－4－2

　③ 3－2－1－4　④ 4－2－1－3

東京農業大   2021 年度　英語　*9*

V （1）次の日本語の文に対応する英文の空欄 26 ～ 28 に、下記の選択肢①～⑨の中から最も適切なものをそれぞれ1つ選びなさい。

　イヌは最も古くから人間に飼われている動物で、野生のオオカミを人工的に改良して生まれたといわれています。すぐれた嗅覚をもっていて、においをかぎわける能力は人間の約100万倍といわれています。

Dogs are animals which 26 from long, long ago and it is said that 27 with wild wolves. Dogs have an excellent sense of smell and it is said that their ability to distinguish scents is about 28 .

　　＜選択肢＞
　　① they have never been selected
　　② had been kept by people
　　③ one million times better than humans
　　④ they come from selective breeding
　　⑤ one billion times good humans
　　⑥ they should be selectively bred
　　⑦ have been kept by humans
　　⑧ one hundred thousand better times than human beings
　　⑨ have been keeping by human beings

　　（2）次の2種類の日本語の会話に対応する英文の空欄 29 ～ 30 に、下記の選択肢①～⑥の中から最も適切なものをそれぞれ1つ選びなさい。

A：The bag is full of gold and silver.
　　袋の中は、金と銀でいっぱいだ。
B： 29 ！
　　こんなことがあるなんて！

A：This ice cream looks delicious!
　　このアイスクリーム美味しそう！
B： 30 .
　　私がおごりますよ。

　　＜選択肢＞
　　① It's my treat

10 2021 年度　英語　　　　　　　　　　　　　　　　　　東京農業大

② It's under the weather

③ Of all things

④ Why not

⑤ It's been ages

⑥ Got out of hand

日本史

(60分)

I 次の略系図をみて、問1〜問10に答えよ。

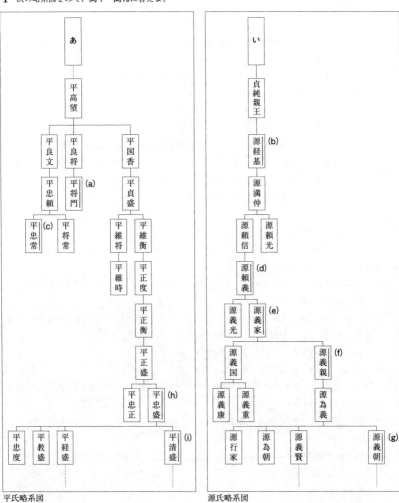

平氏略系図　　源氏略系図

12 2021 年度　日本史　　　　　　　　　　　　　　　　　　　　　　　　　　　　　東京農業大

問1　　あ　・　い　に入る人物の組み合わせとして最も適切なものはどれか。次の①〜④の中から一
　　　つ選べ。　1

　　　①　あ：陽成天皇　－　い：桓武天皇　　　②　あ：清和天皇　－　い：桓武天皇

　　　③　あ：桓武天皇　－　い：清和天皇　　　④　あ：陽成天皇　－　い：清和天皇

問2　傍線部（a）に関連する説明X・Yについて、その正誤の組み合わせとして最も適切なものはどれか。
　　　次の①〜④の中から一つ選べ。　2

　　　X：（a）は一族と争い、伯父の平国香を殺害した。

　　　Y：（a）は「新皇」と自称したが、藤原秀郷らによって討たれた。

　　　①　X：正　－　Y：正　　　　②　X：正　－　Y：誤

　　　③　X：誤　－　Y：正　　　　④　X：誤　－　Y：誤

問3　傍線部（b）に関連する説明X・Yについて、その正誤の組み合わせとして最も適切なものはどれか。
　　　次の①〜④の中から一つ選べ。　3

　　　X：（b）は、瀬戸内海の海賊を率いて反乱をおこした藤原純友を討った。

　　　Y：（b）の子、満仲は安和の変で藤原氏に接近し、勢力を伸張した。

　　　①　X：正　－　Y：正　　　　②　X：正　－　Y：誤

　　　③　X：誤　－　Y：正　　　　④　X：誤　－　Y：誤

問4　傍線部（c）に関連する説明X・Yについて、その正誤の組み合わせとして最も適切なものはどれか。
　　　次の①〜④の中から一つ選べ。　4

　　　X：（c）は、土豪らを率いて房総で反乱をおこした。

　　　Y：源頼信が（c）の乱を鎮圧して、東国進出のきっかけをつくった。

　　　①　X：正　－　Y：正　　　　②　X：正　－　Y：誤

　　　③　X：誤　－　Y：正　　　　④　X：誤　－　Y：誤

問5　傍線部（d）、（e）に関連する説明X・Yについて、その正誤の組み合わせとして最も適切なものは
　　　どれか。次の①〜④の中から一つ選べ。　5

　　　X：陸奥北部の豪族安倍氏が国司と争っていたため、（d）は陸奥守として東国の武士を率いて安倍氏
　　　　　と戦い、安倍氏を滅ぼした。

　　　Y：清原氏一族の内紛に、（e）は藤原（清原）清衡を助けて内紛を制圧した。こののち奥州地方では
　　　　　多賀城を根拠地として奥州藤原氏による支配が続いた。

　　　①　X：正　－　Y：正　　　　②　X：正　－　Y：誤

　　　③　X：誤　－　Y：正　　　　④　X：誤　－　Y：誤

問6　傍線部（f）、（h）に関連する説明X・Yについて、その正誤の組み合わせとして最も適切なものはど
　　　れか。次の①〜④の中から一つ選べ。　6

　　　X：出雲で反乱をおこした（f）を、追討使として派遣された平正盛が討ち、伊勢平氏が台頭するきっ
　　　　　かけとなった。

　　　Y：（h）は、瀬戸内海の海賊平定などで白河院の信任を得て、院近臣として重く用いられ、摂津大輪
　　　　　田泊で日宋貿易を開始した。

　　　①　X：正　－　Y：正　　　　②　X：正　－　Y：誤

　　　③　X：誤　－　Y：正　　　　④　X：誤　－　Y：誤

東京農業大　　　　　　　　　　　　　　　　　　　　　　　　　　　　　　　　2021 年度　日本史　*13*

問7　傍線部 (g)、(i) に関連する保元の乱の説明 X・Y について、その正誤の組み合わせとして最も適切なものはどれか。次の①～④の中から一つ選べ。　□ 7 □

　X：1156年、鳥羽法皇が死去すると、皇位継承をめぐり、後白河天皇は、源為義・平忠正らの武士を集めた。これに対し、崇徳上皇は、(g) や (i) らの武士を動員し、勝利した。

　Y：(g) の父である源為義・(i) の叔父である平忠正は処刑された。

　　①　X：正 － Y：正　　　　②　X：正 － Y：誤

　　③　X：誤 － Y：正　　　　④　X：誤 － Y：誤

問8　傍線部 (g)、(i) に関連する説明 X・Y について、その正誤の組み合わせとして最も適切なものはどれか。次の①～④の中から一つ選べ。　□ 8 □

　X：1159年、(i) は藤原通憲（信西）と結んで兵をあげ、武力にまさる (i) によって藤原頼長や (g) は滅ぼされ、(g) の子は安房に流された。

　Y：(i) は、安芸守になってから厳島神社の社殿築造や装飾経の奉納をおこなった。

　　①　X：正 － Y：正　　　　②　X：正 － Y：誤

　　③　X：誤 － Y：正　　　　④　X：誤 － Y：誤

問9　傍線部 (i) は平氏の全盛期を現出させたが、その背景として**誤っているもの**はどれか。次の①～④の中から一つ選べ。　□ 9 □

　　①　畿内・瀬戸内海・九州の西国一帯の武士を家人とすることに成功した。

　　②　全盛期には日本全国の約半分におよぶ知行国や多くの荘園を経済的基盤とした。

　　③　金・水銀などを輸出し、陶磁器や書籍などを輸入する日宋貿易によって利潤を得た。

　　④　娘の時子と成子を後白河天皇・高倉天皇のそれぞれの中宮に入れ外戚となった。

問10　略系図のなかで、九州で武威を示し、鎮西八郎と呼ばれ保元の乱で敗れて伊豆大島に流罪となった人物として最も適切なものはどれか。次の①～④の中から一つ選べ。　□ 10 □

　　①　平忠度　　　②　源義重　　　③　源義賢　　　④　源為朝

14 2021 年度 日本史 東京農業大

Ⅱ 次の**文章 1 ～ 3** を読み、**問 1 ～問10**に答えよ。

1 鎌倉仏教では、祈禱や学問中心のものから、庶民など広い階層を対象とする新しいものへの変化がはじまった。こうした鎌倉時代に広がった (a) 新仏教に共通する特色は、天台・真言をはじめ旧仏教の腐敗を批判し、ただ選びとられた一つの道によってのみ救いにあずかることができると説き、広く武士や庶民にもその門戸を開いたところにある。最初に登場した法然の弟子の一人である親鸞は、煩悩の深い人間こそが、阿弥陀仏の救いの対象であるという (b) 悪人正機 を説いた。このような新仏教に刺激され、(c) 旧仏教側も新たな動きをみせた。

問 1 下線部 (a) に関連して、次の あ ～ う に該当する開祖となった人物の組み合わせとして最も適切なものはどれか。次の①～④の中から一つ選べ。 11

あ …禅宗の中で、ただひたすら坐禅に徹せよ（只管打坐）と説いた。

い …公家や幕府有力者の帰依を受けて、のちに臨済宗の開祖と仰がれた。

う …法華信仰をもとに、題目をとなえることで救われると説いた。

① あ：栄西 － い：日蓮 － う：道元

② あ：道元 － い：栄西 － う：日蓮

③ あ：日蓮 － い：道元 － う：栄西

④ あ：栄西 － い：道元 － う：日蓮

問 2 下線部 (b) に関連して、親鸞の死後、弟子の唯円が親鸞の教えが乱れるのを嘆いて、正しい教えを書き記した書物として最も適切なものはどれか。次の①～④の中から一つ選べ。 12

① 『歎異抄』 ② 『十訓抄』 ③ 『愚管抄』 ④ 『禁秘抄』

問 3 下線部 (c) に関連する説明X・Yと、それぞれに該当する人物a ～ dの組み合わせとして最も適切なものはどれか。次の①～④の中から一つ選べ。 13

X：戒律を重んじるとともに、病人の救済施設として北山十八間戸を建てた。

Y：法相宗に属し、戒律を尊重して南都仏教の復興に力を注いだ。

a 忍性（良観） b 俊芿（我禅） c 叡尊（思円） d 貞慶（解脱）

① X － a Y － c ② X － a Y － d

③ X － b Y － c ④ X － b Y － d

2 鎌倉時代は、文学の世界でも新たな動きが始まった。説話文学では、『古今著聞集』の系統を引く兼好法師の え は、鎌倉文化の特色がよく言い表されている。学問では、公家のあいだで、(d) 有職故実の学や古典の研究がさかんになった。北条氏一門の金沢（北条） お は私設図書館である金沢文庫を設立した。

問 4 え に入る語句として最も適切なものはどれか。次の①～④の中から一つ選べ。 14

① 『徒然草』 ② 『今昔物語集』 ③ 『吾妻鏡』 ④ 『方丈記』

問 5 下線部 (d) に関連する説明として最も適切なものはどれか。次の①～④の中から一つ選べ。 15

① 『庭訓往来』や『御成敗式目』などが教科書として用いられた。

東京農業大   2021 年度   日本史   15

② （d）の集大成として後鳥羽上皇が『応安新式』を著した。

③ 朝廷の儀式・先例に関する研究がさかんに行われた。

④ 大義名分論が研究され、後の討幕運動の理論的なよりどころとなった。

問6 　お　 に入る語句として最も適切なものはどれか。次の①～④の中から一つ選べ。　16

① 実時　　　② 時頼　　　③ 時宗　　　④ 泰時

3 　鎌倉文化における芸術の諸分野でも新しい傾向がおきた。そのきっかけとなったのは、源平の争乱によっ
　て焼失した奈良の （e）諸寺の復興である。また、彫刻の分野では、奈良仏師の （f）運慶・湛慶父子や快
　慶が、仏像や肖像彫刻をつくり出した。奈良時代の伝統を受け継ぎつつ、新しい時代の精神を生かした力
　強い写実性や、豊かな人間味の表れが作風の特色である。絵画では、絵巻物が全盛期を迎えた。この時代
　には、『蒙古襲来絵巻』などの合戦物が作られ、また『　か　』などの縁起物や『一遍上人絵伝』など
　の伝記物などが、民衆に教えを広めるために制作された。さらに、個人の肖像を描く写実的な （g）似絵は、
　肖像彫刻の発達と並んで、鎌倉時代に個性に対する関心が高まったことをよく示している。

問7 　下線部（e）に関連して、建築様式とその特色に関して述べた説明X・Y・Zについて、正誤の組み
　合わせとして最も適切なものはどれか。次の①～④の中から一つ選べ。　17

　　X：禅宗様（唐様）は、細かな部材を組み合わせて整然とした美しさを表すのが特色で、石山寺多宝塔
　　　でも用いられた。

　　Y：折衷様は、大陸伝来の新様式の建築法を、日本的なやわらかな美しさをもつ和様に取り入れたのが
　　　特色で、円覚寺舎利殿が代表例である。

　　Z：大仏様は、大陸的な雄大さ、豪放な力強さが特色であり、東大寺南大門でも用いられた。

　① X：正 － Y：正 － Z：正　　　② X：正 － Y：正 － Z：誤

　③ X：正 － Y：誤 － Z：誤　　　④ X：誤 － Y：誤 － Z：正

問8 　下線部（f）に関連して、運慶・湛慶父子と快慶の彫刻作品として誤っているものはどれか。次の
　①～④の中から一つ選べ。　18

　① 東大寺南大門金剛力士像（阿形）　　② 六波羅蜜寺空也上人像

　③ 東大寺僧形八幡神像　　　　　　　　④ 蓮華王院本堂（三十三間堂）千手観音坐像

問9 　か　 に入る語句として最も適切なものはどれか。次の①～④の中から一つ選べ。　19

　① 男衾三郎絵巻　　② 平治物語絵巻　　③ 春日権現験記　　④ 病草紙

問10 下線部（g）の名手として父隆信と共に知られ、後鳥羽上皇像を描いたとされる人物として最も適当
　なものはどれか。次の①～④の中から一つ選べ。　20

　① 藤原信実　　② 高階隆兼　　③ 藤原家隆　　④ 藤原佐理

16 2021年度 日本史 　　　　　　　　　　　　　　　　　　　　　東京農業大

Ⅲ 次の**文章1〜3**を読み、**問1〜問10**に答えよ。

1 アメリカ総領事として来日した ［ **あ** ］ は通商条約の締結を強く求めた。この頃、幕府では13代将軍 ［ **い** ］ に子がなく、将軍継嗣問題がおこったが、(a) 井伊直弼が推挙した慶福が14代将軍 ［ **う** ］ となった。その後、安藤信正は公武合体の政策をとり、孝明天皇の妹和宮を将軍 ［ **う** ］ の妻に迎えたが、この政略結婚は尊王攘夷論者から非難された。(b) 幕府は薩摩藩の要求を入れて、松平慶永を ［ **え** ］ に、松平容保を ［ **お** ］ に任命するなど、幕政を改めた。

問1 ［ **あ** ］ に入る人物と、この交渉にあたった**老中首座**の組み合わせとして最も適切なものはどれか。次の①〜④の中から一つ選べ。 ［ 21 ］

① **あ**：ペリー － **老中首座**：阿部正弘　　② **あ**：ペリー － **老中首座**：堀田正睦

③ **あ**：ハリス － **老中首座**：阿部正弘　　④ **あ**：ハリス － **老中首座**：堀田正睦

問2 ［ **い** ］ と ［ **う** ］ に入る人物の組み合わせとして最も適切なものはどれか。次の①〜④の中から一つ選べ。 ［ 22 ］

① **い**：徳川斉昭 － **う**：徳川慶喜　　② **い**：徳川斉昭 － **う**：徳川家茂

③ **い**：徳川家定 － **う**：徳川慶喜　　④ **い**：徳川家定 － **う**：徳川家茂

問3 下線部 (a) に関する説明として**誤っている**ものはどれか。次の①〜④の中から一つ選べ。 ［ 23 ］

① 彦根藩主であり、南紀派の中心人物で、大老に就任した。

② 勅許を得られないまま、1858（安政5）年6月に日米修好通商条約の調印を断行した。

③ 強硬な態度で反対派の公家・大名をおさえるために、後に安政の大獄とよばれる処罰を断行した。

④ 坂下門外の変で、きびしい弾圧に憤激した水戸脱藩の志士らによって暗殺された。

問4 ［ **え** ］ と ［ **お** ］ に入る語句の組み合わせとして最も適切なものはどれか。次の①〜④の中から一つ選べ。 ［ 24 ］

① **え**：京都守護職 － **お**：大老　　　　② **え**：政事総裁職 － **お**：京都守護職

③ **え**：大老 － **お**：京都守護職　　　　④ **え**：京都守護職 － **お**：政事総裁職

問5 下線部 (b) の改革の名称として最も適切なものはどれか。次の①〜④の中から一つ選べ。 ［ 25 ］

① 天保の改革　　② 安政の改革　　③ 文久の改革　　④ 慶応の改革

2 長州藩を中心とする尊攘派の動きに対して、薩摩・会津の両藩は1863（文久3）年、朝廷内の公武合体派の公家とともに朝廷の実権を奪って、長州藩勢力と急進派の公家 ［ **か** ］ らを京都から追放した（［ **き** ］）。長州藩は勢力を回復するために、翌1864（元治元）年、［ **く** ］ を契機に京都に攻めのぼったが、会津・桑名・薩摩藩などの諸藩の兵に敗れて退いた（［ **け** ］）。

問6 ［ **か** ］ と ［ **き** ］ に入る語句の組み合わせとして最も適切なものはどれか。次の①〜④の中から一つ選べ。 ［ 26 ］

① **か**：中山忠光 － **き**：生野の変　　　② **か**：三条実美 － **き**：生野の変

③ **か**：三条実美 － **き**：八月十八日の政変　④ **か**：中山忠光 － **き**：八月十八日の政変

問7 ［ **く** ］ と ［ **け** ］ に入る語句の組み合わせとして最も適切なものはどれか。次の①〜④の中から

一つ選べ。 27

① く：寺田屋事件 － け：蛤御門の変（禁門の変）

② く：寺田屋事件 － け：天誅組の変

③ く：池田屋事件 － け：蛤御門の変（禁門の変）

④ く：池田屋事件 － け：天誅組の変

問8 け 以降の長州藩に関連する説明として誤っているものはどれか。次の①〜④の中から一つ選べ。
28

① 列国は、イギリスを中心にフランス・アメリカ・オランダ四国の連合艦隊を編成して下関の砲台を攻撃した。

② 長州藩の上層部は藩内の尊攘派を弾圧し，幕府に対し恭順の態度をとった。長州征討（第1次）の幕府軍は交戦しないまま撤退した。

③ 長州藩は幕府に屈伏したが、高杉晋作らは奇兵隊を率いて1864（元治元）年末に兵をあげて藩の主導権を保守派から奪い返した。

④ 幕府は長州藩に第1次征討の始末として領地の削減などを命じ、長州藩もそれに応じた。

3 1867（慶応3）年、(c) 大政奉還の上表が朝廷に提出されたが、朝廷内の岩倉具視らと結んだ薩長両藩が討幕の密勅を手に入れていた。倒幕派は薩摩藩などの武力を背景に朝廷でクーデタを決行し、(d) 王政復古の大号令を発して、天皇を中心とする新政府を樹立した。

問9 下線部 (c) に関連する説明として誤っているものはどれか。次の①〜④の中から一つ選べ。 29

① 薩摩藩と長州藩は討幕の密勅を手に入れていたが、(c) により倒幕派は機先を制せられた。

② 薩摩藩、長州藩は武力倒幕派、土佐藩は公武合体派の立場をとった。

③ 土佐藩士の後藤象二郎と坂本龍馬とが前藩主の山内豊信（容堂）を通して将軍に政権の返還を勧めた。

④ 土佐藩の構想は将軍から政権を朝廷に返させ、朝廷のもとに徳川家を除いた諸藩の連合政権を樹立するというものであった。

問10 下線部 (d) に関連する説明として誤っているものはどれか。次の①〜④の中から一つ選べ。 30

① 新政府は、将軍はもちろん、朝廷の摂政・関白も廃止した。

② 天皇のもとに新たに総裁・議定・参与の三職をおいた。

③ 議定に薩摩藩やその他有力諸藩を代表する藩士を入れた雄藩連合の形をとった。

④ 三職による小御所会議では，徳川慶喜に内大臣の辞退と朝廷への領地の一部返上（辞官納地）を命じる処分が決定された。

18 2021 年度　日本史　　　　　　　　　　　　　　　　　　　　　　　　　　　　東京農業大

Ⅳ　次の**文章** 1 ～ 4 を読み、**問** 1 ～**問**10に答えよ。

1　日清戦争によって中国の弱体化を知った列強は、あいついで中国に勢力範囲を設定した。(a) アメリ
　　カはこれには加わらなかったが、門戸開放・機会均等を列国に提案して、各国の勢力の範囲内での通商の
　　自由を要求し、外交姿勢を転換した。
　　　日本とロシアとの交渉が決裂し、日露戦争がおこったが、セオドア＝ローズベルト大統領の斡旋で、講
　　和条約に調印した。日本は戦勝で得た大陸進出拠点の確保につとめ、まず　(b) アメリカと非公式に協定
　　を結んだ。

問 1　下線部 (a) に関連して、アメリカがヨーロッパの事態に介入しないかわりにアメリカ大陸へのヨー
　　　ロッパの介入を拒否するという主旨の宣言をした**大統領**と、門戸開放・機会均等を提案した**国務長官**の
　　　組み合わせとして最も適切なものはどれか。次の①～④の中から一つ選べ。　| 31 |
　　　①　**大統領**：フィルモア　　－　**国務長官**：ジョン＝ヘイ
　　　②　**大統領**：モンロー　　　－　**国務長官**：ジョン＝ヘイ
　　　③　**大統領**：フィルモア　　－　**国務長官**：ウィッテ
　　　④　**大統領**：モンロー　　　－　**国務長官**：ウィッテ

問 2　下線部 (b) に関連する説明 a ～ d の組み合わせとして最も適切なものはどれか。次の①～④の中か
　　　ら一つ選べ。　| 32 |
　　　a　この協定は桂・タフト協定とよばれる。
　　　b　アメリカに清国における旅順・大連の租借権と長春以南の鉄道と付属の権利のロシアからの継承を
　　　　承認させた。
　　　c　アメリカに日本の韓国保護国化を承認させた。
　　　d　日本の南満州権益に対するアメリカの経済的支援が約束された。
　　　①　a・b　　　②　c・d　　　③　a・c　　　④　b・d

2　(c) アメリカは、第一次世界大戦に参戦するにあたり、太平洋方面の安定を確保する必要があったた
　　め日本とアメリカの間で協定を結んだ。戦争は長期化したが、(d) アメリカはチェコスロバキア軍救援
　　を名目とする共同出兵を提案した。大戦終了後、列国が手を引く中、日本の駐兵は続いた。

問 3　下線部 (c) に関連する説明として**誤っている**ものはどれか。次の①～④の中から一つ選べ。　| 33 |
　　　①　石井菊次郎とランシングが交渉し成立した。
　　　②　日本はアメリカが主張する中国の領土保全・門戸開放の原則を確認した。
　　　③　アメリカは中国における日本の特殊利益を承認した。
　　　④　四か国条約調印により翌年破棄された。
問 4　下線部 (d) の共同出兵を行った地域として最も適切なものはどれか。次の①～④の中から一つ選べ。
　　　| 34 |
　　　①　地中海　　　②　バルト海　　　③　シベリア　　　④　南太平洋

東京農業大　　　　　　　　　　　　　　　　　　　　　　　　　2021 年度　日本史　*19*

3　三国同盟の締結によって、アメリカの対日姿勢が硬化すると、(e) 日米衝突を回避する行動がとられた。
しかし、(f) アメリカからの圧力が強まると、日本の軍部はさらに危機感を募らせ、戦争以外に道はない
と主張した。日米交渉は継続されたが、(g) アメリカ側の提案が最後通告に等しいものであったので、交
渉不成功と判断し、日本陸軍は英領　あ　に奇襲上陸し、日本海軍は　い　を攻撃して、アメリカ・
イギリスに宣戦布告し、第二次世界大戦の一環をなす太平洋戦争が開始された。

問5　下線部 (e) に関連する説明 X・Y について、その正誤の組み合わせとして最も適切なものはどれか。
次の①～④の中から一つ選べ。　35

X　野村吉三郎とハル国務長官が政府間交渉を行った。

Y　日ソ提携の力でアメリカとの関係を調整するねらいも含んだ日ソ中立条約を結んだ。

①　X：正　－　Y：正　　　　②　X：正　－　Y：誤

③　X：誤　－　Y：正　　　　④　X：誤　－　Y：誤

問6　下線部 (f) に関連する説明として誤っているものはどれか。次の①～④の中から一つ選べ。　36

①　日本のビルマ進駐がアメリカの態度硬化の原因となった。

②　アメリカは在米日本資産を凍結し、対日石油輸出の禁止を決定した。

③　アメリカは日本の南進と「東亜新秩序」建設を阻止する意思を明確に示した。

④　日本の軍部はアメリカ、イギリス、中国、オランダの4カ国の対日経済封鎖を中心とする包囲網を
「ABCD包囲陣」と呼び、日本を不当に圧迫していると国民に訴えた。

問7　下線部 (g) に関連する説明 a～d の組み合わせとして最も適切なものはどれか。次の①～④の中か
ら一つ選べ。　37

a　アメリカ側の提案はハル＝ノートと呼ばれる。

b　日本に中国・朝鮮からの無条件全撤退をもとめた。

c　満州国および大韓帝国の政権の否認をもとめた。

d　日独伊三国同盟の実質的廃棄をもとめた。

①　a・b　　　②　c・d　　　③　a・d　　　④　b・c

問8　　あ　と　い　に入る語句の組み合わせとして最も適切なものはどれか。次の①～④の中から
一つ選べ。　38

①　あ：シンガポール　－　い：ハワイ真珠湾

②　あ：マレー半島　　－　い：ハワイ真珠湾

③　あ：シンガポール　－　い：アメリカ領グアム

④　あ：マレー半島　　－　い：アメリカ領グアム

4　(h) 日本はポツダム宣言に基づき連合国に占領されたが、事実上、アメリカ軍による単独占領であった。
総辞職した東久邇宮稔彦内閣にかわり首相に就任した幣原喜重郎に対し、マッカーサーは口頭で (i) 五
大改革を指示した。

問9　下線部 (h) に関連する説明として誤っているものはどれか。次の①～④の中から一つ選べ。　39

①　連合国軍最高司令官総司令部（GHQ／SCAP）の指令勧告にもとづいて日本政府が政治をおこなう、

20 2021 年度　日本史　　　　　　　　　　　　　　　　　　　　　　　　　　　　　　東京農業大

　　　間接統治の方法がとられた。

　② 連合国による対日占領政策決定機関としてサンフランシスコに極東委員会がおかれた。

　③ 東京には最高司令官の諮問機関である対日理事会が設けられた。

　④ 日本を降伏させたアメリカの地位は、日本占領に関しては別格で、アメリカ主導の占領政策が立案・
　　実施された。

問10　下線部 (i) の内容として**誤っている**ものはどれか。次の①〜④の中から一つ選べ。　　40

　① 国家神道の解体　　　　② 教育制度の自由主義的改革

　③ 秘密警察などの廃止　　④ 婦人（女性）参政権の付与

東京農業大 2021年度 世界史 *21*

■世界史■

(60分)

Ⅰ インド世界の形成に関する次の文章A・Bを読み、下の問い（**問1〜問9**）に答えよ。

A (a)グプタ朝が衰退した頃から、(b)ヒンドゥー教では、   1   などを祀る石造りの寺院が本格的に建てられるようになり、寺院で行われる諸儀礼が発達した。また、特別な修行や呪文によって超自然的な力や現世利益が獲得できるとする教えも広がった。この教えを   2   と呼ぶ。さらに6世紀ごろから、(c)バクティの思想が影響を持つようになった。バクティの宗教指導者のなかには、寺院儀礼や (d)カースト制を批判するものもいた。

問1   1   に当てはまる最も適当なものを、次の①〜④のうちから一つ選べ。

① アフラ＝マズダ   ② グル   ③ シヴァ神   ④ アーリマン

問2   2   に当てはまる最も適当なものを、次の①〜④のうちから一つ選べ。

① シオニズム   ② スーフィズム   ③ タントリズム   ④ キュビズム

問3 下線部 (a) のグプタ朝に関して述べた次の文①〜④のうちから、最も適当なものを一つ選べ。

3

① スキタイの侵入で弱体化した。   ② サンスクリット語が公用語であった。

③ 都はマトゥーラである。   ④ カニシカ王の時が最盛期であった。

問4 下線部 (b) のヒンドゥー教に関して述べた次の文①〜④のうちから、**最も適当でないもの**を一つ選べ。

4

① 冠婚葬祭などの日常生活に関わっている。

② 『アヴェスター』が聖典ともされる。

③ ヴィシュヌ神は世界維持の神であり、4本の手に4つの武器を持つ姿で描かれる。

④ バラモン教に先住民の土着信仰が吸収・融合されて成立した宗教である。

問5 下線部 (c) のバクティの思想に関して述べた次の文①〜④のうちから、**最も適当でないもの**を一つ選べ。

5

① 身分や性別をこえヒンドゥー教が大衆化する要因になった。

② シク教の成立に影響を与えた。

③ ヒンドゥー教の最高神に絶対的に帰依することで解脱をはかろうとする考えである。

④ 神秘主義を否定するものであった。

問6 下線部 (d) のカーストに関して述べた次の文①〜④のうちから、最も適当なものを一つ選べ。

6

① カースト制度は4つのジャーティにヴァルナを結びつけて成立した。

② イギリスのインド支配の過程で弱体化された。

③ サンスクリット語の「血統」に由来する。

④ カースト集団の数は2000〜3000にも及ぶ。

B　7世紀前半にハルシャ＝ヴァルダナが ⎡ 7 ⎤ を都として、一時、北インドの大部分を統一したが、その死とともに帝国も解体した。以後、インド各地に諸王国が分立する状況が長くつづいた。この時代、南インドには活発なインド洋交易にも支えられて有力な諸王国が出現した。南東岸は3〜9世紀に ⎡ 8 ⎤ が支配した。デカン高原を本拠として8世紀に成立した ⎡ 9 ⎤ は、西海岸を支配すると共に北インドにも勢力をのばした。11世紀には半島南端の (a)チョーラ朝が有力になった。

問7　⎡ 7 ⎤ に当てはまる最も適当なものを、次の①〜④のうちから一つ選べ。

① パータリプトラ　　② アジャンター　　③ プルシャプラ　　④ カナウジ

問8　⎡ 8 ⎤、⎡ 9 ⎤ に当てはまる最も適当なものを、次の①〜⑥のうちからそれぞれ一つ選べ。

① アイユーブ朝　　② イドリース朝

③ チャールキヤ朝　　④ ラーシュトラクータ朝

⑤ パッラヴァ朝　　⑥ ラタナコーシン朝

問9　下線部 (a) のチョーラ朝に関して述べた次の文①〜④のうちから、最も適当なものを一つ選べ。

⎡ 10 ⎤

① チョーラ朝滅亡直後にラージプートが形成された。

② アーリヤ系民族の王朝である。

③ シュリーヴィジャヤ遠征を行った。

④ パーンディヤ朝を滅ぼした。

東京農業大 2021 年度 世界史 23

Ⅱ 唐崩壊後の東アジアに関する次の文章を読み、下の問い（**問1～問10**）に答えよ。

　　10世紀はじめ 11 が諸部族を統一し、皇帝を称して (a)遼を建てた。遼は926年に 12 を滅ぼ
した後、南下を開始し、936年、(b)五代の後晋から燕雲十六州を割譲させた。10世紀末には高麗を攻撃し、
自らの冊封体制に組みいれた。

　　宋は、第2代 13 のときまでに国内支配体制を整えたが、遼の攻撃を撃退できず、遼と (c)澶淵の
盟を結んだ。両国の講和による平和は、宋が 14 と結んで遼を攻撃するまで保たれた。黄河上流域の
乾燥地帯では、チベット系の遊牧民族 15 が自立して、1038年、16 のもとで (d)西夏を建てた。

問1 11 に当てはまる最も適当なものを、次の①～④のうちから一つ選べ。

① 耶律阿保機　　　② 大祚栄　　　　③ 完顔阿骨打　　　④ 大秦王安敦

問2 12 に当てはまる最も適当なものを、次の①～④のうちから一つ選べ。

① 渤海　　　　　　② 吐蕃　　　　　③ 南詔　　　　　　④ 突厥

問3 13 に当てはまる最も適当なものを、次の①～④のうちから一つ選べ。

① 太宗　　　　　　② 玄宗　　　　　③ 高宗　　　　　　④ 中宗

問4 14 に当てはまる最も適当なものを、次の①～④のうちから一つ選べ。

① 燕　　　　　　　② 周　　　　　　③ 金　　　　　　　④ 趙

問5 15 に当てはまる最も適当なものを、次の①～④のうちから一つ選べ。

① タングート　　　② 烏孫　　　　　③ ナイマン　　　　④ エフタル

問6 16 に当てはまる最も適当なものを、次の①～④のうちから一つ選べ。

① 朱元璋　　　　　② 趙匡胤　　　　③ 李元昊　　　　　④ 王建

問7 下線部 (a) の遼に関して述べた次の文①～④のうちから、**最も適当でないもの**を一つ選べ。 17

① 都は上京臨潢府である。

② 契丹人がモンゴル東部から中国東北地方に建てた王朝である。

③ 民族文字を制定するなど自民族の制度・文化の維持をはかり、仏教を禁止した。

④ 遊牧民には部族制、農耕民には州県制を採用する二元支配を行った。

問8 下線部 (b) の五代に関して述べた次の文①～④のうちから、**最も適当でないもの**を一つ選べ。

18

① 後梁では朱全忠が汴州に都を定めた。

② 唐の節度使李克用の子李存勗が後梁を倒した。

③ 後晋末の後継争いで、石敬瑭が契丹の協力を得た。

④ 後周2代世宗は、対外積極策・禁軍改革などで版図を拡大した。

問9 下線部 (c) の澶淵の盟に関して述べた次の文①～④のうちから、**最も適当でないもの**を一つ選べ。

19

① 宋が遼に銀や絹を毎年贈ることになった。

② 宋が兄、遼が弟の関係とした。

③ 現状の国境を維持することが条件のひとつとされた。

④ 澶淵の盟による平和は約30年で終わった。

24 2021 年度 世界史 　　　　　　　　　　　　　　　　　　　　東京農業大

問10 　下線部 (d) の西夏に関して述べた次の文①～④のうちから、**最も適当でないもの**を一つ選べ。

20

① 宋側の呼称は大夏である。

② 西夏文字は大部分が複雑な字体をもつ表意文字である。

③ 慶暦の和約で宋に臣下の礼をとった。

④ チンギス＝ハンに滅ぼされた。

Ⅲ 18世紀のヨーロッパと啓蒙専制国家に関する次の文章A・Bを読み、下の問い（**問1～問10**）に答えよ。

A 　プロイセンはヨーロッパの強国となったが、経済的にはおくれた地域で、(a)ユンカーが農民の賦役労働を用いる 21 が支配的であった。(b)フリードリヒ2世は、軍備の充実をはかった。王は、また、22 らの啓蒙思想家を宮廷に招いた。

問1 　 21 に当てはまる最も適当なものを、次の①～④のうちから一つ選べ。

① アシエンダ制 　　② グーツヘルシャフト

③ 開放耕地制 　　　④ 恩貸地制度

問2 　 22 に当てはまる最も適当なものを、次の①～④のうちから一つ選べ。

① ヴォルテール 　　② マッキンリー 　　③ ホッブズ 　　④ ワーズワース

問3 　下線部 (a) のユンカーに関して述べた次の文①～④のうちから、**最も適当でないもの**を一つ選べ。

23

① ドイツ東部に広大な農場をもつ地主貴族の呼称である。

② 18世紀以降プロイセンの官僚・軍隊の中心勢力として保守層を形成した。

③ その勢力は19世紀末までは存続しなかった。

④ ドイツ統一の立役者ビスマルクもユンカー出身である。

問4 　下線部 (b) のフリードリヒ2世に関して述べた次の文①～④のうちから、**最も適当でないもの**を一つ選べ。

24

① シュレジエンを獲得して国力を伸ばした。 　　② 雷帝と呼ばれておそれられた。

③ 1772年、第1回ポーランド分割に参加した。 　　④ 重商主義政策によって産業を育成した。

B 　ロシアにおいては17世紀後半に即位した (a)ピョートル1世が、徹底的な西欧化政策をとった。バルト海へ進出して 25 を建設し、ここに首都を移して西欧との結びつきを強めた。また、南はアゾフ海へ進出した。18世紀後半の 26 は (b)啓蒙専制君主として知られるが、1773年から起こった 27 後は、(c)農奴制を強化した。

問5 　 25 に当てはまる最も適当なものを、次の①～④のうちから一つ選べ。

① ペテルブルク 　　② モスクワ 　　③ ヤクーツク 　　④ クラスノヤルスク

問6 　 26 に当てはまる最も適当なものを、次の①～④のうちから一つ選べ。

① フリードリヒ1世 ② ミハイル＝ロマノフ

③ イヴァン3世 ④ エカチェリーナ2世

問7 　27　 に当てはまる最も適当なものを、次の①～④のうちから一つ選べ。

① プラッシーの戦い ② フロンドの乱

③ プガチョフの農民反乱 ④ マラータ戦争

問8 下線部（a）のピョートル1世について述べた次の文①～④のうちから、最も適当なものを一つ選べ。

　28　

① シビル＝ハン国の首都シビルを占領した。

② 北方戦争でスウェーデンを破った。

③ デカブリストの乱を鎮圧した。

④ 清との間にキャフタ条約を結んだ。

問9 下線部（b）の啓蒙専制君主について述べた次の文①～④のうちから、**最も適当でないもの**を一つ選べ。

　29　

① 上からの近代化を目指した君主である。

② 啓蒙の担い手たる市民層が十分に育たなかった地域にみられる。

③ 貴族の特権を強化するために啓蒙思想をよりどころとした。

④ 宗教寛容策などがおこなわれた。

問10 下線部（c）の農奴制に関して述べた次の文①～④のうちから、**最も適当でないもの**を一つ選べ。

　30　

① イヴァン4世は農奴の移動を自由化した。

② アレクサンドル2世は農奴解放令を出した。

③ 農奴解放令後も農民はミールにしばられた。

④ 農奴解放令はロシアが近代社会制度を導入する契機となった。

26 2021 年度　世界史

東京農業大

Ⅳ　アメリカ合衆国の発展に関する次の文章を読み、下の問い（**問1～問10**）に答えよ。

　　19世紀半ばの合衆国では、西部開拓の進展とともに (a)南部と (b)北部の利害が対立した。西部の新しい州で奴隷制を認めるか否かは、1820年に結ばれた　**31**　で、北緯36度30分以北には奴隷制を認めないと定められていた。その後、1860年に共和党の　**32**　が大統領に当選した。反発した南部諸州は　**33**　を結成し、ここに南北戦争がはじまった。はじめは南部が優勢であったが、**32**　は (c)自営農地法によって西部農民の支持を固め、1863年に　**34**　を発表して内外の世論を味方につけた。北部軍は65年、　**35**　を占領して南部に勝利した。

　　北部を中心とした工業発展はめざましく、西部開拓によって農業も躍進し、(d)大陸横断鉄道が完成して国内市場の結びつきを強めた。19世紀後半には新たに東欧や南欧からの移民も加わって、ヨーロッパからの大量移民が (e)合衆国の発展を支えた。

問1　**31**　に当てはまる最も適当なものを、次の①～④のうちから一つ選べ。
　　①　パリ協定　　　　　②　パリ条約　　　　　③　ミズーリ協定　　　　④　ユトレヒト条約

問2　**32**　に当てはまる最も適当なものを、次の①～④のうちから一つ選べ。
　　①　ジャクソン　　　　②　リンカン　　　　　③　グラント　　　　　④　フランクリン

問3　**33**　に当てはまる最も適当なものを、次の①～④のうちから一つ選べ。
　　①　アメリカ連合国　　②　アメリカ労働総同盟
　　③　フェビアン協会　　④　臨時国防政府

問4　**34**　に当てはまる最も適当なものを、次の①～④のうちから一つ選べ。
　　①　モンロー宣言　　　②　ピルニッツ宣言　　③　奴隷解放宣言　　　④　人権宣言

問5　**35**　に当てはまる最も適当なものを、次の①～④のうちから一つ選べ。
　　①　ニューオリンズ　　②　リッチモンド　　　③　ワシントン　　　　④　ゲティスバーグ

問6　下線部 (a) の南部に関して述べた次の文①～④のうちから、最も適当なものを一つ選べ。　**36**
　　①　ニューヨーク州以南の大西洋岸諸州を含む。
　　②　綿花生産が中心産業であった。
　　③　自由貿易を強く否定した。
　　④　州の自治は求めなかった。

問7　下線部 (b) の北部に関して述べた次の文①～④のうちから、最も適当なものを一つ選べ。　**37**
　　①　ニューイングランドのみで構成された地域である。
　　②　農業を中心とする産業構造であった。
　　③　国内市場の統一を望まなかった。
　　④　保護貿易政策と連邦制を求めた。

問8　下線部 (c) の自営農地法に関して述べた次の文①～④のうちから、**最も適当でない**ものを一つ選べ。
　　38
　　①　自営農育成が目的である。
　　②　公有地で3年間定住・耕作した者に一定の土地を無償で与えるとした。
　　③　ホームステッド法のことである。

東京農業大 2021 年度 世界史 *27*

④ 南北戦争後の西部開拓に貢献した。

問9 下線部（d）の大陸横断鉄道に関して述べた次の文①〜④のうちから、**最も適当でないもの**を一つ選べ。

39

① ウィッテが建設を推進した。

② 東部工業地帯と太平洋岸が結ばれた。

③ 鉄道建設に際して、東からはアイルランド人移民が、西からは中国系のクーリーが流入し、主な労働力として使われた。

④ 1869年に最初の大陸横断鉄道が開通した。

問10 下線部（e）の合衆国の発展に関して述べた次の文①〜④のうちから、**最も適当でないもの**を一つ選べ。

40

① 東部を中心に都市化が急速にすすんだ。

② 太平洋岸ではゴールドラッシュが起きた。

③ 合衆国政府は、現在もフロンティアはまだ完全には消滅していないとしている。

④ 急激な経済成長は拝金主義的な社会風潮を生んだ。

（60 分）

Ⅰ 次の地図を読んで、問 1 〜問13の設問に答えよ。

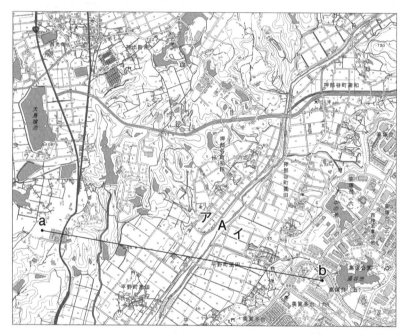

原図は国土地理院の地図。
編集部注：編集の都合上，70％に縮小

問 1　河川 A はどの方向に向かって流れているか。また河川の左岸はアとイのどちらか。最も適当な組み合わせを、次の①〜④の中から一つ選べ。　　1

　　① 北東・ア　　② 北東・イ　　③ 南西・ア　　④ 南西・イ

問 2　この地図の範囲が含まれる県は、2020年 3 月時点でため池の箇所数（農林水産省調べ）が都道府県別で 1 位である。この県を、次の①〜④の中から一つ選べ。　　2

　　① 佐賀県　　② 兵庫県　　③ 福井県　　④ 山形県

問 3　地図中のa－b間の断面図として最も適当なものを、次の①〜④の中から一つ選べ。なお断面図は縦軸の始点を標高40mとし、水平距離と標高の比を 1 ：10で描いている。　　3

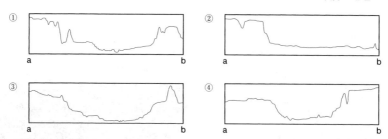

問4 押部谷町和田の神社から地図中の老人ホームまでの平均勾配として最も適当なものを、次の①~④の中から一つ選べ。なお、両地点の距離は原寸の地図では3.8cmである。

※ 両地点間の平均勾配(%) ＝ 両地点間の比高(m) ÷ 両地点間の距離(m)×100   4

① 2.4%   ② 3.2%   ③ 4.7%   ④ 5.8%

問5 この地図から読み取れることを述べた文として最も不適当なものを、次の①~④の中から一つ選べ。   5

① 地図左側の台地は乏水地であったため、ため池が密に分布し、段丘崖にもダム状のため池がみられる。
② 地図左側の段丘崖には果樹園が分布しているが、一部を整地して霊園が築かれている。
③ 河川Aが形成した谷底平野は古くから稲作が盛んであったが、水害を被りやすいことも伺える。
④ 地図右側の丘陵では、大規模な工業団地に加えて住宅地の開発も進んだ。

問6 この地図の原図(国土地理院の地図)に該当するものとして最も不適当なものを、次の①~④の中から一つ選べ。   6

① 地勢図   ② 一般図   ③ 平面地図   ④ 実測図

問7 次の①~⑥は地図記号とその名称を2組ずつ示している。2組とも組み合わせが正しいものを、①~⑥の中から一つ選べ。   7

①	◎	市役所	⚲	果樹園
②	⚙	工場	⊗	高等学校
③	X	消防署	⛾	図書館
④	⊡	水準点	⚖	裁判所
⑤	⛪	博物館	⚓	漁港
⑥	⊕	警察署	∴	茶畑

問8 扇状地の特徴や土地利用に関する説明として最も適当なものを、次の①~④の中から一つ選べ。   8

① 砂礫の堆積層が厚い扇央は乏水地であり、畑や果樹園として利用されてきた。
② 扇端の谷口には山地と平野の産物を交換する市場が立ち、集落が発達した。
③ 扇状地は構造平野の一部であり、堆積作用によって河川の下流部に形成される。
④ かれ川は扇状地の乏水を補うために近世に造られた人工水路の跡である。

問9 氾濫原で古くから集落が立地した場所として最も適当なものを、次の①~④の中から一つ選べ。

① 後背湿地　② 三角州　③ 洪積台地　④ 自然堤防

問10　以下の空中写真は奈良県磯城郡田原本町の一部を写したものである。この写真でみられる短冊状の地割は何に基づくものか。最も適当なものを、次の①〜④の中から一つ選べ。

① 条里プラン
② クリーク統廃合事業
③ 土地改良事業
④ 国営総合農地開発事業

国土地理院撮影の空中写真（2008年撮影）。

問11　A〜Cのグラフは各河川の月平均流量の変化を示している。このうち信濃川、利根川、吉野川はどれに該当するか。最も適切な組み合わせを、次の①〜⑥の中から一つ選べ。

	信濃川	利根川	吉野川
①	A	B	C
②	A	C	B
③	B	A	C
④	B	C	A
⑤	C	A	B
⑥	C	B	A

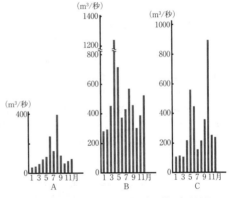

信濃川は2003年小千谷、利根川は2002年栗橋、吉野川は2003年中央橋にて観測。

問12　侵食平野に関する説明として最も不適当なものを、次の①〜④の中から一つ選べ。

① 準平原はデービスが唱えた地形の侵食輪廻において最終段階に該当する。
② 残丘は地盤の差別侵食によって形成された構造平野の地形である。
③ アメリカ合衆国のモニュメントヴァレーでは多くのメサ、ビュートがみられる。
④ 楯状地では先カンブリア時代に形成された岩盤が露出し広く分布する。

問13　ナイルデルタとミシシッピデルタの形態として最も適当な組み合わせを、次の①〜⑥の中から一つ選べ。

	ナイルデルタ	ミシシッピデルタ
①	鳥趾状三角州	円弧状三角州
②	鳥趾状三角州	カスプ状三角州
③	円弧状三角州	鳥趾状三角州
④	円弧状三角州	カスプ状三角州
⑤	カスプ状三角州	鳥趾状三角州
⑥	カスプ状三角州	円弧状三角州

II 世界の農業地域の形成に関連する次の文章を読んで、**問1～問9**の設問に答えよ。

農業は、人間が _(あ)食料を確保するために行う最も基本的な産業であり、作物の栽培や家畜の飼育など、人々が自然と向き合いながら世界各地で展開されている。こうした中で、世界では _(い)多様な農業が営まれている。

世界各地にさまざまな農業地域が存在するのは、次のような条件が作用するためである。その一つは、自然的条件である。_(う)気温と降水量等の関係で作物ごとの栽培限界が生じたり、_(え)土壌や地形を生かして特定の作物生産が行われたりする。

もう一つは、社会的条件である。生産活動の目的や、農業を担う _(お)経営主体の特徴、経済の発展段階による _(か)農業機械もしくは施設の利用の程度、農地の所有関係等の状況に応じて、農業の様相にも大きな違いが生じる。

また、グローバル化の進展は、世界各地の農業にも変容をもたらしている。例えば、今日、タイとベトナムは、世界有数の米の _(き)生産国であり輸出国となっている。主な生産地域は、_(く)メコン川やチャオプラヤ川の下流域に広がる沖積平野である。さらに、ベトナムは、コーヒー豆に関しても世界屈指の輸出国であり、輸出量（2016年）で 26 に次ぐ世界第2位となっている。

問1 下線部（あ）に関連して、食料の確保をめぐる取り組みの説明として**最も不適当なもの**を、次の①～⑤の中から一つ選べ。　　　　　14

① 緑の革命では、品種改良や栽培技術の向上等で高収量の穀物生産を実現した。

② WFPは、自然災害や地域紛争に伴う食料の緊急事態に対して、食料援助を進める国連の機関である。

③ 日本では供給熱量ベースの食料自給率が4割を下回っており、食料の輸入依存度が大きい。

④ 白い革命は、主に降雪量の多い寒冷地域で保存食の普及に努める取り組みである。

⑤ バーチャルウォーターとは、輸入食料を国内で生産した場合に要すると見込まれる仮想の水のことである。

問2 下線部（い）に関連して、世界各地に形成されている農業地域および農業の経営形態の説明として最も適当なものを、次の①～④の中から一つ選べ。　　　　　15

① 企業的穀物農業は、機械化の進展と労働集約的な生産活動を特徴とする。

② 商業的混合農業は、畜産物の販売を重点とする場合が一般的である。

③ 集約的畑作農業は、ヨーロッパの比較的冷涼・乾燥した地域に多くみられる。

④ 地中海式農業では、夏が比較的湿潤でコルクガシや柑橘類の生産が盛んである。

32 2021 年度　地理　　　　　　　　　　　　　　　　　　　　　　　　　東京農業大

問3　下線部（う）に関連する次の（1）～（3）の問いに答えよ。

（1）気温や降水量を反映した世界の農業地域の説明として，最も適当なものを次の①～⑤の中から一つ選べ。
　　16

　　　① モンスーンの影響で，降水量の多いアジア各地でオアシス農業が発展してきた。

　　　② 寒冷な地域のほうが熱帯地域よりも，広く移動式の焼畑農業が行われてきた。

　　　③ ステップ地域では，自然の草地を利用するラクダやヤギ等の遊牧がみられる。

　　　④ ツンドラ地帯では，標高差を生かして季節による移牧が行われてきた。

　　　⑤ 砂漠地域では，外来河川を生かした焼畑農業が発展してきた。

（2）気温や降水量を反映した中国の農業地域の説明として，最も適当なものを次の①～⑤の中から一つ選べ。
　　　　　　　　　　　　　　　　　　　　　　　　　　　　　　　　　　　　　　　17

　　　① 温暖な華南地域では，米の二期作や茶などの生産がみられる。

　　　② 年間800～1,000mmの等降水量線より南は，小麦生産が盛んである。

　　　③ 中国東北部は寒冷であり，稲作はほとんど行われていない。

　　　④ 長江の中・下流域に位置する華中では，大豆やコウリャンの生産が盛んである。

　　　⑤ 中国西部の乾燥地域では，広く大豆の生産が主流となっている。

（3）ブエノスアイレスを中心とした温帯草原として知られるパンパは，湿潤パンパと乾燥パンパに分けられる。湿潤パンパよりも乾燥パンパで盛んな農業として最も適当なものを，次の①～⑤の中から一つ選べ。
　　　　　　　　　　　　　　　　　　　　　　　　　　　　　　　　　　　　　　　18

　　　① アルファルファの栽培　　② 肉牛生産　　③ とうもろこしの栽培

　　　④ 牧羊　　　　　　　　　　⑤ 小麦の栽培

問4　下線部（え）に関連する次の（1）～（2）の問いに答えよ。

（1）土壌名とその土壌で広く生産されている農作物名の組み合わせとして**最も不適当なもの**を，次の①～⑤の中から一つ選べ。
　　　　　　　　　　　　　　　　　　　　　　　　　　　　　　　　　　　　　　　19

　　　① レグールと綿花　　　　　　② プレーリー土ととうもろこし

　　　③ テラローシャとコーヒー豆　④ ラトソルとオリーブ

　　　⑤ チェルノーゼムと小麦

（2）世界には地域特有の多様な土壌が存在するが，風によって運ばれ堆積した土壌として最も適当なものを，次の①～⑤の中から一つ選べ。
　　　　　　　　　　　　　　　　　　　　　　　　　　　　　　　　　　　　　　　20

　　　① レス　　② ポドゾル　　③ テラロッサ　　④ ラテライト　　⑤ ツンドラ土

問5　下線部（お）に関連して，農業を担う経営主体についての説明として**最も不適当なもの**を，次の①～⑤の中から一つ選べ。
　　　　　　　　　　　　　　　　　　　　　　　　　　　　　　　　　　　　　　　21

　　　① ファゼンダは，ブラジルにみられる大土地所有制に基づく大農園である。

　　　② ロシアのダーチャは，旧ソ連のコルホーズ（集団農場）を再編した農業法人である。

　　　③ 中国では改革開放政策開始後，農業は基本的に生産責任制が採用された。

　　　④ アグリビジネスとは，農産物の生産・加工・貯蔵・輸送・販売等の農業関連産業の総称である。

　　　⑤ プランテーションは，主に熱帯・亜熱帯地域で展開されてきた大規模で商業的な農場である。

問6　下線部（か）に関連して，次の（1）～（2）の問いに答えよ。

（1）農業機械もしくは施設の名称と，密接な関係性をもつ語句の組み合わせとして**最も不適当なもの**を，

東京農業大   2021 年度　地理　*33*

次の①～⑤の中から一つ選べ。   22

① トラクターと耕うん　　　② コンバインと除草

③ ビニールハウスと促成栽培　　④ ポートエレベーターと穀物貯蔵

⑤ サイロと飼料作物

（2）世界各地にある乾燥地域の地下用水路として、**最も不適当なもの**を、次の①～⑤の中から一つ選べ。

                                                             23

① フォガラ　　② カナート　　③ アシエンダ　　④ カンアルチン　　⑤ カレーズ

問7　下線部（き）に関連して、下の表は米の生産量の世界ランキング第5位までを示している。第2位の
　　Yの国は、茶の生産も盛んである。この表の順位と同じように、2017年において第1位が中国・第2位
　　がYの国というものを、次の①～⑤の中から一つ選べ。   24

表　米の生産量の世界ランキング（2017年）

順位	国	世界シェア（%）
1	中国	27.6
2	Y	21.9
3	インドネシア	10.6
4	バングラデシュ	6.4
5	ベトナム	5.6

資料：『データブック　オブ・ザ・ワールド2020年版』より作成。

① 原油の埋蔵量　　② 天然ガスの産出量　　③ 金の産出量

④ 鉄鉱石の産出量　　⑤ 石炭の産出量

問8　下線部（く）と**最も関係のうすいもの**を、次の①～⑤の中から一つ選べ。　　　　25

① 多目的ダム　　② 外来河川　　③ 南シナ海

④ デルタ地帯　　⑤ チベット高原

問9　 26 　にあてはまる国の説明として、**最も不適当なもの**を次の①～⑤の中から一つ選べ。

① 旧宗主国はポルトガルである。

② サトウキビの生産量（2017年）は世界第1位である。

③ 発電量（2016年）は火力発電の比重が最も大きい。

④ 国内に広範な熱帯雨林がある。

⑤ 大豆の生産量（2017年）は世界第2位である。

Ⅲ 西アフリカおよびアジア地域(ロシアを含む)に関連して、問1〜問2の設問に答えよ。

問1 西アフリカに関する次の文章を読んで、次の(1)〜(7)の問いに答えよ。

西アフリカの農業では、輸出作物の(あ)カカオ豆や、主食として重要な(い)キャッサバや(う)とうもろこしなど、多くの作物が生産されている。一方、(え)サヘルでは(お)砂漠化が深刻な問題となっている。

(1) 下線部(あ)の生産量(2017年)が世界第1位と第2位の国の組み合わせとして、最も適当なものを次の①〜⑥の中から一つ選べ。　27

① 第1位:ガーナ　　　　　　第2位:ナイジェリア
② 第1位:コートジボワール　　第2位:ガーナ
③ 第1位:ナイジェリア　　　　第2位:コートジボワール
④ 第1位:ブルキナファソ　　　第2位:ギニア
⑤ 第1位:マリ　　　　　　　　第2位:セネガル
⑥ 第1位:ギニア　　　　　　　第2位:マリ

(2) 下線部(い)に関連して、下の図はガーナ、ナイジェリア、モザンビーク、アンゴラ、コンゴ民主共和国のキャッサバ生産量(2017年)と、その国の人口密度(2019年)の関係を示したものである。ナイジェリアに該当する図中の記号を、次の①〜⑤の中から一つ選べ。　28

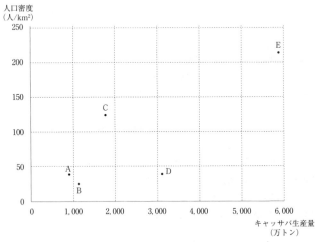

図 キャッサバの生産量(2017年)と人口密度(2019年)の関係
資料:『データブック オブ・ザ・ワールド2020年版』より作成。

① A　② B　③ C　④ D　⑤ E

(3) 下線部(う)の説明として最も不適当なものを、次の①〜⑤の中から一つ選べ。　29
① アメリカ合衆国におけるとうもろこし主要産地の一つはネヴァダ州である。

東京農業大　　　　　　　　　　　　　　　　　　　　　　2021 年度　地理　*35*

② トルティーヤはとうもろこし粉が原料である。

③ 加工して甘味料を製造できる。

④ アフリカ東部と南部でも主食として重要である。

⑤ バイオ燃料の原料になる。

（4）下線部（え）に関する説明として**最も不適当なもの**を、次の①～⑤の中から一つ選べ。　　30

① ギニア湾岸一帯を含む。

② 燃料とする薪の需要増のため過伐採が進んでいる。

③ 休閑期をもうけない過耕作のため土地が疲弊している。

④ 過放牧が行われており、これは砂漠化の一因である。

⑤ 砂漠化防止のためにアカシアが植樹されている。

（5）下線部（お）について、砂漠化対策と**最も関係のうすい用語**を、次の①～④の中から一つ選べ。

　　31

① 退耕還林　　② 緑の長城計画　　③ 固砂林　　④ ナショナルトラスト運動

（6）西アフリカの国に関する説明として**最も不適当なもの**を、次の①～⑤の中から一つ選べ。　　32

① 19世紀前半、アメリカ合衆国から多くの解放奴隷がリベリアに移住した。

② ナイジェリアでは原油が主要な輸出品目である。

③ セネガルの主要宗教はイスラーム（イスラム教）である。

④ マリの公用語は英語である。

⑤ 金を産出するガーナは、植民地時代にゴールドコーストとよばれた。

（7）ニジェール川が流れる国を、次の①～⑤の中から一つ選べ。　　33

① ケニア　　② ガーナ　　　③ モーリタニア

④ リベリア　　⑤ ナイジェリア

問2 下の地図を読んで、次の（1）〜（6）の問いに答えよ。

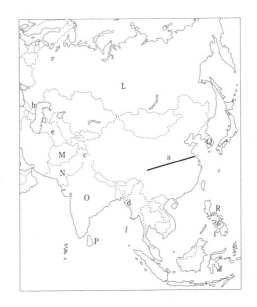

(1) aの線に関する説明として**最も不適当なもの**を、次の①〜④の中から一つ選べ。　34

①　秦嶺=淮河線とよばれる。
②　1月の平均気温が0℃の線とほぼ一致する。
③　この線の北部より南部のほうが降水量が多い。
④　北緯20〜25度に位置する。

(2) Mの国に関する説明として最も適当なものを、次の①〜⑤の中から一つ選べ。　35

①　首都の年降水量は約1,000mmである。
②　タリバン政権時代にアメリカ合衆国による空爆が行われた。
③　石油の輸出が経済を支えている。
④　公用語はアラビア語である。
⑤　多数派の宗教はイスラーム（イスラム教）シーア派である。

(3) 各地で起こった紛争に関する説明について、地図上の記号の**位置が正しくないもの**を、次の①〜⑤の中から一つ選べ。　36

①　bのカフカス地域では民族分布が複雑で、チェチェン共和国など政治的に不安定な地域が多い。
②　Pの国では2019年4月、キリスト教教会などを狙った爆破テロ事件が発生した。
③　cのカシミール地方の帰属をめぐって、対立が長年にわたって続いている。
④　2010年代に、ロヒンギャが住むdの地域から多数の難民が隣国に避難した。
⑤　クルド人が住むeの地域では、独立を目指した民族紛争が続いている。

(4) Oの国の農業に関する説明として**最も不適当なもの**を、次の①〜④の中から一つ選べ。　37

東京農業大   2021 年度　地理　*37*

① 「緑の革命」により1960年代後半から食料増産に成功した。

② ジュートは主にデカン高原で生産されている。

③ 綿花の輸出量（2017年）はOの国よりアメリカ合衆国のほうが多い。

④ 農業従事者１人あたりの農地面積は狭く、土地をもたない農民が多い。

（5）下記のうち合計特殊出生率（2017年）が最も低い国の地図上の記号を、次の①～⑤の中から一つ選べ。

　　　　　　　　　　　　　　　　　　　　　　　　　　　　　　　　　38

① N　　② M　　③ O　　④ Q　　⑤ R

（6）Lの国に関する説明として**最も不適当な**ものを、次の①～⑤の中から一つ選べ。　　39

① エニセイ川より東側は西側より人口密度が高く、資源開発が進んでいる。

② 植生は、北極海沿岸地域や南西部を除く大半が、タイガとよばれる針葉樹林におおわれている。

③ 人口構成は、スラブ系のロシア民族が全体の約８割を占める。

④ 日本のL国からの輸入額（2017年）は、原油や液化天然ガスが上位を占める。

⑤ CISは、旧ソ連構成国との間で結ばれた、緩やかな国家連合である。

現代社会

(60分)

I 基本的人権に関する次の文章を読み、下記の設問（**問1～問10**）に答えよ。

(a) 18世紀に欧米で基本的人権が宣言されたとき、そのおもな内容をなしていたのは、個人が国家権力による束縛や社会的身分から自由に行動する権利、つまり「国家からの自由」であった。これを自由権と呼ぶ。

精神の自由なしには人格の尊重は実現できないため、日本国憲法は、思想及び　1　の自由を中心に、　2　の自由、集会・　3　・表現の自由、学問の自由を定めている。　2　の自由との関連で、国が宗教活動をしたり、特定の宗教団体に特権を与えたりすることは、(b) 政教分離の原則によって禁止される。この原則は、戦前、　4　が強制された日本の歴史をふまえ、尊重されなければならない。

身体の自由については、　5　的拘束及び苦役からの自由を保障し、刑事手続きに対する二つの基本原則（罪刑法定主義、法定手続きの保障）を示している。また経済の自由としては、居住・移転の自由及び職業選択の自由、　6　権の保障を定めている。

日本国憲法第22条及び第29条において、　7　の自由に対しては (c)「公共の福祉」による制限を明記している。

問1 文中の　1　に入る最も適当なものを、次の①～⑤の中から一つ選べ。

① 信条　② 良心　③ 行動　④ 感情　⑤ 身上

問2 文中の　2　に入る最も適当なものを、次の①～⑤の中から一つ選べ。

① 宗派　② 寄進　③ 信教　④ 布教　⑤ 布施

問3 文中の　3　に入る最も適当なものを、次の①～⑤の中から一つ選べ。

① 結社　② 起業　③ 結集　④ 交流　⑤ 興業

問4 文中の　4　に入る最も適当なものを、次の①～⑤の中から一つ選べ。

① 仏教　② 国家神道　③ 民族宗教　④ 教派神道　⑤ 儒教

問5 文中の　5　に入る最も適当なものを、次の①～⑤の中から一つ選べ。

① 下僕　② 人格　③ 社会　④ 法　⑤ 奴隷

問6 文中の　6　に入る最も適当なものを、次の①～⑤の中から一つ選べ。

① 物　② 財産　③ 所有　④ 経済活動　⑤ 販売

問7 文中の　7　に入る最も適当なものを、次の①～⑤の中から一つ選べ。

① 経済　② 表現　③ 精神　④ 身体　⑤ 学問

問8 文中の下線部 (a) 18世紀に欧米で基本的人権が宣言されたことに関連して、基本的人権に関する記述として、**最も適当でないもの**を次の①～⑤の中から一つ選べ。　8

① フランス人権宣言は、正式には「人及び市民の権利の宣言」といい、ラファイエットによって起草

された。

② フランス革命の背景には、租税や貢納などの重い負担にも関わらず、参政権を持たない第三身分の
不満が高まっていたことがある。

③ ヴァージニア憲法は、アメリカ独立宣言後にアメリカ諸州の中で最も早く制定された憲法である。
自然権としての人権、人民主権、革命権などを規定するヴァージニア権利章典に、統治機構の条文を
加えて成り立っている。

④ イギリスの思想家ペインは、アメリカに渡って『コモンセンス』を書き、独立達成を訴えた。また
その後、フランスに渡ってフランス革命を支持する『人間の権利』を著した。

⑤ 18世紀の人権は自由権が中心であったが、20世紀になり、1919年に制定されたワイマール憲法では、
生存権や労働者の団結権など、新しいタイプの人権が保障された。

問9 文中の下線部 (b) 政教分離に関する記述として、**最も適当でないもの**を次の①〜⑤の中から一つ選
べ。 ⬚9

① 殉職した自衛官を、キリスト教徒の妻の意思に反し、自衛隊が靖国神社に合祀したことに対し、地
裁判決と高裁判決では合憲とされたが、2010年の最高裁判決では違憲となった。

② 靖国神社は、戦前に軍国主義普及の役割を担ったことから、首相や閣僚が参拝することに関して、
政教分離などをめぐる議論が国内外で起こっている。

③ 北海道砂川市が市有地を市内の空知太神社に無償提供してきた行為に対し、2010年の最高裁判所の
判決は、特定宗教への援助ととられてもやむをえない、とした。

④ 愛媛県が靖国神社に納めた玉串料を公費で負担したことに対し、1992年に高松高等裁判所は憲法違
反ではないとしたが、1997年に最高裁判所は、違憲判決を示した。

⑤ 日本国憲法第20条には、「国及びその機関は、宗教教育その他いかなる宗教的活動もしてはならない」
と明記してある。

問10 文中の下線部 (c)「公共の福祉」に関する記述として、**最も適当でないもの**を次の①〜⑤の中から一
つ選べ。 ⬚10

① 集会の制限として、刑法では、デモに対する規制を定めている。

② 表現の自由の制限として、公職選挙法では、選挙運動の制限を定めている。

③ 居住・移転の制限として、感染症法では、感染症患者の隔離を定めている。

④ 「公共の福祉」による人権制限の背後には、「個人の尊重」が日本国憲法の根源的価値であるため、
ある個人の人権を制限できるものは、別の個人の人権しか無い、という考えがある。

⑤ 土地収用法は、公共の利益となる事業に必要な土地などの公用収用、または使用に関する基本法で
ある。公共の利益の増進と私有財産との調整を図ることを目的としている。

40 2021年度 現代社会 東京農業大

Ⅱ 日本経済に関する次の文章を読み、下記の設問（問1〜問10）に答えよ。

　国際通貨制度が、戦後長く続いた (a) 固定為替相場制から変動為替相場制へと移行した後、ドルは下落
していったが、その後、　11　の「強いドル」政策と高金利政策によって上昇に転じた。その急速な上昇
に懸念を抱いた先進諸国は1985年、(b) 為替相場の是正に合意した。この結果、日本経済は　12　と呼ば
れる深刻な不況におちいった。この不況に対して、日本銀行も金融緩和策をとり、政府も内需拡大策をとっ
た。この結果、1980年代後半から1990年代初頭にかけて、平成景気とも　13　とも呼ばれる長期間の好景
気となった。

　しかし、1991年頃から2000年代初頭にかけて、日本経済は一転して (c) 平成不況とよばれる深刻な不況
におちいった。政府や日本銀行の対策にも関わらず日本経済は低迷を続け、この時期は「　14　」ともよ
ばれた。

　産業再生と金融システムの安定化および財政再建が急務となり、2000年代に入ると「(d) 構造改革」が
かかげられ、さまざまな施策が断行された。こうして、2002年ごろから景気は次第に回復に向かった。

　その後、(e) サブプライムローン問題に端を発した世界金融危機の余波は日本にもおよび、日本経済は大
きな打撃を受けた。さらに、2010年の　15　も世界や日本の経済に影響を与えた。

問1　文中の　11　に入る最も適当なものを、次の①〜⑤の中から一つ選べ。

①　ニクソン大統領　　②　レーガン大統領　　③　ブッシュ（父）大統領

④　キッシンジャー国務長官　　　　　　　⑤　ライス国務長官

問2　文中の　12　に入る最も適当なものを、次の①〜⑤の中から一つ選べ。

①　円高不況　　②　ドル高不況　　③　円安不況　　④　昭和不況　　⑤　なべぞこ不況

問3　文中の　13　に入る最も適当なものを、次の①〜⑤の中から一つ選べ。

①　神武景気　　②　いざなぎ景気　　③　バブル景気　　④　内需景気　　⑤　日銀景気

問4　文中の　14　に入る最も適当なものを、次の①〜⑤の中から一つ選べ。

①　日本版大恐慌　　②　大失業時代　　③　日本経済の氷河期

④　失われた10年　　⑤　デフレ・エイジ

問5　文中の　15　に入る最も適当なものを、次の①〜⑤の中から一つ選べ。

①　ギリシャの財政危機　　②　東日本大震災　　③　イギリスのEU離脱決定

④　トランプ政権の成立　　⑤　政権交代

問6　文中の下線部 (a) 固定為替相場制に関する記述として、**最も適当でないもの**を次の①〜⑤の中から
一つ選べ。　16

①　1944年のブレトン・ウッズ協定によって、固定為替相場制などの戦後の国際通貨体制が決められた。

②　国際通貨基金は、固定為替相場制維持や国際通貨の安定のために作られた組織である。

③　戦後の固定為替相場制では、各国の準備通貨のドルは、1オンス＝30ドルで金との交換が保証された。

④　円の対ドル為替レートは、1949年から1971年まで1ドル＝360円だった。

⑤　1971年にアメリカが金とドルの交換を停止し、固定為替相場制は事実上崩壊した。

問7　文中の下線部 (b) 為替相場の是正に合意に関する記述として、**最も適当でないもの**を次の①〜⑤の
中から一つ選べ。　17

① この合意がおこなわれたのは、ニューヨーク市のプラザホテルである。

② この合意をおこなったのは、先進 6 か国蔵相・中央銀行総裁である。

③ この合意で、ドル高の是正が取り決められた。

④ 合意の結果、為替レートは、1986年夏には 1 ドル＝150円台になった。

⑤ この合意の後、1987年にはドル安定を目標とするルーブル合意が成立した。

問8　文中の下線部 (c) 平成不況に関する記述として、**最も適当でないもの**を次の①〜⑤の中から一つ選べ。

　　　18

① 平成不況期には、日本銀行は、ゼロ金利政策や量的緩和政策をおこなった。

② 多額の不良債権をかかえた銀行の貸し渋りなどにより、資金繰りに苦しむ企業の倒産が相次いだ。

③ 山一證券や日本長期信用銀行など、大手金融機関でも経営破綻に陥るところがでてきた。

④ 日本経済は、不況と物価下落が悪循環するデフレスパイラルの状態に陥った。

⑤ 平成不況期は長かったが、毎年の実質経済成長率はかろうじてプラスを維持した。

問9　文中の下線部 (d) 構造改革に関する記述として、最も適当なものを次の①〜⑤の中から一つ選べ。

　　　19

① 石油公団の民営化がおこなわれた。

② 郵便事業の民営化と簡易保険事業の廃止がおこなわれた。

③ 日本道路公団の民営化がおこなわれた。

④ 特区制度が廃止された。

⑤ 電電公社の民営化がおこなわれた。

問10　文中の下線部 (e) サブプライムローン問題に端を発した世界金融危機に関する記述として、**最も適当でないもの**を次の①〜⑤の中から一つ選べ。　20

① サブプライムローンとは、信用度の低い借り手に対する住宅ローンのことである。

② 2008年に大手生命保険会社のリーマン・ブラザーズが破綻し、世界的に金融危機が広がった。

③ 世界金融危機は日本にも大きな打撃を与え、輸出産業を中心とした「派遣切り」が社会問題となった。

④ 2008年と2009年の 2 年連続で、日本経済はマイナス成長となった。

⑤ 2009年には、アメリカの大手自動車会社であるクライスラーとゼネラルモーターズが経営破綻した。

42 2021 年度 現代社会　　　　　　　　　　　　　　　　　　　　　　　　　　　　　東京農業大

Ⅲ 科学技術と生命に関する次の文章を読み、下記の設問（問1〜問10）に答えよ。

　2007年、山中伸弥教授を中心とした研究チームが、ヒトの細胞から (a) iPS細胞（人工多能性幹細胞）の作製に成功した。これにより、(b) 再生医療の可能性が大きく広がった。山中伸弥教授は、これらの業績により、2012年ノーベル ［ 21 ］ を授与された。

　(c) 科学技術の発達に伴う急速な医療技術の進展は、これまで助からないとされた命を救ったり、難病を抱えて悩む人に回復の道をひらいたりと、私たちに大きな希望をもたらす半面、(d) 生命の誕生や死に対して、人間がどこまで介入してよいのか、という問題を投げかけている。通常の妊娠が難しい場合に、体外受精によって子と遺伝的な繋がりのない代理の母が出産する ［ 22 ］ や夫の精子を妻以外の女性に人工授精して子と遺伝的な繋がりのある代理の母が出産する ［ 23 ］ をどう考えるか、終末医療のなかで (e) 尊厳死や安楽死を認めるべきか、(f) 出生前診断や着床前診断によって生命の誕生を操作すべきか、といったことが、医療の現場で ［ 24 ］ の問題として活発に議論されている。私たち一人ひとりの倫理観が問われる場面は、今後一層増えていくだろう。

問1 文中の ［ 21 ］ に入る最も適当なものを、次の①〜⑤の中から一つ選べ。
　　① 物理学賞　　② 化学賞　　③ 生理学・医学賞　　④ 平和賞　　⑤ 文学賞

問2 文中の ［ 22 ］ に入る最も適当なものを、次の①〜⑤の中から一つ選べ。
　　① オルタネートマザー　　② ホストマザー　　③ リアルマザー
　　④ セカンドマザー　　　　⑤ サロゲートマザー

問3 文中の ［ 23 ］ に入る最も適当なものを、次の①〜⑤の中から一つ選べ。
　　① オルタネートマザー　　② ホストマザー　　③ リアルマザー
　　④ セカンドマザー　　　　⑤ サロゲートマザー

問4 文中の ［ 24 ］ に入る最も適当なものを、次の①〜⑤の中から一つ選べ。
　　① ノーマライゼーション　　② 生命倫理　　③ 生命爆発　　④ 環境倫理　　⑤ 生命進化

問5 文中の下線部 (a) iPS細胞（人工多能性幹細胞）に関する記述として、最も適当なものを次の①〜⑤の中から一つ選べ。 ［ 25 ］
　　① 受精卵をある成長段階で壊して培養する必要があるため、倫理的に問題があるとされる。
　　② iPS細胞（induced Pluripotent Stem cell）という名称は、山中伸弥教授によるものである。
　　③ 皮膚などの体細胞に遺伝子を入れて作るので、拒絶反応を抑制できない。
　　④ iPS細胞から作製した細胞を患者に移植する手術は、2020年時点でまだ行われていない。
　　⑤ 2010年に京都府立医科大学内に、iPS細胞研究所（CiRA）が設立された。

問6 文中の下線部 (b) 再生医療に関する記述として、**最も適当でない**ものを次の①〜⑤の中から一つ選べ。 ［ 26 ］
　　① 病気や事故によって損傷や機能不全を起こした組織や臓器を、薬・人工素材・幹細胞などを用いて再生することを目指した医療方法の総称である。
　　② 産業への波及効果も大きいとされ、経済産業省の試算では再生医療の国内市場規模は、2030年に1兆円、50年に2.5兆円に伸びるとされる。
　　③ これまでは他人から組織や臓器を提供してもらい、移植するという方法が採られてきた。

東京農業大   2021 年度　現代社会　*43*

④　やけどのために皮膚を移植することは、再生医療には含まれない。

⑤　ゲノム解析の急速な進歩は、医薬品の製造や再生医療の分野にも大きく貢献することが期待される。

問7　文中の下線部 (c) 科学技術の発達に関する記述として、最も適当なものを次の①～⑤の中から一つ選べ。　27

①　遺伝子操作技術に支えられたインフォームド・コンセントの発達は、農業、畜産、医療などの分野で大きな成果をもたらしている。

②　1997年にイギリスの科学雑誌「Nature」にクローン牛のボニーの写真が掲載され、世界に衝撃を与えた。

③　遺伝子はRNA（リボ核酸）と呼ばれる物質であり、そこにさまざまな遺伝情報が盛り込まれている。

④　2003年に、約30億塩基対からなるヒトゲノム配列の解読計画であるヒトゲノム計画が完了した。

⑤　遺伝子組みかえ技術の普及促進を目的としたカルタヘナ議定書の影響で、日持ちの良いトマトや高収量の穀物などの新しい品種が次々に生み出されている。

問8　文中の下線部 (d) 生命の誕生や死に関する記述として、最も適当なものを次の①～⑤の中から一つ選べ。　28

①　現在、日本では晩婚化や医療技術の向上を背景として、不妊に悩む夫婦が不妊治療を受ける事例が増加している。

②　リビング・ウィルとは、傷病の緊急度や程度に応じて、適切な搬送・治療を行うことである。

③　2009年に改正された臓器移植法においても、家族が同意しても本人の提供の意思が示されないと臓器移植は不可能である。

④　現在、日本では代理母によって得た子であっても、法律では受精卵や精子を提供した夫婦の実子と認められる。

⑤　人工呼吸器などの生命維持装置の助けを借りて呼吸はしていても、脳は動いておらず、機能が元に戻らないことが確定的であれば「死」と定義することを、社会死と呼ぶ。

問9　文中の下線部 (e) 尊厳死や安楽死に関する記述として、最も適当なものを次の①～⑤の中から一つ選べ。　29

①　延命治療を拒み、人間としての尊厳を保つため、自らの意思で死を選ぶことを安楽死とよぶ。

②　回復の見込みのない病気などにかかっている場合、患者の希望により、より苦痛の少ない方法で死なせることを尊厳死と呼ぶ。

③　尊厳死には、弱い立場にある重病患者に「まわりに迷惑をかけずに死ぬのが美徳である」という価値観を植え付けることになるなどの批判がある。

④　回復の困難な病気に対する安楽死は、日本でも法律で認められている。

⑤　夏目漱石の『高瀬舟』は、明治時代を舞台に安楽死を取り上げた短編小説である。

問10　文中の下線部 (f) 出生前診断や着床前診断に関する記述として、最も適当なものを次の①～⑤の中から一つ選べ。　30

①　着床前診断とは、胎児の遺伝子や染色体を検査して胎児の異常の有無を調べることである。胎児に障がいの可能性のある場合、人工流産を行うことに結び付くことが懸念される。

②　出生前診断には、病気が存在する可能性を羊水検査により調べる確定検査と、超音波検査や母体血清マーカー検査等によってほぼ診断が確定する非確定検査がある。

44 2021 年度　現代社会　　　　　　　　　　　　　　　　　　　　　　　　　　　　東京農業大

③　妊娠と出産の、いわゆる性と生殖の過程が、身体的・精神的・社会的に良好であることを享受する権利をリプロダクティブ・ライツという。

④　出生前診断は、妊娠前の段階で受精卵の染色体異常等を調べるため、「命の選別」につながるとも考えられる。

⑤　ドラマ『コウノドリ』では、妊婦が検査の結果、胎児にダウン症が疑われることで悩む姿が描かれるが、これは着床前診断の例である。

Ⅳ　国際紛争に関する次の文章を読み、下記の設問（**問１～問10**）に答えよ。

　国家間の紛争が軍事力の行使にまでエスカレートすることがある。これを防ぐために様々な方策がとられてきた。例えば、古くから　31　の政策がとられてきた。これは力のバランスがとれていれば、おたがいが軍事行動の危険を回避するはずだという考え方である。しかし、　31　は　32　におちいりがちで、ひとたび崩壊すると大きな戦争は妨げないという欠陥ももっていた。

　31　政策の欠陥を乗り越えようとしたのが、　33　という仕組みである。国際社会を構成する諸国が１つとなり共通の敵に立ち向かうべきだという考え方である。この仕組みが働けば、いずれの国も勝利の見込みのない戦争を開始するはずがなく、平和が維持されるはずだと考えられた。古くは　34　の　35　にもその考え方の原型がみられる。　33　の仕組みは第一次世界大戦後、　36　をとなえた当時のアメリカ大統領　37　によって提唱された歴史上初の常設の国際機構である　38　によって実現された。

問１　文中の　31　に入る最も適当なものを、次の①～⑤の中から一つ選べ。

①　均衡抑止力　　　　　②　多国間主義　　　③　マルチバランス

④　マルチラテラリズム　⑤　勢力均衡

問２　文中の　32　に入る最も適当なものを、次の①～⑤の中から一つ選べ。

①　核開発化　　②　軍縮の罠　　③　経済競争　　④　軍拡競争　　⑤　国力拡大

問３　文中の　33　に入る最も適当なものを、次の①～⑤の中から一つ選べ。

①　包括平和維持　　②　集団的自衛権　　③　自国安全主義

④　同盟　　　　　　⑤　集団安全保障

問４　文中の　34　に入る最も適当なものを、次の①～⑤の中から一つ選べ。

①　ヘーゲル　　②　カント　　③　ベンサム　　④　J.S.ミル　　⑤　キルケゴール

問５　文中の　35　に入る最も適当なものを、次の①～⑤の中から一つ選べ。

①　『永久幸福への道』　　②　『平和維持の仕組み』　　③　『永久平和のために』

④　『安全国家への道』　　⑤　『平和と安全』

問６　文中の　36　に入る最も適当なものを、次の①～⑤の中から一つ選べ。

①　安全14か条　　　②　平和14か条　　　③　安全と平和のための13か条

④　恒久平和15か条　⑤　安全平和18か条

問７　文中の　37　に入る最も適当なものを、次の①～⑤の中から一つ選べ。

① ウィルキンソン ② ウィリアムス ③ ワシントン
④ マディソン ⑤ ウィルソン

問8 文中の ☐38☐ に入る最も適当なものを、次の①～⑤の中から一つ選べ。

① 国際安全機構 ② 国際平和安全機構 ③ 国際平和組織
④ 国際講和条約 ⑤ 国際連盟

問9 国連（国際連合）に関する記述として、**最も適当でないもの**を次の①～⑤のうちから一つ選べ。
☐39☐

① 二度にわたる大戦を経験した世界は、こうした悲劇を繰り返すまいと51か国が国連憲章に署名し、1945年に国際連合（国連）が設立された。

② 国連が生まれたのは、戦争を防ぐにはすべての国が協力する強固な国際機関が欠かせない、という共通の認識が生まれたからである。

③ 国連の第一の目的は、国際の平和と安全の維持である。さらに、諸国間の友好関係の助長と、基本的人権の尊重、差別の撤廃を目指している。

④ 国連には、総会、安全保障理事会、経済社会理事会、信託統治理事会、事務局、国際司法裁判所の六つの主要機関と数多くの補助機関が設置された。

⑤ 総会は全加盟国で構成され、一国一票の原則のもとに、すべての議案について3分の2以上の多数決で表決される。

問10 国連（国際連合）に関する記述として、**最も適当でないもの**を次の①～⑤のうちから一つ選べ。
☐40☐

① 安全保障理事会は、五つの常任理事国と地理的配分によって選挙される非常任理事国10か国からなる。

② 2020年時点の常任理事国はアメリカ、イギリス、ロシア、フランス、中国である。

③ 非常任理事国の任期は4年で2年ごとに半数が改選される。

④ 安全保障理事会の決定は、実質事項について拒否権をもつ5常任理事国を含む9理事国以上の賛成により行われる。

⑤ 常任理事国が一国でも反対すれば決議は採択されない。これを拒否権といい、大国の脱退を防ぐために導入されたといわれる。

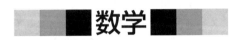

(60 分)

選択肢の中から正しいものを1つ選びなさい。ただし，分数はすべて既約分数(それ以上約分できない分数)とする。

Ⅰ (1) 次の値を求めなさい。

$\tan^2 15° = \boxed{1} - \boxed{2}\sqrt{\boxed{3}}$

(2) xy 平面において，中心が第1象限にあり，x 軸，y 軸および直線 $3x + 4y - 12 = 0$ に接する円の半径は $\boxed{4}$ または $\boxed{5}$ である。ただし，$\boxed{4} < \boxed{5}$ とする。

(3) 初項から第10項までの和が4，初項から第20項までの和が16である等比数列がある。この数列の第31項から第40項までの和は $\boxed{6}$ である。ただし，公比は実数とする。

$\boxed{1}$ ～ $\boxed{5}$ の選択肢
① 1 ② 2 ③ 3 ④ 4 ⑤ 5
⑥ 6 ⑦ 7 ⑧ 8 ⑨ 9 ⑩ 10

$\boxed{6}$ の選択肢
① 54 ② 64 ③ 72 ④ 80 ⑤ 96
⑥ 108 ⑦ 144 ⑧ 162 ⑨ 192 ⑩ 216

東京農業大   2021 年度　数学　**47**

Ⅱ　m は定数とする。xy 平面において，曲線 $y = x^2$ を C_1，曲線 $y = -x^2 + 2mx - m^2 + m + 4$ を C_2 と
するとき，次の問いに答えなさい。

(1) C_1，C_2 が異なる 2 点で交わるような m のとり得る値の範囲は $\boxed{7} < m < \boxed{8}$ である。

(2) C_1，C_2 が異なる 2 点で交わるとき，その 2 つの交点を A，B とし，それぞれの x 座標を
α，β $(\alpha < \beta)$ とする。直線 AB の傾きが -1 となるとき，

$$m = \boxed{9}, \quad \alpha = \frac{\boxed{10} - \sqrt{\boxed{11}}}{2}$$

である。

(3) C_1，C_2 が異なる 2 点で交わるとき，C_1 と C_2 で囲まれる部分の面積を S とすると，
S は $m = \boxed{12}$ で最大値 $\boxed{13}$ をとる。

$\boxed{7} \sim \boxed{12}$ の選択肢

① 1　　② 2　　③ 3　　④ 4　　⑤ 5

⑥ -1　　⑦ -2　　⑧ -3　　⑨ -4　　⑩ -5

$\boxed{13}$ の選択肢

① 4　　② 6　　③ 8　　④ 9　　⑤ 16

⑥ $\dfrac{9}{2}$　　⑦ $\dfrac{27}{2}$　　⑧ $\dfrac{8}{3}$　　⑨ $\dfrac{16}{3}$　　⑩ $\dfrac{32}{3}$

Ⅲ　6人の生徒が2人で1組になって3つの組を作っている。中身の見えない箱の中に「1」,「2」,「3」の数字が書かれた玉がそれぞれ2個ずつ全部で6個入っており，6人の生徒が順番に1人1個ずつ箱の中から玉を取り出す。ただし，取り出した玉は箱の中に戻さない。このとき，次の問いに答えなさい。

(1) 同じ組の2人の数字が3組とも一致する確率は $\dfrac{\boxed{14}}{\boxed{15}}$ である。

(2) 同じ組の2人の数字が少なくとも1組一致する確率は $\dfrac{\boxed{16}}{\boxed{17}}$ である。

(3) 同じ組の2人の数字の和が3組すべて同じ値になる確率は $\dfrac{\boxed{18}}{\boxed{19}}$ である。

(4) 同じ組の2人の数字の和が3組とも偶数になる確率は $\dfrac{\boxed{20}}{\boxed{21}}$ である。

選択肢

① 1　② 2　③ 3　④ 4　⑤ 5
⑥ 7　⑦ 9　⑧ 10　⑨ 15　⑩ 16

Ⅳ　1辺の長さが1の正五角形 OAPQB について，次の問いに答えなさい。

(1) $|\overrightarrow{OP}| = \boxed{22}$ である。

(2) $\overrightarrow{OA} = \vec{a}, \overrightarrow{OB} = \vec{b}$ とするとき，
$\overrightarrow{OP} = \boxed{23}\vec{a} + \vec{b}, \vec{a} \cdot \vec{b} = \boxed{24}$
が成り立つ。

(3) $\cos \angle OPQ = \boxed{25}$ である。

(4) 三角形 OPQ の面積を S，正五角形 OAPQB の面積を T とするとき，$T = \boxed{26} S$ が成り立つ。

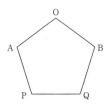

選択肢

① $\sqrt{5}$　② $\dfrac{1+\sqrt{5}}{2}$　③ $\dfrac{3+\sqrt{5}}{2}$　④ $\dfrac{1-\sqrt{5}}{2}$　⑤ $\dfrac{3-\sqrt{5}}{2}$

⑥ $\dfrac{\sqrt{5}-1}{2}$　⑦ $\dfrac{1+\sqrt{5}}{4}$　⑧ $\dfrac{3+\sqrt{5}}{4}$　⑨ $\dfrac{1-\sqrt{5}}{4}$　⑩ $\dfrac{\sqrt{5}-1}{4}$

物理

(60 分)

I 次の文章の空欄 [1] ～ [15] に入る最も適切なものをそれぞれの選択肢から一つずつ選べ。ただし、**選択肢は重複して使用してはならない**。

古くは，光の速さ（光速）は非常に大きく，光速は [1] で瞬間的に光が伝わる，と考えられていた。そして，地上での速さの測定の試みは困難なことであった。

17世紀初頭，[2] は光速を測定するために2km離れた場所で2人の実験者にランプを持たせ，光が往復する時間を測定した。一方のランプから出た光をもう片方の実験者が観測したら，自分のランプの光をもとの方へ送り，最初の実験者は光を出したときから帰ってくるまでの [3] から光速を測定しようとしたが失敗した。それは，光の速さがとても大きかったためであるが，光の速さが [4] であると考えての実験を行ったことに意義がある。

つぎに，デンマークの [5] は，天体観測によって木星とその衛星イオの食（木星の裏に衛星が隠れること）を観察しているうちに，地球が木星に近づいている時期と遠ざかる時期では衛星の公転周期が変動することに気づいた。これは光の速さが [4] であることが原因であると示し，1675年に光の速さを測定した。

1849年に地上の実験で初めて光の速さを測定したのはフランスの [6] で，図1に示す実験装置を用いた。光源Vからの光の一部はハーフミラーKで反射して回転する歯車Rの歯AとBの隙間を通り抜け，遠方にある平面鏡Mで反射して，ふたたび歯車Rの歯AとBの隙間を通り，観測者に到達する。歯数N個の歯車の回転数n[回/s]を上げていくと歯車AとBを通って平面鏡に向かった光の反射光が見えなくなる。これは歯によって反射光がさえぎられるためである。このときの回転数をnとすると，回転周期[s]は [7] となり，光が歯車と平面鏡との間を往復する距離$2L$[m]進むとき，その時間は光の速さをc[m/s]とすると$\dfrac{2L}{c}$となる。最初に最も暗くなる時間[s]は [8] に等しい。したがって，光の速さcは [9] m/sとなる。[6] が行ったときの値，$L=8633$ m，$N=720$個，$n=12.6$回/sを使うと，光の速さの数値は [10] m/sと算出できる。

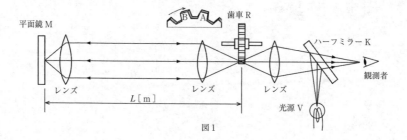

図1

[6] の実験につづいて，1862 年に [11] が図 2 に示す高速で回転する鏡を使った方法で光の速度を測定した。光源 S からの光が回転鏡 R で反射して固定鏡 M へ到達し，ここで反射されたのち，再び回転鏡 R に戻ってくる。この光が往復する間の回転角 θ [°] を精度よく測定した。

　回転鏡の回転数が $n = 800$ 回/s，回転鏡と固定鏡との間の距離が $L = 20.0$ m のとき，$\theta = 3.86 \times 10^{-2}$ [°]（$= 6.74 \times 10^{-4}$ rad）であった。回転鏡 R は 1 s 間に [12] [rad] の角度を回転するので，θ [rad] 回転するのに [13] [s] かかる。この時間で回転鏡から固定鏡までの距離を往復する時間 $\dfrac{2L}{c}$ [s] に等しくなる。そのときの光の速さは式にすると $c =$ [14] [m/s] となり，その数値が [15] m/s ということがわかった。

　現在，精密な測定の結果，光の速さは 2.99792458×10^8 m/s と定められている。

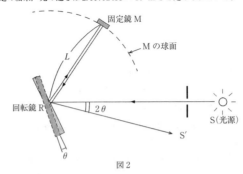

図 2

空欄 [1] ～ [6]，空欄 [11] の選択肢

① 無限大　② 距離の差　③ 有限　④ 時間の差　⑤ ゼロ
⑥ レーマー　⑦ フーコー　⑧ ガリレイ　⑨ フィゾー　⑩ ニュートン

空欄 [7] ～ [10] の選択肢

① $\dfrac{1}{n}$　② $\dfrac{1}{2Nn}$　③ NnL　④ $4NnL$　⑤ $\dfrac{L}{c}$

⑥ $\dfrac{2L}{c}$　⑦ $\dfrac{2N}{n}$　⑧ 2.98×10^8　⑨ 3.00×10^8　⑩ 3.13×10^8

空欄 [12] ～ [15] の選択肢

① πn　② $2\pi n$　③ $\dfrac{\theta}{\pi n}$　④ $\dfrac{\theta}{2\pi n}$　⑤ $\dfrac{\theta}{4\pi n}$

⑥ $\dfrac{2\pi nL}{\theta}$　⑦ $\dfrac{4\pi nL}{\theta}$　⑧ 2.98×10^8　⑨ 3.00×10^8　⑩ 3.13×10^8

Ⅱ 図1に示すように，ばね定数が k [N/m] の軽いつるまきばねに質量が M [kg] の小球をつるしたばね振り子があり，その上端がエレベーターの天井に固定されている。このエレベーターが図2に示す速度 [m/s] と時間 [s] の関係に従って下降を始めるとき，エレベーター内の観測者から見た小球の運動について次の問に答えよ。ただし，鉛直方向上向きを正とし，小球は床等に衝突することなく上下方向のみに運動する。また，エレベーターの加速度 a [m/s²] は重力による加速度の大きさ g [m/s²] よりも小さいものとする。

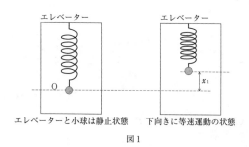

図1

図2

問1　エレベーターが加速しているときの観測者から見た小球の運動エネルギー [J] はいくらか。ただし，静止状態からの小球の変位を x [m] とする。最も適切なものを選択肢より一つ選べ。　16

選択肢

① $Ma\left(\dfrac{Ma}{k} - x\right) - \dfrac{1}{2}kx^2$　② $Ma\left(\dfrac{Ma}{k} - x\right) + \dfrac{1}{2}kx^2$

③ $Ma\left(\dfrac{Ma}{k} + x\right) + \dfrac{1}{2}kx^2$　④ $Ma\left(\dfrac{Ma}{k} + x\right) - \dfrac{1}{2}kx^2$

⑤ $Max + \dfrac{1}{2}kx^2$　⑥ $Max - \dfrac{1}{2}kx^2$

問2　下降を始めて t_1 [s] 後にエレベーターが等速運動となった。t_1 [s] 以後の小球は基準面 O を中心とする単振動となり，t_1 [s] における小球の速度を v_1 [m/s]，基準面 O からの変位を x_1 [m] とするとき，t_1 [s] 以後の小球の単振動の振幅 W [m] はいくらか。最も適切なものを選択肢より一つ選べ。

17

52 2021 年度　物理 東京農業大

選択肢

① $\sqrt{\dfrac{2\,Ma\left(\dfrac{ma}{k}-x_1\right)}{k}}$

② $\sqrt{\dfrac{2\,Ma\left(\dfrac{ma}{k}-x_1\right)+2\,kx_1{}^2}{k}}$

③ $\sqrt{\dfrac{2\,Ma\left(\dfrac{ma}{k}+x_1\right)+2\,kx_1{}^2}{k}}$

④ $\sqrt{\dfrac{2\,Ma\left(\dfrac{ma}{k}+x_1\right)}{k}}$

⑤ $\sqrt{\dfrac{2\,x_1(Ma+kx_1)}{k}}$

⑥ $\sqrt{\dfrac{2\,Max_1}{k}}$

問3　振幅 $W\,[\,\mathrm{m}\,]$ を最大にするための $t_1\,[\,\mathrm{s}\,]$ はいくらか。最も適切なものを選択肢より一つ選べ。ただし，N は自然数とする。　　18

選択肢

① $\dfrac{\pi\,(2N-1)}{2}\sqrt{\dfrac{M}{k}}$

② $\pi\,(2N-1)\sqrt{\dfrac{M}{k}}$

③ $2\,\pi\,(2N-1)\sqrt{\dfrac{M}{k}}$

④ $\dfrac{\pi\,(2N+1)}{2}\sqrt{\dfrac{M}{k}}$

⑤ $\pi\,(2N+1)\sqrt{\dfrac{M}{k}}$

⑥ $2\,\pi\,(2N+1)\sqrt{\dfrac{M}{k}}$

問4　問3のときの $t_1\,[\,\mathrm{s}\,]$ の最小値はいくらか。最も適切なものを選択肢より一つ選べ。　　19

選択肢

① $\dfrac{\pi}{2}\sqrt{\dfrac{M}{k}}$
② $\pi\sqrt{\dfrac{M}{k}}$
③ $2\,\pi\sqrt{\dfrac{M}{k}}$
④ $\dfrac{3\,\pi}{2}\sqrt{\dfrac{M}{k}}$
⑤ $3\,\pi\sqrt{\dfrac{M}{k}}$
⑥ $6\,\pi\sqrt{\dfrac{M}{k}}$

Ⅲ 地球の内部に直線状に掘られたトンネル内の物体の移動について，以下の問に答えよ。ただし，トンネルは十分に細く，トンネル掘削による地球の質量の変化は無視できるものとする。中心Oより r [m] 離れたトンネル内に質量 m [kg] の質点Pを置く。地球は密度が一様と仮定することができ，質量を M [kg] とする。地球の半径を R [m]，万有引力定数を G [N·m²/kg²] とし，地球の自転の影響や摩擦，空気などの抵抗は無視する。なおトンネル内の任意の1点に存在する質量 m の質点Pに働く重力は，Oを中心とした半径 r の球の質量がOに集まったとして，それと質点Pとの間の万有引力に等しく，半径 r の球の外側の部分はこの点への重力には影響しない。

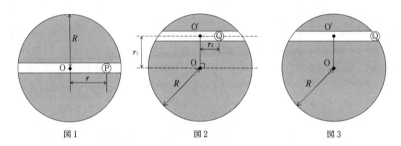

図1　　　　　　　　　図2　　　　　　　　　図3

問1　図1のように質点Pに作用する重力の大きさ [N] はいくらか。最も適切なものを選択肢から一つ選べ。　20

選択肢

① $\dfrac{GMm}{Rr}$　② $\dfrac{GMmr}{R^3}$　③ $\dfrac{GMmr^2}{R^2}$　④ $GMmrR$　⑤ $\dfrac{Gr^2}{R^2}$

問2　質点Pは重力の作用で動き出し，その後に単振動するが，このときの周期 [s] はいくらか。最も適切なものを選択肢から一つ選べ。　21

選択肢

① $2\pi\sqrt{\dfrac{r}{GMR}}$　② $2\pi\sqrt{\dfrac{rR}{GM}}$　③ $2\pi\sqrt{\dfrac{r^2}{GMR^2}}$　④ $2\pi\sqrt{\dfrac{R^3}{GM}}$　⑤ $2\pi\sqrt{\dfrac{rR^3}{GM}}$

問3　図2のように，地球の中心から r_1 [m] だけ離れた距離に地球の中心軸と平行に掘られたトンネルを考える。このとき，トンネル内にあるトンネルの中心O'から r_2 [m] 離れた位置にある質量 m の質点Qに作用する重力の大きさ [N] はいくらか。ただし，質点Qの質量を m [kg] とする。最も適切なものを選択肢から一つ選べ。　22

選択肢

① $\dfrac{GMm}{R^3 r_2}$　② $\dfrac{GMmr_2}{R^3}$　③ $\dfrac{GMm\sqrt{r_1^2+r_2^2}}{R^3}$

④ $\dfrac{GMm\sqrt{r_1^2+r_2^2}}{R}$　⑤ $\dfrac{GM(r_1^2+r_2^2)}{R^2}$

問 4　質点 Q にトンネルに沿った方向に働く力の大きさ [N] はいくらか。最も適切なものを選択肢から一つ選べ。　23

選択肢

① $\dfrac{GMm}{R^2 r_2}$　　② $\dfrac{GMmr_2}{R^3}$　　③ $\dfrac{GMm\sqrt{r_1^2+r_2^2}}{R^3}$

④ $\dfrac{GMm\sqrt{r_1^2+r_2^2}}{R}$　　⑤ $\dfrac{GM(r_1^2+r_2^2)}{R^2}$

問 5　図 3 のように，質点 Q をトンネルの端の地点 A に静かに置いた。このとき，トンネルの中心 O′ を通過するときの速さ [m/s] はいくらか。最も適切なものを選択肢から一つ選べ。ただし，ある地点から距離 x に存在する物質に x に比例した力 $-kx$ $(k>0)$ がはたらくとき，物質を x_0 から x_1 まで動かしたときのこの力によるエネルギーの変化は $\dfrac{1}{2}k(x_0^2-x_1^2)$ で表されることとする。　24

選択肢

① $\sqrt{\dfrac{GMR}{r_1}}$　② $\sqrt{\dfrac{GMr_1^2}{R^3}}$　③ $\sqrt{\dfrac{GM(R^2-r_1^2)}{R^3}}$　④ $\sqrt{\dfrac{GMr_1^2}{R^2}}$　⑤ $\sqrt{\dfrac{GMR_1}{r_1}}$

IV

電流 I [A] と電圧 V [V] の関係が図 1 と式（1），式（2）であらわされる電球がある。ただし，電球の明るさはその消費電力 [W] に比例するものとする。

$V < 5.0\,\mathrm{V}$ のとき，$V = 20\,I^2$　　（1）

$V \geqq 5.0\,\mathrm{V}$ のとき，$V = 18\,I - 4.0$　　（2）

この電球と，起電力が 10 V で内部抵抗が 5.0 Ω の電池を接続して図 2 から図 5 に示す回路を作った。次の問に答えよ。なお，$\sqrt{2} = 1.41$，$\sqrt{3} = 1.73$，$\sqrt{5} = 2.23$ とする。

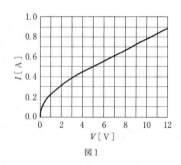

図 1

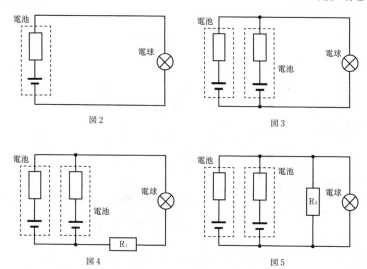

図2　　　　　　　　　　　　図3

図4　　　　　　　　　　　　図5

問1　図2のように，電球を1つの電池でつないだとき，電球に流れる電流［A］はいくらか。最も適切なものを選択肢より一つ選べ。　25

選択肢

① 0.26　② 0.46　③ 0.59　④ 0.61　⑤ 1.1

問2　図3のように，電球と2つの電池を並列につないだとき，電球に流れる電流［A］はいくらか。最も適切なものを選択肢より一つ選べ。　26

選択肢

① 0.13　② 0.50　③ 0.65　④ 0.68　⑤ 0.90

問3　図4のように，図3の回路に抵抗R_1をつないで電球が図2の場合と同じ明るさになるような回路を作った。R_1の抵抗の大きさ［Ω］はいくらか。最も適切なものを選択肢より一つ選べ。　27

選択肢

① 2.5　② 5.0　③ 7.6　④ 15　⑤ 18

問4　図5のように，図3の回路に抵抗R_2をつないで，電球が図2の場合と同じ明るさになるような回路を作った。抵抗R_2の抵抗の大きさ［Ω］はいくらか。最も適切なものを選択肢より一つ選べ。

28

選択肢
① 1.1　② 2.4　③ 3.8　④ 7.6　⑤ 12

問 5 この電球 4 個と電池 1 個，および抵抗 R_3 を用いて図 6 のような回路を作った。スイッチ S を A で閉じた場合，および B で閉じた場合，電球に同じ明るさが生じるための R_3 の抵抗の大きさ［Ω］はいくらか。最も適切なものを選択肢より一つ選べ。29

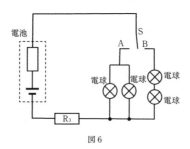

図 6

選択肢
① 3.0　② 3.2　③ 5.0　④ 23　⑤ 72

V 次の空欄 30 ～ 38 に入るもっとも適切なものをそれぞれ選択肢から一つ選べ。ただし，**選択肢は重複して使用してはならない。**

分子の熱運動をもとに標高と気温との関係を考察する。

一般に標高が高くなると気温（温度）は低下する。地表で温められた大気は上昇するとともに密度が減少し，低い気圧（圧力）の条件下では膨張するので，逆に標高の高いところにある大気は下降し，圧縮され，この様な対流構造が存在する。対流の中で両大気は混合しているが，標高（高さ）による温度勾配が存在する。この理由は，大気を構成する主たる分子の低い熱伝導性によると考えられる。すなわち，上記の大気の膨張は 30 と理解される。この考え方を基に標高（高さ）による温度勾配の式を導出する。なお，大気は理想気体と仮定する。 30 を記述する式として 31 をあらわす式（1）がある。

$$pV^\kappa = 一定 \quad (1)$$

式（1）のなかで，p は圧力［Pa］，V は体積［m³］，κ は 32 と呼ばれ，定積モル比熱 C_V［J/(mol·K)］，定圧モル比熱 C_P［J/(mol·K)］より 33 とあらわせる。

ここで求める式は標高（高さ）による温度勾配 $\dfrac{\Delta T}{\Delta h}$（$\Delta T$［K］と Δh［m］はそれぞれ温度，高さの微小変位をあらわす）であるが，温度は高さに依存して減少し，圧力も高さの上昇とともに減少する。従って圧力を媒介として上記の関係式を求めるとする。

式（1）を満足し，かつ理想気体の仮定により，温度 T [K] と圧力 p [Pa] による式（2）を得る。なお，理想気体は 1 モルとして良い。

$$\boxed{34} = 一定 \qquad （2）$$

式（2）の定数を C として圧力の微小変化 Δp [Pa] に対する温度の微小変化 ΔT [K] を求め式（3）を得る。

$$\Delta T = C \frac{\kappa - 1}{\kappa} p^{-\frac{1}{\kappa}} \Delta p \qquad （3）$$

式（2），式（3）より，C を除いた温度と圧力の関係式を作る。

次に，標高（高さ）と圧力の関係式を構築する。深さと水圧の関係からの類推により，標高による気圧差は標高差に等しい高さを持つ円柱（底面積は単位面積（$1\,m^2$）とする）の中に存在する大気の重量に等しいと考えてみる。

地表を高さ $0\,m$ として底面積が単位体積であるような微小の円柱を大気中で考え，上面における圧力と高さをそれぞれ $p + \Delta p$ [Pa]，$h + \Delta h$ [m]，下面における圧力と高さをそれぞれ p [Pa]，h [m]，重力加速度を g [m/s^2]，この円柱内の大気の密度は高度によらず一定でこれを ρ [kg/m^3] とすると，

$$\Delta p = \boxed{35}$$

さらに大気を構成する分子の分子量を M，気体定数を R [J/(mol・K)] とし，仮定に留意して上式を変形し，

$$\Delta p = \boxed{36}$$

それぞれの関係式を比較してまとめると標高（高さ）に関する温度勾配の式は，

$$\frac{\Delta T}{\Delta h} = \boxed{37} \qquad （4）$$

となる。式（4）より理解されるのは，以上により導出された温度勾配は $\boxed{38}$ ということである。実際に $M = 28.9$（窒素分子）を代入して計算すると，高さが $100\,m$ 上昇すると約 $1\,℃$ の温度低下が見込まれ，これは実測値より大きい値になっている。実測値との違いは大気中の水分の効果を考慮していないことによる。

空欄 $\boxed{30}$ ～ $\boxed{32}$ の選択肢

① 定温変化　　② 等温変化　　③ 断熱変化　　④ 定積変化

⑤ ポアソンの法則　⑥ ボイルの法則　⑦ シャルルの法則　⑧ 比熱比

⑨ モル比熱　　⑩ 熱効率

空欄 $\boxed{33}$ ～ $\boxed{35}$ の選択肢

① $\dfrac{T}{p^{\frac{\kappa-1}{\kappa}}}$ 　② $\dfrac{p^{\frac{1}{\kappa}}}{T}$ 　③ $TP^{\kappa-1}$ 　④ $C_P - C_V$ 　⑤ $\dfrac{C_P}{C_V}$

⑥ $\dfrac{C_V}{C_P}$ 　⑦ $\rho g \Delta h$ 　⑧ $-\dfrac{g}{\rho}\Delta h$ 　⑨ $-\rho g \Delta h$

58 2021 年度　物理　　　　　　　　　　　　　　　　　　　　　　　　　　　　東京農業大

空欄 $\boxed{36}$ ～ $\boxed{38}$ の選択肢

① 高さに依存する　　② 圧力に依存する　　③ 一定である

④ $-\dfrac{gM}{R}\dfrac{T}{p}\Delta h$　　　⑤ $-\dfrac{gM}{R}\dfrac{p}{T}\Delta h$　　　⑥ $\dfrac{gM}{R}\Delta h$

⑦ $-\dfrac{1}{\kappa}\dfrac{gM}{R}$　　　　⑧ $-\dfrac{gM}{R}$　　　　⑨ $-\dfrac{\kappa-1}{\kappa}\dfrac{gM}{R}$

東京農業大　　　　　　　　　　　　　　　　　　　　　　　　　　2021 年度　化学　*59*

化学

（60 分）

　原子量および定数は、次の通りとする。また、同一の問中で解答に複数回同じ選択肢が必要なときには、同じ選択肢を何回選んでも良い。

H = 1.0　　C = 12　　N = 14　　O = 16　　Na = 23　　Mg = 24　　Al = 27　　S = 32

Cl = 36　　K = 39　　Ca = 40　　Cu = 64　　Zn = 65　　Ag = 108

アボガドロ定数 N_A = 6.0 × 10²³/mol、気体定数 R = 8.3 × 10³ Pa・L/(K・mol)、

ファラデー定数 F = 9.65 × 10⁴ C/mol

Ⅰ　次の問1～問4に答えよ。

問1　次の物質（a）～（c）を純物質あるいは混合物に分類したときの正誤の組み合わせとして、もっとも適当なものを次の ①～⑧ のうちから一つ選べ。　　　　　　　　　　　　　　　1

（a）石油：純物質

（b）塩酸：混合物

（c）エタノール：純物質

　①（a）：正　（b）：正　（c）：正　　②（a）：正　（b）：正　（c）：誤

　③（a）：正　（b）：誤　（c）：正　　④（a）：正　（b）：誤　（c）：誤

　⑤（a）：誤　（b）：正　（c）：正　　⑥（a）：誤　（b）：正　（c）：誤

　⑦（a）：誤　（b）：誤　（c）：正　　⑧（a）：誤　（b）：誤　（c）：誤

問2　次の記述（a）～（e）で目的の物質を得るための操作として、もっとも適当なものを次の ①～⑥ のうちからそれぞれ一つ選べ。

（a）唐辛子を植物油に入れ加温し、油に辛味成分を移す。

（b）赤ワインから高濃度のエタノールを取り出す。

（c）塩化銀の沈殿を含む溶液から塩化銀を回収する。

（d）砂とヨウ素の混合物からヨウ素を取り出す。

（e）硝酸カリウムと少量の硫酸銅（Ⅱ）五水和物の混合物から硝酸カリウムを取り出す。

（a）：　2　　　（b）：　3　　　（c）：　4　　　（d）：　5　　　（e）：　6

　①　蒸留　　②　ろ過　　③　再結晶

　④　昇華法　　⑤　抽出　　⑥　カラムクロマトグラフィー

問3　ヘキサン（沸点 69℃）を用いて、きな粉に含まれる大豆油（沸点 300℃以上）を取り出す実験を計画した。この実験を行うときに必要な操作の順番として、もっとも適当なものを次の ①～⑩ のうちから一つ選べ。　　　　　　　　　　　　　　　　　　　　　　　　　　　　　7

① 蒸留→再結晶→昇華　② 蒸留→昇華→再結晶
③ 水浴→抽出→ろ過　④ 水浴→ろ過→抽出
⑤ 再結晶→ろ過→抽出　⑥ 再結晶→抽出→ろ過
⑦ ろ過→昇華→抽出　⑧ ろ過→抽出→昇華
⑨ 抽出→ろ過→水浴　⑩ 抽出→水浴→ろ過

問4　次の文を読み、(1)〜(2)に答えよ。

薄層クロマトグラフィーを用いて、ほうれん草に含まれる色素を分離する実験を行った。ジエチルエーテルでほうれん草から色素の混合物を溶液として取り出した後、その色素混合液を図のAのようにシリカゲルをコートした薄層プレートのある位置につけた。その後、薄層プレートの下端を展開溶媒に浸すことで、色素混合物が溶媒とともにシリカゲル上を上端に向けて移動するのに伴い、図のBのように各色素が分離された。シリカゲルの表面はシラノール基（Si-OH）が大量に存在しており、色素成分はシラノール基と相互作用しながら分離される。色素1は色素混合液をつけた位置から移動した距離（移動度）

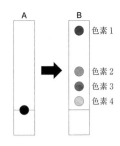

が大きいため、シリカゲルとの相互作用が［　a　］、極性の［　b　］成分であると考えられた。色素2、3、4は色素1よりも移動度が小さいため、色素1と比べてシリカゲルとの相互作用が［　c　］、極性の［　d　］成分であると推測された。また、ほうれん草の色素には、クロロフィル以外にβ-カロテン、ルテイン、ネオキサンチン、ビオラキサンチンなどのカロテノイド色素が含まれていることがわかっている。色素1は最も移動度が大きかったことから、［　e　］と考えられた。

(1)　文中の［　a　］〜［　d　］にあてはまる語句の組み合わせとして、もっとも適当なものを次の①〜④のうちから一つ選べ。　　8

① a：強く　b：大きい　c：弱く　d：小さい
② a：強く　b：小さい　c：弱く　d：大きい
③ a：弱く　b：大きい　c：強く　d：小さい
④ a：弱く　b：小さい　c：強く　d：大きい

(2)　文中の［　e　］にあてはまるものとして、もっとも適当なものを次の①〜④のうちから一つ選べ。　　9

① β-カロテン

② ルテイン

③ ネオキサンチン

④ ビオラキサンチン

Ⅱ 次の文を読み、問 1 ～問 6 に答えよ。

乳酸菌は以下に示した反応式のように、グルコースを原料として発酵により乳酸、エタノールおよび二酸化炭素を生成する。

（a）$C_6H_{12}O_6$ → （b）$CH_3CH(OH)COOH$ + （c）C_2H_5OH + （d）CO_2　　　　　（式）

注：（式）中（a）、（b）、（c）および（d）は各物質の係数を表す。

［実験 1］

容量1.8 Lのステンレス製耐圧容器に「グルコース27 g を含む液体培地（＝微生物の生育に必要な栄養源を含む溶液）」1.0 L を入れて乳酸菌を添加し、ヘッドスペース部（容器内の液体が入っていない部分）の脱気を行い密閉した後、これを 27℃に保った。その結果、乳酸菌の生育および乳酸発酵が良好に進行し、実験開始 36 時間後には発酵液中にグルコースが検出されなくなった。なお、この乳酸発酵以外に利用されたグルコース量は、最初に加えた量の $\frac{1}{3}$ 量であり、それによる気体の発生はなく、発酵前後で液量は変わらないものとする。

［実験 2］

乳酸発酵を更に継続するためには、［実験 1］の終了後に、（1）生成された乳酸によって低下した発酵液の pH を適正値に再調整すると共に、（2）乳酸菌によって消費されたグルコースなどの各種栄養源の補給を行うことが必要である。そこで、初めに発酵液の pH を測定した。測定には、「煮沸により溶存している気体を除去した発酵液」を用いたところ、その pH は約 ┌ 12 ┐ であった。したがって、発酵液の中和を「濃度 10 mol/L の水酸化ナトリウム水溶液」を用いて行うとすれば、その必要量は約 ┌ 14 ┐ mL であると考えられる。

62 2021 年度　化学

東京農業大

問1 文中に示した反応式の係数（a）〜（d）の組み合わせとして、もっとも適当なものを次の ①〜⑩ のうちから一つ選べ。 ⬚10

① （a・b・c・d）=（1・1・1・1）　② （a・b・c・d）=（1・1・1・2）

③ （a・b・c・d）=（1・1・2・1）　④ （a・b・c・d）=（1・2・1・1）

⑤ （a・b・c・d）=（2・1・1・1）　⑥ （a・b・c・d）=（2・2・1・1）

⑦ （a・b・c・d）=（2・1・2・1）　⑧ （a・b・c・d）=（2・1・1・2）

⑨ （a・b・c・d）=（1・2・2・1）　⑩ （a・b・c・d）=（1・2・1・2）

問2 ［実験1］の発酵終了時点において容器内の圧力はおよそ何Paか。もっとも適当なものを次の ①〜⑤ のうちから一つ選べ。ただし、1.0×10^5 Pa、27℃で 1.0 L の発酵液に溶解するCO_2 量は 0.030 mol であり、水およびエタノールの蒸気圧は非常に小さいため無視できるものとする。 ⬚11

① 1.0×10^5 Pa　② 1.6×10^5 Pa　③ 2.4×10^5 Pa

④ 3.1×10^5 Pa　⑤ 3.8×10^5 Pa

問3 文中の ⬚12 にあてはまる数値として、もっとも適当なものを次の ①〜⑩ のうちから一つ選べ。ただし、乳酸の電離定数は 2.5×10^{-4} mol/L とし、発酵液中の乳酸以外の成分は、液の pH に影響をおよぼさないものとし、$\log_{10}2 = 0.30$、$\log_{10}3 = 0.48$、$\log_{10}5 = 0.70$とする。

① 1.1　② 1.3　③ 1.5　④ 1.7　⑤ 1.9

⑥ 2.1　⑦ 2.3　⑧ 2.5　⑨ 2.7　⑩ 2.9

問4 ［実験1］の発酵液の乳酸の電離度はおよそいくらか。もっとも適当なものを次の ①〜⑩ のうちから一つ選べ。 ⬚13

① 0.010　② 0.020　③ 0.030　④ 0.040　⑤ 0.050

⑥ 0.060　⑦ 0.070　⑧ 0.080　⑨ 0.090　⑩ 0.10

問5 文中の ⬚14 にあてはまる数値として、もっとも適当なものを次の ①〜⑩ のうちから一つ選べ。ただし、発酵液中には乳酸以外に水酸化ナトリウムと反応する物質は含まれていないものとする。

① 1.0　② 2.0　③ 3.0　④ 4.0　⑤ 5.0

⑥ 6.0　⑦ 7.0　⑧ 8.0　⑨ 9.0　⑩ 10

問6 次の記述（a）〜（g）のうち正しいものはいくつあるか。もっとも適当なものを次の ①〜⑧ のうちから一つ選べ。ただし、正しいものがない場合は ⑧ を選べ。 ⬚15

（a） グルコースが電離しないのに水溶性であるのは、−OH基が水分子と水素結合を形成し、水和状態になるからである。

（b） エタノールは水に可溶であるが、−C_2H_5部分は疎水基で水和されにくい。

（c） グルコースは、デンプンやセルロースを加水分解して得ることができる。

（d） 乳酸はカルボン酸といい、ヒドロキシ酸とも呼ばれる。

（e） 乳酸には、不斉炭素原子が1つあり、鏡像異性体が存在する。

（f） 二酸化炭素は水に溶解して酸性を呈する。

（g） 二酸化炭素はグルコースからのアルコール発酵でも生成され、その生成量は文中の（式）で表わされる乳酸発酵時の2倍である。

① 1　② 2　③ 3　④ 4　⑤ 5　⑥ 6　⑦ 7　⑧ 0

Ⅲ 次の文を読み，問1～問4に答えよ。

　図1のように二つの電解槽A，Bを導線でつなぎ，電流を16分5秒間流して電気分解を行った。その結果，(ア)4本の電極のうちの1本に1.30 gの金属が析出し，他の3本の電極で気体の発生が見られた。次に電解槽A，Bを電源に対して図2のように導線をつなぎ替えた後，同様の電流と時間で電気分解を行ったところ，(イ)下線部(ア)の場合と同じ電極に0.650 gの金属が析出した。なお，電解槽Bは陽イオンだけが通過できる交換膜で仕切られており，その両側の液量はともに500 mLである。発生した気体は水溶液に溶けないものとする。また，電気分解反応の進行による水溶液の体積変化は無視し，金属が析出した電極からは気体が発生しないものとする。

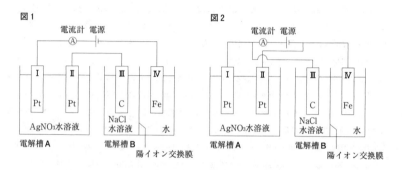

問1　下線部(ア)で金属が析出した電極はどれか。また，このとき電解槽A，Bに流れた電流は何A（アンペア）か。もっとも適当なものをそれぞれの選択肢のうちから一つ選べ。
　　［金属が析出した電極　16　の選択肢］
　　　① 電極Ⅰ　　② 電極Ⅱ　　③ 電極Ⅲ　　④ 電極Ⅳ
　　［電解槽A，Bに流れた電流　17　の選択肢］
　　　① 0.8 A　　② 1.0 A　　③ 1.2 A　　④ 1.5 A　　⑤ 1.8 A　　⑥ 2.0 A

問2　下線部(ア)で各電極から発生した気体の種類として，もっとも適当なものを次の①～⑤のうちからそれぞれ一つ選べ。ただし，気体の発生がなかった電極については⑤を選べ。
　　電極Ⅰ：　18　　　電極Ⅱ：　19　　　電極Ⅲ：　20　　　電極Ⅳ：　21
　　　① 窒素　　② 塩素　　③ 水素　　④ 酸素　　⑤ 発生なし

問3　下線部(イ)で電解槽Bに流れた電流は何A（アンペア）か。また，このとき電解槽Bで発生した気体の体積の合計は標準状態で何Lか。もっとも適当なものをそれぞれの選択肢のうちから一つ選べ。
　　［電解槽Bに流れた電流　22　の選択肢］
　　　① 0.20 A　　② 0.40 A　　③ 0.60 A　　④ 0.80 A　　⑤ 1.0 A　　⑥ 1.2 A
　　［電解槽Bで発生した気体の体積の合計　23　の選択肢］
　　　① 0.067 L　　② 0.11 L　　③ 0.13 L　　④ 0.16 L　　⑤ 0.20 L　　⑥ 0.27 L

問4　下線部(イ)で電解槽Bの電極Ⅳの入っている区画中の溶液のpHはいくらか。もっとも適当なものを次の①～⑦のうちから一つ選べ。ただし，水のイオン積を $1.0 \times 10^{-14} (mol/L)^2$ とし，$\log_{10} 2 = 0.30$，

$\log_{10}3 = 0.48$ とする。

① pH 2.5 ② pH 10.5 ③ pH 10.8 ④ pH 11.5
⑤ pH 11.8 ⑥ pH 12.1 ⑦ pH 13.8

Ⅳ 次の文を読み、問1～問6に答えよ。

　人類は植物などの成分を傷病の治療に役立てるべく、数々の化学実験を知らぬ間に行ってきたと言える。その結果、生薬として現代でも医薬品レベルで用いられているものが多数存在することになった。シラカバの一種から得られる精油成分にサリチル酸メチルがあり、湿布薬として用いられている。現代ではサリチル酸メチルを (ア) 植物から抽出するよりも、工業的に (イ) 化学合成する方が大量かつ安価に得られる。また、柳の樹皮に多く含まれるサリチル酸には解熱・鎮痛効果があることが明らかとなってきた。しかし、そのままでは胃に炎症を起こす副作用があったため、サリチル酸を無水酢酸でエステル化することでアセチルサリチル酸が合成された。このように古くから知られている薬効を示す化合物が多数存在するが、サリチル酸メチルも含めて、その化合物が何故傷病に対して効果があるのかが完全には解明されていないものもある。

　一方、現代の創薬は、病原菌やウイルスなどの特定の機能を司る (ウ) 酵素に着目し、その酵素を阻害することを目的とする手法が多くとられている。例えば図1に示した化合物Aは、インフルエンザウイルスが宿主である動物の細胞から別の細胞へ感染を広げるときに必要な酵素であるノイラミニダーゼを阻害することで効果を発揮する。また、図2に示した化合物Bは、ウイルスが細胞内に侵入後、増殖する際に使う酵素であるエンドヌクレアーゼを阻害することでウイルス自体の増殖を防ぐ効果がある。

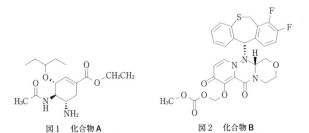

図1　化合物A　　　　　図2　化合物B

構造式中の太線は結合が紙面手前に、破線は結合が紙面奥側に向いていることを示す

　病原菌に対する (エ) 抗生物質やウイルスに対する抗ウイルス剤が日々開発されているものの、微生物やウイルスは突然変異などによって薬剤に対する抵抗性を獲得してしまうことがあり、それらの医薬品を乱用しているといずれ全く薬剤が効かない病原菌やウイルスが誕生する可能性がある。

問1　下線部(ア)のように植物などより有効成分を抽出することが主要な目的となるような次の記述(a)～(e)の組み合わせとして、もっとも適当なものを次の①～⑩のうちから一つ選べ。

(a) 米をとぐ。
(b) コーヒーを煎れる。

東京農業大　　　　　　　　　　　　　　　　　　　　　　　　2021 年度　化学　*65*

　　（c）　キュウリを味噌に漬けて漬物を作る。

　　（d）　梅を焼酎に漬けて梅酒を作る。

　　（e）　乾燥昆布でだし汁を作る。

　　　①　（a）、（b）、（c）　　②　（a）、（b）、（d）　　③　（a）、（b）、（e）　　④　（a）、（c）、（d）

　　　⑤　（a）、（c）、（e）　　⑥　（a）、（d）、（e）　　⑦　（b）、（c）、（d）　　⑧　（b）、（c）、（e）

　　　⑨　（b）、（d）、（e）　　⑩　（c）、（d）、（e）

問2　下線部(イ)のサリチル酸メチルの合成では次のような反応が用いられるが、この反応はエステル化反

　　応と加水分解反応の平衡反応である。原料のサリチル酸の量を変えずに、サリチル酸メチルをより多く

　　得るための次の操作（a）〜（e）のうち**適切ではない**操作の組み合わせとして、もっとも適当なものを次

　　の ①〜⑩ のうちから一つ選べ。　　　　　　　　　　　　　　　　　　　　　　　　　　| 26 |

$$\underset{}{\text{OH}}\ \ \ \text{OH} \ +CH_3OH \ \overset{H_2SO_4}{\rightleftharpoons} \ \underset{}{\text{OH}}\ \ \ OCH_3 \ +H_2O$$

　　（a）　反応に用いるメタノールの量を増やす。

　　（b）　反応に用いるメタノールの量を減らす。

　　（c）　触媒である濃硫酸の量を増やす。

　　（d）　生成する水を物理的に除去する。

　　（e）　反応液にあらかじめ水を加えておく。

　　　①　（a）、（b）、（c）　　②　（a）、（b）、（d）　　③　（a）、（b）、（e）　　④　（a）、（c）、（d）

　　　⑤　（a）、（c）、（e）　　⑥　（a）、（d）、（e）　　⑦　（b）、（c）、（d）　　⑧　（b）、（c）、（e）

　　　⑨　（b）、（d）、（e）　　⑩　（c）、（d）、（e）

問3　サリチル酸メチルとアセチルサリチル酸に関する次の説明文（a）〜（e）のうち正しいものの組み合わ

　　せとして、もっとも適当なものを次の ①〜⑩ のうちから一つ選べ。　　　　　　　　| 27 |

　　（a）　少量のサリチル酸メチルを溶かした水溶液に塩化鉄(Ⅲ)水溶液を加えると紫色に呈色する。

　　（b）　少量のアセチルサリチル酸を溶かした水溶液に塩化鉄(Ⅲ)水溶液を加えると紫色に呈色する。

　　（c）　サリチル酸メチルは水酸化ナトリウム水溶液によく溶ける。

　　（d）　アセチルサリチル酸は水酸化ナトリウム水溶液によく溶ける。

　　（e）　サリチル酸メチルは炭酸水素ナトリウム水溶液によく溶ける。

　　　①　（a）、（b）、（c）　　②　（a）、（b）、（d）　　③　（a）、（b）、（e）　　④　（a）、（c）、（d）

　　　⑤　（a）、（c）、（e）　　⑥　（a）、（d）、（e）　　⑦　（b）、（c）、（d）　　⑧　（b）、（c）、（e）

　　　⑨　（b）、（d）、（e）　　⑩　（c）、（d）、（e）

問4　下線部(ウ)の酵素に関する次の説明文（a）〜（e）のうち正しいものの組み合わせとして、もっとも適

　　当なものを次の ①〜⑩ のうちから一つ選べ。　　　　　　　　　　　　　　　　　　| 28 |

　　（a）　全ての酵素はアミノ酸のみを構成成分としている。

　　（b）　酵素はヒトの体温付近でしか働かない。

　　（c）　酵素が特定の基質にしか作用しない性質を酵素の基質特異性という。

　　（d）　ペプシンの最適pHは強酸性の領域にある。

66 2021 年度　化学　　　　　　　　　　　　　　　　　　　　　　　　　　　　　　　　東京農業大

（e）　オキシドールを傷口につけるとカタラーゼの作用で酸素が発生する。

①　(a)、(b)、(c)　　②　(a)、(b)、(d)　　③　(a)、(b)、(e)　　④　(a)、(c)、(d)

⑤　(a)、(c)、(e)　　⑥　(a)、(d)、(e)　　⑦　(b)、(c)、(d)　　⑧　(b)、(c)、(e)

⑨　(b)、(d)、(e)　　⑩　(c)、(d)、(e)

問 5　次に示す官能基(a)～(e)は化合物 A および化合物 B の構造中に存在するか。もっとも適当なものを
次の ①～④ のうちからそれぞれ一つ選べ。

（a）　エステル結合：　29

（b）　エーテル結合：　30

（c）　アミド結合　　：　31

（d）　ヒドロキシ基：　32

（e）　ケトン基　　　：　33

①　化合物 A のみに存在する。　　　②　化合物 B のみに存在する。

③　両方の化合物に存在する。　　　④　両方の化合物に存在しない。

問 6　下線部(エ)の抗生物質に関する次の説明文(a)～(c)の正誤として、もっとも適当なものを次の
①、② のうちからそれぞれ一つ選べ。

（a）　処方された抗生物質が余ったら下水に廃棄する必要がある。　　　　　　　　　　34

（b）　天然から得られた抗生物質は安全性が高い。　　　　　　　　　　　　　　　　　35

（c）　抗生物質を大量に用いることで耐性菌の出現を抑えることができる。　　　　　　36

①　正しい　　②　誤り

生物

（60分）

Ⅰ 下の図1はヒトのからだを構成する元素の一般的な質量比（％）を表した円グラフで、図2は動物のからだを構成する物質の質量比（％）を表した円グラフの一例である。ただし、**あ**〜**え**、**か**〜**く**にはそれぞれ単一の元素または物質が当てはまる。以下の設問に答えよ。

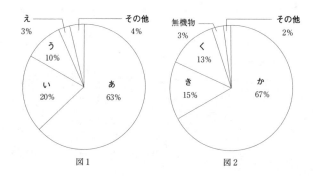

図1　　　　　　　　　　図2

問1　図1のい、う、えに当てはまる元素の組み合わせとしてもっとも適切なものを次の①〜⑩の中から一つ選べ。ただし、い、う、えの順とする。[1]
① 水素、酸素、炭素　② 水素、炭素、酸素　③ 酸素、水素、炭素
④ 酸素、炭素、水素　⑤ 炭素、水素、酸素　⑥ 炭素、酸素、水素
⑦ 水素、炭素、窒素　⑧ 水素、窒素、炭素　⑨ 炭素、水素、窒素
⑩ 炭素、窒素、水素

問2　図1の「その他」に当てはまる元素として**適切でない**ものを次の①〜⑧の中から一つ選べ。[2]
① リン　② 硫黄　③ 塩素　④ ナトリウム
⑤ ヘリウム　⑥ カリウム　⑦ マグネシウム　⑧ 鉄

問3　図2のき、くに当てはまる物質の組み合わせとしてもっとも適切なものを次の①〜⑧の中から一つ選べ。ただし、き、くの順とする。[3]
① タンパク質、脂質　② タンパク質、水　③ 脂質、水
④ 水、タンパク質　⑤ 水、脂質　⑥ 炭水化物、タンパク質
⑦ 炭水化物、脂質　⑧ タンパク質、炭水化物

問4　図2の「その他」に当てはまる物質のうち、主要な物質の組み合わせとしてもっとも適切なものを次の①〜⑨の中から一つ選べ。[4]
① タンパク質、脂質　② 脂質、水　③ 炭水化物、水

④ 炭水化物、核酸　　⑤ 水、核酸　　⑥ クロロフィル、水
⑦ 脂質、アミノ酸　　⑧ アミノ酸、水　　⑨ 炭水化物、クロロフィル

問5　図2のきを構成する一般的な元素のうち、図1の「その他」に含まれるものを過不足なく含む選択肢としてもっとも適切なものを次の①～⑩の中から一つ選べ。　5

① ケイ素、窒素、硫黄　　② ケイ素、塩素、硫黄　　③ ヒ素、硫黄
④ 塩素、窒素　　⑤ 硫黄、窒素　　⑥ ヒ素、リン
⑦ ケイ素　　⑧ 硫黄　　⑨ 窒素
⑩ ヒ素

問6　植物を構成する物質の円グラフに関する以下のa～cに答えよ。

a．植物（トウモロコシなど）を構成する物質の平均的な質量比（％）を表した円グラフとしてもっとも適切なもの（図3とする）を次の①～④の中から一つ選べ。ただし、さには図2のかと同じ物質、すには図2のきと同じ物質がそれぞれ当てはまり、さ～すにはそれぞれ単一の物質が当てはまるものとする。　6

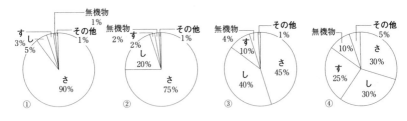

b．図3のしに当てはまる物質としてもっとも適切なものを次の①～⑦の中から一つ選べ。　7

① 水　　② タンパク質　　③ 脂質　　④ 炭水化物
⑤ 核酸　　⑥ クロロフィル　　⑦ アミノ酸

c．しを構成する主要な元素を過不足なく含む組み合わせとしてもっとも適切なものを次の①～⑩の中から一つ選べ。　8

① 水素、炭素　　　　　　② 炭素、酸素
③ 炭素、窒素　　　　　　④ 水素、炭素、酸素
⑤ 水素、炭素、窒素　　　⑥ 炭素、酸素、窒素
⑦ 水素、炭素、窒素、酸素　　⑧ 水素、炭素、酸素、硫黄
⑨ 水素、炭素、酸素、窒素、硫黄　　⑩ 水素、炭素、酸素、窒素、リン

問7　図2の物質（か～く）のうち、細胞膜を構成する主要な物質として適切な組み合わせ、および細胞膜を構成する主要な物質に含まれる元素のうち図1の「その他」に含まれる元素として適切な組み合わせを次の①～⑨の中から1つ選べ。ただし、細胞膜を構成する主要な物質の1つ目、2つ目、「その他」に含まれる元素の1つ目、2つ目の順とする。　9

① か、き、酸素、硫黄　　② か、き、窒素、硫黄　　③ か、き、酸素、リン
④ か、く、窒素、硫黄　　⑤ か、く、硫黄、リン　　⑥ か、く、硫黄、塩素
⑦ き、く、硫黄、リン　　⑧ き、く、リン、塩素　　⑨ き、く、リン、酸素

東京農業大   2021 年度　生物　69

問8　図3の物質（さ～す）のうち、植物の細胞壁を構成する主要な物質として適切なもの、および植物の細胞壁を構成する主要な物質と同じ構成要素のうち、動物体内で合成される物質として適切なものの組み合わせを次の①～⑨の中から1つ選べ。ただし、植物の細胞壁の主要な物質、動物体内で合成される物質の順とする。　10

①　さ、デンプン　　　②　さ、ステロイド　　　③　さ、グリコーゲン

④　し、デンプン　　　⑤　し、ステロイド　　　⑥　し、グリコーゲン

⑦　す、デンプン　　　⑧　す、ステロイド　　　⑨　す、グリコーゲン

Ⅱ　植物の形態形成と環境応答に関する次の文章を読み、以下の設問に答えよ。

　植物体には、分裂組織という細胞分裂能力の高い未分化な組織が存在する。茎の先端にあるものを茎頂分裂組織、根の先端にあるものを根端分裂組織という。これらの分裂組織で生じた細胞から、茎や根などが形成される。また、双子葉植物では茎と根の維管束を構成する木部と師部の間に［ア］という分裂組織があり、木部や師部などの細胞がつくられ、茎や根が肥大する。

　植物細胞の分化には植物ホルモンの［イ］と［ウ］が重要な役割を果たしている。［イ］は根を分化させるはたらきをもつ。さし木では、茎などの一部を［イ］溶液に浸すと［エ］が形成される。また、一般に、植物体からつくったカルスは、低［イ］・高［ウ］濃度の培地で培養すると茎や葉が分化することが知られている。

　茎頂分裂組織や茎になる未発達な部分を合わせた組織を芽といい、形成される位置に関して分類すると頂芽や側芽などに分けられる。頂芽は茎や枝の頂端にでき、側芽は［オ］にできる。植物の種類ごとに特定の条件が整うと、それまで葉や茎を形成していた葉芽から、花芽を形成しはじめる。葉から花への分化の切り替えは、器官を決定する複数の遺伝子のはたらきによって起こる。シロイヌナズナやキンギョソウでは、ある遺伝子に変化が起きると、花器官の一部が別の部分に転換する。

問1　文章中の［ア］、［エ］、［オ］に入る語句の組み合わせとしてもっとも適切なものを次の①～⑨の中から一つ選べ。ただし、［ア］、［エ］、［オ］の順とする。　11

①　成長帯、根毛、葉原基　　　　　　②　成長帯、不定根、葉腋

③　成長帯、幼根、葉柄　　　　　　　④　細胞分裂帯、根毛、葉原基

⑤　細胞分裂帯、不定根、葉腋　　　　⑥　細胞分裂帯、幼根、葉柄

⑦　形成層、根毛、葉原基　　　　　　⑧　形成層、不定根、葉腋

⑨　形成層、幼根、葉柄

問2　文章中の［イ］と［ウ］に入る語句の組み合わせとしてもっとも適切なものを次の①～⑨の中から一つ選べ。ただし、［イ］、［ウ］の順とする。　12

①　サイトカイニン、アブシシン酸　　　②　サイトカイニン、ジベレリン

③　サイトカイニン、オーキシン　　　　④　オーキシン、サイトカイニン

⑤　オーキシン、アブシシン酸　　　　　⑥　オーキシン、ジベレリン

⑦　ジベレリン、オーキシン　　　　　　⑧　ジベレリン、サイトカイニン

⑨　ジベレリン、アブシシン酸

問3　下線部イに関する文章を読み、以下のa、bに答えよ。

[イ]は濃度によって成長調節作用が変化する。もっとも成長が促進される濃度を最適濃度といい、器官によって最適濃度は異なる。根は茎に比べて非常に（あ）い濃度で反応するため、茎の伸長成長の最適濃度で根の伸長は（い）される。

植物を横たえると上側より下側の［イ］濃度が（う）くなるため、上側より下側の成長が大きくなるので茎は上に曲がる。一方、根では下側の濃度が（え）くなると上側より成長が（お）されて下側に曲がる。

a．文章中の（あ）、（う）、（え）には、「高」あるいは「低」のうちいずれかの語句が入る。「低」が入るものを過不足なく含む選択肢を次の①～⑧の中から一つ選べ。 13
① なし　② （あ）　③ （う）　④ （え）
⑤ （あ）、（う）　⑥ （あ）、（え）　⑦ （う）、（え）　⑧ （あ）、（う）、（え）

b．文章中の（い）、（お）には、「促進」あるいは「抑制」のうちいずれかの語句が入る。「促進」が入るものを過不足なく含む選択肢を次の①～④の中から一つ選べ。 14
① なし　② （い）　③ （お）　④ （い）、（お）

問4　下線部口について、ある植物の枝をつかって頂芽優勢と植物ホルモンの［イ］と［ウ］に関する実験A～Fを行った。実験Aでは、その植物の枝に何も処理を加えずに側芽の成長を観察した。実験B～Dおよび実験Fでは、枝の先端部を切断した。実験Cでは枝の先端部の切り口に、実験Dでは観察する側芽に、植物ホルモンの［イ］を塗布して、側芽の成長を観察した。実験Eおよび実験Fでは観察する側芽に植物ホルモンの［ウ］を塗布して、側芽の成長を観察した。ただし、図中の［イ］と［ウ］は文章中の［イ］と［ウ］である。以下のa、bに答えよ。

a．下の図の実験A～Dにおいて、観察する側芽の成長が「抑制される」組み合わせとしてもっとも適切なものを次の①～⑩の中から一つ選べ。 15

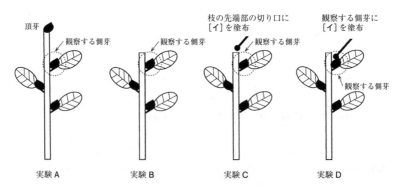

① A、B　② A、C　③ A、D　④ B、C　⑤ B、D
⑥ C、D　⑦ A、B、C　⑧ A、B、D　⑨ A、C、D　⑩ B、C、D

b．図の実験E、Fにおいて、側芽の成長を「抑制する」ものを過不足なく含む選択肢を次の①～④の中から一つ選べ。 16

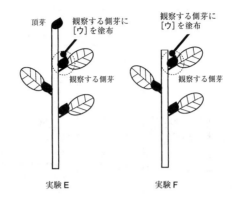

① なし ② E ③ F ④ E、F

問5 下線部ハに関する文章を読み、以下のa〜cに答えよ。

　花器官の形成はA、B、Cという3つのクラスの遺伝子の組み合わせによって調節されている。もっとも外側の領域（領域1）では、Aクラス遺伝子が単独ではたらき、[カ]が分化する（下図）。その内側の領域2では、Aクラス遺伝子とBクラス遺伝子が共同してはたらき、[キ]が分化する。さらに、その内側の領域3では、Bクラス遺伝子とCクラス遺伝子が共同してはたらき、[ク]が分化する。そして、もっとも内側の領域4では、Cクラス遺伝子が単独ではたらき、[ケ]が分化する。

　また、Aクラス遺伝子とCクラス遺伝子は、互いのはたらきを抑制する。つまり、Aクラス遺伝子は、[カ]の領域1と[キ]の領域2においてCクラス遺伝子のはたらきを抑制し、一方Cクラス遺伝子は[ク]の領域3と[ケ]の領域4においてAクラス遺伝子のはたらきを抑制する。

a．[キ]と[ク]に入る語句の組み合わせとしてもっとも適切なものを次の①〜⑨の中から一つ選べ。ただし、[キ]、[ク]の順とする。　17

① がく片、めしべ　② がく片、おしべ　③ がく片、花床
④ 花床、めしべ　⑤ 花床、おしべ　⑥ 花床、がく片
⑦ 花弁、めしべ　⑧ 花弁、おしべ　⑨ 花弁、花床

	領域 1	領域 2	領域 3	領域 4
	Aクラス遺伝子		Cクラス遺伝子	
		Bクラス遺伝子		
分化する花器官	[カ]	[キ]	[ク]	[ケ]

Aクラス遺伝子が失われた場合

	領域 1	領域 2	領域 3	領域 4
	Cクラス遺伝子			
		Bクラス遺伝子		
分化する花器官		[コ]	[サ]	

Bクラス遺伝子が失われた場合

	領域 1	領域 2	領域 3	領域 4
	Aクラス遺伝子		Cクラス遺伝子	
分化する花器官		[シ]	[ス]	

Cクラス遺伝子が失われた場合

	領域 1	領域 2	領域 3	領域 4
	Aクラス遺伝子			
		Bクラス遺伝子		
分化する花器官		[セ]	[ソ]	

b．Aクラス遺伝子、Bクラス遺伝子およびCクラス遺伝子がそれぞれ失われた場合、領域2に分化する花器官（　18　）と領域3に分化する花器官（　19　）の組み合わせとしてもっとも適切なものを次の①～⑩の中からそれぞれ一つずつ選べ。ただし、領域2（　18　）は[コ]、[シ]、[セ]の順とし、領域3（　19　）は[サ]、[ス]、[ソ]の順とする。

① がく片、おしべ、花弁 　　② がく片、花弁、おしべ 　　③ 花弁、めしべ、めしべ

④ 花弁、花弁、おしべ 　　⑤ おしべ、がく片、花弁 　　⑥ おしべ、めしべ、花弁

⑦ おしべ、めしべ、おしべ 　　⑧ めしべ、がく片、花弁 　　⑨ めしべ、めしべ、がく片

⑩ めしべ、おしべ、花弁

c．文章中のAクラス遺伝子、Bクラス遺伝子、Cクラス遺伝子のように、体の一部の特徴が別の部分の特徴に転換する変異の原因となる調節遺伝子としてもっとも適切なものを次の①～⑥の中から一つ選べ。

20

① 母性効果遺伝子 　　② ホメオティック遺伝子 　　③ 分節遺伝子

④ ギャップ遺伝子 　　⑤ ペアルール遺伝子 　　⑥ セグメントポラリティ遺伝子

東京農業大   2021 年度　生物　*73*

Ⅲ　ヒトの体内環境とその調節に関する次の文章を読み、以下の設問に答えよ。

　　生物は、気温などのさまざまな外部環境から影響を受けている。ヒトのからだには、外部環境の変化に対応し、体内環境を一定に保とうとする調節のしくみがある。このしくみを恒常性（ホメオスタシス）という。恒常性の維持のためには、<u>体液の状態を一定に保ち、その体液を全身のあらゆる細胞へと絶えず循環させ、供給することが重要であり</u>、この役割を担うのが心臓、肝臓、腎臓などの器官である。

　　体内環境の維持を行う中枢としてはたらいているのは、おもに、視床下部とよばれる器官である。視床下部は、からだの血糖濃度や水分量、体温などの変化を感知すると、自律神経系と内分泌系という 2 つのしくみを通して、からだの各器官のはたらきを調節している。自律神経系は末梢神経系に属する神経系で、交感神経と副交感神経に分けられる。交感神経は、 **24** から出ている末梢神経系で、各器官や組織へと興奮が伝えられる。<u>交感神経と副交感神経の多くは、一方が器官のはたらきを促進し、他方はそれを抑制するように、互いに拮抗にはたらく</u>。体内環境の調節には、自律神経系だけでなく内分泌系もはたらいている。ホルモンは内分泌腺とよばれる器官の細胞でつくられ、体液中に分泌されて、血液循環によって全身をめぐり、特定の組織や器官にはたらきかける。内分泌系による調節では、ホルモンが血流によって標的器官に運ばれるため、自律神経系による調節に比べて、反応が起こるまでに時間がかかる。また、血液中にホルモンが存在している間は作用し続けるので、その作用には持続性がみられる。

問1　文章中の下線部**イ**に関して、以下の**a〜c**に答えよ。

　　a．体液と体液成分に関する説明文のうち、適切なものを過不足なく含む選択肢を次の①〜⑩の中から一つ選べ。 **21**

　　　　A．赤血球は主にひ臓でつくられる。

　　　　B．白血球は核をもたない。

　　　　C．組織液は血しょうが毛細血管からしみ出したものである。

　　　　D．リンパ液には、造血幹細胞からつくられる血球が含まれる。

　　　　①　A　　　　②　B　　　　③　C　　　　④　D　　　　⑤　A、B

　　　　⑥　A、C　　⑦　A、D　　⑧　B、C　　⑨　B、D　　⑩　C、D

　　b．体液のイオン濃度を高い順に並べたときに、1 番目と 2 番目の組み合わせとしてもっとも適切なものを次の①〜⑩の中から一つ選べ。ただし、1 番目に濃度が高いイオン、2 番目に濃度が高いイオンの順とする。 **22**

　　　　①　ナトリウムイオン、カルシウムイオン　　　②　ナトリウムイオン、塩化物イオン

　　　　③　カリウムイオン、ナトリウムイオン　　　　④　カリウムイオン、カルシウムイオン

　　　　⑤　カリウムイオン、塩化物イオン　　　　　　⑥　カルシウムイオン、ナトリウムイオン

　　　　⑦　カルシウムイオン、カリウムイオン　　　　⑧　カルシウムイオン、塩化物イオン

　　　　⑨　塩化物イオン、ナトリウムイオン　　　　　⑩　塩化物イオン、カリウムイオン

　　c．体液の循環に関する説明文のうち、適切なものを過不足なく含む選択肢を次の①〜⑩の中から一つ選べ。 **23**

　　　　A．心臓の収縮リズムをつくるのは、左心房にある洞房結節である。

　　　　B．肺動脈には、酸素を多く含んだ血液が流れている。

　　　　C．動脈のもっとも外側の層は筋肉の層である。

D. 静脈とリンパ管には弁がある。

① A　　　② B　　　③ C　　　④ D　　　⑤ A、B

⑥ A、C　　⑦ A、D　　⑧ B、C　　⑨ B、D　　⑩ C、D

問2 文章中の　24　に入るもっとも適切なものを次の①～⑥の中から一つ選べ。

① 延髄　　② 間脳　　③ 小脳　　④ 脊髄　　⑤ 大脳　　⑥ 中脳

問3 文章中の下線部口に関して、下の表は自律神経系のはたらきについてまとめたものである。自律神経系のはたらきとその対象A～Gの組み合わせのうち、正しいものの数としてもっとも適切なものを次の①～⑧の中から一つ選べ。　25

自律神経系 対象	交感神経	副交感神経
A. 瞳孔	拡大	縮小
B. 心臓の拍動	促進	抑制
C. 気管支	拡張	収縮
D. 立毛筋	収縮	－
E. 胃腸のぜん動	抑制	促進
F. 血圧	上昇	低下
G. 排尿	抑制	促進

表中の「－」は副交感神経が分布していないことを示す。

① 1　　② 2　　③ 3　　④ 4　　⑤ 5　　⑥ 6　　⑦ 7　　⑧ 0

問4 ヒトのホルモンに関して、以下のa～cに答えよ。

a. 以下のA～Hのうち、視床下部に存在する神経分泌細胞でつくられるホルモンの数としてもっとも適切なものを次の①～⑨の中から一つ選べ。　26

A. アドレナリン　　B. 甲状腺刺激ホルモン　　C. 成長ホルモン　　D. セクレチン

E. チロキシン　　F. 副腎皮質刺激ホルモン　　G. バソプレシン　　H. パラトルモン

① 1　　② 2　　③ 3　　④ 4　　⑤ 5　　⑥ 6　　⑦ 7　　⑧ 8　　⑨ 0

b. 脳下垂体から分泌されるホルモンの標的器官や組織の組み合わせとしてもっとも適切なものを次の①～⑩の中から一つ選べ。　27

① 甲状腺、すい臓　　　　② 甲状腺、副甲状腺　　　③ 甲状腺、副腎髄質

④ 甲状腺、副腎皮質　　　⑤ すい臓、副甲状腺　　　⑥ すい臓、副腎髄質

⑦ すい臓、副腎皮質　　　⑧ 副甲状腺、副腎髄質　　⑨ 副甲状腺、副腎皮質

⑩ 副腎髄質、副腎皮質

c. 血糖濃度が低下したときに分泌が促進されるホルモンとそれを分泌する内分泌腺の組み合わせとして適切なものを過不足なく含む選択肢を次の①～⑩の中から一つ選べ。　28

A. アドレナリン、副腎皮質　　　　B. インスリン、ランゲルハンス島B細胞

C. グルカゴン、ランゲルハンス島A細胞　　D. チロキシン、副腎髄質

E. 糖質コルチコイド、副腎髄質　　F. 成長ホルモン、肝臓

① B　　　② C　　　③ E　　　④ A、E　　　⑤ B、D

⑥　B、F　　⑦　C、E　　⑧　D、F　　⑨　A、C、E　　⑩　A、E、F

問5　体液濃度の調節に関する説明文のうち、適切なものを過不足なく含む選択肢を次の①～⑩の中から一つ選べ。　29

A．体液の塩類濃度が上昇すると、バソプレシンの分泌が促進される。

B．バソプレシンは、腎臓のボーマンのうでろ過される原尿の量を減少させる。

C．鉱質コルチコイドは、腎臓の細尿管でのナトリウムイオンの再吸収を抑制する。

D．腎臓から、鉱質コルチコイドの分泌に関与する物質が分泌される。

　　①　A　　②　B　　③　C　　④　D　　⑤　A、B

　　⑥　A、C　　⑦　A、D　　⑧　B、C　　⑨　B、D　　⑩　C、D

問6　体温の調節に関する説明文のうち、適切なものを過不足なく含む選択肢を次の①～⑩の中から一つ選べ。　30

A．体温が低下すると、副交感神経によって皮膚の血管が収縮する。

B．体温が低下すると、副甲状腺から全身の代謝を促進するホルモンの分泌が促進される。

C．体温が上昇すると、交感神経が汗腺に作用して、発汗が促進される。

D．体温が上昇すると、肝臓の代謝活動を促すホルモンの分泌が促進される。

　　①　A　　②　B　　③　C　　④　D　　⑤　A、B

　　⑥　A、C　　⑦　A、D　　⑧　B、C　　⑨　B、D　　⑩　C、D

Ⅳ　植物の生殖と遺伝に関する次の文章を読み、以下の設問に答えよ。

　多くの種子植物は、雌雄の[あ]が合体して新しい個体をつくる有性生殖をおこなう。染色体数2n＝24の生物では、乗換えがない場合、一つの個体から生じる配偶子の染色体構成は[い]通りで、同じ両親から生じる子の染色体構成は[う]通りとなる。イネは花粉が風に飛ばされて受粉をおこなう風媒花で、被子植物に特有な[え]受精という生殖をおこなう。めしべの柱頭に花粉がつくと発芽して、花粉管を[お]に向かって伸ばす。花粉管の中で[か]細胞が分裂して2個の[き]細胞になる。花粉管の先端が胚のうに達すると先端が破れ、胚のう内に[き]細胞が放出される。1個の[き]細胞は卵細胞と受精して受精卵になる。もう1個の[き]細胞は2個の極核をもつ[く]細胞と合体して胚乳細胞となる。[え]受精の後、受精卵と胚乳細胞は分裂を繰り返し、それぞれ胚と胚乳になる。このため、花粉親由来の形質が胚乳に観察されることがある。種子の形成過程において、イネのように発芽に必要な養分を胚乳に貯蔵する[け]種子と、胚乳の養分を子葉が吸収して発達する[こ]種子がある。発芽の条件がそろうまで、種子は休眠状態を維持する。

問1　文章中の[あ]、[え]に入る語句の組み合わせとしてもっとも適切なものを次の①～⑩の中から一つ選べ。ただし、[あ]、[え]の順とする。　31

　　①　接合体、自家　　②　接合子、重複　　③　配偶体、重複　　④　配偶体、他家

　　⑤　胞子体、重複　　⑥　胞子体、他家　　⑦　配偶子、自家　　⑧　接合子、自家

　　⑨　配偶子、重複　　⑩　接合体、他家

問2　文章中の[い]、[う]に入る数字の組み合わせとしてもっとも適切なものを次の①～⑨の中から一つ選べ。ただし、$2^{12}＝4^6≒4.10×10^3$、$2^{24}＝4^{12}≒1.68×10^7$、$2^{48}＝4^{24}≒2.81×10^{14}$とし、[い]、[う]の順

とする。32

① $4.10×10^3$、$6.72×10^{14}$　② $8.20×10^3$、$3.36×10^7$　③ $4.10×10^3$、$2.81×10^{14}$
④ $1.68×10^7$、$2.81×10^{14}$　⑤ $3.36×10^7$、$2.81×10^{14}$　⑥ $8.20×10^3$、$1.68×10^7$
⑦ $2.05×10^3$、$1.68×10^7$　⑧ $4.10×10^3$、$1.68×10^7$　⑨ $4.10×10^3$、$5.62×10^{14}$

問3　文章中の［お］、［か］に入る語句の組み合わせとしてもっとも適切なものを次の①〜⑩の中から一つ選べ。ただし、［お］、［か］の順とする。33

① 胚珠、卵　② 花弁、卵　③ 花弁、花粉管　④ 胚珠、雄原　⑤ 胚珠、精
⑥ 花弁、雄原　⑦ 胚珠、花粉母　⑧ 花弁、花粉母　⑨ 胚珠、花粉管　⑩ 花弁、精

問4　文章中の［き］、［く］に入る語句の組み合わせとしてもっとも適切なものを次の①〜⑩の中から一つ選べ。ただし、［き］、［く］の順とする。34

① 雄原、助　② 精、助　③ 雄原、胚のう　④ 精、胚のう　⑤ 雄原、胚乳
⑥ 雄原、中央　⑦ 精、中央　⑧ 雄原、反足　⑨ 精、反足　⑩ 精、胚乳

問5　下線部イの特徴としてもっとも適切な組み合わせを次の①〜⑩の中から一つ選べ。35

A．生存に不利な形質をもつ子が生まれることがある。
B．効率的に生殖できるが環境の変化により集団が全滅する可能性がある。
C．親のからだの一部が分離して、そのまま新しい個体になる。
D．動物では減数分裂をおこなわずに生殖することが可能である。
E．子の形質が少しずつ違うので、環境の変化に適応できる可能性が高い。

① A、B　② A、C　③ A、D　④ A、E　⑤ B、C
⑥ B、D　⑦ B、E　⑧ C、D　⑨ C、E　⑩ D、E

問6　減数分裂における細胞1個当たりのDNA量の変化のうち、もっとも適切なものを次の図①〜⑤の中から一つ選べ。ただし、図の縦軸は核1個当たりのDNA量（相対値）を表すものとする。36

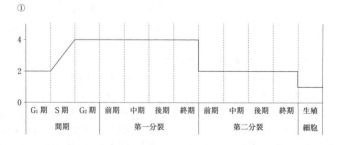

②

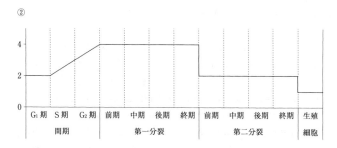

③

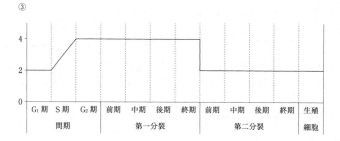

④

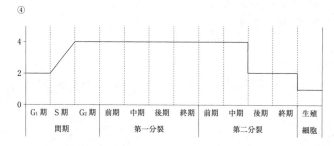

⑤

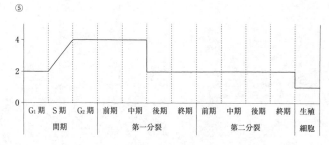

問7　下線部ロに当てはまる植物の組み合わせとしてもっとも適切なものを次の①〜⑩の中から一つ選べ。

　37

A．タンポポ　　B．スギ　　C．トウモロコシ　　D．イチゴ　　E．トマト

78 2021年度 生物　　　　　　　　　　　　　　　　　　　　　東京農業大

①　A、B　　②　A、C　　③　A、D　　④　A、E　　⑤　B、C

⑥　B、D　　⑦　B、E　　⑧　C、D　　⑨　C、E　　⑩　D、E

問8　下線部ハによってみられる現象としてもっとも適切なものを次の①～⑤の中から一つ選べ。　38

①　白色胚乳系のトウモロコシに黄色胚乳系の花粉を受粉すると胚乳が黄色になる。

②　二倍体のスイカと四倍体のスイカを交雑すると種なしスイカができる。

③　ある組み合わせの両親を交雑すると雑種の子は両親より優れた生育をしめす。

④　自家受精を繰り返すとその子は親よりも生育が劣るようになる。

⑤　アブラナ科の植物は同じ個体の花粉により受精できないことがある。

問9　文章中の［け］種子、［こ］種子に当てはまる植物の組み合わせとしてもっとも適切なものを次の①～⑩の中から一つ選べ。ただし、［け］種子、［こ］種子の順とする。　39

A．インゲンマメ　　B．コムギ　　C．ソラマメ　　D．カキ　　E．イネ

①　A、B　　②　A、C　　③　A、D　　④　A、E　　⑤　B、C

⑥　B、D　　⑦　B、E　　⑧　C、D　　⑨　C、E　　⑩　D、E

問10　下線部ニについて光発芽種子の発芽に必要な条件を過不足なく含むものを次の①～⑨の中から一つ選べ。　40

A．発芽に適した温度　　B．遠赤色光　　C．酸素　　D．赤色光　　E．水

①　A、B、E　　　②　C、D、E　　　③　A、C、D

④　A、C、E　　　⑤　A、B、C、E　　⑥　A、B、D、E

⑦　B、C、D　　　⑧　A、C、D、E　　⑨　A、D、E

国語

（六〇分）

第1問 次の文章を読んで、後の問い（問1〜10）に答えよ。

　レンブラントに「夜警」という絵がある。この絵はアムステルダムにあって、彼の晩年の恐ろしい様なヶ(注1)サを沢山見せているか、私はあまり感動は受けなかったが有名な絵である。【①】絵はアムステルダムの射撃隊の組合員からの註文で描いたものだ。レンブラントはこういう金貨った知らないまま、あるいは二三十何人かの肖像の大作の註文などは、めったにあり得ないから、商売としたら、すいぶんこういう仕事だし相通なら、大いに商気を出して、然るべき処をレンブラントは、三人の士官だけは肖像画らしく仕上げた。あとの人達はみな暗い背景に押し込んであって、誰やら何をしているやらわけの解らぬ様なものにしてしまった。組合の方は、大金をとられてⅠと思ったから腹を立てた。レンブラントの悠評判が悪くなって肖像画の註文はもう止ってしまったろうである。【②】この場合、レンブラントにしてみれば、実物に似た男を描くのは三人だけで沢山だ、ある人間は黙殺した方がいいと、はっきり考えて仕事をしたので、決して手を抜いたりしたわけではない。組合員にしてみれば絵は、アムステルダムを守る名誉ある射撃隊を表す手段に過ぎない。何んと中尉は一分の肖像画家などより、勿論、遙かに重要な人物である。【③】レンブラントに、当時そういう常識を心得ていない筈はなかったであろうが、美しい画面を構成したいという画家の本能は、そういう常識を越えて進んだ。この画家の本能から言えば、アムステルダムの射撃隊などは、美しい画面に到達する手段に過ぎない。背景の暗さが画面の美的調和の為に必須の条件なら、人間共の表情などはその為に犠牲になってもらわねばならぬ。【④】レンブラントの絵は、近代絵画と言えないが、彼の試みた冒険は近代的な性質のものである。又「夜警」を見る私達の目に、アムステルダムの射撃隊などの意味はないが、絵は美しいが故に何等かの意味を語りかけて来る様に思われる。つまり私達は、レンブラントの絵を近代的に眺める様に慣らされて来たわけだ。近代絵画の運動とは、根本のところから言えば、画家が扱う主題の権威或は強制から逃れていかにして絵画の自主性或はⅡを創り出すかという烈しい工夫の歴史を言うのである。【⑤】

　近代の社会は、色々な専門的な仕事の、独立した世界を持つ傾向に進んでいる。人間の文化的活動の形式や領域が、互いにはっきりと分離して行く、そういう近代社会の傾向を、勿論、芸術は非常に鋭敏に反映するのであって、画家ばかりではない、詩人もそれをもっとも早く感じて、詩の近代性についてかかる革新を試みた。近代絵画も近代詩も、それは何んと言ってもフランスをその中心があったが、革新の運動は、先ず詩人の想に現れた。(注3)ボードレールは(注4)マネより先輩なのである。ボードレールの詩学について、ここに必要なだけを極く簡単に言うこういう事になる——当時の一流の詩人達、例えば(注5)ユゴーとか(注6)ラマルティーヌとか(注7)ミュッセとかから人達の詩に世人は感動しているが、それはただ、当の詩人が詩というものに関して全く曖昧な考えしか持っていないからだ。成る程、これらの大詩人達は無邪気に詩を書いている者には、詩的

効果について極めて意識的な工夫を凝らしているに相違ないのであるが、詩は本来何を目指して創られるかという根本の明察が欠けているから、彼等は、その作品に、詩と詩でないもの、つまり散文でも表現出来るものとの奇妙な不純な混合を平気で許している。□Ⅲ□ユーゴーの詩には、歴史もあれば伝説もあり、哲学の思想もある。従って、ボードレールのやった事は、詩から詩でないものを出来るだけ排除しようとする事、つまり、詩には本来、詩に固有な純粋な魅力というものがある筈で、この定義し難い魅力を成立させる為の言葉の諸条件を極めるという事だ。詩は、何かを、或る対象を或る主題を詩的に表現するという様なものではない。詩は単に詩であれば足りるのである。そういう考えである。ボードレールが、彼の信ずる詩の近代性という考えを「□A□」で実現した事は周知である。画壇には、まだ「□A□」は現れなかったが、そういう気運は、画壇の到る処で動いていたのである。才能ある新しい画家達、これを目指して仕事をしていた。ボードレールが彼等を抜いたのは、そういう先覚者、彼の言葉を信ずれば、周囲の人々より余程進んだ時計を持っていた画家達の感覚なのであった。彼は沢山な絵画批評を遺しているが、彼の批評が、近代絵画批評のお手本として、今日も生命ある所以は、彼の批評の裡に誕生したばかりの絵画の近代性に関する予言的なドグサにある。ボードレールこそ、絵画は絵画であれば足りるという明瞭な意識を持って、絵に対した最初の絵画批評家であった。

ボードレールは（注8）ドラクロアを非常に尊敬していた。（注9）ワグネル論とドラクロア論とは、彼の遺した批評文のeソッケをなすものであるが、そのドラクロア論のなかで、私流の要約だが、彼はこういう意味の事を言っている。世人は、ドラクロアの歴史画に扱われた劇的な主題に心を奪われているから、ドラクロアの新しい才能を見損っているのである。そういう人達は、ドラクロアの絵を遠くから見てみるという。何を描いているのか解らぬくらい離れて絵を見てみ給え。恐らくドラクロアの色彩の魔術というものが諸君の眼に明らかになるだろう。リの場合諸君の眼に映じた純粋な色彩の魅力は、絵の主題の面白さとは全くその源泉を異にしたものであって、絵に近寄って見て絵の主題が判然出来ても、主題はリの色彩の魅力に何物も加えず、又リの魅力から何ものをも奪う事が出来ぬと諸君は感ずるであろう。リの主題と無関係な色彩の調和リを、画家の思想の精識なのである。思想と言っても、それは勿論無意識の意味でのあるリの思想を言うのではない、諸君を夢みさせ、考えさせる色彩の力を言うのである。ドラクロアは情熱を情熱的に愛すると言った性質の画家であるが、それにも拘らず、ドラクロアのパレットは、細心に微妙に整頓されたパレットを自分は他の画家に見た事がない。まるで花束の様に配置された彼のパレット上の色を眺めながら、自分は考える。リの画家は、リれらの様々な色彩の一つ一つの言わば感情価というものに関して、どんなに就く自覚を持っているだろう、リれらの色彩を細心に組合せて、統一ある大きな調和を創り出すリの画家の仕事は、音楽家や数学者の手順に大変よく似たものがあるのではなかろうか。リの不断の練習を計量によって、或る名状し難い確実さを与えられた画家の感情が現れる、それが彼の思想である。ドラクロアは、自然は一冊の辞書だと言っている。だが、彼は自然を辞書の様に引くのであって、自然の模倣などをしているのではない。彼の内に燃え上る着想に適応する諸要素を自然のうちから探り出し、リれに全く新しい相貌を附与する。画家にとって、自然とは、リれと全く異る絵画という一秩序を創り出す様に促す機縁、素材の統一なる集積であるのだ。徹底的に考えれば、自然のうちに繊ある色も色もない。繊を創る色も色もない。繊も色も画家が創り出すものなのだ。

（小林秀雄『近代絵画』による）

（注1） レンブラント──オランダの画家（一六〇六─一六六九）。

（注2） アムステルダム──オランダ王国の首都。「夜警」はアムステルダム国立美術館に所蔵されている。

（注3） ボードレール──フランスの詩人（一八二一─一八六七）。

（注4） マネ──フランスの画家（一八三二─一八八三）。

（注5） ユゴー──フランスの詩人・小説家・劇作家（一八〇二─一八八五）。

（注6） ラマルティーヌ──フランスの詩人・政治家（一七九〇─一八六九年）。

（注7） ミュッセ──フランスの詩人・小説家・劇作家（一八一〇─一八五七）。

（注8） ドラクロア──フランスの画家（一七九八─一八六三）。

（注9） ワグネル──ドイツの作曲家（一八一三─一八八三）。

＊問題作成上の都合により、本文の一部に手を加えてある。

問1　傍線部 a〜e のカタカナと同じ漢字を用いるものを、各群の①〜⑤のうちからそれぞれ一つ選べ。解答番号は、a・[1]〜e・[5]。

a　ケッパク　[1]
① 彼はこの裁判で身のケッパクを証明した。
② 彼はこの学校ではケッシュツした人物であった。
③ 優勝を争うケッセンの日は近い。
④ ケッカを気にせず思い切って実行せよ。
⑤ 細いケッカンに針を刺すのは難しい。

b　カン　[2]
① あの人はとてもカンダイな人である。
② 良い投手は、カンキュウをつけて投げる。
③ この小説はカンゼン懲悪で書いてある。
④ あの城がカンラクするとは思ってもいなかった。
⑤ 彼は試合を決めるよう盗塁をカンコウした。

c　ベセン　[3]
① 彼のミスは会社にバクダイな損失をもたらした。
② モンゴルのサバクチ地帯をともかく行くしかない。
③ 飛行機のバクオンが遠くて聞こえる。
④ 敵にボクタイされないように注意せよと言われた。
⑤ この時バクタイは朝敵となった。

d　ドウサツ　[4]
① カドウしている生産設備の比率はどうなっているのか。
② コウドウには彼の講義を聴きに多くの人が集まった。
③ 原始時代の絵がドウクツの中で発見される。
④ 彼にユウドウされてこの奇妙な場所に着いた。
⑤ 選手にキドウりょくをあたえることが大切だ。

e　ソウケイ　[5]
① 近頃は日本もフッコウ国にそうなったのだ。
② 君と会えて僕の気分は大変ソウカイである。
③ 敵と味方とのコウソウはますます激しくなる。
④ 場所をわきまえず大言ソウゴウしてはいけない。
⑤ コンサートにソウカン鏡をもってやってくることにした。

問2　空欄 [I]〜[III] に当てはまる言葉として最も適当なものを、各群の①〜⑤のうちからそれぞれ

82　2021年度　国語　　　　　　　　　　　　　　東京農業大

一つずつ選べ。解答番号は、Ⅰ・[6]、Ⅱ・[7]、Ⅲ・[8]。

Ⅰ　① 鎌をかつがれた　　② 口を割らされた　　③ 二の足を踏まされた
　　④ 一ぱい食わされた　　⑤ 釘を刺された

Ⅱ　① 幻想性　　② 独立性　　③ 鑑賞性
　　④ 合理性　　⑤ 実証性

Ⅲ　① なぜなら　　② しかし　　③ また
　　④ むしろ　　⑤ 例えば

問3　空欄[A]に当てはまる作品を、次の①〜⑤のうちから一つ選べ。解答番号は、[9]。
　① 女の一生　② 月と六ペンス　③ 赤と黒　④ 悪の華　⑤ 罪と罰

問4　次の一文が入るべき箇所を、本文中の【Ⅰ】〜【Ⅴ】のうちから一つ選べ。解答番号は、[10]。
【りの画家の本能が、次第に強くなり、且つ意識的になって来るにつれて近代絵画というものが現れる様になる。】

問5　傍線部ア「彼の試みた冒険は近代的な性質のものである」とあるが、それはどういうことか。その説明として最も適当なものを、次の①〜⑤のうちから一つ選べ。解答番号は、[11]。
　① レンブラントは、その試みとして、単に目の前にある対象を依頼された事柄を描こうとしたのではなく、歴史や伝説や哲学思想というものを絵の中に描こうとしたということ。
　② レンブラントは、絵画の主体性を取り戻そうと、与えられた絵の主題ではなく、自分の目にみえたものを克明に写実的に描こうとしたということ。
　③ レンブラントが行ったりは、画家の本能に従って絵の主題や対象からの束縛を離れて、絵それ自体の魅力を描こうとしたということ。
　④ レンブラントは、近代という人間主体の時代を生きるために、絵の中に単なる美しさとは違う人間性をも入れ込んで描いたということ。
　⑤ レンブラントは、近代の時代に即して、画家としての純粋な意識に基づいて自分の感情や思想の誘惑に抗して、構成美を追求したということ。

問6　傍線部イ「ドラクロアのヴィヴラント」とあるが、どういうことを意味しているのか最も適当なものを、次の①〜⑤のうちから一つ選べ。解答番号は、[12]。
　① 絵に現れている主題の面白さを支える、ドラクロアの深遠な観念
　② ドラクロアの劇的な歴史画に反映されている、優秀な知性
　③ 色彩の力によって、絵を創り出そうとするドラクロアの新しい才能
　④ 絵を好む多くの人を魅了する、ドラクロアの絵に表現された主題
　⑤ 自然の中から、絵に必要なものをとり出すドラクロアの奇抜な着想

問7　傍線部ウ「ドラクロアは、自然は一冊の辞書だと言っていた」とあるが、ドラクロアは自然をどのように把握していたのか。その内容として最も適当なものを、次の①〜⑤のうちから一つ選べ。解答番号は、[13]。
　① ドラクロアの発見した自然は、超自然としての自然であり、思想や感情を色彩の魔術によって描こうとする時、材料をもとめ、参照するものとして把握しているものである。
　② ドラクロアにとっての自然とは、画家の呼びかけに応えるものであり、思想とか感情とかいっさいの介入物を除き、親近感をもって、そこからのみ色彩を得て、制作しようとする動機を与えてくれるも

のである。

③ ドラクロアにとっての自然とは、あるがままの自然であり、主題とか対象からの拘束を画家が脱し、自己の自主性を確立するためのものであると考えられた。

④ ドラクロアにとっての自然とは、自然にかろうじてある魂の動きそのものを呼び起こすものであり、着想や主題や対象としての素材を得るものとしてあり、文明の対極にあるものとして把握されている。

⑤ ドラクロアにとっての自然とは、画家の着想を完成させようとする時、素材や線や色などを創造するために参照するものとしてあり、画家の表現したい美を実現する手段としてあるものである。

問8　傍線部エ「これ」とあるが、その指示内容として最も適当なものを、次の①〜⑤のうちから一つ選べ。解答番号は　14　。
① 感情　　② 仕事　　③ 諸要素　　④ 絵画　　⑤ 辞書

問9　筆者は、ボードレールをどのように捉えているのか。本文全体を踏まえた説明として最も適当なものを次の①〜⑤のうちから一つ選べ。解答番号は　15　。

① 近代社会は、日々変化を望む社会となっているから、詩人達も自らの信条や情念によって日々感覚を新たにしていかなくてはいけないことは確かにはあるが、それでも詩人や画家という芸術家は、その人間の内的な生を重視するのであって、画家にとってはその内的な生の象徴として線や色彩があり、詩人にとっては詩的言語ではなく日常的な言語があることを説いたのがボードレールであった。

② 近代社会は、急激な産業化のもと、日々新しい芸術が生まれている社会であるから、その新しい流れを見極めるためには、詩人は単に言葉の世界にだけ閉鎖的に閉じこもるのではなく、大胆に他の分野にまで進出し活動すべきであるから、絵画においても詩人の抱いた印象を述べていくべきであると説いたのがボードレールであった。

③ 近代社会は、工業化している社会であり、かつての田園的な牧歌的な自然は失われているから、詩人はそのことを自覚し、瞬時を止まらずに失われていく自然の印象を鋭敏たる詩人の感覚によって捉え把握することが必要であり、そのためには、自然をドラクロアのように一冊の辞書と考えるのではなく、人間存在の反映されたものとして詩人は考えるべきであると説いたのがボードレールであった。

④ 近代社会は、色々な専門的な仕事の独立した世界をもたらしているが、芸術も近代社会の在り方を反映し、詩から詩ではないものを排除し、詩に固有の純粋な魅力というものを見極めるために言葉にこだわり、絵画は絵画であれば足りるという明晰な意識をもって絵に対した最初の絵画批評家であったが、ボードレールであった。

⑤ 近代社会は、急激な変化の中にある社会ではあるが、近代社会といえども、かつての社会の中に生きていた習慣や生活を全く無視しては存続することができず、詩人であろうと画家であろうと芸術家は、人々の暮らしの中に生きていた習慣や伝統を、言葉や絵で継承することが大切であると説いたのが、ボードレールであった。

問10　三段落からなる文章の構成内容について説明したものとして最も適当なものを、次の①〜⑤のうちから一つ選べ。解答番号は　16　。

① 対比によって文章が展開され、一段落と二段落とでは近代絵画と近代詩との対比が説明され、三段

落ではそれらの対比を通じて、近代絵画が自然と近代的人間とを発見したと結論づけるような構成になっている。

② 最初に近代絵画の運動についての主題を設定し、二段落で、ボードレールを例にその具体例を挙げ、三段落では予想される反論を示し、その上で再反論を行うように段落相互が接続するように構成されている。

③ 具体的で身近なレンブラントの絵という内容から、近代絵画の運動とはどういうものか説明し、二段落、三段落でボードレール、ドラクロワを例に抽象的な内容へと展開し、近代絵画における自然の重要性を説く構成となっている。

④ それぞれの段落に巧みに比喩が用いられ、その巧みな比喩の力によって、近代絵画の運動と近代の画家における自然の重要性という抽象的な内容が分かりやすく説かれ、段落を追うごとに螺旋的に論理が展開される構成となっている。

⑤ 導入として具体例を挙げ、近代絵画の運動とは何かを説き、二段落でボードレールこそ近代詩の創設者であると同時に、近代絵画の絵画批評家でもあったことを説き、三段落でそのことを具体例で実証している構成となっている。

第2問 次の文章を読んで、後の問い（問1〜10）に答えよ。

【文章A】

文化は、環境などさまざまな条件のもとで、そして長い歴史のなかで作りあげられてきたものであり、それぞれに独自の内容をもつ。それぞれの文化はそのなかで生きる人々のものの見方や価値観に結びついている。そのためにわたしたちは、異なった文化に出会ったとき、しばしばその違いに驚かされることがある。たとえば外国に出かけたときに、ある種類の肉を絶対に口にしない人や、外出するときに必ず頭にかぶりものをする人に出会うが、その厳格な意志にはつよく驚かされる。

（中略）

文化の出会いがもつ意味は、何より、わたしたちを、自己自身の文化の枠組みのなかでは見えないもの、つまり異なったものの見方や世界観に目を向けさせるという点にある。わたしたちはそれに驚いたり、あるいはそれによって自分の世界観を揺さぶられたりすることを通じて、みずからを顧みる目、他者に対する共感の心とを養ってきた。そのことを通じてわたしたちはわたしたちの文化をいっそう豊かなものにするとともに、他者との共存のキャ＿＿ａ＿＿ベ＿を形成してきたのである。他者との出会いこそ、わたしたちがわたしたちの文化を豊かにする源泉であるのだと言うことができる。

しかし、いま、そのような、わたしたちが長い時間をかけて作りあげてきた営みが大きな危機に直面している。それは、いま世界全体を＿＿ｂ＿＿オっているグローバル化の波と深く関わっている。グローバル化は多くの利便をもたらしはしたが、しかし他方で、わたしたちの社会のなかに多くの問題を引きおこしつつある。

人々の関心がただ経済的な利益を追求することにのみ向けられるようになったことが、いちばん大きな問題であると言えるかもしれない。そして、なりふりかまわない利益追求によって、さまざまな場所で格差が生まれ、対立や軋轢が生まれている。それは先進国でも途上国でもかわらない。民族や宗教、肌の色や性別、政治

的な見解など、さまざまな観点から異質なものを発見し、その「他者」を詰り、排斥することで、自分自身のアイデンティティや存在意義を確認しようとするフ□ キョ □が生まれている。

このような状況のなか、文化と文化、民族と民族、宗教と宗教のあいだの溝がいっそう深くなる方向へと動き始めている。長い時間をかけて作りあげられてきた文化や、他者との共存の営みに亀裂が入ろうとしている。リリが踏みとどまらなければならないという思いが強くしている。

こうした状況にすぐに有効性を発揮する対処法があるわけではない。それぞれがそれぞれの歴史や文化を担っていることを認め、尊重しあうことから出発する以外に道はない。そういう姿勢をもちながら互いに対話することが、いま改めて求められているのではないだろうか。人類はこれまで異質なものに触れ、そこから刺激を受けることによってみずからの文化を、そしてみずからの生を豊かにしてきた。異なった文化や考え方は、お互いがお互いを豊かにしあう源泉なのである。その原点にいま立ち戻る必要を強く感じている。

わたしは、以上のような状況、以上のような思いを踏まえて、日本の文化や思想、宗教が長い歴史のなかで生みだし、作りあげてきたものを改めて見直してみたいという意図のもとに筆を□った。それは決してみずからにのみ目を向け、その独自性を誇るというためをめざしたものではない。むしろ、どこまでも異なる文化や思想との「対話」をめざして筆を進めた。

対話を意義のあるものにするためには、まず明確な「自画像」を描かなければならない。対話はただ目を他者に向けるだけでは成立しない。みずからが何であるかを把握した上ではじめて対話が成り立つ。その基礎作業を行いたいと思った次第である。そのためにまず問題になるのは、古代から現代にいたるまでの日本の詩歌や芸術、宗教の長い歴史のどこに注目するのかという点であろう。もしそこに何かある一貫したものを見いだすことができれば、それが大きな手がかりになる。そのように考えたときに頭をよぎるのが、松尾芭蕉（一六四四一九四年）の『笈の小文』——一六八七（貞享四）年から翌年にかけて江戸から伊勢、吉野、明石などをめぐったときの紀行文である——のなかの次の言葉である。

□ X □ の和歌における、宗祇の連歌における、雪舟の絵における、利休が茶における、其貫道する物は一なり。しかも風雅におけるもの、造化にしたがひて四時を友とす。見る処花にあらずといふ事なし。おもふ所月にあらずといふ事なし。像花にあらざる時は夷狄にひとし、心花にあらざる時は鳥獣に類す。夷狄を出で、鳥獣を離れて、造化にしたがひ、造化にかへれとなり。

芭蕉において「風雅」は、まず何よりも俳諧を、そして詩歌を意味する言葉であったが、それにとどまらず四時、つまり春夏秋冬、そしてその変化に応じて移り変わっていく万象（造化）とともにあろうとすること、そうした生き方、またそこにある美、さらにそれを解する心、そこから生みだされる詩歌の本質をも意味する言葉であった。

【文章B】

「造化にしたがふ」というのは、そして「像」が花となり、心が月となるというのは、もちろん容易なことではない。

そのためには、まず世俗的な価値尺度という大きな壁が乗り越えられなければならない。われわれは通常、「笈の小文」の表現をすれば、「夷狄」に、あるいは「鳥獣」に近いあり方をしている。生活をより豊かにするためだけに生き、生活に必要なものだけに価値を認めるような価値観を抱いて生きている。そこでわれわれの

意識を占めているものは、富であり、身を立てることであって、花ではない。「像」が花となるためには、まずその価値観を転換しなければならない。

そこに詩の世界が開かれてくる。そのことをよく示す芭蕉の句がある。

　　よくみれば薺花さく垣ねかな

『続虚栗』に見える句である。薺（なずな）というのはぺんぺん草という別名をもつ雑草の代表のような草である。小さな白い花をつけるが、地味でそれに目が向けられることはほとんどない。その花に芭蕉は目を留め、その地味な花がもつ美しさに動かされている。

「よくみれば」というのは、ただ単に「よく観察すれば」ということではない。日常の生活の延長上で、以前よりもよく観察したということではなく、日常のものを見る目、ものを見る立場というものを超えたというということが、その言葉によって語られている。「生活のために」という枠の外れ、それまでは見えなかったもののありようが目に入ってくる。そこでは、ものを見る目が変わり、世界の経験のされ方が変わっていると言ってもよいであろう。そこに見いだされた美を芭蕉は言葉にしようとしたと言える。

しかしその詩の世界は、日常生活のなかの価値体系の方から見れば、逆に、それから外れたものである。その自覚を芭蕉はもっていた。そのことを端的に示すのが、『許六離別の詞（柴門の辞）』のなかの「予が風雅は夏炉冬扇のごとし。衆にさかひ〔逆〕ひて用ゐる所なし」という表現である。ここで芭蕉は自らの俳諧を夏のいろりや冬の扇に喩えているのであるが、それは、俳諧が世間の人々の価値尺度では評価されるものではない、むしろそれに逆らう営みであるという思いを芭蕉が抱いていたことを示している。

しかし「笈の小文」の「像花にあらざる時は夷狄にひとし。心花にあらざる時は鳥獣に類す」という言葉や、「夏炉冬扇」という言葉の背後にある芭蕉の自己主張をよく示している。　　Ｙ　　という考えを芭蕉はもっていたということだ。俳諧は彼にとって無用のものでも、あるいは人生の余白とでも言うべき単なる添え物でもなく、まさにそれによってこそ人間が鳥獣から区別されるものであり、本来の意味で人間が人間となりうるものであった。

（藤田正勝『日本文化をよむ』による）

＊問題作成上の都合により、本文の一部に手を加えてある。

問1　【文章Ａ】の傍線部a〜eのカタカナと同じ漢字を用いるものを、各群の①〜⑤のうちからそれぞれ一つずつ選べ。解答番号は、a・[17]〜e・[21]。

a　キベン　　[17]
① ベンセイの準備をして旅に出る。
② 雨が続くとうつベンがゆるくて危険だ。
③ このままではフッベンで行き詰まる。
④ 人気ダラクのベンカイが繰られる。
⑤ 江戸時代のコウベンを取り示す展示する。

b　オウて　18

① 強風でボートが**テンプク**する。
② **サンプク**まで来て根が開けた。
③ 敵の目を逃れて**センプク**する。
④ 美しい宝石を見て**ガンプク**を得る。
⑤ 床の間に**イップク**の水墨画を掛ける。

c　フウチョウ　19

① **カクチョウ**の高い詩を朗読する。
② 森の中の**セイチョウ**な空気を吸う。
③ 病気の**チョウコウ**に気付く。
④ 頼を**チョウチョウ**せ語る。
⑤ 失態を演じ**チョウショウ**される。

d　キレツ　20

① 住民に**キガイ**が及ぶのを避ける。
② 代々続く**キッスイ**の江戸っ子だ。
③ **キコウ**模様を織り上げた帯。
④ 社会の**フウキ**が乱れてくる。
⑤ **キセン**を制する行動に出る。

e　トッた　21

① **ミンシツ**で物事が決められる。
② 運転者の**カシツ**による事故が起こる。
③ 駅まで**シッソウ**して電車に間に合う。
④ 大きな失敗をして**シッツイ**される。
⑤ **カッシツ**のあった相手と和解する。

問2　【文章A】の傍線部ア「わたしたちが長い時間をかけて作りあげてきた営み」とあるがどういうことか。その説明として最も適当なものを、次の①〜⑤のうちから一つ選べ。解答番号は　22　。

① 長い歴史の中で環境などの影響を受けながら、人々のものの見方や価値観に結びついた独自の文化が生まれ、異文化を取り入れながら洗練されてきたこと。

② 自分自身の文化の枠組みのなかにはないものを求めて、異文化をそのまま受け入れ他者との共存の土台を形成することで、グローバル化が進んできたこと。

③ 他の文化と出会い異質なものの見方に触れて影響を受け、自身を見つめ直したり他者に共感して共存の土台を築いたりして、自らの文化を豊かにしてきたこと。

④ 他国の文化を取り入れることで、それまでの日本にはなかった異なるものの見方や世界観が生まれ、歴史のうねりの中で日本文化が国際的に広まってきたこと。

⑤ 自身の文化にないものの見方をする異文化に接することが、自国の価値に気付く契機となり、文化が利益を生み出して経済戦略のひとつとなってきたこと。

問3　【文章A】の傍線部イ「そうした状況にすぐに有効性を発揮する対処法があるわけではない」とあるが「そうした状況」とはどういう状況か。その説明として最も適当なものを、次の①〜⑤のうちから一つ選べ。解答番号は　23　。

① グローバル化による格差が広がり、異なる民族との交流の機会が失われている状況。

② 経済格差から異文化間に溝が深まり、グローバル化が難しくなってきている状況。

③ 世界が経済的な利益追求に走るあまり、先進国と発展途上国との格差が広がっている状況。

④ グローバル化に伴い、異質なものを取り除こうとする傾向が強まっている状況。

⑤ 経済のグローバル化によって、文化の独自性が失われようとしている状況。

問4 【文章A】の傍線部ウ「その原点にいま立ち戻る必要を強く感じている」とあるが、筆者がそのように感じるのはなぜか。その説明として最も適当なものを、次の①〜⑤のうちから一つ選べ。解答番号は、24。

① 異なった文化や考え方を受けいれることができなくなれば、刺激がなくなり自身の文化もやせていくばかりだから。

② 文化は長い時間をかけて作りあげられてきたもので、自分自身のアイデンティティを確認するために必要だから。

③ 異国や異民族との溝がいったん深まればそれを埋めるのは難しく、歴史的な時の流れを変えることはできないから。

④ 経済的な格差が生まれることで文化の交流が途絶え、それぞれ独自の文化の発展が妨げられることになってしまうから。

⑤ 民族や宗教、肌の色や性別、政治的な見解の違いを乗り越えるだけで、グローバル化の本質が失われてしまうから。

問5 【文章A】の傍線部エ「明確な『自画像』を描かなければならない」とあるが、「自画像」を描く」とはどういうことか。その説明として最も適当なものを、次の①〜⑤のうちから一つ選べ。解答番号は、25。

① 異文化に対して誇れるように、日本文化の特徴をはっきりと打ち出すこと。

② 異文化と対話しながら、日本独自の文化や思想の特質をぶりだすこと。

③ 異文化を取りいれながら、日本文化の美意識をよりいっそう高めていくこと。

④ 異文化と対比することで、日本文化が生みだし作り上げてきたものを見直すこと。

⑤ 異文化と対話できるように、日本独自の文化や思想についての理解を深めること。

問6 【文章A】の空欄 X には、芭蕉や宗祇に影響を与えたとされる歌人の名が入る。『新古今和歌集』の代表的な歌人であり私家集の『山家集』でも有名な、その歌人の名を、次の①〜⑤のうちから一つ選べ。解答番号は、26。

① 定家

② 俊成

③ 西行

④ 慈円

⑤ 家隆

問7 【文章A】の傍線部オ「夷狄を出で、鳥獣を離れて、造化にしたがひ、造化にかへれとなり」について、次のⅠ・Ⅱの問いに答えよ。

Ⅰ ここでの「なり」と文法的に同じ「なり」を含むものを、次の①〜⑤のうちから一つ選べ。解答番号は、27。

① 今は昔、竹取の翁といふものありけり。

② らうたげにそそくれたるさまなり。

③ ありつるなりとおぼしめし...

東京農業大 2021年度 国語 89

④ 格子下ろしてリリに寄り来なり

⑤ 移りゆく雲に嵐の声すなり

Ⅱ 「夷狄」「鳥獣」は、どのようなことを象徴していると考えられるか。【文章B】を踏まえた説明として最も適当なものを、次の①～⑤のうちから一つ選べ。解答番号は 28 。

① 芸術についての教養がないために、日常生活が物質的に満たされればよいとする価値尺度で生き、情緒を解する心が失われた人間。

② 経済性を何よりも優先して効率性を重視する考えから、文化や芸術を無駄なものとして取り扱うような社会の傾向。

③ 日常生活に埋もれて物質的な豊かさばかりを求め、ものの本質的な美を感じることなく、世俗的な価値観に従う生き方。

④ 文化的な生活とはかけ離れてはいるが、自然というものと生を自然と親しむなかで身に付く、生物としての人間の野生的な感性。

⑤ 自分の文化圏に属さない人間を、人としての道理をわきまえない野蛮人と見なし、獣と同等に扱ってしまう異文化理解の難しさ。

問8 【文章B】の句「よくみれば薺花咲く垣ねかな」についてどの句を筆者はどのように解釈しているのか。その説明として最も適当なものを、次の①～⑤のうちから一つ選べ。解答番号は 29 。

① 忙しい日常生活の中でふとひと息ついて目を向けたら、平凡な垣根に咲く「なずな」が雑草ながら美しいほどに変容するはずだ。

② 常識にとらわれず超越的にものを見る目を養えば、雑草にすぎない「なずな」の地味な花であるものの、芸術品として鑑賞できるようになる。

③ 日常生活において自然の世界をよく観察すると、垣根に咲いている平凡な雑草が「なずな」という名をもつ花として意識されるようになる。

④ 日常的な価値観にとらわれずそのものの自体を見ると、垣根に咲いている「なずな」の花の地味な美しさに心が動かされてくるものだ。

⑤ ふだんよく目にしている日常的なものでも、ふとした瞬間に強く意識することによって、垣根に咲く雑草の「なずな」でも美しい花に見えてくる。

問9 【文章B】の傍線部カ「夏炉冬扇」という言葉の背後にある芭蕉の自己主張」について、次のⅠ・Ⅱの問いに答えよ。

Ⅰ 「夏炉冬扇」の意味として最も適当なものを、次の①～⑤のうちから一つ選べ。解答番号は 30 。

① 人に調らをもたらすもの

② 役に立たない無用のもの

③ 価値がなくただ同然のもの

④ 何の効果も期待できないもの

⑤ 季節はずれの味わいをもつもの

Ⅱ 直後の空欄 Y には、筆者が捉えた「芭蕉の自己主張」を説明するものが入る。空欄に入れるのに最も適当なものを、次の①～⑤のうちから一つ選べ。解答番号は 31 。

① 世俗の価値意識を超越して俳諧の世界に入ったときに、どんな平凡なものでも輝きが増してものほんとうのあり方を超えた美が備わってくるのだ

90 2021 年度　国語　　　　　　　　　　　　　　　　　　　　　　　　　　　　東京農業大

② 世俗を逃れて自分自身の価値意識をもち、花や月に親しむ心を養うことで、もののほんとうのあり方が見えるようになり、人間は救われるのだ。

③ 世俗を超越した価値意識をもつことで、それまであえて見ようとしなかった、もののほんとうのあり方を、すなおに受け入れることができるのだ。

④ 世俗の価値意識を拒絶して、自分自身の価値意識をつくりだすことができたなら、独自の世界でものの、ほんとうのあり方を捉えることができるのだ。

⑤ 世俗の価値意識を乗り越えたときに、既成の秩序のなかに立つときには見えない、もののほんとうのあり方、そのリアリティが見られるのだ。

問10 筆者が芭蕉を取り上げたのはなぜだと考えられるか。**【文章A】**と**【文章B】**を踏まえた説明として最も適当なものを、次の①～⑤のうちから一つ選べ。解答番号は、　32　。

① 「漠然」や「鳥獣」という言葉を用いて示された芭蕉の考えは、異文化を理解するために日本の文化や思想を再確認するに際し、素材としてまさにうってつけのものだから。

② 改めて自国の文化を見直すとき、「造化にしたがふ」ことを説いた芭蕉の考えは、日本の文化や思想が歴史のなかで生み出してきたものに一貫するものとして捉えられるから。

③ 春夏秋冬の変化に応じて移り変わる万象というものをある、描きながら実を解する心をつちかう必要性を説いた芭蕉の教えは、異文化にも通用する普遍性をもつと確信したから。

④ 宗達や雪舟や利休といった日本を代表する文化人に共通する美意識を看破した芭蕉の視点は、歴史の中で培われた日本の文化や思想の優位性を考える手がかりになるから。

⑤ 芭蕉が詩歌の本質を貫くとした「風雅」は、日本の文化や思想が歴史のなかで生み出してきたもののうち最高の美意識で、異文化に対峙するものとして最もふさわしいから。

解答編

英語

I 解答 1—④ 2—① 3—③ 4—② 5—②

◆全 訳◆

≪奇形のカエル≫

なぜカエルは鳴いているのか？

〔1〕 1995 年 8 月，校外学習中のミネソタ中学校の生徒のグループが地元の湿地帯でハイキングをしていたところ，若いカエルの大群を発見したが，それらのカエルの大半は脚が変形していたり，欠けていたり，余計な脚が生えていたりした。生徒たちの発見は全国ニュースとなり，両生類の個体数が減少していることに大衆の注目を集めたが，この問題はすでに多くの科学者によって研究されていたのである。

〔2〕 両生類が直面している問題に関しては，考えられる理由が数多く存在する。水質汚染は明白な可能性であるが，これは，これらの動物が池や小川で産卵し，幼生時を過ごすからだ。大気汚染が原因で発生する酸性雨もまた，水中の棲み家に影響を及ぼし得るだろう。紫外線が「突然変異した」カエルの原因となっている可能性はあるだろうか？ 地球温暖化が両生類に悪影響を与えているのか？ 何らかの病気がそれらを襲いつつあるのか？ これらの可能性のそれぞれを裏付ける証拠は存在するが，解答はたった一つではない。ある事例において，一人の大学生が一つの答えを見出した。そしてその過程の中で，科学者たちに，この疑問に関する全く新しい視点を与えたのである。

〔3〕 1996 年，スタンフォード大学 2 年生のピーター゠ジョンソンは，体から余分な脚が生えているタイヘイヨウアマガエル（コーラスガエルとしても知られている）の群れを見せられた。彼はいったい何が原因でこれらの奇形が引き起こされたのかを発見することに，自身の研究プロジェク

92 2021 年度 英語〈解答〉　　　　　　　　　　　　　　　　　　東京農業大

トの焦点を合わせようと決意した。これらのカエルは閉鎖された水銀鉱山の近くにある農業地域の池から採集された。したがって，奇形を引き起こした可能性のある 2 つの原因は，農薬と旧鉱山からの重金属であった。

〔4〕　ピーターは科学的手法を適用した。既存の知識や図書館で行った調査に基づき，怪物ガエルに関する論理的な説明（環境水質汚染説）を提案し，自身の考えを検証するための実験を計画した。彼の実験では奇形ガエルがいた池と，カエルが正常であった池とが比較され，汚染物質の有無が検査された。科学ではしばしば起きるように，彼が提案した説明，すなわち仮説は，実験では証明されなかった。しかし彼の野外調査により，新たな仮説，すなわち，奇形は寄生虫により引き起こされていることが導かれた。ピーターは研究室で実験を行い，その結果は，ある種の寄生虫がいくつかの池に存在するという結論を実証するものだった。これらの寄生虫がふ化したてのオタマジャクシの体に穴をあけて潜り込み，成体ガエルの後ろ脚の成長に混乱をきたすのだ。ピーターの研究は，地球規模での両生類の減少を説明するものではなかったが，両生類が直面しているある種の問題に間違いなく光を当てた。科学とは大抵の場合，このような小さくても堅実な足並みで進歩していくものなのだ。

〔5〕　生物学者は，分子から生態系に至るまで，すべてのレベルで生命のプロセスを調査するために科学的手法を用いる。これらのプロセスの中には，百万分の何秒かのうちに起こるものもあれば，数百万年に及ぶものもある。生物学者の目的は，生物と生物群がどのように機能するかを理解することであり，時にはその知識を，実用的かつ有益な方法で利用することもある。

◀解　説▶

1．第 4 段第 8 文（Pieter's research did not …）の内容と④が合致する。他の選択肢の内容は本文中に記述がない。

2．下線部の内容を示す情報は第 4 段第 5 文（But his field work …）内で述べられている，「奇形は寄生虫により引き起こされていること」である。これを述べている①が正解。

3．本問のように，パラグラフの 1 文目に下線が付され，その内容を問う設問に対しては，通常 2 文目以降にその具体内容が明示されるので，2 文目以降をチェックするのが解法のコツ。第 4 段第 2 文（Based on what he …）の内容と③が一致する。

4．（　A　）の直前に such「このような」があるが，通常は前文を指すのでそちらにヒントを求めてみる。前文である第4段第8文（Pieter's research did not …）より「ピーターの研究は，地球規模での両生類の減少を説明するものではなかった（≒small）が，両生類が直面しているある種の問題に間違いなく光を当てた（≒solid「堅実な」）」というまとめ方ができる。以上から②が最適であろう。

5．直後のカンマの後には「分子から生態系に至るまで」という「進化」を表す語句があり，第5段第2文（Some of these processes …）にはこの語句を受ける these processes があり，それが短い時間でも長い時間でも起こり得ると述べられている。「生命のプロセス」を表す言い換えとしては②「進化」が最適であろう。

II　解答

6—①　7—③　8—①　9—②　10—④　11—③
12—②　13—②　14—④　15—④

━━━━━━◆全　訳◆━━━━━━

≪私が見聞したもの≫

　私はこの国の驚異を記述してきた数名の歴史家の著作をこれまでずっと読んできた。すなわちキツネや野ウサギやそれ以外の数種の動物が，極度の寒さと長期にわたり地面に積もっている雪のために，冬期に白く変色するというものだ。しかしそのような報告は小説めいたものである。というのは，アメリカ合衆国と，北米の他の地域，イングランドあるいはアイルランドの同一種の動物の間に違いはないからだ。

　私はガラガラヘビの噛み傷は治せないということ，またヘビが音を立てる時，そのガラガラという音が聞こえる範囲内にいるということは，誰にとっても死を意味すると，聞いたり読んだりしたことがある。しかしこれらの報告もまた小説めいている。というのも，脚を噛まれたが，素早くオイルを塗ったりオオバコの葉を当てたりして治ったことがある人物を，何人か知っているからだ。だが実際には，もしも牙がたまたま静脈や動脈に触れたとしたら，非常に危険である。昨年の夏，ある男が森の中で射撃をしていた時にガラガラヘビに脚を噛まれた。彼は即座にヘビを銃で撃ち，その頭部を吹き飛ばしたが，牙が静脈の一つに触れていたため，激しい苦

痛の中，15 分ともたずに死んだ。しかしながら，これは滅多に起きない事例である。というのは，死んだ者が 1 人であるのに対して 10 人が治癒したと聞いたことがあるからだ。

　森の中で馬に乗っていると，3，4 人の子供が，首の周りに木の皮を一枚巻き付けたガラガラヘビを引きずっているのを目にした。彼らは帰宅するとヘビの頭部に一撃を加えた。するとヘビはすぐに死んだ。私にとって，この動物はかなり恐ろしいものであったことを認めなければなるまいが，これらの人々は慣れのせいで，ヘビについて何とも思わなくなっているのだ。

　ボストンからオールバニーの内陸の地域は起伏に富み，小山が連なる不毛の地であり，ごくわずかの人しか住んでいない。オールバニーの町は大きく，材木貿易を営んでいる。バーモント州という地域はとても不毛な，山がちで起伏の激しい地で，人が少ない。まったく，旅行するにせよ，住むにせよ，とても不愉快な地域である。

　かの有名な Eathem Allen 将軍が住んでいたのはまさにここなのだ。この男の経歴は多くの人によく知られているが，変わり者である。私はニューヨークのある家で彼とひと月間過ごしたが，彼は一般に言われているように，率直で荒っぽい男だが，気立ては良いことがわかった。彼はイングランドで自身の身に起きた，たくさんの笑える逸話を話してくれた。男たちが彼に会いに行くと，彼は時々突然狂ったふりをしたり，何度も機嫌を変えて見せたりしたものだった。

■━━━━━━◀解　説▶━━━━━━■

6．空所の後ろにある同格名詞節の that foxes, hares … on the ground の内容は「動物が冬期に白く変色する」というものだが，これを一言で言うと①の wonder が最適だろう。

7．空所直後は the same species「同一種」なので，the animals を修飾していると考えられる。文脈から，「同一種の動物」であれば生息地による違いはない，という内容が読み取れる。よって③ of が入る。空所を含む文（I have read some …）の for 以下は，there is no difference between the animals of the same species「同一種の動物の間に違いはない」に，animals の様々な生息地を示す of the United States … England or Ireland が挿入されている形と考えるとわかりやすいだろう。

8．空所の直後に and があるが，通常は and の左右は同じような内容になる。and 以降の内容は「（ヘビの）ガラガラという音が聞こえる範囲内にいるということは，誰にとっても死を意味する」というものだが，これと同じマイナスイメージの意味にするならば①が最適であろう。

9．空所には名詞が入るが，意味的にオイルやオオバコの葉を「どうすることで」（噛み傷を）治したのかと考えた場合，治療法としては② application「（薬・ものなどを）塗ること，当てること」が最適だろう。なお，application には「適用，応用」という意味もある。

10．空欄を含む文の直後の文（Last summer as a …）において，ある男がヘビの牙が静脈に触れていたので死んでしまった例が述べられているが，これは偶然の予期せぬ出来事といえる。④「たまたま〜する」を入れることで，この文と矛盾しない内容になる。

11．空所を含む文が逆接の副詞 However を含む点に注目。前文（Last summer as a …）はマイナスイメージの内容なので，空所を含む文はプラスイメージと予想できる。また直後にある，主文の理由を示す for 以下の「死んだ者が 1 人であるのに対して 10 人が治癒した＝噛まれても助かる人の方が多い」という内容も参考にできよう。否定の副詞③を入れることで空所直前の that が指す前文のマイナスイメージの内容が打ち消され，プラスイメージの内容になる。

12．空所には前置詞が入るが，ヘビの頭部に武器などで打撃を与える場合のイメージとしては，打撃に使う道具と頭部という「物体同士の面による接触」になるので，この場合は on が最適。②のみが自然な意味になるだろう。

13．空所の前方にある逆接を表す but に注目。その前の部分（I must admit the …）ではその動物について terrifying「恐ろしい」と述べているが，この逆の意味になるはずと考える。②「〜について何とも思わない」を入れることで，辻褄の合う意味になる。

14．空所の前方にある either に注目。これは A or B という句を伴うというのは基本的な知識。④が正解。

15．空所直前に an という不定冠詞があることから，空所には発音が母音で始まる語が入る。よって，母音字 u で始まっているが発音上は子音 [j] で始まる語である①と③は不適。最終段で描かれている Eathem Allen 将

軍は，率直で荒っぽい男だが，気立ては良く，男たちが会いに来ると狂ったふりをするなど変わり者なので，④odd「奇妙な」が正解。

Ⅲ 解答 (1)16—③ 17—④ (2)18—② 19—② 20—④

◀解 説▶

16. consider は動名詞を目的語に取るので（ A ）には changing が入る。また，「仕事を変えようか」と考えている理由は，2文目にあるように「新しい分野へのチャレンジ」で，I'd〔I would / should〕like to *do*「私は〜したい」という表現を使って述べている。③が正解。

17. become は第2文型で用いられる自動詞である。自動詞は受動態にできないというルールより，②・③は不適。①は（ A ）が未来時制 will，（ B ）が過去完了 had だが，未来時制と過去完了は同一文中では併用しない。また，（ B ）の直後の動詞が promoted と受身形になっているので be 動詞が必要なのに，①ではそれがない。④を入れれば，it was known の was が became で置き換えられて，「知られるようになった」という意味だと理解でき，（ B ）も be 動詞の過去時制 was で，文法上矛盾しない。なお本問は it is 〜 that … の形式主語構文。

18. ②を入れることで in time for 〜「〜に間に合って」というイディオムが成立する。他は意味をなさない。

19. so 〜 that … 構文は〜が理由で that 以降が結果を表す。クリスマスツリーが小さいことで，どのような結果が得られるかを考える。②は no ＋比較級＋than の構文だが，no は比較級のみを打ち消す働き。「自分のウエストと比べて高さの差がゼロ」というのが直訳。すなわち「自分のウエストと同じくらいの高さ」という意味になり，論理的に筋が通る。①は as 〜 as の間が，③は so の次が，④は more の次が，それぞれ原級でない点が不適。

20. 主文が命令文だが，この場合の条件節には if S should V の形がよく使われる。④はこれを倒置したものであり，最適。なお，もとの形は If you should make up your mind to come である。①は副詞節 if の中でwill が用いられている点が，②は found の時制が，③は完了形の分詞構文が使われている点が，それぞれ不自然なため，いずれも不正解。

東京農業大　　　　　　　　　　　　　2021 年度　英語〈解答〉　97

Ⅳ 解答　21—④　22—②　23—③　24—③　25—④

◀解　説▶

21.「しばしば文字で書かれる，取り決めや会議が確実であるという声明」これを表すのは④「確認」が最適。①「推定」②「熱望」③「補完」

22.　A：こちらのラストオーダーを承りたいのですが。

　　　B：わかりました。ステーキサンドイッチをいくつか持ってきていただけますか？

　　　A：善処いたします。

　　　B：ありがとう。

会話の内容から食事を注文している状況であることが読み取れる。この状況に当てはまる組み合わせは②である。

23.　petal「花弁」と flower「花」の関係は，「右の単語（flower）が左の単語（petal）を含んでいる」または「左の単語（petal）は右の単語（flower）の構成要素の一つ」である。engine に関して，これらの条件にかなうものは，③が最適。

24.「ボブはお金をいくらか引き出せるように，自分の銀行口座を持っている。彼は手持ちのお金が 35 ドルあったが，銀行口座からさらにいくらかお金を引き出した。

　彼は 34 ドルでズボンを 1 本買い，1 着 16 ドルのシャツを 2 着買い，1足 24 ドルの靴を 2 足買った。買い物の後，32 ドルが手元に残った。

　ボブは銀行からいくらお金を引き出したか？」

求めるものを x として一次方程式を立てると，$35+x=34+16\times2+24\times2+32$ になり，$x=111$ と求まる。以上より③が正解。

25.　1 にある The term は「その用語」だが，the は既出のしるしだと考えればこれよりも前の文で「用語」について言及されているはず。それが Celtic のことだとまず気づくことが大切。1 は内容的には Celtic の説明になっており，2 の疑問文を前に置くことで自然な流れになる。また 2 にある actually は「一般的なイメージに対して実際は」というニュアンスをもつ。Celtic の一般的なイメージの説明になる 4 を 2 より前に置くことで，④が正解と導き出せる。

98 2021 年度　英語〈解答〉　　　　　　　　　　　　　　　　　東京農業大

Ⅴ

解答 ⑴26—⑦　27—④　28—③　⑵29—③　30—①

◀解　説▶

26.「人間に飼われている」に対応する選択肢が入るが，空所は関係代名詞節の一部であり，不完全文が入るはず。主文の時制が現在形であり，また意味的にも現在も続く内容であることから現在完了形が入るが，受動態で意味も自然な⑦が最適。②は時制が過去完了になっている点，⑨は受動態でない点が不自然。

27. it is said that の that は接続詞であり，後続は完全文が入るはず。この条件を満たし，かつ日本語文に相当する内容をもつ④が最適。selective breeding は「選抜育種，品種改良」という意味。⑥は should があるために「（オオカミと）選択的に繁殖させられるべきだ」という「理想」の意味になり不適。

28. 空所に入る和文訳「人間の約 100 万倍」と文法的・内容的に矛盾しない③が最適。「数詞 + times + 比較級 + than …」は「…の〜（数詞）倍〜（比較級）だ」の意味を表す。

29. Of all things には口語で「こんなことがあるなんて，こともあろうに，よりによって」という意味があり，予想外の場面に遭遇した際に口にされる。③が正解。

30. ①が正解。treat には「おごり」という意味があり，通常は所有格を伴い使用される。

東京農業大学　　　　　　　　　　　　　　2021 年度　日本史〈解答〉　*99*

■日本史■

Ⅰ　**解答**　　1─③　2─①　3─①　4─①　5─②　6─②
　　　　　　　　7─③　8─③　9─④　10─④

◀解　説▶

≪桓武平氏と清和源氏≫

2．①正解。(a)平将門は父の遺領問題で伯父の平国香を殺害後，関東の大半を占領し，新皇と自称し独立を宣言したが，藤原秀郷・平貞盛（国香の子）に鎮圧された。

3．①正解。

X．(b)源経基は小野好古とともに藤原純友を討伐した。

Y．(b)源経基の子満仲は，安和の変で源高明を密告し，藤原氏に接近した。

4．①正解。1028 年の(c)平忠常による反乱を源頼信が鎮圧したことで，源氏が東国に進出することになった。

5．②正解。

X．正文。Y．誤文。奥州藤原氏の根拠地は，多賀城ではなく平泉である。

6．②正解。

X．正文。Y．誤文。(h)平忠盛は白河・鳥羽院の信任を得た。また，摂津大輪田泊で日宋貿易を開始したのは，平清盛。

7．③正解。

X．誤文。源為義・平忠正らを集めたのは崇徳上皇。これに対し，後白河天皇は(g)源義朝や(i)平清盛らを動員した。Y．正文。

8．③正解。

X．誤文。1159 年の平治の乱の際，(g)源義朝は藤原信頼と結び挙兵した。(g)源義朝の子頼朝は伊豆に流された。藤原頼長は保元の乱で敗死している。

Y．正文。

9．④誤文。(i)平清盛は，自身の妻である時子の妹の平滋子を後白河天皇の中宮に，娘の平徳子を高倉天皇の中宮に入れた。

100 2021 年度　日本史〈解答〉　　　　　　　　　　　　　　東京農業大

II 解答

11—②　12—①　13—②　14—①　15—③　16—①
17—④　18—②　19—③　20—①

◀解　説▶

≪鎌倉時代の文化≫

13.　②正解。

X.「北山十八間戸を建てた」で忍性（良観）とわかる。

Y.「法相宗」「戒律を尊重」「南都仏教の復興」から貞慶（解脱）とわかる。

15.　③正解。

①誤文。『庭訓往来』や『御成敗式目』などが教科書で用いられたのは，江戸時代の寺子屋。

②誤文。『応安新式』は，二条良基による連歌の規則書。

④誤文。討幕運動の理論的なよりどころとなったのは，有職故実ではなく宋学（朱子学）。

17.　④正解。

X.　誤文。禅宗様は円覚寺舎利殿に用いられ，石山寺多宝塔には和様が用いられた。

Y.　誤文。折衷様の代表例は観心寺金堂。

18.　②正解。六波羅蜜寺空也上人像は，運慶の4男康勝の作品である。

III 解答

21—④　22—④　23—④　24—②　25—③　26—③
27—③　28—④　29—④　30—③

◀解　説▶

≪幕末の動向≫

21.　④正解。「アメリカ総領事」から　あ　はハリスとわかる。阿部正弘は，ペリーが来航した時の老中首座である。

23.　④誤文。安政の大獄を断行した井伊直弼は，桜田門外の変で水戸脱藩藩士らにより暗殺された。坂下門外の変で水戸浪士に襲撃されたのは安藤信正。

24.　②正解。25.　③正解。薩摩藩の島津久光が勅使大原重徳ともに江戸に入り，将軍後見職・政事総裁職・京都守護職の設置や，参勤交代の緩和を求めた。文久の改革では，松平慶永を政事総裁職，松平容保を京都守護職

東京農業大　　　　　　　　　　　　　　　2021 年度　日本史〈解答〉　*101*

に任命して幕政にあたらせた。

26. ③正解。「長州藩勢力と急進派の公家」「京都から追放」から三条実美とわかる。長州藩勢力と急進派の公家三条実美らが追放された出来事を「八月十八日の政変」という。生野の変は，平野国臣が生野の代官所を襲撃・敗走した事件。

27. ③正解。八月十八日の政変後，長州藩は池田屋事件を契機に京都に攻めのぼったが，会津・桑名・薩摩などの藩兵にやぶれた（禁門の変または蛤御門の変）。寺田屋事件は，島津久光が上京した際に，薩摩藩内の急進的な尊攘派を弾圧した事件。天誅組の変は，中山忠光を擁する天誅組が大和国五条の代官所を襲撃した事件。

28. ④誤文。幕府の領地削減などの要求に，長州藩が応じなかったことなどが第二次長州征討につながった。

29. ④誤文。土佐藩の構想は，政権返還後，朝廷のもとで徳川主導の諸藩の連合政権を樹立するものであった。

30. ③誤文。議定ではなく参与であれば正しい文になる。

IV　解答　31—②　32—③　33—④　34—③　35—①　36—①
　　　　　　37—③　38—②　39—②　40—①

◀解　説▶

≪近現代の戦争≫

31. ②正解。「アメリカがヨーロッパの事態に介入しない」「アメリカ大陸へのヨーロッパの介入を拒否」からモンロー，「門戸開放・機会均等」からジョン＝ヘイだと判断する。

32. ③正解。

ａ．正文。ｃ．正文。日本海海戦での勝利後，日本がアメリカと非公式に結んだ協定は，桂・タフト協定である。桂・タフト協定で，日本の韓国保護国化を承認させた。

ｂ．誤文。「清国における…付属の権利」は，ポーツマス条約により日本がロシアから獲得したもので，アメリカに承認させていない。

ｄ．誤文。日本の南満州権益の独占に対して，アメリカは反発した。

33. ④誤文。1917 年に結ばれた石井・ランシング協定は，1922 年の九か国条約成立によりその翌年破棄された。

102 2021 年度　日本史〈解答〉　　　　　　　　　　　　　　　　　　　東京農業大

34.　③正解。「チェコスロバキア軍救援を名目」からシベリア出兵だとわかる。

35.　①正解。

Ｘ.　正文。日米衝突回避のため，野村吉三郎とハル国務長官との間で日米交渉がおこなわれた。

Ｙ.　正文。日ソ中立条約は，南進政策進展と，日ソの提携により悪化した日米関係を調整するねらいがあった。

36.　①誤文。アメリカの態度硬化の原因は，ビルマではなく仏印（インドシナ）への進駐による。

37.　③正解。

ａ.　正文。アメリカによる最後通告に等しい提案をハル＝ノートという。

ｄ.　正文。ハル＝ノートで，アメリカを仮想敵国としている日独伊三国同盟の実質的廃棄を求めている。

ｂ.　誤文。朝鮮ではなく仏印。

ｃ.　誤文。大韓帝国ではなく汪兆銘（汪精衛）政権を支持しないことを求めた。

38.　②正解。1941 年 12 月 8 日，日本陸軍はイギリス領マレー半島に上陸，日本海軍はハワイ真珠湾を攻撃したことで，太平洋戦争が開始された。

39.　②誤文。極東委員会は，ワシントンに設置された対日占領政策決定の最高機関。

東京農業大　　　　　　　　　　　　2021 年度　世界史〈解答〉　*103*

■世界史■

I 解答

1―③　2―③　3―②　4―②　5―④　6―④
7―④　8―⑤　9―④　10―③

◀解　説▶

≪インド世界の形成≫

3．①誤文。グプタ朝はエフタルの侵入で弱体化した。

③誤文。グプタ朝の都はパータリプトラ。

④誤文。カニシカ王はクシャーナ朝の最盛期の国王。グプタ朝はチャンドラグプタ 2 世の治世に最盛期を迎えた。

4．②誤文。『アヴェスター』はゾロアスター教の教典である。

5．④誤文。バクティ信仰は，神秘主義的な特徴を持つ。

6．①誤文。カースト制度は 4 つのヴァルナにジャーティが結びついたもの。

②誤文。カースト制度はイギリス支配の時代に強化された。

③誤文。カーストとはポルトガル語の「血統」に由来する。

8・9．やや難。空欄 8 の⑤パッラヴァ朝は，3 ～ 9 世紀にインド南東岸を支配したタミル系王朝。空欄 9 の④ラーシュトラクータ朝は，8 世紀半ばから 10 世紀後半までデカン高原を支配した王朝。

10．①誤文。ラージプートはヴァルダナ朝滅亡後の北インドに形成された。

②誤文。チョーラ朝はドラヴィダ系タミル人の王朝。

④誤文。チョーラ朝がパーンディヤ朝に滅ぼされた。

II 解答

11―①　12―①　13―①　14―③　15―①　16―③
17―③　18―③　19―④　20―①

◀解　説▶

≪唐崩壊後の東アジア≫

17．③誤文。遼では仏教が盛んに信仰された。

18．③誤文。後唐末の後継争いで，石敬瑭が契丹の協力を得て後晋を建国した。

19. ④誤文。澶淵の盟による平和は，1004年から宋が金と結んで遼を攻撃するまで約100年以上続いた。

20. ①誤文。大夏はタングート人の呼称で，宋は西夏と呼んだ。

III 解答 21—② 22—① 23—③ 24—② 25—① 26—④
27—③ 28—② 29—③ 30—①

◀解 説▶

≪18世紀のヨーロッパと啓蒙専制国家≫

23. ③誤文。ユンカーは，第二次世界大戦後の土地改革によって消滅した。

24. ②誤文。雷帝と呼ばれたのは，モスクワ大公国のイヴァン4世である。

28. ①誤文。シビル＝ハン国の首都シビルを占領したのは，イヴァン4世が派遣したイェルマーク。

③誤文。デカブリストの乱を鎮圧したのはニコライ1世。

④誤文。キャフタ条約はピョートル1世死後の1727年に結ばれた。

29. ③誤文。啓蒙専制君主は，貴族の強力な特権を抑えるために，旧式なものを批判する啓蒙思想をよりどころとした。

30. ①誤文。イヴァン4世は，農民の移動を禁じて農奴制を強化した。

IV 解答 31—③ 32—② 33—① 34—③ 35—② 36—②
37—④ 38—② 39—① 40—③

◀解 説▶

≪アメリカ合衆国の発展≫

36. ①誤文。南部とはヴァージニア州以南の大西洋岸諸州を指す。

③誤文。南部は自由貿易を主張した。

④誤文。南部は州権主義を主張した。

37. ①誤文。北部は，ニューイングランドとニューヨーク州など中部大西洋岸諸州で構成された。

②誤文。北部では商工業が発達した。

③誤文。北部ではイギリスへの対抗から保護貿易と国内市場の統一を求めた。

38. ②誤文。「3年間」が誤り。ホームステッド法では，5年間の定住と耕作を条件に一定の土地を無償で与えるとした。

東京農業大　　　　　　　　　　　　　　2021 年度　世界史〈解答〉　*105*

39.　①誤文。ウィッテはロシアの政治家で，シベリア鉄道の建設を推進した。

40.　③誤文。アメリカ合衆国政府は，1890 年にフロンティアの消滅を宣言した。

106 2021 年度　地理〈解答〉

東京農業大

地理

I　解答
1 ―④　2 ―②　3 ―①　4 ―③　5 ―②　6 ―①
7 ―④　8 ―①　9 ―④　10―①　11―④　12―②
13―③

◀解　説▶

≪地形図読図と自然環境≫

1．④適当。河川の下流の方向を向いて左側が左岸。

3．①適当。中央を流れる河川付近が谷底平野，東西両側が台地になっている。また，a の地点とため池の間にある丘陵や，a 側の標高が高いことなどから判断できる。

4．「押部谷町和田」の神社が標高 85 m，老人ホームが標高 130 m 付近にあり，2 地点の比高は 45 m。また，等高線の間隔から地形図の縮尺は25000 分の 1 と判断できるので，両地点間の距離は，3.8 cm×25000＝95000 cm＝950 m と求められ，2 地点の平均勾配は，45 m÷950 m×100≒4.7 ％となる。

5．②誤文。地図左側の段丘崖にみられるのは，果樹園ではなく広葉樹林。

8．①正文。②誤文。谷口に位置するのは扇頂。

③誤文。構造平野は安定陸塊にみられる地形である。

④誤文。扇状地では河川水は伏流するため，増水時のみ水が流れるかれ川がみられる。

11．瀬戸内を流れる吉野川は，流域の降水量が少なく流量が少ないためAが該当する。また，春に融雪により流量が増加する信濃川はBが該当する。

12．②誤文。残丘は準平原に形成される。

II　解答
14―④　15―②　16―③　17―①　18―④　19―④
20―①　21―②　22―②　23―③　24―⑤　25―②
26―③

◀解　説▶

≪世界の農業地域の形成≫

14. ④誤文。白い革命とは，経済成長に伴いインドでミルクの生産・消費が増加している現象を指す。

15. ②正文。①誤文。企業的穀物農業は，労働集約的ではなく資本集約的に行われる。

③誤文。集約的畑作農業は，アジアの比較的冷涼・乾燥した地域にみられる。

④誤文。地中海式農業は，夏に乾燥する地中海性気候の地域で行われる。

16. ③正文。①誤文。オアシス農業は，乾燥地域で，地下水などを灌漑用水として用いる農業。

②誤文。焼畑農業は，おもに熱帯地域で行われている。

④誤文。移牧はアルプス地方など標高差の大きい地域で行われる。

⑤誤文。砂漠地域で外来河川を利用して行うのはオアシス農業。

17. ①正文。②誤文。年間 800～1000 mm の等降水量線よりも南は湿潤地域で，米の栽培が盛んである。

③誤文。中国東北部では，稲作技術の向上により米も多く生産されるようになった。

④誤文。華中では綿花や茶の生産が盛んである。大豆やこうりゃんは中国東北部で生産が盛んである。

⑤誤文。中国西部の乾燥地域では，綿花の栽培や羊の放牧が行われている。

21. ②誤文。ダーチャとは個人の菜園つき別荘のことである。

23. ③不適。アシエンダとは，メキシコ・ペルー・チリなどラテンアメリカ諸国にみられる大土地所有制にもとづく大農園のこと。

25. ②不適。外来河川とは，湿潤地域に水源をもち砂漠地帯を貫流する河川のこと。メコン川はチベット高原を源流とし，東南アジアの湿潤地域を流れる。

26. ③誤文。ブラジルは，豊富な降水量を生かした水力発電の比重が高い。

　27―②　28―⑤　29―①　30―①　31―④　32―④
33―⑤　34―④　35―②　36―⑤　37―②　38―④
39―①

◀解　説▶

≪西アフリカとアジア地域の地誌≫

29. ①誤文。ネヴァダ州はアメリカ合衆国西部に位置し，放牧が中心。とうもろこしの主要産地はアイオワ州・イリノイ州などである。

30. ①誤文。サヘルはサハラ砂漠南縁を指し，ギニア湾沿岸は含まない。

31. ④不適。ナショナルトラスト運動とは，国民からの基金をもとに，自治体や民間団体が自然環境や歴史的景観の保全をめざす運動のこと。

32. ④誤文。マリの公用語は英語ではなくフランス語。

34. ④誤文。ａの秦嶺＝淮河線はおよそ北緯35度付近に位置する。

35. ②正文。①誤文。南アジアで年降水量が1000mmを超えるのは南部から東部にかけてであり，Ｍのアフガニスタンは乾燥帯の地域が多い。
③誤文。石油はほとんど産出されない。
④誤文。アフガニスタンの公用語はインド＝ヨーロッパ系でペルシア語とほぼ同じダリ語と，同じくインド＝ヨーロッパ系のパシュトゥー語。
⑤誤文。アフガニスタンはイスラム教スンナ派が多数派を占める。

36. ⑤誤文。クルド人は，トルコ・イラン・イラクの国境付近に住む民族である。

37. ②誤文。ジュートはおもにガンジス川のデルタ地帯で生産されている。

38. ④適当。合計特殊出生率は，一般に，先進国ほど低くなる。

39. ①誤文。エニセイ川以東の東シベリアや極東地域は，資源開発は進んでいるがエニセイ川以西より人口密度が低い。

東京農業大　　　　　　　　　　　　　　　　2021 年度　現代社会〈解答〉　*109*

■現代社会■

I 解答
1—②　2—③　3—①　4—②　5—⑤　6—②
7—①　8—③　9—①　10—①

◀解　説▶

≪基本的人権と日本国憲法≫

1．②が正解。思想および「良心」の自由は，日本国憲法の第19条に規定されており，「これを侵してはならない」と確固たる表現で保障している。

4．②が正解。戦前においては，天皇を頂点とする神道が他の宗教よりも優越的な地位に置かれ，「国家神道」と呼ばれた。

7．①が正解。「経済の自由」は，財産権の保障など，日本国憲法が手厚く保障している権利であるが，「公共の福祉」に適合するように，一部制限され得る。

8．③が不適。ヴァージニア憲法は，アメリカ独立宣言の後ではなく，直前に制定された。

9．①が不適。靖国神社ではなく山口県護国神社への殉職自衛官の合祀が問題となった事件，というのが正しく，また最高裁判所判決は1988年に下され，合祀は合憲と判断された。

10．①が不適。デモに対する規制は，刑法ではなく，道路交通法や自治体の条例によって定められている。

II 解答
11—②　12—①　13—③　14—④　15—①　16—③
17—②　18—⑤　19—③　20—②

◀解　説▶

≪日本経済と世界の金融財政政策≫

11．②が正解。ロナルド゠レーガン（1911〜2004 年）大統領は，当時アメリカが陥っていたスタグフレーションを克服すべく，減税と高金利政策を併用した「レーガノミクス」と呼ばれる経済政策を実施した。

12．①が正解。プラザ合意においてはドル高是正が提唱され，日本円は円

高に誘導され，これにより日本は「円高不況」と呼ばれる状態に陥った。

16. ③が不適。第2次世界大戦後の固定為替相場制である「金＝ドル本位制」では，1971年まで金1オンス＝35ドルと定められていた。

17. ②が不適。プラザ合意は，アメリカ，イギリス，フランス，西ドイツ，日本の先進5カ国蔵相・中央銀行総裁によってなされた。

18. ⑤が不適。平成不況の時期には，1998年と1999年に実質経済成長率がマイナスを記録している。

19. ③が正解。日本道路公団の民営化は，2005年に小泉純一郎政権において，構造改革の一環として実施された。

①は不適。石油公団は民営化ではなく，廃止となり，その業務は新たに設立された独立行政法人に移管された。

②は不適。構造改革によって郵便事業は民営化されたが，簡易保険事業は廃止されていない。

④は不適。特区制度は廃止ではなく，積極的な活用がうたわれた。

⑤は不適。電電公社の民営化は1980年代のことである。

20. ②が不適。リーマン・ブラザーズは大手生命保険会社ではなく，大手投資銀行グループであった。

Ⅲ **解答** 21—③ 22—② 23—⑤ 24—② 25—② 26—④
27—④ 28—① 29—③ 30—③

◀解　説▶

≪科学技術と生命倫理≫

24. ②が正解。医療をめぐる社会的な問題や道徳的な問題など，人の生命に関する複合的な問題を倫理的にどう扱うかについての価値基準を考える学問は，生命倫理（バイオエシックス）と呼ばれる。

26. ④が不適。やけどによる皮膚移植も，採取した皮膚を必要な大きさに培養して移植する場合は，再生医療に含まれる。

27. ④が正解。

①は不適。インフォームド・コンセントとは，医師が患者に治療方針や薬の効能などを説明し，同意を得たうえで治療を行うことをいう。

②は不適。1997年に写真が公表されたのは，クローン羊のドリーである。

③は不適。遺伝情報はDNA（デオキシリボ核酸）と呼ばれる物質に格納

されており，RNA（リボ核酸）によって伝達される。

⑤は不適。カルタヘナ議定書は，遺伝子組み換え技術を用いた農産品等が生物の多様性に悪影響を及ぼすことを防止するため，それらの国境を越える移動を規制するもの。同技術の普及促進を目的としたものではない。

28. ①が正解。

②は不適。リビング・ウィルとは，延命希望の有無など，将来の自分の治療に関して前もって表示された意思のことである。傷病の緊急度や程度に応じて適切な搬送・治療を行うことは，トリアージと呼ばれる。

③は不適。2009 年の臓器移植法改正で，本人が臓器の提供意思を明示せずに死亡した場合でも，家族が同意すれば臓器を移植できるようになった。

④は不適。日本の法律では，代理母が出産した子は代理母の実子となる。

⑤は不適。「社会死」とは，客観的に見て誰もが死亡と認定しうるような損傷の激しい状態を指す。脳の機能を基準に判断する死は，「脳死」である。

29. ③が正解。

①は不適。尊厳を保つために自らの意思で選ぶ死は，「尊厳死」である。

②は不適。不治の病などの患者の希望により，苦痛のより少ない方法で死なせるのは，「安楽死」である。

④は不適。日本の法律は，安楽死を認めていない。

⑤は不適。『高瀬舟』は森鷗外（1862～1922 年）の作品である。

30. ③が正解。

①は不適。胎児の遺伝子や染色体を検査して異常の有無を調べるのは，「出生前診断」である。

②は不適。非確定検査で陽性であった場合に，確定検査を受けて診断を確定させる。

④は不適。「出生前診断」は胎児を検査するので，妊娠後に行うものである。

⑤は不適。胎児の段階で検査をしているので，「出生前診断の例」が正しい。

Ⅳ 解答

31—⑤　32—④　33—⑤　34—②　35—③　36—②
37—⑤　38—⑤　39—⑤　40—③

112 2021 年度　現代社会〈解答〉　　　　　　　　　　　　　　　東京農業大

■■■■■ ◀解　説▶ ■■■■■

≪国際紛争と安全保障≫

31. ⑤が正解。32. ④が正解。安全保障の古典的な方式は「勢力均衡」である。これは，例えば，対立する2国が同盟を主軸として2つの陣営に分かれてにらみ合い，両陣営の軍事力が拮抗している場合のように，力のバランスがとれていれば戦争は回避され国際的な安全が保たれる，とされる安全保障の方式である。この方式は「軍拡競争」をもたらしやすいとされる。

34. ②が正解。35. ③が正解。自由な諸国家が設立する国際機構によって平和を維持するという構想は，イマヌエル゠カント（1724～1804年）の主著の一つである『永久平和のために』の中に示されている。

39. ⑤が不適。国際連合の総会における表決は，一般的な議案が過半数の賛成を必要とする多数決で，重要な議案が3分の2以上の賛成を必要とする多数決で，それぞれ行われる。

40. ③が不適。国際連合の安全保障理事会における非常任理事国の任期は2年であり，毎年，半数が改選される。

東京農業大   2021 年度 数学〈解答〉 113

数学

Ⅰ 解答 1—⑦ 2—④ 3—③ 4—① 5—⑥ 6—⑥

◀解 説▶

≪小問 3 問≫

(1) 半角の公式より

$$\tan^2 15° = \frac{1-\cos 30°}{1+\cos 30°} = \frac{1-\dfrac{\sqrt{3}}{2}}{1+\dfrac{\sqrt{3}}{2}}$$

$$= \frac{2-\sqrt{3}}{2+\sqrt{3}} = \frac{(2-\sqrt{3})^2}{2^2-(\sqrt{3})^2}$$

$$= 7-4\sqrt{3} \quad \to 1 \sim 3$$

(2) 求める円の半径を r とおくと，中心は第 1 象限にあり，x 軸，y 軸に接するから，中心の座標は，(r, r) と表せる。

この円は直線 $3x+4y-12=0$ にも接するから

$$\frac{|3r+4r-12|}{\sqrt{3^2+4^2}} = r$$

$$|7r-12| = 5r$$

$$7r-12 = \pm 5r$$

$$12r = 12 \quad \text{または} \quad 2r = 12$$

$$\therefore \quad r = 1, \ 6 \quad \to 4, \ 5$$

(3) 初項 a，公比 r とおき，初項から第 n 項までの和を S_n とする。

$r=1$ とすると，$S_{10}=10a$，$S_{20}=20a$ であり，$S_{10}=4$，$S_{20}=16$ より

$$10a=4 \quad \text{かつ} \quad 20a=16$$

となり，これらを同時に満たす a は存在しない。

よって，$r \neq 1$ であり

$$S_{10} = \frac{a(1-r^{10})}{1-r} = 4 \quad \cdots\cdots①$$

$$S_{20} = \frac{a(1-r^{20})}{1-r} = 16 \quad \cdots\cdots ②$$

$$\frac{a(1-r^{20})}{1-r} = \frac{a(1-r^{10})(1+r^{10})}{1-r} \text{ より, } ②から$$

$$\frac{a(1-r^{10})(1+r^{10})}{1-r} = 16$$

①を代入して

$$4(1+r^{10}) = 16 \qquad \therefore \quad r^{10} = 3$$

また, ①より

$$\frac{a(1-3)}{1-r} = 4 \qquad \therefore \quad \frac{a}{1-r} = -2$$

よって, 第31項から第40項までの和は

$$S_{40} - S_{30} = \frac{a(1-r^{40})}{1-r} - \frac{a(1-r^{30})}{1-r} = \frac{a}{1-r}\{(1-r^{40})-(1-r^{30})\}$$

$$= \frac{a}{1-r}(r^{30}-r^{40}) = -2(3^3 - 3^4)$$

$$= 108 \quad \rightarrow 6$$

Ⅱ 解答 7—⑦ 8—④ 9—⑥ 10—⑥ 11—⑤ 12—①
13—④

◀解　説▶

≪2つの放物線が2点で交わる条件とそれらの放物線で囲まれる部分の面積の最大値≫

(1) $y = x^2$ と $y = -x^2 + 2mx - m^2 + m + 4$ を連立すると

$$x^2 = -x^2 + 2mx - m^2 + m + 4$$

$$2x^2 - 2mx + m^2 - m - 4 = 0 \quad \cdots\cdots ①$$

①の判別式を D とすると, $D > 0$ である。
ここで

$$\frac{D}{4} = m^2 - 2(m^2 - m - 4)$$

$$= -m^2 + 2m + 8$$

$$= -(m-4)(m+2)$$

これより

東京農業大 　　　　　　　　　　　　　　　　　　2021 年度　数学〈解答〉　*115*

$$-(m-4)(m+2)>0$$
$$(m-4)(m+2)<0$$
$$-2<m<4 \quad \rightarrow 7,\ 8$$

(2)　①の実数解が α, β であり，$A(\alpha,\ \alpha^2)$, $B(\beta,\ \beta^2)$ と表せる。
このとき，$\alpha<\beta$ より直線 AB の傾きは

$$\frac{\alpha^2-\beta^2}{\alpha-\beta}=\frac{(\alpha-\beta)(\alpha+\beta)}{\alpha-\beta}=\alpha+\beta=-1$$

①の解と係数の関係より　　$\alpha+\beta=-\frac{-2m}{2}=m$

よって　　$m=-1$　（$-2<m<4$ を満たす）　$\rightarrow 9$
このとき，①は

$$2x^2+2x-2=0$$
$$x^2+x-1=0$$
$$x=\frac{-1\pm\sqrt{1^2-4\cdot 1\cdot(-1)}}{2}=\frac{-1\pm\sqrt{5}}{2}$$

$\alpha<\beta$ より　　$\alpha=\dfrac{-1-\sqrt{5}}{2}$　$\rightarrow 10\cdot 11$

(3)　$S=\displaystyle\int_\alpha^\beta\{(-x^2+2mx-m^2+m+4)-x^2\}dx$

$\qquad =\displaystyle\int_\alpha^\beta\{-2(x-\alpha)(x-\beta)\}dx$

$\qquad =-2\cdot\left\{-\dfrac{1}{6}(\beta-\alpha)^3\right\}$

$\qquad =\dfrac{1}{3}(\beta-\alpha)^3$

α, β は①の解より

$$\alpha=\frac{m-\sqrt{-m^2+2m+8}}{2},\ \beta=\frac{m+\sqrt{-m^2+2m+8}}{2}$$

よって

$$\beta-\alpha=\left(\frac{m+\sqrt{-m^2+2m+8}}{2}\right)-\left(\frac{m-\sqrt{-m^2+2m+8}}{2}\right)$$

$$=\sqrt{-m^2+2m+8}$$

より

$$S = \frac{1}{3}(\sqrt{-m^2+2m+8})^3$$

$$= \frac{1}{3}(\sqrt{-(m-1)^2+9})^3$$

したがって，S は $m=1$ で最大値 9 をとる。 →12，13

Ⅲ 解答

14—① 15—⑨ 16—⑥ 17—⑨ 18—② 19—⑨
20—① 21—⑤

◀解 説▶

≪玉を取り出す確率≫

すべての玉に区別をつけて考えると，6人の玉の取り出し方は 6! 通りあり，これらは同様に確からしい。

3つの組を A，B，C とし，その組の生徒を A_1，A_2，B_1，B_2，C_1，C_2 とする。

(1) それぞれの組が取り出す数字の決め方は　　3! 通り

それぞれの生徒が玉を取り出す方法は　　2!×2!×2! 通り

よって，求める確率は

$$\frac{3! \times 2! \times 2! \times 2!}{6!} = \frac{1}{15} \quad →14 \cdot 15$$

(2) 同じ組の2人が3組とも異なる数を取り出すとき，数字の組合せは

$$(1, 2), (2, 3), (3, 1)$$

であり，これらの数字に対する玉の決め方は

$$_2C_1 \times _2C_1 \times _2C_1 = 8 \text{ 通り}$$

ある。これらを A，B，C の3組が取り出す方法は

$$8 \times 3! \times 2! \times 2! \times 2! = 384 \text{ 通り}$$

よって，同じ組の2人が3組とも異なる数を取り出す確率は $\frac{384}{6!}$ となるので，求める確率は余事象を考えて

$$1 - \frac{384}{6!} = \frac{7}{15} \quad →16 \cdot 17$$

別解 1組のみ数字が一致する場合

A のみで数字が一致するとき，一致する数字の決め方は $_3C_1 = 3$ 通りだから，A の2人の生徒の玉の取り出し方は $3 \times 2!$ 通り。

B の生徒の異なる数字の玉の取り出し方は，B_1 の数字の決め方が $_2C_1$ 通り，その数の 2 個の玉のどちらを選ぶかで 2 通り，さらに，B_2 が残った 3 個の中から B_1 と異なる数字の玉を取り出すのは $_2C_1$ 通りあるから

$$_2C_1 \times 2 \times _2C_1 = 8 \text{ 通り}$$

C の生徒の玉の取り出し方は　　$2!$ 通り

よって，A のみで数字が一致する確率は

$$\frac{3 \times 2! \times 8 \times 2!}{6!} = \frac{2}{15}$$

数字が一致する組が B，C のときも考えて 1 組だけ数字が一致する確率は

$$\frac{2}{15} \times 3 = \frac{2}{5}$$

2 組だけの数字が一致することはないから，同じ組の 2 人の数字が少なくとも 1 組一致する確率は(1)の結果と合わせて

$$\frac{2}{5} + \frac{1}{15} = \frac{7}{15}$$

(3)　和が同じになる数字の組合せは

$$(1, 3), \ (1, 3), \ (2, 2)$$

であり，これらの数字に対する玉の決め方は，2 つの 1 の玉と 3 の玉をそれぞれどちらの (1, 3) の組に割り振るかで $_2C_1 \times _2C_1$ 通り，(2, 2) の組の玉の決め方は 1 通りだが，2 つの (1, 3) の組の入れ替えで同じになる決め方を 2 回ずつ重複して数えることになるから

$$\frac{_2C_1 \times _2C_1}{2} \times 1 = 2 \text{ 通り}$$

ある。これらを A，B，C の 3 組が取り出す方法は

$$2 \times 3! \times 2! \times 2! \times 2! = 96 \text{ 通り}$$

よって，求める確率は

$$\frac{96}{6!} = \frac{2}{15} \quad \to 18 \cdot 19$$

(4)　数字の和が偶数となる数字の組合せは

(i)　$(1, 1), \ (2, 2), \ (3, 3)$

(ii)　$(1, 3), \ (1, 3), \ (2, 2)$

である。

(i)の確率は(1)より　　$\dfrac{1}{15}$

(ii)の確率は(3)より　　$\dfrac{2}{15}$

(i), (ii)は互いに排反より，求める確率は

$$\dfrac{1}{15}+\dfrac{2}{15}=\dfrac{3}{15}=\dfrac{1}{5} \quad →20\cdot21$$

IV 解答 22—②　23—②　24—⑨　25—⑩　26—①

◀解　説▶

≪正五角形の頂点の位置ベクトル，内積，面積≫

対角線 OP と AB の交点を R とする。外接円を考えて円周角に着目すると，右図のようになる（図中の「・・」は「・」の 2 倍の大きさの角度を表す）。

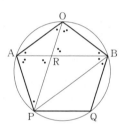

このとき

　　　　△ROA∽△OAB　　　　……①
　　　　△OAB≡△APO≡△QBP　……②
　　　　△BOR≡△PRA　　　　……③

また，△OAB，△BOR は二等辺三角形である。

以下，OR=x とする。

(1)　OB=BR=1, RO=RA=x

であり，①より △ROA∽△OAB であるから

　　　RO：OA=OA：AB

　　　$x:1=1:x+1$

　　　$x(x+1)=1$

　　　$x^2+x-1=0$

$x>0$ より　　$x=\dfrac{-1+\sqrt{5}}{2}$

③より PR=BO=1 であるから

　　　$|\overrightarrow{OP}|$=OR+PR=$x+1$

$$= \frac{-1+\sqrt{5}}{2}+1=\frac{1+\sqrt{5}}{2} \quad \to 22$$

(2) ∠OAB＝∠ABP より OA∥BP，②より BP＝$x+1$ であるから

$$\vec{OP}=\vec{OB}+\vec{BP}$$
$$=\vec{OB}+(x+1)\vec{OA}$$
$$=\vec{b}+\frac{1+\sqrt{5}}{2}\vec{a}=\frac{1+\sqrt{5}}{2}\vec{a}+\vec{b} \quad \to 23$$

$|\vec{AB}|=x+1$ より

$$|\vec{AB}|^2=|\vec{OB}-\vec{OA}|^2=|\vec{b}|^2-2\vec{a}\cdot\vec{b}+|\vec{a}|^2=2-2\vec{a}\cdot\vec{b}$$

$$(x+1)^2=2-2\vec{a}\cdot\vec{b}$$

$$\vec{a}\cdot\vec{b}=1-\frac{1}{2}(x+1)^2$$
$$=1-\frac{1}{2}\left(\frac{1+\sqrt{5}}{2}\right)^2 \quad \left(\because \quad x+1=\frac{1+\sqrt{5}}{2}\right)$$
$$=1-\frac{1}{2}\cdot\frac{6+2\sqrt{5}}{4}$$
$$=\frac{1-\sqrt{5}}{4} \quad \to 24$$

(3) 三角形 OPQ は OP＝OQ の二等辺三角形である。
よって

$$\cos\angle OPQ = \frac{\frac{1}{2}PQ}{OP}$$
$$=\frac{1}{2(x+1)}$$
$$=\frac{1}{2}\cdot\frac{2}{1+\sqrt{5}}$$
$$=\frac{\sqrt{5}-1}{4} \quad \to 25$$

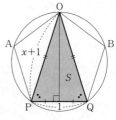

(4) 三角形 OPQ の面積 S は，∠OPQ＝2θ とおくと

$$S=\frac{1}{2}OP\cdot PQ\cdot\sin 2\theta$$

$$= \frac{1}{2}(x+1) \cdot 1 \cdot 2\sin\theta\cos\theta$$

$$= (x+1)\sin\theta\cos\theta$$

一方, 正五角形の面積 T は, △OAP の面積を S' とすると

△OAP≡△OBQ より

$$T = 2S' + S$$

$$= 2 \cdot \frac{1}{2}OA \cdot OP\sin\theta + (x+1)\sin\theta\cos\theta$$

$$= 2 \cdot \frac{1}{2} \cdot 1 \cdot (x+1)\sin\theta + (x+1)\sin\theta\cos\theta$$

$$= (x+1)\sin\theta\cos\theta\left(\frac{1}{\cos\theta}+1\right)$$

$$= S\left(\frac{1}{\cos\theta}+1\right)$$

ここで

$$\cos\theta = \frac{\frac{1}{2}OP}{OA} = \frac{1}{2} \cdot \frac{1+\sqrt{5}}{2} = \frac{1+\sqrt{5}}{4}$$

$$\therefore \quad \frac{1}{\cos\theta} = \frac{4}{1+\sqrt{5}} = \sqrt{5}-1$$

よって

$$T = S(\sqrt{5}-1+1) = \sqrt{5}\,S \quad \to 26$$

東京農業大   2021 年度　物理〈解答〉　*121*

■物理■

Ⅰ **解答** 1 ―① 2 ―⑧ 3 ―④ 4 ―③ 5 ―⑥ 6 ―⑨
7 ―① 8 ―② 9 ―④ 10―⑩ 11―⑦ 12―②
13―④ 14―⑦ 15―⑧

◀**解　説**▶

≪光の速さの測定≫

1 ～ 4 ．光の速さの測定を初めて試みたのはイタリアのガリレイであると
いわれている。しかし，光の速さがあまりにも大きかったため，この実験
で光の速さを求めることはできなかった。それまでは，光の速さは無限大
であると考えられていたが，ガリレイが光の速さは有限であると考え，こ
の実験を行ったことに意義があるといわれている。

5 ．デンマークのレーマーは，木星を回る衛星の食（木星の背後に隠れる
現象）を観察し，食と食との時間の間隔が，地球と木星の位置関係によっ
てずれが生じることから光の速さを求めた。

6 ．フランスのフィゾーは地上で初めて光の速さの測定を行った。

7 ．回転数 n〔回/s〕と回転周期 T〔s〕の関係は　　　$T=\dfrac{1}{n}$　……①

8 ．最初に最も暗くなる時間は歯車が歯 1 個分だけ回転する時間と等しい。
よって， 1 回転する（回転周期）ために歯 $2N$ 個分回転する必要がある。
歯 1 個分だけ回転する時間を t とすると，歯の数と時間の関係より

$$2N : T = 1 : t \qquad \therefore \quad t=\frac{T}{2N} \quad\cdots\cdots②$$

②式に①式を代入すると　　　$t=\dfrac{1}{2Nn}$

9 ．光が歯車と平面鏡との間を往復する時間と歯 1 個分だけ回転する時間
が等しいので

$$\frac{2L}{c}=\frac{1}{2Nn} \qquad \therefore \quad c=4NnL$$

10．9 より光の速さは

$$c = 4NnL$$
$$= 4 \times 720 \times 12.6 \times 8633 = 3.132 \times 10^8$$
$$\fallingdotseq 3.13 \times 10^8 \,[\mathrm{m/s}]$$

11. フィゾーの歯車の方法では反射光の明るさの変化で光の速さを測るが，その変化の極値を見極めるのが難しかった。そのため，フーコーは光の速さを測定するのに回転する鏡を用いた。回転鏡による方法では反射光の像ができる位置が観測用望遠鏡の視野の中でずれるので，より精密な光の速さの測定が可能となった。

12. 回転数 $n\,[\mathrm{回/s}]$ より，1秒間に n 回回転するので，回転鏡 R は 1 s 間に $2\pi n\,[\mathrm{rad}]$ 回転する。

13. $\theta\,[\mathrm{rad}]$ 回転するのにかかる時間を t' とすると，時間 $[\mathrm{s}]$ と角度 $[\mathrm{rad}]$ の関係より

$$1 : 2\pi n = t' : \theta \qquad \therefore \quad t' = \frac{\theta}{2\pi n}$$

14. $\theta\,[\mathrm{rad}]$ 回転するのにかかる時間 t' と回転鏡から固定鏡までの距離を往復する時間 $\dfrac{2L}{c}\,[\mathrm{s}]$ が等しいので

$$\frac{\theta}{2\pi n} = \frac{2L}{c} \qquad \therefore \quad c = \frac{4\pi nL}{\theta}$$

15. 14 より

$$c = \frac{4\pi nL}{\theta}$$
$$= \frac{4 \times 180 \times 800 \times 20.0}{3.86 \times 10^{-2}} = 2.984 \times 10^8$$
$$\fallingdotseq 2.98 \times 10^8 \,[\mathrm{m/s}]$$

Ⅱ 解答 16—⑥ 17—⑥ 18—② 19—②

◀解　説▶

≪エレベーター内での単振動≫

16. エレベーターが静止しているときのばねの自然長からの伸びを $r_0\,[\mathrm{m}]$ とすると，小球の力のつり合いより

$$kr_0 = Mg \quad \therefore \quad r_0 = \frac{Mg}{k}$$

エレベーターが加速しているとき，エレベーター内の観測者から小球を見ると，小球には慣性力 Ma がはたらく。このときのばねの自然長からの伸びを r [m] とすると，力のつり合いより

$$Ma + kr = Mg$$

$$\therefore \quad r = \frac{Mg}{k} - \frac{Ma}{k}$$

エレベーターが加速すると，右図のように，ばねの自然長からの伸び r の地点を中心に振幅 $\dfrac{Ma}{k}$ で単振動を始める。

右図のように，静止状態からの小球の変位を x，このときの小球の速度を v とし，小球の振動の中心を基準として，力学的エネルギー保存則を立てると

$$\frac{1}{2}Mv^2 + \frac{1}{2}k\left(\frac{Ma}{k} - x\right)^2$$

$$= \frac{1}{2}k\left(\frac{Ma}{k}\right)^2$$

$$\therefore \quad \frac{1}{2}Mv^2 = Max - \frac{1}{2}kx^2$$

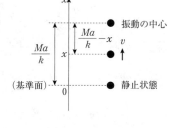

17. エレベーターが等速運動になると慣性力 Ma がはたらかないので，小球の振動の中心が基準面 O に変わる。基準面 O を基準として，力学的エネルギー保存則を立てると

$$\frac{1}{2}kx_1^2 + \frac{1}{2}Mv_1^2 = \frac{1}{2}kW^2 \quad \cdots\cdots ①$$

16 の結果より

$$\frac{1}{2}Mv_1^2 = Max_1 - \frac{1}{2}kx_1^2 \quad \cdots\cdots ②$$

①式に②式を代入すると

$$\frac{1}{2}kx_1^2 + Max_1 - \frac{1}{2}kx_1^2 = \frac{1}{2}kW^2 \quad \therefore \quad W = \sqrt{\frac{2Max_1}{k}}$$

18. 小球の変位 x は，$x = \dfrac{Ma}{k} - \dfrac{Ma}{k}\cos\omega t$ と表せる。このグラフは下図のようになるので，振幅 W [m] を最大にするためには，エレベーターが加速しているとき振動の状態が山の状態になったときに等速運動になればよい。

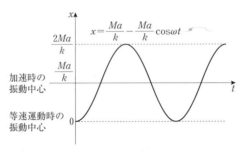

よって，$x = \dfrac{2Ma}{k}$ となったとき，つまり，$\cos\omega t_1 = -1$ のとき，振動の状態が山の状態になるので，振幅が最大になる。

$$\omega t_1 = (2N-1)\pi \quad \therefore \quad t_1 = (2N-1)\pi\dfrac{1}{\omega}$$

$\omega = \sqrt{\dfrac{k}{M}}$ より $\quad t_1 = (2N-1)\pi\sqrt{\dfrac{M}{k}}$

19. $N=1$ のとき t_1 は最小になるので，最小値は $\quad t_1 = \pi\sqrt{\dfrac{M}{k}}$

III 解答 20—② 21—④ 22—③ 23—② 24—③

◀解　説▶

≪地球のトンネル内の物体の単振動≫

20. 地球の密度は一様であるから，質量比と体積比は等しい。半径 r の球の内部の質量を M_0 とすると

$$M : M_0 = \dfrac{4\pi R^3}{3} : \dfrac{4\pi r^3}{3}$$

よって　$M_0 = \dfrac{r^3}{R^3}M$　……①

質点 P に作用する重力の大きさを $|F|$ とすると，万有引力の法則より

$$|F| = \frac{GmM_0}{r^2} \quad \cdots\cdots ②$$

②式に①式を代入すると

$$|F| = \frac{Gm}{r^2} \cdot \frac{r^3}{R^3} M = \frac{GMmr}{R^3}$$

21. 点Oから右方向にr座標をとると，20で求めた力は常に中心Oを向くので$F = -\frac{GMmr}{R^3}$となる。よって，質点Pは，点Oを中心として単振動する。

また，$F = -m\omega^2 r$ より　　$\omega = \sqrt{\frac{GM}{R^3}}$

周期をTとすると　　$T = \frac{2\pi}{\omega} = 2\pi\sqrt{\frac{R^3}{GM}}$

22. 中心Oから質点Qまでの距離をr_0とすると

$$r_0 = \sqrt{r_1{}^2 + r_2{}^2}$$

質点Qに作用する重力の大きさをF'とすると，20の結果を利用し，rにr_0を代入して

$$F' = \frac{GMm}{R^3}\sqrt{r_1{}^2 + r_2{}^2}$$

23. 質点Qにトンネルに沿った方向に働く力の大きさをF_xとし，右図のように角度θとすると

$$F_x = F'\sin\theta$$
$$= \frac{GMm}{R^3}\sqrt{r_1{}^2 + r_2{}^2}\sin\theta \quad \cdots\cdots ③$$

また　　$\sin\theta = \dfrac{r_2}{\sqrt{r_1{}^2 + r_2{}^2}}$　　$\cdots\cdots ④$

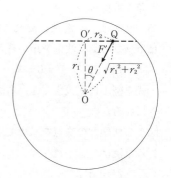

③式に④式を代入すると

$$F_x = \frac{GMmr_2}{R^3}$$

24. 質点Qは，重力の作用で動き出し，点O'を中心として単振動する。点O'から右方向にxの座標をとると，質点Qに働く力は$F = -\dfrac{GMm}{R^3}x$

となる。

また，$F=-kx$ より　　$k=\dfrac{GMm}{R^3}$　……⑤

地点Aから中心O'を通過したときの質点Qの速さをvとすると，質点Qを点$A(x_0=\sqrt{R^2-r_1^2})$から中心O'$(x_1=0)$まで動かしたときの質点Qに働く力によるエネルギーの変化は

$$\dfrac{1}{2}k(x_0{}^2-x_1{}^2)=\dfrac{1}{2}k(R^2-r_1{}^2)$$

となり，このエネルギーの変化が運動エネルギーに変換される。よって

$$\dfrac{1}{2}mv^2=\dfrac{1}{2}k(R^2-r_1{}^2)$$

kに⑤式を代入して，速さvを求めると

$$v=\sqrt{\dfrac{GM(R^2-r_1{}^2)}{R^3}}$$

IV 解答　25—④　26—④　27—①　28—⑤　29—②

◀解　説▶

≪非直線抵抗≫

25．図2より，電球に流れる電流を$I[A]$，電位差を$V[V]$とし，キルヒホッフの第二法則を用いると

　　$10-5.0I-V=0$　……①

①式を図1に記入すると，右図の①のようになる。

図1の曲線との交点を求めて，電球に流れる電流は

　　$I\fallingdotseq 0.61[A]$

26．図3より，電球に流れる電流を$I[A]$，電位差を$V[V]$とすると，ひとつの電池には$\dfrac{1}{2}[A]$の電流が流れているから，キルヒホッフの第二法則を用いて

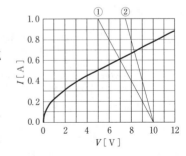

$$10-5.0I \times \frac{1}{2} - V = 0 \quad \cdots\cdots ②$$

②式を図1に記入すると，上図の②のようになる。

図1の曲線との交点を求めて，電球に流れる電流は

$$I \fallingdotseq 0.68 [A]$$

27. 図2の場合，25より電球に流れる電流は $0.61 [A]$ であるので，①式に $I=0.61$ を代入すると $V=10-5.0\times0.61=6.95 [V]$ となる。図4の電球の明るさが図2の場合と同じなので，図4の電球の電流と電圧はそれぞれ，$0.61 [A]$，$6.95 [V]$ になる。

ひとつの電池に流れる電流は $0.61 \times \frac{1}{2} [A]$ となるから，電球を通る外側の1周でキルヒホッフの第二法則を用いて

$$10-5.0\times0.61\times\frac{1}{2}-6.95-R_1\times0.61 = 0$$

よって　$R_1 = 2.5 [\Omega]$

28. 27と同様にして，図5の電球の明るさが図2の場合と同じなので，図5の電球の電流と電圧はそれぞれ，$0.61 [A]$，$6.95 [V]$ になる。

抵抗 R_2 に流れる電流を $i [A]$ とすれば，ひとつの電池を流れる電流は

$$\frac{1}{2} \times (i+0.61) [A]$$

よって，電球を通る外側の1周でキルヒホッフの第二法則を用いると

$$10-5.0\times\frac{1}{2}(i+0.61)-6.95 = 0$$

$\therefore$　$i=0.61 [A]$

また　$R_2 i = 6.95$ なので

$$R_2 = \frac{6.95}{i} = \frac{6.95}{0.61}$$

$$\fallingdotseq 11.4 [\Omega]$$

29. 電球1個の電流と電圧を $I [A]$，$V [V]$ とし，キルヒホッフの第二法則を立てる。

スイッチSをAで閉じた場合の電池，電球，抵抗 R_3 を通る回路では

$$10-5.0I-2V-R_3 I = 0 \quad \cdots\cdots ③$$

スイッチSをBで閉じた場合の同様の回路では

$$10-5.0 \times 2I - V - R_3 \times 2I = 0 \quad \cdots\cdots ④$$

$2 \times ③式 - ④式を求めると$

$$V = \frac{10}{3} [V]$$

$V < 5.0 [V]$ より，式(1)の $V = 20I^2$ を用いて

$$I^2 = \frac{V}{20} = \frac{\dfrac{10}{3}}{20} = \frac{1}{6}$$

$$I = \sqrt{\frac{1}{6}} = \frac{1}{\sqrt{2}\sqrt{3}} = \frac{1}{1.41 \times 1.73} \fallingdotseq 0.409$$

$I = 0.409 [A]$，$V = \dfrac{10}{3} [V]$ を③式に代入して

$$10 - 5.0 \times 0.409 - 2 \times \frac{10}{3} - R_3 \times 0.409 = 0$$

$$\therefore \quad R_3 \fallingdotseq 3.14 [\Omega]$$

Ⅴ 解答

30―③　31―⑤　32―⑧　33―⑤　34―①　35―⑨
36―⑤　37―⑨　38―③

◀解　説▶

≪分子の熱運動による標高と気温の関係≫

30～33．大気を構成する主たる分子は低い熱伝導性であると考えられるので，大気の膨張は断熱変化として理解することができる。断熱変化を記述する式としてポアソンの法則（$pV^\kappa = $一定）がある。$\kappa$ は比熱比と呼ばれ，$\kappa = \dfrac{C_P}{C_V}$ とあらわせる。

34．理想気体の状態方程式 $pV = RT$（$n = 1 [mol]$，気体定数を R とする）より

$$V = \frac{RT}{p} \quad \cdots\cdots ①$$

ポアソンの法則より　　$pV^\kappa = $一定　$\cdots\cdots ②$

①を②に代入すると　　$p\left(\dfrac{RT}{p}\right)^\kappa = $一定

R は気体定数なので

$$p\left(\frac{T}{p}\right)^\kappa = 一定 \qquad \frac{T^\kappa}{p^{\kappa-1}} = 一定$$

さらに $\frac{1}{\kappa}$ 乗すると $\quad \dfrac{T}{p^{\frac{\kappa-1}{\kappa}}} = 一定$

35. 右図より，標高による気圧差は標高差に等しい高さを持つ柱（底面積は単位面積（$1\,\mathrm{m}^2$）とする）の中に存在する大気の重量に等しいと考えられる。よって，$p+\Delta p < p$ より $\quad p-(p+\Delta p) = \rho g \Delta h$

$$\Delta p = -\rho g \Delta h \quad \cdots\cdots ③$$

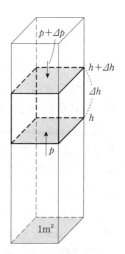

36. 単位体積（$1\,\mathrm{m}^3$）あたりの理想気体の状態方程式（$1\,\mathrm{m}^3$ あたりの質量は $\rho\times 1$）より

$$p = \frac{\rho}{M}RT \quad \therefore\quad \rho = \frac{Mp}{RT} \quad \cdots\cdots ④$$

④を③に代入すると

$$\Delta p = -\frac{Mp}{RT}g\Delta h \quad \cdots\cdots ⑤$$

37. 式(2)の定数を C として，式(3)の C に代入すると

$$\Delta T = \frac{T}{p^{\frac{\kappa-1}{\kappa}}}\frac{\kappa-1}{\kappa}p^{-\frac{1}{\kappa}}\Delta p \qquad \Delta T = \frac{T}{p^{1-\frac{1}{\kappa}}}\frac{\kappa-1}{\kappa}p^{-\frac{1}{\kappa}}\Delta p$$

$$\Delta T = \frac{T}{p}\frac{\kappa-1}{\kappa}\Delta p$$

Δp に⑤を代入すると

$$\Delta T = \frac{T}{p}\frac{\kappa-1}{\kappa}\left(-\frac{Mp}{RT}g\Delta h\right)$$

この式を式変形すると $\dfrac{\Delta T}{\Delta h} = -\dfrac{\kappa-1}{\kappa}\dfrac{gM}{R}$ となり，式(4)が得られる。

38. 式(4)より，温度勾配は一定である。

130 2021 年度　化学〈解答〉　　　　　　　　　　　　　　　　　　　　東京農業大

化学

I **解答**　1—⑤　2—⑤　3—①　4—②　5—④　6—③
　　　　　　7—⑨　8—④　9—①

◀**解　説**▶

≪混合物の分離と精製≫

問1．塩酸は，塩化水素を水に溶解した混合物，エタノールはC_2H_5OHで表される化合物であるため，純物質である。

問2．(a)唐辛子の辛味成分は脂溶性であるので，植物油に溶かし出すことができる。このように，特定の溶媒に，特定の物質を溶かし出す操作を抽出という。

(b)赤ワインに含まれるエタノールを，他の成分との沸点の違いを利用して取り出す操作を蒸留という。

(c)沈殿物と溶液との粒子の大きさの違いを利用した分離法をろ過という。

(d)砂とヨウ素の混合物から，ヨウ素の昇華性を利用してヨウ素を取り出す。

(e)硝酸カリウムと少量の硫酸銅(Ⅱ)五水和物との混合物から硝酸カリウムを取り出すには，溶解度の違いを利用する。これを再結晶という。

問3．ヘキサンに大豆油を抽出し，きな粉をろ過して，水浴でヘキサンを蒸留すると，大豆油を取り出すことができる。

問4．薄層クロマトグラフィーでは，吸着剤（シリカゲル）と化合物との相互作用が大きいほど，化合物の移動速度は遅くなる。そのため，(2)では①〜④の構造より，極性が大きい官能基が存在しない①を色素1と考えてよい。

II **解答**　10—①　11—②　12—⑦　13—⑤　14—⑩　15—⑦

◀**解　説**▶

≪乳酸発酵，気体の法則，電離平衡，中和≫

問1．乳酸発酵で使用されたグルコースは全体の$\dfrac{2}{3}$である。

東京農業大 2021 年度 化学〈解答〉 *131*

$$C_6H_{12}O_6 \longrightarrow CH_3CH(OH)COOH + C_2H_5OH + \quad CO_2$$

反応前	0.15	0	0	0 [mol]
反応量	$-0.15 \times \dfrac{2}{3}$	$+0.15 \times \dfrac{2}{3}$	$+0.15 \times \dfrac{2}{3}$	$+0.15 \times \dfrac{2}{3}$ [mol]
反応後	0.050	0.10	0.10	0.10 [mol]

問2．実験1では，生成した二酸化炭素は 0.10 mol である。

発酵終了時（二酸化炭素の溶解平衡時）の容器内の圧力を $P \times 10^5$ [Pa] とすると，発酵液に溶解した二酸化炭素は，$0.030 \times P$ [mol] と表すことができる。

また，容器内の気相に残っている二酸化炭素は，$0.10 - 0.030 \times P$ [mol] であるから

$$P \times 10^5 \times (1.8 - 1.0) = (0.10 - 0.030 \times P) \times 8.3 \times 10^3 \times (27 + 273)$$

$$\therefore \quad P \fallingdotseq 1.60$$

容器内の圧力は 1.60×10^5 [Pa] となる。

問3．乳酸の濃度を C [mol/L]，電離度を α とすると $\quad \alpha = \sqrt{\dfrac{K_a}{C}}$

$[H^+] = \sqrt{C \cdot K_a}$ [mol/L] と表すことができる。これに，乳酸のモル濃度 0.10 mol/L，酸の電離定数を代入すると

$$[H^+] = \sqrt{0.10 \times 2.5 \times 10^{-4}} = 5.0 \times 10^{-3} [\text{mol/L}]$$

よって $\quad pH = -\log_{10}(5.0 \times 10^{-3}) = 2.3$

問4．$\alpha = \dfrac{5.0 \times 10^{-3}}{0.10} = 5.0 \times 10^{-2}$

問5．発酵液中の乳酸は 0.10 mol である。必要な水酸化ナトリウム水溶液の体積を v [mL] とすると

$$0.10 \times 1 = 10 \times v \times 10^{-3} \quad \therefore \quad v = 10 [\text{mL}]$$

Ⅲ 解答

16—② 17—③ 18—④ 19—⑤ 20—② 21—③
22—③ 23—③ 24—⑥

◀解 説▶

≪電気分解，イオン交換膜法≫

電解槽の各極で起こる反応は

Ⅰ：$2H_2O \longrightarrow O_2 + 4H^+ + 4e^-$ 　　Ⅱ：$Ag^+ + e^- \longrightarrow Ag$

Ⅲ：$2Cl^- \longrightarrow Cl_2 + 2e^-$　　　　Ⅳ：$2H_2O + 2e^- \longrightarrow H_2 + 2OH^-$

問1．図1の電極Ⅱで銀が $1.30\,g$ 析出したので，その物質量は $\dfrac{1.30}{108}\,mol$ である。この銀を得るために流れた電子は，同物質量である。ここで，流れた電流を $I[A]$ とすると

$$\frac{I \times (16 \times 60 + 5)}{9.65 \times 10^4} = \frac{1.30}{108} \quad \therefore \quad I = 1.20 \fallingdotseq 1.2\,[A]$$

問3．図2では，電解槽A，Bが並列なので，電極Ⅱで $0.650\,g$ の銀を得た。これは，図1のときの銀の析出量の半分であるから，このとき電解槽Aに流れた電流は $0.60\,A$ であることがわかり，電解槽Bに流れた電流は $0.60\,A$ である。

問4．電極Ⅳの区画中の溶液に生成した水酸化ナトリウムは，流れた電子と同物質量で，$\dfrac{0.60 \times (16 \times 60 + 5)}{9.65 \times 10^4} = 6.0 \times 10^{-3}\,[mol]$ である。この水酸化ナトリウム水溶液のモル濃度は，$\dfrac{6.0 \times 10^{-3}}{500 \times 10^{-3}} = 1.2 \times 10^{-2}\,[mol/L]$ である。

$[H^+] = \dfrac{1.0 \times 10^{-14}}{1.2 \times 10^{-2}}\,[mol/L]$ より

$$pH = -\log_{10}\frac{1.0 \times 10^{-14}}{1.2 \times 10^{-2}} = 12.08 \fallingdotseq 12.1$$

Ⅳ 解答

25—⑨	26—⑧	27—④	28—⑩	29—③	30—③
31—③	32—④	33—②	34—②	35—②	36—②

◀解　説▶

≪サリチル酸メチルの合成，化学平衡，酵素，官能基，医薬品≫

問1．抽出とは，特定の溶媒に溶解する溶質を，その溶媒に溶かし出す操作である。

問2．ルシャトリエの原理に従うと，サリチル酸の量を変えずにサリチル酸メチルの生成量を増やすためには，メタノールの量を増やす，生成する水を取り除くのいずれかである。

東京農業大   2021 年度　生物〈解答〉　*133*

生物

Ⅰ 解答

1 —⑨　2 —⑤　3 —①　4 —④　5 —⑧　6 —②
7 —④　8 —④　9 —⑦　10 —⑥

◀解　説▶

≪生物の構成成分≫

1．ヒトのからだで最も多く含まれる物質は水であるので，からだを構成する元素としては酸素が最も多い。また，水以外ではタンパク質や脂質など，炭素を含む有機物が多く含まれている。このため，炭素の質量比が酸素に次ぐ。水素はさまざまな物質に含まれるが，原子量が小さいので，質量としてはそれほど大きくならない。窒素はタンパク質や核酸に含まれる。

3．タンパク質は動物のからだを構成する物質としては水に次いで多い。脂質は，細胞膜など生体膜の構成成分として重要であり，多く含まれる。

6～8．植物は液胞を持ち，動物に比べて水分の含有量が多い。また，セルロースなどの多糖類を含む細胞壁をもつため，他の有機物に比べて炭水化物の割合が大きい。

9．きはタンパク質であり，硫黄を含む。くは脂質であり，リン脂質中にリンを含む。

10．グリコーゲンは，多数のグルコースが結合した枝分かれの多い多糖類である。細胞壁はセルロースからなるが，これは多数のグルコースが直鎖状に結合した多糖類である。

Ⅱ 解答

11 —⑧　12 —④　13 —②　14 —①　15 —②　16 —①
17 —⑧　18 —⑤　19 —⑥　20 —②

◀解　説▶

≪植物ホルモン，頂芽優勢，花の ABC モデル≫

11．単子葉植物の茎や根には形成層がないため，肥大成長はしない。さし木では不定根が形成される。不定根は，親植物の茎や葉など根以外の組織から分化したもので，本来の根と同じはたらきをする。オーキシンは一般的に不定根の形成を促進し，サイトカイニンは抑制する。葉柄のつけ根に

134 2021 年度　生物〈解答〉　　　　　　　　　　　　　　　　東京農業大

は葉腋とよばれる部分があり，ここから側芽が形成される。

12．植物細胞の分化に関係する植物ホルモンはオーキシンとサイトカイニンであり，オーキシンは根の分化，サイトカイニンは茎や葉の分化に関係している。

13・14．根ではオーキシン濃度が低いときに成長が促進され，高いときに抑制される。一方，茎ではオーキシン濃度が高いときに成長が促進される。

15・16．オーキシンは頂芽でつくられ，側芽の成長を促進するサイトカイニンの茎での合成を抑制している。よって，茎にオーキシンが存在すれば，側芽の成長は抑制されるが，オーキシンを側芽に塗布しただけでは側芽の成長は抑制されない。また，サイトカイニンが多量にあれば，オーキシンによる側芽の成長抑制を打ち消し，側芽は成長する。

20．ホメオティック遺伝子は，各体節の性質を決定しており，この遺伝子の突然変異によって体の一部の特徴が別の部分の特徴に転換することがある。

Ⅲ　解答

21—⑩　22—②　23—④　24—④　25—⑦　26—①
27—④　28—②　29—⑦　30—③

◀解　説▶

≪体液，自律神経系，内分泌系≫

21．A．誤文。赤血球は骨髄でつくられ，ひ臓や肝臓で破壊される。

B．誤文。白血球は有核である。

22．血しょうや組織液などの細胞外液には Na^+ や Cl^- が多く，細胞内液には K^+ や HPO_4^{2-} が多く含まれる。

23．A．誤文。洞房結節は右心房にある。

B．誤文。肺動脈には酸素の少ない静脈血が流れ，肺でガス交換をすることで酸素を多く含むようになる。

C．誤文。筋肉の層は内側の層（内皮）と外側の層（結合組織）にはさまれた中間部に存在する。

D．正文。動脈は心臓とつながり血圧の高い血液が流れるが，静脈には勢いの弱い血液が流れ，リンパ管は心臓と直接つながっていないため，逆流を防ぐための弁が存在する。

東京農業大   2021 年度　生物〈解答〉　*135*

26.　視床下部に存在する神経分泌細胞でつくられるホルモンには，甲状腺刺激ホルモン放出ホルモンなどの放出ホルモンや，脳下垂体後葉から分泌されるバソプレシンなどのホルモンがある。

27.　脳下垂体前葉では甲状腺刺激ホルモンや副腎皮質刺激ホルモンがつくられる。また，これらのホルモンは負のフィードバック調節を受けている。

29.　A．正文。B．誤文。体液の塩類濃度が上昇すると，バソプレシンの分泌が促進され，腎臓の集合管での水の再吸収が促進される。

C．誤文。鉱質コルチコイドは腎臓の細尿管でのナトリウムイオンの再吸収を促進する。

D．正文。腎臓から分泌されるレニンは鉱質コルチコイドの分泌の調節に関係している。

IV　解答

31—⑨　32—⑧　33—④　34—⑦　35—④　36—①
37—⑤　38—①　39—⑤　40—⑧

◀解　説▶

≪植物の生殖，有性生殖≫

32.　$2n=24$ なので，12 組の相同染色体から 1 本ずつ選ばれる。一つの個体から生じる配偶子の染色体構成は，2^{12} 通りになり，同じ両親から生じる子の染色体構成は $2^{12} \times 2^{12} = 2^{24}$ 通りとなる。

35.　B．誤文。無性生殖の特徴を述べている。

C．誤文。無性生殖である栄養生殖について述べている。

D．誤文。配偶子を形成する際に減数分裂が行われる。

39.　[け] には「有胚乳」，[こ] には「無胚乳」が入る。有胚乳種子にはイネのほかに，カキやコムギが含まれる。また，無胚乳種子にはマメ科であるインゲンマメ，ソラマメが含まれる。

40.　葉を通過した太陽光には赤色光が少なく，遠赤色光が多く含まれるので，遠赤色光を受容すると発芽が抑制される。

136　2021年度　国語〈解答〉　　　　　　　　東京農業大

国語

1

出典　小林秀雄『近代絵画』〈ボードレール〉（新潮文庫）

解答

問1　a—②　b—⑤　c—②　d—③　e—⑤

問2　I—④　II—②　III—⑤

問3　④

問4　④

問5　③

問6　③

問7　⑤

問8　③

問9　④

問10　⑤

◀解説▶

問2　I、「二十何人もの肖像の大作の註文」だったはずなのに、レンブラントは「二人の士官だけは肖像画らしく仕上げたが、あとの人達は…誰が誰やら…わけの解らぬ様なものにしてしまった」、つまり人数分の肖像を描かずに二人分だけの肖像にして「手を抜いた」と、大金を払って註文した組合の方では判断し、「いっぱい食わされた」と思ったのである。

II、「絵画の自主性」と並列されている語であることに注意する。直後の段落にも「近代の社会は、色々な専門的な仕事の、独立した世界を持つ傾向に進んでいる」「人間の文化的活動力の形式や領域が、互にはっきりと分離して行く」とあるので、ふさわしいのは「独立性」。

III、空欄の後は「ユーゴーの詩」を具体例として、空欄直前の「詩と詩でないもの」の「奇妙な不純な混合」ぶりについて、説明している。よって「例えば」がふさわしい。

問4　挿入する文中に「この画家の本能」とあるので、挿入箇所の直前に「画家の本能」という語がなくてはならない。とすれば、④が最適。

問5　レンブラントの先駆的な近代性について述べた部分。「美しい画面

を構成したい」という彼の「本能」のありようは、後の「近代」の時代のドラクロアなどの「近代絵画」の先駆けとなっている。ということ、「主題の権威或は、強制から逃れて」純粋に「画面の美的調和」を追究するのが、「近代」性である。よって、この内容に即しているのは③。①「歴史や伝説や哲学思想というものを…描こうとした」、②「克明に写実的に描こうとした」、④「近代という…時代を生きるために」「人間性をも入れ込んで描いた」、⑤「近代の時代に即して」「自分の感情や思想の誘惑に抗して」などとあるのが不適切。

問6 ボードレールはドラクロアの絵画を、「色彩の魔術」「純粋な色彩の魅力」「色彩の調和」「色彩の力」という語句で評価している。「色彩を…組合せて、統一ある大きな調和を創り出す」のが、ドラクロアの仕事である。それを象徴するのが「ドラクロアのパレット」上の「色彩」である。そして、彼の「色彩」は、「絵の主題の面白さとは全くその源泉を異にしたもの」「主題はこの色彩の魅力に何物をも加えず、又、この魅力から何ものをも奪う事が出来ぬ」「主題と無関係な色彩の調和」などとあって、繰り返し「色彩」が「主題」とは無関係であることを述べている。よって、「主題」という語の入った①と④は不適切。②の「歴史画」も、歴史を主題とする絵画ということになるので不適切。⑤は「色彩」に言及していない。よって③がふさわしい。

問7 ドラクロアにとって自然は、「辞書の様に引く」ものであって、「模倣」するものではない。「内に燃え上る着想に適応する諸要素を」「探り出し」「全く新しい相貌を賦与する」ものである。「絵画…を創り出す様に促す機縁、素材の統一なき累積」なのである。よって、以上の内容に即している⑤がふさわしい。①「超自然」、②「親近感」、③「あるがまゝの」、④「魂の動き」「文明の対極」などが不適切。

問8 直前に「諸要素」とある。

問9 ボードレールは、詩人として「詩から詩でないものを出来るだけ排除しようとする事」、「詩に固有な純粋な魅力」を「成立させる為の言葉の諸条件を極めるという事」、つまり「詩の近代性」を追究した人物であり、同時に、「才能ある新しい画家達」という「先駆者達」の近代性を絵画批評家として評価した人物でもあった、とある。よって、ふさわしいのは④。

問10　第一段落で、近代以前の画家であるレンブラントの先駆的な「近代性」から「近代絵画の運動」へ話を進め、第二段落では、近代のボードレールが「詩の近代性」を追究し実現したこと、彼が同時に「絵画批評」によって「絵画の近代性」も予言してみせたことを述べている。第三段落では、ボードレールの「絵画批評」の「ドラクロア論」によって、ドラクロアの絵画が「色彩の力」で近代性を獲得してみせていることを述べている。よって、以上の内容に即しているのは⑤。

2

出典　藤田正勝『日本文化をよむ――五つのキーワード』〈第五章　芭蕉の「風雅」――わび・さびと「自然」〉(岩波新書)

解答

問1　a―②　b―①　c―④　d―③　e―⑤
問2　③
問3　④
問4　①
問5　⑤
問6　③
問7　Ⅰ―③　Ⅱ―③
問8　④
問9　Ⅰ―②　Ⅱ―⑤
問10　②

◀解説▶

問2　傍線部の直前の「そのような」が指示するのは、前の段落の「わたしたちはそれ(=異文化との出会いによって目を向けさせられた、異なったものの見方や世界観)に驚いたり、あるいはそれによって自分の世界観を揺さぶられたりすることを通じて、みずからを顧みる目と、他者に対する共感の心を養ってきた。そのことを通してわたしたちはわたしたちの文化をいっそう豊かなものにするとともに、他者との共存の基盤を形成してきた」こと。そしてこれが傍線部の「営み」である。この内容を表現しているのは③。

問3　傍線部中の「そうした」はそれより三段落前の「しかし」で始まる段落以降を指す。すなわち「グローバル化」に伴い「人々の関心がた

東京農業大 2021年度 国語〈解答〉 139

だ経済的な利益を追求することにのみ向けられるようになった」結果、「さまざまな場所で格差が生まれ、対立や軋轢が生まれ」、「さまざまな観点から異質なものを発見し、その『他者』を謗り、排斥する」状況を指す。よって、④がふさわしい。③は、格差などの発生が「先進国でも途上国でもかわらない」と述べている本文の内容を、「先進国と途上国との格差」と限定しているので、不適切。

問4 傍線部中の「その原点」とは、直前の文「人類はこれまでも異質なものに触れ、そこから刺激を受けることによってみずからの文化を、そしてみずからの生を豊かにしてきた。異なった文化や考え方は、お互いがお互いを豊かにしうる源泉なのである」を指す。異質なものを排斥することは、そうした豊かさを失うことになるので、①がふさわしい。

問5 傍線部の前の段落中に「異なる文化や思想との『対話』をめざして」「日本の文化や思想、宗教が長い歴史のなかで生みだし、作りあげてきたものを改めて見直してみたらという意図」が示されている。同時に「それは決してみずからにのみ目を向け、その独自性を誇るといったことをめざしたものではない」とある。よって、⑤が最適。

問7 Ⅰ「造化にかくれとなり」の「となり」は、引用を表す格助詞の「と」に、断定の助動詞「なり」が付いたもので、「～ということである」の意。「である」を意味する断定の「なり」は③。①は「成る」の意の動詞。②は「ことなり」で一語の形容動詞。

Ⅱ【文章B】の第一段落に「われわれ通常は、『愛の小文』の表現をすれば、『夷狄』に、あるいは『鳥獣』に近いあり方をしている。生活をより豊かにするためだけに生き、生活に必要なものだけに価値を認めるような価値観を抱いて生きている」とあるので、③が適当。①は「教養がないために」、②は「社会の傾向」が不適切。

問8 この句の解釈として「地味でそれに目が向けられることはほとんどない」が「芭蕉は目を留め、その地味な花がもつ美しさに動かされている」と解説されている。そして「ただ単に『よく観察すれば』ということではない。日常の生活の延長上で、以前よりもよく観察したということでなく、日常のものを見る目、ものを見る立場というものを超えた」ということだ、とある。やはり「世俗的な価値尺度」すなわち「生活」のための「価値観」を「乗り越え」なければ、そうした美は見いだせないわ

けである。これらの本文の内容に即しているのは④。通常の価値観を超越しなければ見えないわけなので、①「ひと息ついて目を向けたら」、③「よく観察すると」、⑤「ふとした瞬間に強く意識することによって」というのでは、芭蕉の見いだした美は見えないはずであり、不適切。また、②「常識にとらわれず超越的にものを見る目を養えば」というのも、「世俗的な価値尺度」の「乗り越え」というのとは、相違しているので不適切。

問9　Ⅰ、「夏のいろり」「冬の扇」というのは、時節に合わない無用のもの。

Ⅱ、空欄の直後に「俳諧は…まさにそれによってこそ人間が鳥獣から区別されるものであり、本来の意味で人間が人間となりうるものであった」とあり、また、空欄の二つ前の段落中には「日常のものを見る目、ものを見る立場というものを超えた」「『生活のために』という枠が外れ、それまでは見えなかったもののありようが目に入ってくる。そこでは、ものを見る目が変わり、世界の経験のされ方が変わってくると言ってもよいであろう。そこに見いだされる美を芭蕉は言葉にしようとした」とある。以上の本文の内容に即しているのは⑤。①は「ほんとうのあり方を超えた美」、③は「あえて見ようとしなかった」、②と④は「自分自身の価値意識」などとあるのが不適切。

問10　【文章A】の傍線エの直後に「みずからが何であるかを把握した上ではじめて対話が成り立つ」とあり、そのためには「古代から現代にいたるまでの日本の詩歌や芸術、宗教の長い歴史」の中で「何かある一貫したものを見いだすことができれば」よい。そこで芭蕉の『笈の小文』が持ち出されている。【文章B】では、芭蕉の言う「造化にしたがふ」ことにより、生活のための価値観を「転換」し、「それまでは見えなかったもののありよう」が見えるようになり、そこに美を見いだすことができるようになる、とある。よって、これらの内容に即しているのは②。

教学社 刊行一覧

2024年版 大学入試シリーズ（赤本）
国公立大学（都道府県順）

378大学555点
全都道府県を網羅

全国の書店で取り扱っています。店頭にない場合は，お取り寄せができます。

#	大学名
1	北海道大学（文系－前期日程）
2	北海道大学（理系－前期日程）医
3	北海道大学（後期日程）
4	旭川医科大学（医学部〈医学科〉）医
5	小樽商科大学
6	帯広畜産大学
7	北海道教育大学
8	室蘭工業大学／北見工業大学
9	釧路公立大学
10	公立千歳科学技術大学
11	公立はこだて未来大学 総推
12	札幌医科大学（医学部）医
13	弘前大学 医
14	岩手大学
15	岩手県立大学・盛岡短期大学部・宮古短期大学部
16	東北大学（文系－前期日程）
17	東北大学（理系－前期日程）医
18	東北大学（後期日程）
19	宮城教育大学
20	宮城大学
21	秋田大学 医
22	秋田県立大学
23	国際教養大学 総推
24	山形大学 医
25	福島大学
26	会津大学
27	福島県立医科大学（医・保健科学部）医
28	茨城大学（文系）
29	茨城大学（理系）
30	筑波大学（推薦入試）医 総推
31	筑波大学（前期日程）医
32	筑波大学（後期日程）
33	宇都宮大学
34	群馬大学 医
35	群馬県立女子大学
36	高崎経済大学
37	前橋工科大学
38	埼玉大学（文系）
39	埼玉大学（理系）
40	千葉大学（文系－前期日程）
41	千葉大学（理系－前期日程）医
42	千葉大学（後期日程）医
43	東京大学（文科）DL
44	東京大学（理科）DL 医
45	お茶の水女子大学
46	電気通信大学
47	東京医科歯科大学 医
48	東京外国語大学 DL
49	東京海洋大学
50	東京学芸大学
51	東京藝術大学
52	東京工業大学
53	東京農工大学
54	一橋大学（前期日程）DL
55	一橋大学（後期日程）
56	東京都立大学（文系）
57	東京都立大学（理系）
58	横浜国立大学（文系）
59	横浜国立大学（理系）
60	横浜市立大学（国際教養・国際商・理・データサイエンス・医〈看護〉学部）
61	横浜市立大学（医学部〈医学科〉）医

#	大学名
62	新潟大学（人文・教育〈文系〉・法・経済科・医〈看護〉・創生学部）
63	新潟大学（教育〈理系〉・理・医〈看護を除く〉・歯・工・農学部）医
64	新潟県立大学
65	富山大学（文系）
66	富山大学（理系）医
67	富山県立大学
68	金沢大学（文系）
69	金沢大学（理系）医
70	福井大学（教育・医〈看護〉・工・国際地域学部）
71	福井大学（医学部〈医学科〉）医
72	福井県立大学
73	山梨大学（教育・医〈看護〉・工・生命環境学部）
74	山梨大学（医学部〈医学科〉）医
75	都留文科大学
76	信州大学（文系－前期日程）
77	信州大学（理系－前期日程）医
78	信州大学（後期日程）
79	公立諏訪東京理科大学 総推
80	岐阜大学（前期日程）医
81	岐阜大学（後期日程）
82	岐阜薬科大学
83	静岡大学（前期日程）
84	静岡大学（後期日程）
85	浜松医科大学（医学部〈医学科〉）医
86	静岡県立大学
87	静岡文化芸術大学
88	名古屋大学（文系）
89	名古屋大学（理系）医
90	愛知教育大学
91	名古屋工業大学
92	愛知県立大学
93	名古屋市立大学（経済・人文社会・芸術工・看護・総合生命理・データサイエンス学部）
94	名古屋市立大学（医学部）医
95	名古屋市立大学（薬学部）
96	三重大学（人文・教育・医〈看護〉学部）
97	三重大学（医〈医〉・工・生物資源学部）医
98	滋賀大学
99	滋賀医科大学（医学部〈医学科〉）医
100	滋賀県立大学
101	京都大学（文系）
102	京都大学（理系）医
103	京都教育大学
104	京都工芸繊維大学
105	京都府立大学
106	京都府立医科大学（医学部〈医学科〉）医
107	大阪大学（文系）DL
108	大阪大学（理系）医
109	大阪教育大学
110	大阪公立大学（現代システム科学域〈文系〉・文・法・経済・商・看護・生活科〈居住環境・人間福祉〉学部－前期日程）
111	大阪公立大学（現代システム科学域〈理系〉・理・工・農・獣医・医〈看護を除く〉・生活科〈食栄養〉学部－前期日程）医
112	大阪公立大学（中期日程）
113	大阪公立大学（後期日程）
114	神戸大学（文系－前期日程）
115	神戸大学（理系－前期日程）医

#	大学名
116	神戸大学（後期日程）
117	神戸市外国語大学 DL
118	兵庫県立大学（国際商経・社会情報科・看護学部）
119	兵庫県立大学（工・理・環境人間学部）
120	奈良教育大学／奈良県立大学
121	奈良女子大学
122	奈良県立医科大学（医学部〈医学科〉）医
123	和歌山大学
124	和歌山県立医科大学（医・薬学部）医
125	鳥取大学 医
126	公立鳥取環境大学
127	島根大学 医
128	岡山大学（文系）
129	岡山大学（理系）医
130	岡山県立大学
131	広島大学（文系－前期日程）
132	広島大学（理系－前期日程）医
133	広島大学（後期日程）
134	尾道市立大学 総推
135	県立広島大学
136	広島市立大学
137	福山市立大学
138	山口大学（人文・教育〈文系〉・経済・医〈看護〉・国際総合科学部）
139	山口大学（教育〈理系〉・理・医〈看護を除く〉・工・農・共同獣医学部）医
140	山陽小野田市立山口東京理科大学 総推
141	下関市立大学／山口県立大学
142	徳島大学 医
143	香川大学 医
144	愛媛大学 医
145	高知大学 医
146	高知工科大学
147	九州大学（文系－前期日程）
148	九州大学（理系－前期日程）医
149	九州大学（後期日程）
150	九州工業大学
151	福岡教育大学
152	北九州市立大学
153	九州歯科大学
154	福岡県立大学／福岡女子大学
155	佐賀大学 医
156	長崎大学（多文化社会・教育〈文系〉・経済・医〈保健〉・環境科〈文系〉学部）
157	長崎大学（教育〈理系〉・医〈医〉・歯・薬・情報データ科・工・環境科〈理系〉・水産学部）医
158	長崎県立大学 総推
159	熊本大学（文・教育・法・医〈看護〉学部）
160	熊本大学（理・医〈看護を除く〉・薬・工学部）医
161	熊本県立大学
162	大分大学（教育・経済・医〈看護〉・理工・福祉健康科学部）
163	大分大学（医学部〈医・先進医療科学科〉）医
164	宮崎大学（教育・医〈看護〉・工・農・地域資源創成学部）
165	宮崎大学（医学部〈医学科〉）医
166	鹿児島大学（文系）
167	鹿児島大学（理系）医
168	琉球大学 医

2024年版　大学入試シリーズ（赤本）

国公立大学 その他

169	〔国公立大〕医学部医学科 総合型選抜・学校推薦型選抜 [医][総推]	172	看護・医療系大学〈国公立 西日本〉	176	防衛大学校 [総推]
170	看護・医療系大学〈国公立 東日本〉	173	海上保安大学校／気象大学校	177	防衛医科大学校（医学科）[医]
171	看護・医療系大学〈国公立 中日本〉	174	航空保安大学校	178	防衛医科大学校（看護学科）
		175	国立看護大学校		

※No.169〜172の収載大学は赤本ウェブサイト（http://akahon.net/）でご確認ください。

私立大学①

北海道の大学（50音順）
201 札幌大学
202 札幌学院大学
203 北星学園大学・短期大学部
204 北海学園大学
205 北海道医療大学
206 北海道科学大学
207 北海道武蔵女子短期大学
208 酪農学園大学（獣医学群〈獣医学類〉）

東北の大学（50音順）
209 岩手医科大学（医・歯・薬学部）[医]
210 仙台大学 [総推]
211 東北医科薬科大学（医・薬学部）[医]
212 東北学院大学
213 東北工業大学
214 東北福祉大学
215 宮城学院女子大学 [総推]

関東の大学（50音順）
あ行（関東の大学）
216 青山学院大学（法・国際政治経済学部−個別学部日程）
217 青山学院大学（経済学部−個別学部日程）
218 青山学院大学（経営学部−個別学部日程）
219 青山学院大学（文・教育人間科学部−個別学部日程）
220 青山学院大学（総合文化政策・社会情報・地球社会共生・コミュニティ人間科学部−個別学部日程）
221 青山学院大学（理工学部−個別学部日程）
222 青山学院大学（全学部日程）
223 麻布大学（獣医、生命・環境科学部）
224 亜細亜大学
225 跡見学園女子大学
226 桜美林大学
227 大妻女子大学・短期大学部

か行（関東の大学）
228 学習院大学（法学部−コア試験）
229 学習院大学（経済学部−コア試験）
230 学習院大学（文学部−コア試験）
231 学習院大学（国際社会科学部−コア試験）
232 学習院大学（理学部−コア試験）
233 学習院女子大学
234 神奈川大学（給費生試験）
235 神奈川大学（一般入試）
236 神奈川工科大学
237 鎌倉女子大学・短期大学部
238 川村学園女子大学
239 神田外語大学
240 関東学院大学
241 北里大学（理学部）
242 北里大学（医学部）[医]
243 北里大学（薬学部）
244 北里大学（看護・医療衛生学部）
245 北里大学（未来工・獣医・海洋生命科学部）
246 共立女子大学・短期大学
247 杏林大学（医学部）[医]
248 杏林大学（保健学部）
249 群馬医療福祉大学・短期大学部 [新]
250 群馬パース大学 [総推]

251 慶應義塾大学（法学部）
252 慶應義塾大学（経済学部）
253 慶應義塾大学（商学部）
254 慶應義塾大学（文学部）[総推]
255 慶應義塾大学（総合政策学部）
256 慶應義塾大学（環境情報学部）
257 慶應義塾大学（理工学部）
258 慶應義塾大学（医学部）[医]
259 慶應義塾大学（薬学部）
260 慶應義塾大学（看護医療学部）
261 工学院大学
262 國學院大學
263 国際医療福祉大学 [医]
264 国際基督教大学
265 国士舘大学
266 駒澤大学（一般選抜T方式・S方式）
267 駒澤大学（全学部統一日程選抜）

さ行（関東の大学）
268 埼玉医科大学（医学部）[医]
269 相模女子大学・短期大学部
270 産業能率大学
271 自治医科大学（医学部）[医]
272 自治医科大学（看護学部）／東京慈恵会医科大学（医学部〈看護学科〉）
273 実践女子大学 [総推]
274 芝浦工業大学（前期日程〈英語資格・検定試験利用方式を含む〉）
275 芝浦工業大学（全学統一日程〈英語資格・検定試験利用方式を含む〉・後期日程）
276 十文字学園女子大学
277 淑徳大学
278 順天堂大学（医学部）[医]
279 順天堂大学（スポーツ健康科・医療看護・保健看護・国際教養・保健医療・医療科・健康データサイエンス学部）[総推]
280 城西国際大学 [新]
281 上智大学（神・文・総合人間科学部）
282 上智大学（法・経済学部）
283 上智大学（外国語・総合グローバル学部）
284 上智大学（理工学部）
285 上智大学（TEAPスコア利用方式）
286 湘南工科大学
287 昭和大学（医学部）[医]
288 昭和大学（歯・薬・保健医療学部）
289 昭和女子大学
290 昭和薬科大学
291 女子栄養大学・短期大学部
292 白百合女子大学
293 成蹊大学（法学部−A方式）
294 成蹊大学（経済・経営学部−A方式）
295 成蹊大学（文学部−A方式）
296 成蹊大学（理工学部−A方式）
297 成蹊大学（E方式・G方式・P方式）
298 成城大学（経済・社会イノベーション学部−A方式）
299 成城大学（文芸・法学部−A方式）
300 成城大学（S方式〈全学部統一選抜〉）
301 聖心女子大学
302 清泉女子大学

303 聖徳大学・短期大学部
304 聖マリアンナ医科大学 [医]
305 聖路加国際大学（看護学部）
306 専修大学（スカラシップ・全国入試）
307 専修大学（学部個別入試）
308 専修大学（全学部入試）

た行（関東の大学）
309 大正大学
310 大東文化大学
311 高崎健康福祉大学 [総推]
312 拓殖大学
313 玉川大学
314 多摩美術大学
315 千葉工業大学
316 千葉商科大学
317 中央大学（法学部−学部別選抜）
318 中央大学（経済学部−学部別選抜）
319 中央大学（商学部−学部別選抜）
320 中央大学（文学部−学部別選抜）
321 中央大学（総合政策学部−学部別選抜）
322 中央大学（国際経営・国際情報学部−学部別選抜）
323 中央大学（理工学部−学部別選抜）
324 中央大学（6学部共通選抜）
325 中央学院大学
326 津田塾大学
327 帝京大学（薬・経済・法・文・外国語・教育・理工・医療技術・福岡医療技術学部）
328 帝京大学（医学部）[医]
329 帝京科学大学 [総推]
330 帝京平成大学 [総推]
331 東海大学（医〈医〉学部を除く一般選抜）
332 東海大学（文系・理系学部統一選抜）
333 東海大学（医学部〈医学科〉）[医]
334 東京医科大学（医学部〈医学科〉）[医]
335 東京家政大学・短期大学 [総推]
336 東京経済大学
337 東京工科大学
338 東京工芸大学
339 東京国際大学
340 東京歯科大学
341 東京慈恵会医科大学（医学部〈医学科〉）[医]
342 東京情報大学
343 東京女子大学
344 東京女子医科大学（医学部）[医]
345 東京電機大学
346 東京都市大学
347 東京農業大学
348 東京薬科大学（薬学部）[総推]
349 東京薬科大学（生命科学部）[総推]
350 東京理科大学（理学部〈第一部〉−B方式）
351 東京理科大学（創域理工学部−B方式・S方式）
352 東京理科大学（工学部−B方式）
353 東京理科大学（先進工学部−B方式）
354 東京理科大学（薬学部−B方式）
355 東京理科大学（経営学部−B方式）
356 東京理科大学（C方式、グローバル方式、理学部〈第二部〉−B方式）

2024年版　大学入試シリーズ（赤本）
私立大学②

357 東邦大学（医学部）	医
358 東邦大学（薬学部）	
359 東邦大学（理・看護・健康科学部）	
360 東洋大学（文・経済・経営・法・社会・国際・国際観光学部）	
361 東洋大学（情報連携・福祉社会デザイン・健康スポーツ科・理工・総合情報・生命科・食環境科学部）	
362 東洋大学（英語（3日程×3カ年））	新
363 東洋大学（国語（3日程×3カ年））	新
364 東洋大学（日本史・世界史（2日程×3カ年））	新
365 東洋英和女学院大学	
366 常磐大学・短期大学	総推
367 獨協大学	
368 獨協医科大学（医学部）	医

な行（関東の大学）

369 二松学舎大学	
370 日本大学（法学部）	
371 日本大学（経済学部）	
372 日本大学（商学部）	
373 日本大学（文理学部〈文系〉）	
374 日本大学（文理学部〈理系〉）	
375 日本大学（芸術学部）	
376 日本大学（国際関係学部）	
377 日本大学（危機管理・スポーツ科学部）	
378 日本大学（理工学部）	
379 日本大学（生産工・工学部）	
380 日本大学（生物資源科学部）	
381 日本大学（医学部）	医
382 日本大学（歯・松戸歯学部）	
383 日本大学（薬学部）	
384 日本大学（医学部を除く−N全学統一方式）	
385 日本医科大学	医
386 日本工業大学	
387 日本歯科大学	
388 日本社会事業大学	新総推
389 日本獣医生命科学大学	
390 日本女子大学	
391 日本体育大学	

は行（関東の大学）

392 白鷗大学（学業特待選抜・一般選抜）	
393 フェリス女学院大学	
394 文教大学	
395 法政大学（法〈法律・政治〉・国際文化・キャリアデザイン学部−A方式）	
396 法政大学（法〈国際政治〉・文・経営・人間環境・グローバル教養学部−A方式）	
397 法政大学（経済・社会・現代福祉・スポーツ健康学部−A方式）	
398 法政大学（情報科・デザイン工・理工・生命科学部−A方式）	
399 法政大学（T日程〈統一日程〉・英語外部試験利用入試）	
400 星薬科大学	総推

ま行（関東の大学）

401 武蔵大学	
402 武蔵野大学	
403 武蔵野美術大学	
404 明海大学	
405 明治大学（法学部−学部別入試）	
406 明治大学（政治経済学部−学部別入試）	
407 明治大学（商学部−学部別入試）	
408 明治大学（経営学部−学部別入試）	
409 明治大学（文学部−学部別入試）	
410 明治大学（国際日本学部−学部別入試）	
411 明治大学（情報コミュニケーション学部−学部別入試）	
412 明治大学（理工学部−学部別入試）	

413 明治大学（総合数理学部−学部別入試）	
414 明治大学（農学部−学部別入試）	
415 明治大学（全学部統一入試）	
416 明治学院大学（A日程）	
417 明治学院大学（全学部日程）	
418 明治薬科大学	総推
419 明星大学	
420 目白大学・短期大学部	

ら・わ行（関東の大学）

421 立教大学（文系学部−一般入試〈大学独自の英語を課さない日程〉）	
422 立教大学（国語〈3日程×3カ年〉）	
423 立教大学（日本史・世界史〈2日程×3カ年〉）	
424 立教大学（文学部−一般入試〈大学独自の英語を課す日程〉）	
425 立教大学（理学部−一般入試）	
426 立正大学	
427 早稲田大学（法学部）	
428 早稲田大学（政治経済学部）	
429 早稲田大学（商学部）	
430 早稲田大学（社会科学部）	
431 早稲田大学（文学部）	
432 早稲田大学（文化構想学部）	
433 早稲田大学（教育学部〈文科系〉）	
434 早稲田大学（教育学部〈理科系〉）	
435 早稲田大学（人間科・スポーツ科学部）	
436 早稲田大学（国際教養学部）	
437 早稲田大学（基幹理工・創造理工・先進理工学部）	
438 和洋女子大学	総推

中部の大学（50音順）

439 愛知大学	
440 愛知医科大学（医学部）	医
441 愛知学院大学・短期大学部	
442 愛知工業大学	
443 愛知淑徳大学	
444 朝日大学	総推
445 金沢医科大学（医学部）	医
446 金沢工業大学	
447 岐阜聖徳学園大学・短期大学部	総推
448 金城学院大学	
449 至学館大学	総推
450 静岡理工科大学	
451 椙山女学園大学	
452 大同大学	
453 中京大学	
454 中部大学	
455 名古屋外国語大学	総推
456 名古屋学院大学	総推
457 名古屋学芸大学	総推
458 名古屋女子大学・短期大学部	総推
459 南山大学（外国語〈英米〉・法・総合政策・国際教養学部）	
460 南山大学（人文・外国語〈英米を除く〉・経済・経営・理工学部）	
461 新潟国際情報大学	
462 日本福祉大学	
463 福井工業大学	
464 藤田医科大学（医学部）	医
465 藤田医科大学（医療科・保健衛生学部）	
466 名城大学（法・経営・経済・外国語・人間・都市情報学部）	
467 名城大学（情報工・理工・農・薬学部）	
468 山梨学院大学	

近畿の大学（50音順）

469 追手門学院大学	総推
470 大阪医科薬科大学（医学部）	医
471 大阪医科薬科大学（薬学部）	総推
472 大阪学院大学	総推

473 大阪経済大学	総推
474 大阪経済法科大学	総推
475 大阪工業大学	総推
476 大阪国際大学・短期大学部	総推
477 大阪産業大学	総推
478 大阪歯科大学（歯学部）	
479 大阪商業大学	総推
481 大阪成蹊大学・短期大学	総推
482 大谷大学	総推
483 大手前大学・短期大学	総推
484 関西大学（文系）	
485 関西大学（理系）	
486 関西大学（3日程×3カ年）	
487 関西大学（国語〈3日程×3カ年〉）	
488 関西大学（文系選択科目〈2日程×3カ年〉）	
489 関西医科大学（医学部）	医
490 関西医療大学	総推
491 関西外国語大学・短期大学部	総推
492 関西学院大学（文・社会・法学部−学部個別日程）	
493 関西学院大学（経済・人間福祉・国際学部−学部個別日程）	
494 関西学院大学（神・商・教育・総合政策学部−学部個別日程）	
495 関西学院大学（全学部日程〈文系型〉）	
496 関西学院大学（全学部日程〈理系型〉）	
497 関西学院大学（共通テスト併用日程・英数日程）	
498 畿央大学	総推
499 京都外国語大学・短期大学	総推
500 京都光華女子大学・短期大学部	総推
501 京都産業大学（公募推薦入試）	総推
502 京都産業大学（一般選抜入試〈前期日程〉）	
503 京都女子大学	総推
504 京都先端科学大学	総推
505 京都橘大学	総推
506 京都ノートルダム女子大学	総推
507 京都薬科大学	総推
508 近畿大学・短期大学部（医学部を除く−推薦入試）	総推
509 近畿大学・短期大学部（医学部を除く−一般入試前期）	
510 近畿大学（英語〈医学部を除く3日程×3カ年〉）	新
511 近畿大学（理系数学〈医学部を除く3日程×3カ年〉）	新
512 近畿大学（国語〈医学部を除く3日程×3カ年〉）	新
513 近畿大学（医学部−推薦入試・一般入試前期）	医推
514 近畿大学・短期大学部（一般入試後期）	医
515 皇學館大学	総推
516 甲南大学	総推
517 神戸学院大学	総推
518 神戸国際大学	総推
519 神戸女学院大学	総推
520 神戸女子大学・短期大学	総推
521 神戸薬科大学	総推
522 四天王寺大学・短期大学部	総推
523 摂南大学（公募制推薦入試）	総推
524 摂南大学（一般選抜前期日程）	
525 帝塚山学院大学	新総推
526 同志社大学（法、グローバル・コミュニケーション学部−学部個別日程）	
527 同志社大学（文・経済学部−学部個別日程）	
528 同志社大学（神・商・心理・グローバル地域文化学部−学部個別日程）	
529 同志社大学（社会学部−学部個別日程）	

2024年版　大学入試シリーズ（赤本）

私立大学③

530 同志社大学〈政策・文化情報〈文系型〉・スポーツ健康科〈文系型〉学部-学部個別日程〉	546 立命館大学（英語〈全学統一方式3日程×3カ年〉）	564 安田女子大学・短期大学 総推
531 同志社大学〈理工・生命医科・文化情報〈理系型〉・スポーツ健康科〈理系型〉学部-学部個別日程〉	547 立命館大学（国語〈全学統一方式3日程×3カ年〉）	**四国の大学（50音順）**
		565 徳島文理大学
	548 立命館大学（文系選択科目〈全学統一方式2日程×3カ年〉）	566 松山大学
532 同志社大学（全学部日程）		**九州の大学（50音順）**
533 同志社女子大学 総推	549 立命館大学（IR方式〈英語資格試験利用型〉・共通テスト併用方式）／立命館アジア太平洋大学（共通テスト併用方式）	567 九州産業大学
534 奈良大学		568 九州保健福祉大学 総推
535 奈良学園大学 総推		569 熊本学園大学
536 阪南大学 総推	550 立命館大学（後期分割方式・「経営学部で学ぶ感性＋共通テスト」方式）／立命館アジア太平洋大学（後期方式）	570 久留米大学（文・人間健康・法・経済・商学部）
537 姫路獨協大学		571 久留米大学（医学部〈医学科〉） 医
538 兵庫医科大学（医学部） 医	551 龍谷大学・短期大学部（公募推薦入試）総推	572 産業医科大学（医学部） 医
539 兵庫医科大学（薬・看護・リハビリテーション学部）	552 龍谷大学・短期大学部（一般選抜入試）	573 西南学院大学（商・経済・法・人間科学部-A日程）
	中国の大学（50音順）	
540 佛教大学	553 岡山商科大学 総推	574 西南学院大学（神・外国語・国際文化学部-A日程／全学部-F日程）
541 武庫川女子大学・短期大学部 総推	554 岡山理科大学 総推	
542 桃山学院大学／桃山学院教育大学 総推	555 川崎医科大学 医	575 福岡大学（医学部医学科を除く-学校推薦型選抜・一般選抜系統別日程）総推
543 大和大学・大和大学白鳳短期大学部 総推	556 吉備国際大学 総推	
	557 就実大学 総推	576 福岡大学（医学部医学科を除く-一般選抜前期日程）
544 立命館大学（文系-全学統一方式・学部個別配点方式）／立命館アジア太平洋大学（前期方式・英語重視方式）	558 広島経済大学	
	559 広島国際大学 総推	577 福岡大学（医学部〈医学科〉-学校推薦型選抜・一般選抜系統別日程）医 総推
545 立命館大学（理系-全学統一方式・学部個別配点方式・理系型3教科方式・薬学方式）	560 広島修道大学	
	561 広島文教大学 総推	578 福岡工業大学
	562 福山大学／福山平成大学	579 令和健康科学大学 総推

医 医学部医学科を含む
総推 総合型選抜または学校推薦型選抜を含む
DL リスニング音声配信　新 2023年新刊・復刊

掲載している入試の種類や試験科目，収載年数などはそれぞれ異なります。詳細については，それぞれの本の目次や赤本ウェブサイトでご確認ください。

akahon.net
赤本｜検索

難関校過去問シリーズ

出題形式別・分野別に収録した
「入試問題事典」
19大学71点
定価2,310〜2,530円（本体2,100〜2,300円）

先輩合格者はこう使った！
「難関校過去問シリーズの使い方」

61年，全部載せ！
要約演習で，総合力を鍛える
東大の英語 要約問題 UNLIMITED

国公立大学			私立大学
東大の英語25カ年 [第11版]	一橋大の国語20カ年 [第5版]	東北大の化学15カ年 [第2版]	早稲田の英語 [第10版]
東大の英語リスニング20カ年 [第8版] CD	一橋大の日本史20カ年 [第5版]	名古屋大の英語15カ年 [第8版] 改	早稲田の国語 [第8版]
東大の英語 要約問題 UNLIMITED	一橋大の世界史20カ年 [第6版]	名古屋大の理系数学15カ年 [第8版] 改	早稲田の日本史 [第8版] 改
東大の文系数学25カ年 [第11版]	京大の英語25カ年 [第12版]	名古屋大の物理15カ年 [第2版]	早稲田の世界史
東大の理系数学25カ年 [第11版]	京大の文系数学25カ年 [第12版]	名古屋大の化学15カ年 [第2版]	慶應の英語 [第10版]
東大の現代文25カ年 [第12版]	京大の理系数学25カ年 [第12版]	阪大の英語20カ年 [第9版]	慶應の小論文 [第2版] 改
東大の古典25カ年 [第11版]	京大の現代文25カ年 [第2版]	阪大の文系数学20カ年 [第3版] 改	明治大の英語 [第8版]
東大の日本史25カ年 [第8版]	京大の古典25カ年 [第2版]	阪大の理系数学20カ年 [第9版] 改	明治大の国語
東大の世界史25カ年 [第9版]	京大の日本史20カ年 [第3版]	阪大の国語15カ年 [第3版] 改	明治大の日本史
東大の地理25カ年 [第8版]	京大の世界史20カ年 [第3版]	阪大の物理20カ年 [第8版]	中央大の英語 [第8版]
東大の物理25カ年 [第8版]	京大の物理25カ年 [第9版]	阪大の化学20カ年 [第6版]	法政大の英語 [第8版]
東大の化学25カ年 [第8版]	京大の化学25カ年 [第9版]	九大の英語15カ年 [第8版] 改	同志社大の英語 [第10版]
東大の生物25カ年 [第8版]	北大の英語15カ年 [第8版]	九大の理系数学15カ年 [第7版] 改	立命館大の英語 [第10版] 改
東工大の英語20カ年 [第7版]	北大の理系数学15カ年 [第8版] 改	九大の物理15カ年 [第2版]	関西大の英語 [第10版] 改
東工大の数学20カ年 [第9版]	北大の物理15カ年 [第2版]	九大の化学15カ年 [第2版]	関西学院大の英語 [第10版] 改
東工大の物理20カ年 [第4版]	北大の化学15カ年 [第2版]	神戸大の英語15カ年 [第9版]	
東工大の化学20カ年 [第4版]	東北大の英語15カ年 [第8版]	神戸大の数学15カ年 [第5版]	CD リスニングCDつき
一橋大の英語20カ年 [第8版]	東北大の理系数学15カ年 [第8版]	神戸大の国語15カ年 [第3版]	改 2023年 改訂
一橋大の数学20カ年 [第8版]	東北大の物理15カ年 [第2版]		

共通テスト対策関連書籍

共通テスト対策も赤本で

❶ 過去問演習

2024年版 共通テスト赤本シリーズ 全13点

A5判／定価1,210円（本体1,100円）

- これまでの共通テスト本試験 全日程収載‼＋プレテストも
- 英語・数学・国語には，本書オリジナル模試も収載！
- 英語はリスニングを11回分収載！赤本の音声サイトで本番さながらの対策！

- 英語 リスニング／リーディング※1 DL
- 数学I・A／II・B※2
- 国語※2
- 日本史B
- 世界史B
- 地理B
- 現代社会
- 倫理，政治・経済／倫理
- 政治・経済
- 物理／物理基礎
- 化学／化学基礎
- 生物／生物基礎
- 地学基礎
- 付録：地学

DL 音声無料配信　※1 模試2回分収載　※2 模試1回分収載

❷ 自己分析

赤本ノートシリーズ　過去問演習の効果を最大化

▶共通テスト対策には

赤本ノート（共通テスト用）　赤本ルーズリーフ（共通テスト用）

共通テスト赤本シリーズ
Smart Startシリーズ
全28点に対応‼

▶二次・私大対策には

赤本ノート（二次・私大用）

大学入試シリーズ
全555点に対応‼

❸ 重点対策

Smart Startシリーズ　共通テスト スマート対策　3訂版

基礎固め＆苦手克服のための**分野別対策問題集‼**

- 英語（リーディング）DL
- 英語（リスニング）DL
- 数学I・A
- 数学II・B
- 国語（現代文）
- 国語（古文・漢文）
- 日本史B
- 世界史B
- 地理B
- 現代社会
- 物理
- 化学
- 生物
- 化学基礎・生物基礎
- 生物基礎・地学基礎

共通テスト本番の内容を反映！
全15点
好評発売中！

A5判／定価1,210円（本体1,100円）

DL 音声無料配信

手軽なサイズの実戦的参考書

目からウロコのコツが満載！
直前期にも！

満点のコツシリーズ　赤本ポケット

いつも受験生のそばに──赤本

大学入試シリーズ＋α
入試対策も共通テスト対策も赤本で

入試対策

赤本プラス

赤本プラスとは、過去問演習の効果を最大にするためのシリーズです。「赤本」であぶり出された弱点を、赤本プラスで克服しましょう。

- 大学入試 すぐわかる英文法 DL
- 大学入試 ひと目でわかる英文読解
- 大学入試 絶対できる英語リスニング DL
- 大学入試 すぐ書ける自由英作文
- 大学入試 ぐんぐん読める英語長文[BASIC]
- 大学入試 ぐんぐん読める英語長文[STANDARD]
- 大学入試 ぐんぐん読める英語長文[ADVANCED]
- 大学入試 最短でマスターする
  数学Ⅰ・Ⅱ・Ⅲ・A・B・C 新
- 大学入試 突破力を鍛える最難関の数学 新
- 大学入試 ちゃんと身につく物理 新
- 大学入試 もっと身につく物理問題集
  （①力学・波動）新
- 大学入試 もっと身につく物理問題集
  （②熱力学・電磁気・原子）新

入試対策

英検®赤本シリーズ

英検®（実用英語技能検定）の対策書。過去問集と参考書で万全の対策ができます。

▶ 過去問集（2023年度版）
- 英検®準1級過去問集 DL
- 英検®2級過去問集 DL
- 英検®準2級過去問集 DL
- 英検®3級過去問集 DL

▶ 参考書
- 竹岡の英検®準1級マスター CD DL
- 竹岡の英検®2級マスター CD DL
- 竹岡の英検®準2級マスター CD DL
- 竹岡の英検®3級マスター CD DL

入試対策

赤本プレミアム

赤本の教学社だからこそ作れた、過去問ベストセレクション

- 京大数学プレミアム[改訂版]
- 京大古典プレミアム
- 東大数学プレミアム 新
- 東大現代文プレミアム 新

CD リスニングCDつき　DL 音声無料配信
● 2023年刊行　○ 新課程版

入試対策

赤本メディカルシリーズ

過去問を徹底的に研究し、独自の出題傾向をもつメディカル系の入試に役立つ内容を精選した実戦的なシリーズ。

- 〔国公立大〕医学部の英語[3訂版]
- 私立医大の英語[長文読解編][3訂版]
- 私立医大の英語[文法・語法編][改訂版]
- 医学部の実戦小論文[3訂版]
- 〔国公立大〕医学部の数学
- 私立医大の数学
- 医歯薬系の英単語[4訂版]
- 医系小論文 最頻出論点20[3訂版]
- 医学部の面接[4訂版]

入試対策

体系シリーズ

国公立大二次・難関私大突破へ、自学自習に適したハイレベル問題集。

- 体系英語長文
- 体系英作文
- 体系数学Ⅰ・A
- 体系数学Ⅱ・B
- 体系現代文
- 体系古文
- 体系日本史
- 体系世界史
- 体系物理[第6版]
- 体系物理[第7版] 新
- 体系化学[第2版]
- 体系生物

入試対策

単行本

▶ 英語
- Q&A即決英語勉強法
- TEAP攻略問題集 CD
- 東大の英単語[新装版]
- 早慶上智の英単語[改訂版]

▶ 数学
- 稲荷の独習数学

▶ 国語・小論文
- 著者に注目！現代文問題集
- ブレない小論文の書き方 樋口式ワークノート

▶ 理科
- 折戸の独習物理

▶ レシピ集
- 奥薗壽子の赤本合格レシピ

入試対策　共通テスト対策

赤本手帳

- 赤本手帳（2024年度受験用）プラムレッド
- 赤本手帳（2024年度受験用）インディゴブルー
- 赤本手帳（2024年度受験用）ナチュラルホワイト

入試対策

風呂で覚えるシリーズ

水をはじく特殊な紙を使用。いつでもどこでも読めるから、ちょっとした時間を有効に使える！

- 風呂で覚える英単語[4訂新装版]
- 風呂で覚える英熟語[改訂新装版]
- 風呂で覚える古文単語[改訂新装版]
- 風呂で覚える古文文法[改訂新装版]
- 風呂で覚える漢文[改訂新装版]
- 風呂で覚える日本史[年代][改訂新装版]
- 風呂で覚える世界史[年代][改訂新装版]
- 風呂で覚える倫理[改訂版]
- 風呂で覚える化学[3訂新装版]
- 風呂で覚える百人一首[改訂版]

共通テスト対策

満点のコツシリーズ

共通テストで満点を狙うための実戦的参考書。重要度の増したリスニング対策は「カリスマ講師」竹岡広信が一回読みにも対応できるコツを伝授！

- 共通テスト英語[リスニング] 満点のコツ CD DL
- 共通テスト古文 満点のコツ
- 共通テスト漢文 満点のコツ
- 共通テスト化学基礎 満点のコツ
- 共通テスト生物基礎 満点のコツ

入試対策　共通テスト対策

赤本ポケットシリーズ

▶ 共通テスト対策
- 共通テスト日本史[文化史]

▶ 系統別進路ガイド
- デザイン系学科をめざすあなたへ
- 心理学科をめざすあなたへ[改訂版]